Le Triomphe
de la cupidité

Du Même Auteur

Une guerre à 3000 milliards de dollars (avec Linda J. Bimes),
    Fayard, 2008
Pour un commerce mondial plus juste (avec Andrew Charlton),
    Fayard, 2007
Un autre monde, Fayard, 2006
Quand le capitalisme perd la tête, Fayard, 2003
La Grande Désillusion, Fayard, 2001
Principes d'économie moderne, De Boeck, 1999

Joseph E. Stiglitz
Prix Nobel d'économie

Le Triomphe
de la cupidité

Traduit de l'anglais (américain) par
Paul Chemla

LLL LES LIENS QUI LIBÈRENT

ISBN : 978-2-918597-05-6

À mes étudiants
dont j'ai tant appris,
dans l'espoir qu'ils apprendront
de nos erreurs.

Préface

Dans la Grande Récession qui a commencé en 2008, plusieurs millions de personnes, en Amérique et dans le monde entier, ont perdu maison et emploi. Beaucoup plus ont été tenaillés par l'angoisse de les perdre aussi, et pratiquement tous ceux qui avaient fait quelques économies pour leur retraite ou les études de leurs enfants ont vu ces investissements se réduire à peau de chagrin. Née en Amérique, la crise a vite gagné toute la planète : des dizaines de millions de personnes dans le monde ont perdu leur travail – 20 millions pour la seule République populaire de Chine –, des dizaines de millions de vies ont sombré dans la pauvreté[1].

---

1. Sharon LaFraniere, « China Puts Joblessness for Migrants at 20 millions », *New York Times*, 2 février 2009, p. A10. Le Département des affaires économiques et sociales du Secrétariat des Nations unies estime que, par rapport à ce qui se serait passé si la croissance d'avant la crise avait continué, 73 à 103 millions de personnes de plus vont rester pauvres ou basculer dans la pauvreté (Organisation des Nations unies, « World Economic Situation and Prospects 2009 » [Situation et perspectives de l'économie mondiale 2009], mai 2009, en ligne à l'adresse <http://www.un.org/esa/policy/wess/wesp2009files/wesp09update.pdf>). L'Organisation internationale du travail (OIT) estime que le chômage mondial pourrait augmenter de plus de 50 millions de personnes à la fin de l'année 2009, et que 200 millions de travailleurs vont retomber dans l'extrême pauvreté. Voir le rapport du directeur général, « Faire face à la crise mondiale de l'emploi : une reprise centrée sur le travail décent », présenté à la Conférence internationale du travail, juin 2009, en ligne à l'adresse <http://www.ilo.org/global/What_we_do/Officialmeetings/ilc/ILCSessions/98thSession/ReportssubmittedtotheConference/lang--fr/docName--WCMS_106223/index.htm>.

Ce n'est pas ce qui était prévu. La théorie économique en vigueur, avec sa foi dans le libre marché et la mondialisation, avait promis la prospérité à tous. La « nouvelle économie » tant vantée – les innovations stupéfiantes des dernières décennies du XXe siècle, dont la déréglementation et l'ingénierie financière – devait nous permettre de mieux gérer le risque et mettre un point final au cycle des affaires. Et si, à elles deux, la nouvelle économie et la théorie économique moderne n'avaient pas totalement anéanti les fluctuations économiques, elles les avaient domptées. Du moins le disait-on.

La Grande Récession a pulvérisé ces illusions. C'est à l'évidence le pire effondrement économique depuis la Grande Dépression d'il y a soixante-quinze ans. Il nous contraint à repenser ce que nous avons si longtemps adoré. Cela fait un quart de siècle que règnent certaines idées : les marchés libres et sans entraves sont efficaces ; s'ils font des erreurs, ils les corrigent vite ; le meilleur État est le plus discret ; la réglementation n'est qu'un obstacle à l'innovation ; les banques centrales doivent être indépendantes et avoir pour seul souci de contenir l'inflation. Aujourd'hui, même le grand-prêtre de cette idéologie, Alan Greenspan, président du Federal Reserve Board à l'époque où prévalaient ces principes, reconnaît que quelque chose clochait dans ce raisonnement. Mais cet aveu arrive trop tard pour les très nombreuses victimes.

Ce livre parle d'un combat d'idées : il porte sur les idées à l'origine des politiques désastreuses qui ont provoqué la crise, et sur les leçons que nous en tirons. Avec le temps, toute crise a une fin. Mais aucune, surtout lorsqu'elle est d'une telle gravité, ne disparaît sans laisser d'héritage. Celle de 2008 nous léguera, entre autres, de nouveaux éclairages sur une vieille controverse : quel est le système économique le plus bénéfique ? Le duel entre capitalisme et communisme est peut-être fini, mais les économies de marché sont très diverses, et le débat fait rage à propos de leurs mérites respectifs.

Je suis persuadé que les marchés sont au cœur de toute économie dynamique mais ne fonctionnent pas bien tout seuls. Je m'inscris à cet égard dans la tradition inaugurée par l'illustre économiste britannique John Maynard Keynes, dont la haute stature domine la recherche économique de notre temps. L'État a un rôle, qui ne se réduit pas à venir sauver l'économie quand les marchés chancellent et à réglementer pour éviter le type d'effondrement que nous venons de vivre. Les économies ont besoin d'équilibrer le rôle du marché et celui de l'État – tout en recevant d'importantes contributions d'institutions qui ne relèvent ni du marché ni de l'État. Depuis vingt-cinq ans, l'Amérique a perdu cet équilibre, et elle a imposé sa vision déséquilibrée au monde entier.

Des idées fausses ont conduit à la crise, et c'est aussi à cause d'elles que les décideurs du secteur privé et les responsables de l'action publique ont eu du mal à voir que les problèmes s'envenimaient, puis ont été incapables de gérer efficacement les retombées. C'est ce que ce livre va expliquer. La durée de la récession dépendra des politiques que nous suivrons. Les erreurs déjà commises vont la prolonger et l'aggraver. Mais la gestion de la crise n'est que l'une de mes préoccupations : je me soucie également de ce qui en sortira. Nous ne pouvons pas revenir et nous ne reviendrons pas à ce qui existait «avant».

Avant la crise, les États-Unis, et le monde entier, étaient confrontés à de nombreux problèmes ; la nécessité de s'adapter au réchauffement de la planète n'était pas le moindre ; le rythme de la mondialisation imposait aux économies des changements structurels rapides qui mettaient nombre d'entre elles à rude épreuve. Après la crise, ces défis seront toujours là, encore plus importants, mais les ressources dont nous disposerons pour y faire face auront considérablement diminué.

La crise conduira, je l'espère, à un changement dans l'action publique *et* dans les idées. Si nous prenons les bonnes décisions, pas les plus commodes politiquement ou socialement, nous allons réduire les risques de nouvelles crises et peut-être même accélérer le type d'innovations réelles qui améliorent la vie dans le monde entier. Si nous prenons les mauvaises, nous sortirons de la récession avec une société plus divisée et une économie plus vulnérable aux crises, moins bien armée pour affronter les défis du XXIe siècle. L'un des objectifs de ce livre est d'aider à se faire une meilleure idée de l'ordre mondial d'après crise qui finira par apparaître, et à mieux comprendre comment ce que nous faisons aujourd'hui contribue à le modeler, pour le meilleur ou pour le pire.

*

On aurait pu croire que la crise de 2008 mettrait fin au débat sur le fanatisme du marché – la doctrine «fondamentaliste» qui soutient que, si on ne lui impose aucune entrave, le libre jeu des marchés peut assurer la prospérité et la croissance économiques. On aurait pu croire que personne ne soutiendrait plus jamais – ou du moins pas avant que le souvenir de cette crise se soit estompé dans le lointain passé – que les marchés se corrigent d'eux-mêmes et que nous pouvons faire confiance au comportement intéressé de leurs acteurs pour que tout se passe bien.

Mais ceux à qui le fanatisme du marché a si bien réussi interprètent la situation tout autrement. Selon certains, notre économie a eu un «accident», et les accidents, ça arrive. Nul ne suggère que nous cessions de conduire parce que, de temps en temps, il y a une collision. Pour les tenants de cette position, nous devons revenir au monde d'avant 2008 le plus vite possible. Les banquiers n'ont rien fait de mal, assurent-ils[1].

---

1. Alan Schwartz, qui dirigeait Bear Stearns, la première des grandes banques d'affaires à avoir sombré – mais d'une façon qui coûte malgré tout aux contribuables des milliards de dollars –, a répondu en ces termes au Comité du Sénat sur la banque qui lui demandait s'il pensait avoir commis des erreurs : «Je peux vous garantir que c'est une question à laquelle j'ai énormément réfléchi. En regardant en arrière, avec le recul, je me suis dit : "Si j'avais connu exactement les forces qui arrivaient, quelles mesures aurions-nous pu prendre à l'avance pour éviter cette situation?" Et je n'ai pas réussi à en trouver une seule [...] qui aurait changé quelque chose à la situation où nous nous sommes trouvés» (déclaration devant le Comité du Sénat des États-Unis sur la banque, le logement et les affaires urbaines [U.S. Senate Committee on Banking, Housing, and Urban Affairs], audition de témoins concernant «la tourmente sur les marchés du crédit américains : examen des actions récentes des auto-

Donnons aux banques l'argent qu'elles demandent, ajustons un peu les réglementations, signifions sans ménagement aux autorités de contrôle qu'elles ne doivent plus laisser les Bernie Madoff frauder impunément, ajoutons quelques cours d'éthique au programme des écoles d'affaires, et nous sortirons de la crise en pleine forme.

Je vais montrer dans ce livre que les problèmes sont plus profonds. Dans les vingt-cinq dernières années, notre système financier, ce mécanisme prétendument capable de s'autoréguler, a été sauvé de multiples fois par l'État. De sa survie, nous avons tiré une fausse leçon : qu'il fonctionnait tout seul. En réalité, pour la plupart des Américains, notre économie d'avant la crise n'était pas si efficace. Certains prospéraient, oui, mais pas l'Américain moyen.

L'économiste regarde une crise comme le médecin examine une pathologie : en observant ce qui se passe en situation anormale, l'un et l'autre apprennent bien des choses sur l'état normal. Face à la crise de 2008, je me sentais mieux armé que d'autres observateurs : j'étais, en un sens, un «vétéran des crises», un «crisologue». Ce n'était évidemment pas la première crise majeure de ces dernières années. Dans les pays en développement, les crises éclatent avec une régularité alarmante – de 1970 à 2007, une étude en a dénombré 124[1]. J'étais économiste en chef à la Banque mondiale pendant la dernière crise financière internationale, en 1997-1998. Je l'ai vue naître en Thaïlande, s'étendre à d'autres pays asiatiques, puis gagner l'Amérique latine et la Russie. C'était un cas classique de contagion : la défaillance d'une région du système économique mondial faisait tache d'huile dans d'autres. Les conséquences complètes d'une crise économique peuvent mettre

---

rités fédérales de réglementation financière» [*Turmoil in U.S. Credit Markets : Examining the Recent Actions of Federal Financial Regulators*], Washington, DC, 3 avril 2008, cité *in* William D. Cohan, «A Tsunami of Excuses», *New York Times*, 11 mars 2009, p. A29).

1. Luc Laeven et Fabian Valencis, «Systemic Banking Crises : A New Database», document de travail du Fonds monétaire international, WP/08/224, Washington, DC, novembre 2008.

des années à se manifester. La crise argentine a commencé en 1995 dans le sillage de la crise mexicaine, elle a été exacerbée par les crises asiatiques de 1997, puis par la crise brésilienne de 1998, mais l'effondrement total n'a eu lieu que fin 2001.

Les économistes sont peut-être fiers des progrès qu'a faits leur science dans les sept décennies qui nous séparent de la Grande Dépression, mais ils ne sont pas pour autant unanimes sur la bonne façon de gérer les crises. En 1997, j'ai vu avec horreur le département américain du Trésor et le Fonds monétaire international (FMI) proposer, face à la crise asiatique, un ensemble de mesures qui faisaient retour aux politiques malavisées du président Herbert Hoover pendant la Grande Dépression et ne pouvaient qu'échouer.

C'est donc avec un sentiment de déjà-vu que j'ai regardé, une fois de plus, le monde glisser vers la crise en 2007. Entre ce que j'ai observé alors et une décennie plus tôt, les similitudes étaient troublantes. Je n'en citerai qu'une : la négation initiale de la crise dans le discours public. Il y a dix ans, le Trésor et le Fonds monétaire avaient d'abord nié qu'il y eût une récession/dépression en Asie. Larry Summers, alors sous-secrétaire au Trésor et aujourd'hui premier conseiller économique du président Obama, est sorti de ses gonds quand Jean-Michel Severino, à l'époque vice-président de la Banque mondiale pour l'Asie orientale, a utilisé le mot en R (Récession) et le mot en D (Dépression) pour décrire ce qui se passait. Mais comment qualifier autrement un effondrement économique qui avait privé de leur emploi 40 % des habitants de Java, l'île centrale de l'Indonésie ?

Même tableau en 2008 : l'administration Bush a commencé par nier tout problème sérieux. Nous avions simplement construit quelques maisons de trop, a suggéré le président[1]. Dans les premiers mois de la crise, le Trésor et la Federal Reserve zigzaguaient comme des chauffeurs ivres : ils sauvaient

---

1. George W. Bush a déclaré dans une interview : « L'économie va mal parce que nous avons construit trop de maisons » (interview avec Ann Curry dans l'émission *Today Show*, NBC, 18 février 2008).

certaines banques et en laissaient d'autres couler. Impossible de comprendre en vertu de quels principes ils prenaient leurs décisions. Les responsables de l'administration Bush disaient agir de façon pragmatique, et – soyons justes – ils étaient en *terra incognita*.

Tandis que les nuages commençaient à s'accumuler sur l'économie américaine, en 2007 et au début de 2008, une question était souvent posée aux économistes : une nouvelle dépression, ou même une récession grave, était-elle possible? NON! répondaient d'instinct la plupart d'entre eux. Avec les progrès de la science économique, y compris le savoir sur la façon de gérer l'économie mondiale, de nombreux experts jugeaient une catastrophe inconcevable. Pourtant, dix ans plus tôt, quand avait éclaté la crise asiatique, nous avions échoué, et lamentablement.

Les théories économiques incorrectes avaient inspiré des mesures incorrectes, mais ceux qui les avaient préconisées pensaient, bien sûr, qu'elles allaient fonctionner. Ils ont eu tort. Ces mauvaises politiques ont non seulement déclenché, mais aggravé et prolongé la crise asiatique, et laissé des économies affaiblies et des montagnes de dettes.

L'échec d'il y a dix ans a été aussi, en partie, un échec de la politique mondiale. La crise avait frappé des pays en développement – la «périphérie» du système économique mondial, comme on dit parfois. Ceux qui géraient ce système pensaient moins à protéger la vie et les moyens d'existence des habitants de ces pays qu'à sauver les banques occidentales qui leur avaient prêté de l'argent. Aujourd'hui, alors que l'Amérique et le reste du monde ne parviennent pas à rendre à leurs économies une croissance vigoureuse, l'échec est à nouveau technique *et* politique.

Chute libre

En 2008, quand l'économie mondiale a basculé dans le vide, nos convictions l'ont fait aussi. Des idées bien établies sur la théorie économique, sur l'Amérique, sur nos héros, sont tombées dans l'abîme. Au lendemain de la précédente crise financière d'envergure, le 15 février 1999, l'hebdomadaire *Time* avait représenté en couverture le président de la Federal Reserve, Alan Greenspan, et le secrétaire au Trésor, Robert Rubin (auxquels on avait longtemps attribué le mérite du boom des années 1990), en compagnie de leur protégé, Larry Summers, avec cette légende : «Le Comité pour sauver le monde.» Et la mentalité populaire les regardait bel et bien comme des dieux. En 2000, le journaliste d'investigation et auteur à succès Bob Woodward a publié une hagiographie de Greenspan intitulée *Maestro*[1].

Témoin direct de la gestion de la crise asiatique, j'étais moins admiratif que *Time* ou que Bob Woodward. Pour moi, et pour la plupart des habitants des pays d'Asie orientale, les politiques imposées par le FMI et le Trésor sur ordre du «Comité pour sauver le monde» avaient considérablement aggravé les crises. Elles révélaient une incompréhension des fondamentaux de la macroéconomie moderne, qui, lorsque la situation d'une économie se dégrade, exigent des politiques budgétaire et monétaire expansionnistes[2].

En tant que société, nous avons à présent perdu tout respect pour nos anciens gourous économiques. Ces dernières années, pour demander conseil sur la gestion de ce système complexe qu'est notre économie, nous nous tournions vers Wall Street globalement – pas seulement vers les demi-dieux comme

---

1. Bob Woodward, *Maestro : Greenspan's Fed and the American Boom*, New York, Simon and Schuster, 2000.

2. Il y a une autre explication aux politiques suivies en Asie, si différentes de celles de la crise actuelle. Les États-Unis et l'Europe agissent conformément aux intérêts de leurs électorats – les politiques qui ont été imposées à l'Asie orientale auraient été jugées inacceptables par les Américains et les Européens. De même, en Asie orientale, le FMI et le Trésor ont, au moins en partie, agi conformément aux intérêts de leurs «mandants», les créanciers sur leurs marchés financiers, dont le seul souci était de se faire rembourser ce qu'ils avaient prêté à ces pays – même s'il fallait, pour ce faire, socialiser des dettes privées. Pour une analyse plus détaillée de ces événements, voir Joseph E. Stiglitz, *La Grande Désillusion*, trad. fr. de Paul Chemla, Paris, Fayard, 2002.

Rubin et Greenspan. Aujourd'hui, vers qui nous tourner? Pour l'essentiel, les économistes non plus n'ont pas été d'un grand secours. Beaucoup ont fourni l'armure intellectuelle qu'ont revêtue les politiques dans la marche à la déréglementation.

On détourne souvent notre attention du combat d'idées en l'attirant sur le rôle des individus : les voyous qui ont créé la crise, les héros qui nous ont sauvés. C'est regrettable. D'autres écriront (et ont d'ailleurs déjà écrit) des livres à charge contre tel ou tel politique, tel ou tel financier qui ont contribué à nous orienter vers la crise en cours. Cet ouvrage a un autre objectif. Il considère que la quasi-totalité des mesures cruciales, comme celles qui concernent la déréglementation, ont été dues à des «forces» politiques et économiques – des intérêts, des idées et des idéologies – qui transcendent tout individu.

En 1987, quand le président Ronald Reagan a nommé Greenspan à la tête de la Federal Reserve, il cherchait un partisan convaincu de la déréglementation. Paul Volcker, son prédécesseur, avait très brillamment réussi à la banque centrale en ramenant le taux d'inflation des États-Unis de 11,3 % en 1979 à 3,6 % en 1987[1]. Normalement, après cet exploit, il aurait dû être automatiquement reconduit dans ses fonctions. Mais Volcker comprenait l'importance des réglementations, et Reagan voulait quelqu'un qui travaillerait à les démanteler. Si Greenspan n'avait pas été là, beaucoup d'autres auraient pu et voulu le faire. Le problème n'était pas tant Greenspan que l'idéologie de la déréglementation, qui avait établi son emprise.

Il va être essentiellement question ici des croyances économiques et de la façon dont elles influencent l'action publique. Cela dit, pour voir le lien entre la crise et les croyances, il faut d'abord démêler l'écheveau des événements. Ce livre n'est pas un polar, mais d'importants éléments de ce qu'il raconte pourraient faire un bon roman policier. Comment la plus grande économie du monde a-t-elle coulé à pic? Quelles politiques et

---

1. U.S. Department of Labor, Bureau of Labor Statistics, Indice des prix à la consommation, Tous consommateurs urbains, Tous articles, en ligne à l'adresse <ftp://ftp.bls.gov/pub/special.requests/cpi/cpiai.txt>.

quels événements ont déclenché l'effondrement de 2008? Si nous ne pouvons nous entendre sur les réponses à ces questions, nous ne pourrons pas non plus nous mettre d'accord sur ce qu'il faut faire, tant pour sortir de cette crise que pour prévenir la prochaine. Mesurer le poids relatif de la mauvaise conduite des banques, de l'impéritie des autorités de contrôle et du laxisme de la politique monétaire de la Federal Reserve n'est pas facile, mais j'expliquerai pourquoi les principaux responsables à mes yeux sont les institutions financières et les marchés financiers.

Trouver la racine du mal, c'est comme peler un oignon. Chaque explication soulève de nouvelles questions à un niveau inférieur. Des incitations perverses ont encouragé chez les banquiers un comportement risqué, à courte vue. Mais pourquoi y avait-il des incitations perverses? Une réponse s'impose aussitôt : les problèmes de gouvernance d'entreprise, la façon dont étaient déterminées les incitations et les rémunérations. Mais pourquoi la discipline du marché ne s'est-elle pas exercée contre cette mauvaise gouvernance d'entreprise, contre ces incitations mal structurées? La sélection naturelle est censée opérer par la survie du plus apte : les entreprises dont la gouvernance et les structures d'incitation étaient les plus aptes au succès durable auraient dû prospérer. Ce principe est l'une des victimes de cette crise. Quand on réfléchit aux problèmes qu'elle a révélés dans le monde financier, on voit clairement qu'ils sont d'ordre plus général, et qu'il y en a de comparables dans d'autres secteurs d'activité. Et il y a aussi cette vérité frappante, à savoir à quel point, lorsqu'on ne s'arrête pas à la surface des choses, lorsqu'on regarde au-delà des nouveaux produits financiers, des prêts hypothécaires *subprime* ou des *collateralized debt instruments* – les titres de créance adossés à des actifs –, cette crise apparaît identique à beaucoup de celles qui l'ont précédée, aux États-Unis comme à l'étranger. Il y avait une bulle, et elle a éclaté, en apportant la dévastation dans son sillage. Cette bulle était alimentée par des prêts douteux des banques, qui acceptaient pour nantissement des actifs dont la valeur était gonflée par la bulle. Des innovations récentes ont permis aux banques de cacher une bonne partie de leurs prêts pourris, de les retirer de leur bilan, et d'accroître ainsi leur effet de levier – ce qui a rendu la bulle encore plus grosse et le chaos quand elle a éclaté encore plus grave. De nouveaux instruments, les *credit default swaps*, prétendument conçus pour gérer le risque mais visant tout autant, en fait, à tromper les autorités régulatrices, se sont révélés si complexes qu'ils ont amplifié le danger. D'où la grande question, qui va nous occuper dans une bonne partie de ce livre : comment et pourquoi avons-nous laissé ce mécanisme *se reproduire une fois de plus*, et à si grande échelle?

Chercher les raisons profondes est difficile, mais quelques explications simples peuvent être aisément rejetées. Les professionnels de Wall Street, je l'ai dit, veulent croire qu'à titre personnel ils n'ont rien fait de mal, et aussi que le *système* était fondamentalement juste. Ils sont persuadés d'être les malheureuses victimes d'un ouragan comme il s'en produit une fois tous les mille ans. Mais la crise n'est pas un cataclysme qui serait «arrivé» aux marchés financiers; elle est de fabrication humaine : Wall Street se l'est lui-même infligée, à lui et au reste de la société.

Pour ceux qui n'acceptent pas comme argument le «ça arrive», les défenseurs de Wall Street en ont d'autres. «C'est l'État qui nous a poussés à agir ainsi, en encourageant les gens à devenir propriétaires et les banques à prêter aux pauvres.» Ou encore : «L'État aurait dû nous arrêter; c'est la faute des autorités de contrôle.» Il y a quelque chose de particulièrement déplaisant dans ces efforts du système financier américain pour dévier le tir vers d'autres cibles, et, dans les chapitres qui suivent, nous verrons pourquoi ces arguments ne sont pas convaincants.

Les fidèles du système avancent aussi une troisième ligne de défense, la même qu'il y a quelques années, au temps des scandales Enron et Worldcom : tout système a ses brebis galeuses, et le nôtre – autorités de contrôle et investisseurs compris – n'a pas réussi à s'en protéger suffisamment; aux Ken Lay (PDG d'Enron) et Bernie Ebbers (PDG de Worldcom) des premières années de la décennie, nous devons ajouter aujourd'hui Bernie Madoff et beaucoup d'autres (dont Allen Stanford et Raj Rajaratnam), qui vont être traduits en justice. En réalité, alors comme aujourd'hui, la question ne se réduit pas aux méfaits de quelques-uns. Les défenseurs du secteur financier ne veulent pas comprendre que c'est leur tonneau qui était pourri[1]*.

Face à des problèmes aussi omniprésents et permanents que ceux qui ont accablé le système financier américain, on ne peut tirer qu'une seule conclusion : ils sont systémiques. Avec ses fortes rémunérations et son obsession du profit, Wall Street attire peut-être plus que sa part de personnages éthiquement faibles, mais l'universalité du problème indique qu'il y a des vices fondamentaux dans le système.

Difficultés d'interprétation

En matière d'action publique, il est encore plus difficile de déterminer s'il y a succès ou échec que de dire à qui ou à quoi

---

1. Voir Susan S. Silbey, «Rotten Apples or a Rotting Barrel : Unchallengeable Orthodoxies in Science», contribution présentée à l'Arizona State University Law School, 19-20 mars 2009. Parmi ceux qui ont contribué à la crise, seul un petit pourcentage a franchi la ligne rouge et a eu un comportement illégal ; les autres ont été bien conseillés par leurs avocats sur la façon d'éviter la prison, et leurs lobbyistes ont travaillé dur pour obtenir que les lois leur laissent une large liberté d'action. Néanmoins, la liste de ceux qui risquent une condamnation s'allonge. Allen Stanford encourt jusqu'à 375 ans de prison s'il est condamné sur 21 chefs d'accusation – fraude de plusieurs milliards de dollars, blanchiment d'argent et obstruction. Stanford a été aidé par son directeur financier James Davis, qui a plaidé coupable sur trois chefs d'accusation : fraude postale, complot dans le but de commettre une fraude et complot dans l'intention de faire obstruction à une enquête. Deux courtiers du Crédit Suisse ont été accusés de mensonges à leurs clients ayant provoqué des pertes de 900 millions de dollars; l'un a été condamné par un jury et l'autre a plaidé coupable.

* Renversement de l'expression proverbiale qui définit les mauvais éléments comme des «pommes pourries» risquant de contaminer tout le tonneau, qui est sain [*NdT*].

en attribuer le mérite (ou la faute). Mais qu'est-ce que réussir ou échouer ? Pour les observateurs américains et européens, les renflouements de 1997 en Asie ont été un succès parce que les États-Unis et l'Europe n'ont pas été touchés. Pour les habitants de la région, qui ont vu leurs économies ravagées, leurs rêves détruits, leurs entreprises liquidées et leurs pays accablés de milliards de dollars de dettes, ces renflouements ont été un terrible échec. Selon leurs adversaires, les politiques du FMI et du Trésor ont aggravé la situation. Selon leurs partisans, elles ont empêché le désastre. Et c'est là que leur raisonnement ne tient pas. Que se serait-il passé si nous avions suivi d'autres politiques ? Les mesures du FMI et du Trésor ont-elles prolongé et exacerbé la récession, ou l'ont-elles abrégée et atténuée ? Voilà les vraies questions. J'estime qu'elles ont une réponse claire : les hausses de taux d'intérêt et les réductions de dépenses publiques imposées par le FMI et le Trésor (politiques diamétralement opposées à celles que l'on met en œuvre aux États-Unis et en Europe dans la crise actuelle) ont aggravé les choses[1]. Les pays d'Asie orientale ont fini par se relever, mais malgré ces mesures, pas grâce à elles.

Voici une autre illusion comparable. Au vu de la longue expansion de l'économie mondiale à l'époque de la déréglementation, beaucoup ont conclu que les marchés laissés à eux-mêmes fonctionnaient bien – que la déréglementation avait permis cette croissance forte, qui serait durable. La réalité était

---

1. On peut évidemment rétorquer que les conditions sont différentes. Si ces pays avaient mené des politiques budgétaires expansionnistes, cela aurait eu un effet contre-productif (tel était l'argument avancé). Il est utile de noter qu'en réalité les pays d'Asie orientale qui ont suivi la prescription keynésienne traditionnelle (la Malaisie et la Chine) ont eu de bien meilleurs résultats que ceux qui ont été contraints d'obéir aux diktats du FMI. Pour avoir des taux d'intérêt plus faibles, la Malaisie a dû imposer des restrictions temporaires sur les flux de capitaux. Mais sa récession a été plus courte et moins grave que celle des autres pays d'Asie orientale, et elle en est sortie moins endettée. Voir Ethan Kaplan et Dani Rodrik, «Did the Malaysian Capital Controls Work?», *in* S. Edwards et J. Frankel (éd.), *Preventing Currency Crisis in Emerging Markets*, Boston, NBER, 2002.

tout à fait différente. La croissance reposait sur une montagne de dettes ; ses fondements étaient fragiles, pour ne pas dire plus. Combien de fois les banques occidentales ont-elles été sauvées des extravagances de leurs pratiques de prêt par des renflouements ? En Thaïlande, en Corée du Sud et en Indonésie, certes, mais aussi au Mexique, au Brésil, en Argentine, en Russie... la liste serait sans fin ou presque[1]. Après chaque épisode, le monde continuait plus ou moins comme avant, et beaucoup en déduisaient que les marchés fonctionnaient parfaitement. Or c'était l'État qui, par ses interventions répétées, les sauvait de leurs bévues. Ceux qui avaient conclu que tout allait bien dans l'économie de marché avaient raisonné de travers, mais l'erreur n'est devenue « évidente » que lorsqu'une crise si gigantesque qu'on ne pouvait l'ignorer s'est produite *ici*.

Ces débats sur les effets de certaines politiques aident à comprendre pourquoi les idées fausses peuvent se maintenir si longtemps. À mes yeux, la Grande Récession de 2008 était l'inévitable conséquence des politiques suivies les années précédentes.

Que ces politiques aient été modelées par des intérêts particuliers – les marchés financiers –, c'est évident. Le rôle de la théorie économique est plus complexe. Dans la longue liste de ceux qui sont à blâmer pour la crise, j'inclurai la profession des économistes : elle a fourni aux intérêts particuliers des arguments sur l'efficacité et l'autorégulation des marchés – alors même que les progrès de la recherche au cours des vingt années précédentes avaient précisé les conditions fort restrictives dans lesquelles ces thèses étaient vérifiées. Il est à peu près certain que la crise va changer la science économique (sa théorie et sa pratique) autant que l'économie, et dans l'avant-dernier chapitre j'analyserai certains de ces changements.

---

1. Aux renflouements internationaux, il convient d'ajouter les renflouements « intérieurs », ceux où un État a dû sauver ses propres banques sans faire appel à l'assistance des autres. Sur cette longue liste, il faut inscrire la débâcle des caisses d'épargne (les *savings and loan*) aux États-Unis dans les années 1980, ainsi que les faillites de banques en Scandinavie à la fin des années 1980 et au début des années 1990.

On me demande souvent comment la profession a pu se tromper à ce point. Il y a toujours eu des économistes «pessimistes», auxquels l'avenir paraît lourd de problèmes et qui ont prédit neuf des cinq dernières récessions. Mais il y avait un petit groupe d'économistes qui n'étaient pas seulement des pessimistes : ils partageaient aussi un ensemble d'idées expliquant *pourquoi* l'économie allait vers ces problèmes inévitables. Quand nous nous retrouvions lors de divers rassemblements annuels, tel le Forum économique mondial de Davos, chaque hiver, nous partagions nos diagnostics et tentions de déterminer pourquoi l'heure de vérité, que chacun de nous voyait si clairement arriver, n'avait pas encore sonné.

Nous, économistes, nous sommes bons pour repérer les forces profondes qui sont à l'œuvre; nous ne sommes pas bons pour prédire les dates avec précision. Au forum de 2007 à Davos, je me suis trouvé en position inconfortable. J'avais prédit de plus en plus vigoureusement, au cours des réunions annuelles précédentes, l'imminence de graves problèmes. Or l'expansion économique mondiale s'était poursuivie à bon rythme. Son taux de croissance, 7%, était quasiment sans précédent, et apportait même de bonnes nouvelles à l'Afrique et à l'Amérique latine. J'ai dit à l'assistance qu'il y avait deux interprétations possibles : soit mes principes théoriques étaient faux, soit la crise, quand elle frapperait, serait encore plus dure et plus longue. J'optais évidemment pour la seconde.

*

La crise actuelle a révélé des vices fondamentaux du système capitaliste, ou du moins de la variante du capitalisme qui a émergé aux États-Unis dans les dernières décennies du XXe siècle (parfois nommée capitalisme «de style américain» ou «à l'américaine»). Il ne s'agit ni d'une question d'individus corrompus ou d'erreurs spécifiques, ni de quelques petits problèmes à résoudre ou ajustements à opérer.

Ces vices, nous, Américains, avons eu du mal à les voir. Nous voulions tant croire en notre système économique! «Notre équipe» avait fait tellement mieux que nos ennemis jurés du bloc soviétique! La force de notre système nous avait permis de triompher de la faiblesse du leur. Nous défendions notre équipe dans tous les matchs : États-Unis contre Europe, États-Unis contre Japon. Quand le secrétaire à la Défense Donald Rumsfeld a dénigré la «vieille Europe» pour son opposition à notre guerre en Irak, le match qu'il avait à l'esprit était clair : la sclérose du modèle social européen contre le dynamisme américain. Dans les années 1980, les succès du Japon nous avaient fait un peu douter de notre supériorité. Notre système était-il vraiment meilleur que «Japon SA»? Cette angoisse explique en partie pourquoi certains ont été si soulagés par la crise asiatique de 1997, par l'effondrement d'une Asie orientale où tant de pays avaient adopté des traits du modèle japonais[1]. Nous nous sommes abstenus de tout triomphalisme ouvert à propos des dix ans de stagnation du Japon dans la décennie 1990, mais nous lui avons vivement conseillé d'adopter notre style de capitalisme.

Les chiffres nous renforçaient dans nos fausses certitudes. Notre économie avait une croissance tellement plus rapide que la quasi-totalité des autres, sauf la Chine – et, avec les problèmes que nous pensions voir dans le système bancaire chinois, la Chine allait s'écrouler aussi, ce n'était qu'une question de temps[2]. Du moins le croyions-nous.

Ce n'est pas la première fois que des jugements (dont ceux, éminemment faillibles, de Wall Street) ont été fondés sur une mauvaise lecture des chiffres. Dans la décennie 1990, on a exalté l'Argentine comme le grand succès de l'Amérique latine – le triomphe du «fanatisme du marché» dans le Sud. Ses

---

1. L'étroite coopération entre l'État et le secteur privé en Malaisie avait conduit de nombreux observateurs à parler de la «Malaisie SA». Avec la crise, la coopération État-secteur privé a été rebaptisée «capitalisme de connivence».

2. Voir Nicholas Lardy, *China's Unfinished Economic Revolution*, Washington, DC, Brookings Institution Press, 1998, pour l'interprétation orthodoxe. L'ironie de la suite n'a pas échappé aux observateurs sur les deux rives du Pacifique : ce sont les banques américaines qui se sont effondrées et non les banques chinoises.

statistiques de croissance ont paru bonnes pendant quelques années. Mais, comme aux États-Unis, cette croissance reposait sur une accumulation de dettes finançant une consommation d'une envergure insoutenable. Finalement, en décembre 2001, les dettes sont devenues si écrasantes que l'économie s'est effondrée[1].

Aujourd'hui encore, beaucoup nient l'ampleur des problèmes qui se posent à notre économie de marché. Une fois surmontées nos épreuves actuelles – et toute récession a une fin –, ils s'attendent à la reprise d'une croissance solide. Mais un regard plus attentif sur l'économie américaine suggère qu'elle souffre de maux plus profonds : c'est une société de plus en plus inégalitaire, où même les classes moyennes voient leurs revenus stagner depuis dix ans ; c'est un pays où, malgré des exceptions spectaculaires, les chances statistiques qu'a un Américain pauvre de parvenir au sommet sont plus faibles que dans la « vieille Europe »[2], et où les résultats moyens aux tests

---

1. La production du pays a encore chuté de 10,9 % en 2002 (par rapport à 2001), en plus d'une baisse cumulée de 8,4 % depuis son année record précédente (1998). Au total, la perte de production a été de 18,4 % et le revenu par habitant a baissé de plus de 23 %. La crise a aussi provoqué une hausse du chômage, propulsé à 26 % par l'énorme contraction de la consommation, de l'investissement et de la production. Voir Hector E. Maletta, « A Catastrophe Foretold : Economic Reform, Crisis, Recovery and Employment in Argentina », septembre 2007, en ligne à l'adresse <http://ssrn.com/abstract=903124>.

2. Selon une étude de huit économies nord-américaines et européennes (Royaume-Uni, États-Unis, Allemagne occidentale, Canada, Norvège, Danemark, Suède et Finlande), les États-Unis ont la mobilité intergénérationnelle du revenu la plus réduite. La corrélation partielle intergénérationnelle (une mesure de l'immobilité) des États-Unis est le double de celle des pays nordiques. Seul le Royaume-Uni s'approche d'une immobilité semblable. « La vision des États-Unis comme "le pays où l'on peut faire fortune" persiste, et paraît clairement déplacée », conclut l'étude. Voir Jo Blanden, Paul Gregg et Stephen Machin, « Intergenerational Mobility in Europe and North America », London School of Economics, Centre for Economic Performance, avril 2005, en ligne à l'adresse <http://www.suttontrust.com/reports/IntergenerationalMobility.pdf>. La mobilité française dépasse aussi celle des États-Unis. Voir Arnaud Lefranc et

pédagogiques internationaux sont au mieux passables[1]. Tout indique qu'aux États-Unis plusieurs secteurs économiques cruciaux *autres que la finance* sont en difficulté, notamment la santé, l'énergie et l'industrie manufacturière.

Mais les problèmes auxquels nous sommes confrontés ne se trouvent pas seulement au sein de nos frontières. Les déséquilibres commerciaux planétaires qui existaient avant la crise ne vont pas s'évaporer. Il est impossible, dans une économie mondialisée, de résoudre pleinement les problèmes de l'Amérique sans les appréhender en contexte élargi. C'est la demande *mondiale* qui déterminera la croissance mondiale, et, sans une économie mondiale dynamique, les États-Unis auront du mal à réaliser une reprise robuste au lieu de glisser dans une stagnation à la japonaise. Or assurer le dynamisme de l'économie mondiale risque d'être difficile tant qu'une partie du monde continue à produire beaucoup plus qu'elle ne consomme et une autre à consommer beaucoup plus qu'elle ne produit (alors qu'elle devrait épargner pour répondre aux besoins de sa population vieillissante).

*

Alain Trannoy, «Intergenerational Earnings Mobility in France : Is France More Mobile than the US?», *Annales d'économie et de statistique*, n° 78, avril-juin 2005, p. 57-77.

1. Le PISA (Program for International Student Assessment) est un système d'évaluation internationale qui, tous les trois ans, mesure les connaissances de base des élèves de quinze ans en lecture, mathématiques et sciences. Les élèves américains, en moyenne, ont des notes inférieures à la moyenne de l'OCDE (celle des trente pays membres de l'Organisation de coopération et de développement économiques), tant pour l'alphabétisation scientifique (489 contre 500) que pour l'alphabétisation mathématique (474 contre 498). En sciences, les élèves américains se classent derrière 16 des 29 autres pays de l'OCDE; en mathématiques, derrière 23 pays de l'OCDE. Voir S. Baldi, Y. Jin, M. Skemer, P. J. Green et D. Herget, *Highlights from PISA 2006 : Performance of U.S. 15-Year-Old Students in Science and Mathematics Literacy in an International Context* (NCES 2008-016), U.S. Department of Education, Washington, DC, National Center for Education Statistics, décembre 2007.

Quand j'ai commencé à écrire ce livre, l'heure était à l'espoir : le nouveau président, Barack Obama, allait corriger les politiques mal orientées de l'administration Bush, et nous allions avancer simultanément vers la reprise immédiate et le règlement de nos problèmes de fond. Le déficit budgétaire serait momentanément plus élevé, mais l'argent serait bien dépensé : on allait aider les familles à garder leur maison, faire des investissements qui augmenteraient la productivité à long terme et protégeraient l'environnement, et imposer aux banques, en échange de toute aide financière publique, d'indemniser la population du risque qu'elle assumait en lui versant une part de leurs futurs profits.

La rédaction de l'ouvrage a été pénible : mes espoirs n'ont été qu'en partie satisfaits. Certes, nous devons nous réjouir d'avoir été éloignés du bord de l'abîme, du désastre que tant de gens sentaient imminent à l'automne 2008. Mais certains cadeaux faits aux banques ont été aussi néfastes que tout ce qu'avait fait le président Bush, et l'aide aux propriétaires en difficulté inférieure à ce que j'avais attendu. Dans le système financier en gestation, la concurrence a diminué et le problème des banques « trop grandes pour faire faillite » s'est encore amplifié. L'argent qu'on aurait pu consacrer à restructurer l'économie et à créer de nouvelles entreprises dynamiques a été dilapidé dans le sauvetage de vieilles firmes en faillite. D'autres aspects de la politique économique d'Obama s'orientent nettement dans la bonne direction. Mais après avoir reproché à Bush certaines mesures, il serait injuste de ne pas protester quand son successeur prend les mêmes.

Écrire ce livre a été éprouvant pour une autre raison. Je critique – certains diront que je dénigre – les banques et les banquiers, ainsi que d'autres professionnels de la finance. J'ai beaucoup d'amis dans ce secteur : des hommes et des femmes intelligents et dévoués, de bons citoyens qui cherchent sérieusement comment apporter leur contribution à une société qui les a si amplement rétribués. Lorsqu'ils croient à une cause, ils donnent généreusement et ils travaillent dur pour la promouvoir. Ils ne se reconnaîtront pas dans les caricatures que je dessine ici, et je ne reconnais pas en eux ces caricatures. Nombre de ceux qui travaillent dans ce secteur, en fait, se sentent tout aussi victimes que les autres. Ils ont perdu une grande partie des économies qu'ils avaient accumulées pendant leur vie. Au sein du monde financier, la plupart des économistes, qui s'efforçaient de prédire l'évolution de l'économie, les spécialistes du montage financier de transactions, qui tentaient d'accroître l'efficacité du secteur des biens et services, et les analystes, qui essayaient d'utiliser les techniques les plus sophistiquées pour prédire la rentabilité et garantir aux investisseurs le rendement le plus élevé possible, n'étaient pas engagés dans les mauvaises pratiques qui ont valu à la finance une si triste réputation.

Comme on semble le dire souvent dans notre société moderne si complexe, il y a «des choses qui arrivent*». Des désastres qui ne sont de la faute de personne. Mais cette crise a été le résultat d'actes, de décisions et de raisonnements des professionnels du secteur financier. Le système qui a si lamentablement échoué n'est pas «arrivé». Il a été créé. Beaucoup ont d'ailleurs fait de gros efforts – et de grosses dépenses – pour qu'il prenne la forme qu'il avait. Quiconque a contribué à mettre en place et à gérer ce système – notamment ceux qu'il a si bien rémunérés – doit rendre des comptes.

*

Si nous parvenons à comprendre ce qui a provoqué la crise de 2008 et pourquoi certaines réponses initiales des pouvoirs publics ont été des échecs si patents, nous pourrons réduire la probabilité des futures crises, leur durée et le nombre de leurs innocentes victimes; peut-être aussi ouvrir la voie à une croissance robuste aux bases solides, à l'opposé de la croissance

---

* *«Stuff happens.»* C'est ce qu'avait répondu en avril 2003 le secrétaire à la Défense Donald Rumsfeld quand on l'avait interrogé sur le scandaleux pillage du musée archéologique de Bagdad et d'autres sites non protégés, aux premières heures de la présence américaine dans la ville [*NdT*].

éphémère fondée sur les dettes de ces dernières années; et peut-être même faire en sorte que les fruits de cette croissance soient partagés par l'immense majorité des citoyens.

Nous avons la mémoire courte : dans trente ans apparaîtra une nouvelle génération, sûre de ne pas tomber dans les pièges du passé. L'ingéniosité de l'homme est sans limite : quel que soit le système que nous imaginerons, certains trouveront moyen de circonvenir les lois et réglementations mises en place pour nous protéger. Le monde aussi va changer, et les réglementations conçues pour la situation d'aujourd'hui fonctionneront imparfaitement dans l'économie du milieu du XXIe siècle. Mais, au lendemain de la Grande Dépression, nous avons réussi à créer une structure de réglementation qui nous a bien servi pendant un demi-siècle : elle nous a apporté la croissance et la stabilité. Ce livre est écrit dans l'espoir incertain que nous puissions encore le faire.

Remerciements

Ces dernières années, j'ai été absorbé par la crise, que j'ai vue d'abord créée, puis mal gérée. Des milliers de conversations avec des centaines de personnes dans des pays du monde entier ont contribué à fixer mes idées et ma compréhension de ce qui se passait. La liste de ceux envers qui je suis redevable remplirait tout un livre. Si j'en distingue ici quelques-uns, je n'entends nullement offenser les autres, et ceux que je mentionne ne doivent pas être associés à mes conclusions : les leurs peuvent être différentes. Dans les années qui ont précédé la crise, mes discussions avec Stephen Roach, Nouriel Roubini, George Soros, Robert Shiller, Paul Krugman et Rob Wescott – qui partageaient tous mon pessimisme sur ce qui nous attendait – ont été inestimables. J'ai passé de longues journées à analyser la crise économique mondiale, et ce qu'il fallait faire à son sujet, avec les membres de la Commission d'experts sur les réformes du système monétaire et financier international, mise en place par le président de l'Assemblée générale des Nations unies et que je présidais[1]. Je leur dois beaucoup pour leurs analyses perspicaces sur ces questions, et pour m'avoir aidé à comprendre comment la crise se fait sentir dans toutes les régions du monde.

J'ai eu aussi l'heureux privilège non seulement de voir directement comment elle touchait les États sur tous les continents, mais aussi de pouvoir analyser son impact avec les présidents,

---

1. La liste des membres de la commission est en ligne à l'adresse <http://www.un.org/ga/president/63/PDFs/reportofexpters.pdf>.

Premiers ministres, ministres des Finances et de l'Économie et/ou gouverneurs de banques centrales et leurs conseillers économiques dans de nombreux pays, grands et petits, développés et en développement (notamment le Royaume-Uni, les États-Unis, l'Islande, la France, l'Allemagne, l'Afrique du Sud, le Portugal, l'Espagne, l'Australie, l'Inde, la Chine, l'Argentine, la Malaisie, la Thaïlande, la Grèce, l'Italie, le Nigeria, la Tanzanie et l'Équateur).

J'écris sur la réglementation financière depuis la débâcle des caisses d'épargne aux États-Unis à la fin des années 1980, et l'influence de mes coauteurs en ce domaine, tant à l'université Stanford qu'à la Banque mondiale, devrait être évidente : Kevin Murdock, Thomas Hellmann, Gerry Caprio (aujourd'hui au Williams College), Marilou Uy et Patrick Honohan (aujourd'hui gouverneur de la Banque centrale d'Irlande).

Je dois beaucoup à Michael Greenberger, aujourd'hui professeur de droit à l'université du Maryland et qui était directeur de la division transactions et marchés de la Commodity Futures Trading Commission pendant la période cruciale où a eu lieu une tentative pour réglementer les dérivés ; et à Randall Dodd, aujourd'hui du FMI mais autrefois du Financial Policy Forum et du Derivatives Study Center, pour avoir amélioré ma compréhension de ce qui se passait sur le marché des dérivés. J'aimerais citer quelques autres personnes qui ont contribué à la formation de mes idées : Andrew Sheng, ancien de la Banque mondiale et ex-président de la Hong Kong Securities and Futures Commission ; le Dr Y. V. Reddy, ancien gouverneur de la Reserve Bank of India ; Arthur Levitt, ancien président de la Securities and Exchange Commission des États-Unis ; Leif Pagrotsky, qui a joué un rôle central dans la résolution de la crise bancaire suédoise ; le gouverneur Zeti Aziz, de la Banque centrale de Malaisie, qui a été au cœur de la gestion de l'économie malaisienne pendant sa crise financière ; Howard Davies, ancien président de la Financial Services Administration britannique et aujourd'hui à la London School of Economics ; Jamie Galbraith, de l'université du Texas, Austin ; Richard Parker et Kenneth Rogoff, de Harvard ; Andrew Crockett et Bill

White, qui ont tous deux travaillé à la Banque des règlements internationaux; Mar Gudmundsson, qui m'a introduit pour la première fois en Islande quand il était économiste en chef de sa banque centrale, dont il est actuellement le gouverneur; Luigi Zingales, de l'université de Chicago; Robert Skidelsky, de l'université de Warwick; Yu Yongding, de l'Institut de politique et d'économie mondiales de Pékin; David Moss, du Tobin Project et de la faculté de droit de Harvard; Elizabeth Warren et David Kennedy, également de la faculté de droit de Harvard; Damon Silver, directeur des politiques à l'AFL-CIO; Ngaire Woods, d'Oxford; Jose Antonio Ocampo, Perry Merhing, Stephany Griffith-Jones, Patrick Bolton et Charles Calomiris, tous de l'université Columbia; et Keith Leffler, de l'université du Washington.

Heureusement, certains excellents et courageux journalistes ont contribué à mener l'enquête sur ce qui se passait dans le secteur financier et à l'exposer au grand jour. J'ai particulièrement tiré profit des articles de Gretchen Morgenson, Lloyd Norris, Martin Wolf, Joe Nocera, David Wessel, Gillian Tett et Mark Pittman, et dans certains cas de longues conversations avec eux.

Si je suis critique à l'égard du Congrès, il me faut féliciter pour ses efforts Carolyn Maloney, coprésidente du Joint Economic Committee, et je lui dois beaucoup pour ses analyses de nombre des questions évoquées ici. Toutes les législations qui seront votées porteront la marque de Barney Frank, président du Comité sur les services financiers de la Chambre des représentants, et j'ai beaucoup apprécié les nombreuses conversations que j'ai eues avec lui et avec son économiste en chef, David Smith, ainsi que les occasions de témoigner devant son comité. Si ce livre critique certaines approches de l'administration Obama, je suis redevable à des membres de son équipe économique (dont Timothy Geithner, Larry Summers, Jason Furman, Austan Goolsbee et Peter Orszag) de m'avoir fait part de leur point de vue et aidé à comprendre leur stratégie. Je tiens aussi à remercier Dominique Strauss-Kahn, directeur du FMI, non seulement pour nos nombreuses conversations au fil des ans mais aussi pour ses efforts en vue de remodeler cette institution.

Deux personnes ont particulièrement influencé la formation de mes idées sur le sujet que je traite ici. Rob Johnson, ancien étudiant de Princeton, a apporté des perspectives claires et distinctes sur la crise grâce à sa double pratique des secteurs privé et public : il a servi comme économiste en chef du Comité bancaire du Sénat pendant la grande épreuve des caisses d'épargne et a travaillé à Wall Street. Bruce Greenwald, mon coauteur depuis un quart de siècle et professeur de finance à l'université Columbia, m'a donné, comme toujours, des idées profondes et créatrices sur tous les sujets évoqués dans ce livre – de la banque aux réserves mondiales et à l'histoire de la Grande Dépression.

Des versions antérieures de certains passages de ce livre ont paru dans *Vanity Fair*, et je remercie tout particulièrement mon éditeur dans cette revue, Cullen Murphy, pour son rôle dans la mise en forme et la correction de ces articles («Wall Street's Toxic Message», *Vanity Fair*, juillet 2009, et «Reversal of Fortune», *Vanity Fair*, octobre 2008).

Dans la réalisation de cet ouvrage, j'ai eu la bonne fortune de bénéficier du concours d'une équipe de premier ordre d'assistants de recherche – Jonathan Dingel, Izzet Yildiz, Sebastian Rondeau et Dan Choate – et d'assistants éditoriaux – Deidre Sheehan, Sheri Prasso et Jesse Berlin. Jill Blackford a supervisé tout le processus, mais aussi apporté de très précieuses contributions à toutes les étapes, de la recherche à la rédaction.

Une fois de plus, j'ai eu la chance de travailler avec W. W. Norton et Penguin : les commentaires et la lecture éditoriale détaillée de Brendan Curry, Drake McFeely et Stuart Proffitt ont été inestimables ; Mary Babcock a fait un superbe travail de préparation du manuscrit dans des délais extraordinairement courts.

Enfin, comme toujours, c'est à Anya Schiffrin que je dois le plus, de la discussion des idées dans leur phase de gestation à la mise au point finale du manuscrit. Ce livre aurait été impossible sans elle.

CHAPITRE 1

Fabrication d'une crise

La seule surprise de la crise économique de 2008, c'est qu'elle ait tant surpris. Pour quelques observateurs, c'était un cas d'école tout à fait prévisible, et d'ailleurs prédit. Un marché déréglementé, saturé de liquidités et de taux d'intérêt faibles; une bulle planétaire de l'immobilier; une hausse astronomique du prêt à risque : le mélange était explosif. Ajoutons les deux déficits des États-Unis, le budgétaire et le commercial, et l'accumulation correspondante de gigantesques réserves de dollars en Chine – une économie mondiale déséquilibrée –, et il était clair que tout avait affreusement déraillé.

La *véritable* originalité de cette crise par rapport à la multitude de celles qui l'ont précédée depuis un quart de siècle, c'est d'être «*made in USA*». Les autres avaient été endiguées, mais celle-ci, «fabriquée aux États-Unis», a vite touché le monde entier. Nous, Américains, considérons volontiers notre pays comme l'un des moteurs de la croissance économique mondiale et un exportateur de politiques économiques saines – pas de récessions. La dernière fois que les États-Unis ont exporté une crise majeure, c'était la Grande Dépression des années 1930[1].

Dans les grandes lignes, ce qui s'est passé est bien connu : cela a été dit et répété. Les États-Unis avaient une bulle de l'immobilier. Quand elle a éclaté et que les prix des maisons

---

1. Voir Milton Friedman et Anna Schwartz, *A Monetary History of the United States, 1867-1960*, Princeton, Princeton University Press, 1971; et Barry Eichengreen, *Golden Fetters : The Gold Standard and the Great Depression, 1919-1939*, Oxford, Oxford University Press, 1995.

sont retombés du cosmos, des propriétaires toujours plus nombreux se sont retrouvés *underwater* – «sous l'eau» : aux termes de leurs contrats de prêt, ils devaient plus que la valeur reconnue à leur maison. En perdant leur domicile, beaucoup ont également perdu toutes leurs économies passées, et l'avenir dont ils avaient rêvé – une formation universitaire pour leurs enfants, une retraite confortable pour eux. En un sens, les Américains avaient passé toute leur existence dans un rêve.

Le pays le plus riche du monde vivait au-dessus de ses moyens, et c'était la base du dynamisme de l'économie, aux États-Unis et dans le monde entier. L'économie mondiale avait besoin pour sa croissance que la consommation de ce pays ne cesse d'augmenter; mais comment cela se pouvait-il, alors que les revenus d'un grand nombre de ses habitants stagnaient depuis si longtemps[1]? Les Américains ont trouvé une solution ingénieuse : emprunter, et consommer comme si leurs revenus augmentaient. Ils l'ont fait sans retenue. Le taux d'épargne moyen est tombé à zéro – et, puisque beaucoup d'Américains riches font de gros placements, cela veut dire que le taux d'épargne des Américains pauvres est devenu lourdement négatif. Autrement dit, ils se sont endettés jusqu'au cou. Tout le monde était content de ce qui se passait, les emprunteurs comme les prêteurs : les premiers pouvaient continuer à consommer avec faste, sans avoir à affronter la réalité de leurs revenus stationnaires ou en baisse; les seconds engrangeaient des profits record, grâce à leurs commissions toujours plus élevées.

Les taux d'intérêt faibles et les réglementations laxistes ont gonflé la bulle de l'immobilier. Puisque les prix des logements

---

1. De 2000 à 2008, le revenu médian réel des ménages américains («réel» signifie : compte tenu de l'inflation) a diminué de près de 4%. À la fin de la dernière expansion, en 2007, les revenus étaient encore inférieurs d'environ 0,6% au niveau atteint avant la fin de l'expansion précédente, en 2000. Voir U.S. Congress Joint Economic Committee, «Income in America», 26 août 2008, et U.S. Census Bureau, «Income, Poverty, and Health Insurance Coverage in the United States : 2008», *Current Population Reports*, septembre 2009, en ligne à l'adresse <http://www.census.gov/prod/2009pubs/p60-236.pdf>.

étaient en pleine ascension, les propriétaires pouvaient tirer de l'argent de leurs maisons. Les « extractions hypothécaires des ménages* » – qui, en l'espace d'une seule année, ont représenté 975 milliards de dollars, soit plus de 7 % du PIB[1] (le produit intérieur brut, mesure habituelle de la somme de tous les biens et services produits dans l'économie) – permettaient aux emprunteurs de verser l'apport personnel dans l'achat d'une voiture neuve tout en gardant une partie de la valeur hypothécaire de leur maison pour leur retraite. Mais cette montagne de dettes reposait sur un postulat risqué : le prix des maisons continuerait à grimper, ou du moins ne baisserait pas.

L'économie était sortie de ses rails. Des deux tiers aux trois quarts de son activité (c'est-à-dire du PIB) étaient désormais liés à l'immobilier : construction de logements neufs, achats pour les meubler ou emprunts gagés sur le parc immobilier existant pour financer la consommation. C'était intenable – et ça n'a pas tenu. L'éclatement de la bulle a d'abord frappé les prêts hypothécaires les plus fragiles (les *subprime*, consentis aux personnes à faibles revenus), mais il a vite touché l'ensemble de l'immobilier résidentiel.

Quand la bulle a crevé, le choc a été amplifié du fait que les banques avaient fondé sur les prêts hypothécaires de nouveaux produits financiers complexes. Pire : elles avaient engagé des paris de plusieurs milliards de dollars, entre elles et avec d'autres dans le monde. Sous l'effet conjoint de cette complexité, de la dégradation rapide de la situation et de leur énorme

---

1. James Kennedy, « Estimates of Mortgage Originations Calculated from Data on Loans Outstanding and Repayments » (sans ajustements saisonniers), novembre 2008, en ligne à l'adresse <http://www.wealthscribe. com/wp-content/uploads/2008/11/equity-extraction-data-2008-q2. pdf> (mise à jour des estimations d'Alan Greenspan et James Kennedy, « Estimates of Home Mortgage Originations, Repayments, and Debt on One-to-Four-Family Residences », Finance and Economics Discussion Series (FEDS), Division of Research and Statistics and Monetary Affairs, Federal Reserve Board, document de travail 2005-41, septembre 2005).

* Emprunts effectués par les ménages sur la base de la valeur de leur maison mais consacrés à d'autres fins qu'un achat immobilier [*NdT*].

endettement (comme les ménages, elles avaient financé leurs investissements par l'emprunt massif), les banques ne savaient pas si le montant qu'elles devaient à leurs déposants et aux porteurs de leurs obligations dépassait la valeur de leurs actifs. Et elles ont pris conscience qu'elles ne pouvaient pas le savoir non plus pour les autres banques. La confiance, fondement du système bancaire, s'est évanouie. Les banques ont refusé de se prêter les unes aux autres – ou exigé pour le faire des taux d'intérêt élevés, à la hauteur du risque qu'elles prenaient. Les marchés mondiaux du crédit ont commencé à péricliter.

L'Amérique et le monde se sont alors trouvés confrontés simultanément à une crise financière et à une crise économique. La seconde avait plusieurs composantes. Il y avait une crise de l'immobilier résidentiel en plein développement, vite suivie par des problèmes dans l'immobilier de bureau. La demande chutait, puisque les ménages voyaient s'effondrer la valeur de leurs maisons (et de leurs actions aussi, s'ils en avaient) et que leur capacité d'emprunt – et leur disposition à emprunter – diminuait. Il y avait le «cycle des stocks» : quand les marchés du crédit se sont figés et que la demande a chuté, les entreprises ont réduit leurs stocks le plus vite possible. Et il y avait l'effondrement de l'industrie manufacturière américaine.

Des questions de fond se posaient aussi : par quoi allait-on remplacer la consommation débridée des Américains qui avait soutenu l'économie pendant des années avant l'éclatement de la bulle? Comment l'Amérique et l'Europe allaient-elles gérer leur restructuration, par exemple la transition vers une économie de services, qui s'était déjà révélée si problématique pendant l'expansion? La restructuration était inévitable – la mondialisation et le rythme du changement technologique l'exigeaient –, mais elle ne serait pas facile.

Bref survol des événements

Les défis qui nous attendent sont clairs, mais la question demeure : comment tout cela est-il arrivé? Ce n'est pas ainsi, je l'ai dit, que les économies de marché sont *censées* fonctionner. Quelque chose a mal tourné. Vraiment mal.

Il n'y a pas d'instant naturel où couper le fil continu de l'histoire. Pour être bref, nous commençons ici par l'éclatement de la bulle technologique (celle des point-com) au printemps 2000 – une bulle qu'Alan Greenspan, alors président de la Federal Reserve, avait laissée se développer et qui avait alimenté la croissance forte de la fin des années 1990[1]. Les cours des actions technologiques ont chuté de 78 % entre mars 2000 et octobre 2002[2]. On espérait que ces pertes ne toucheraient pas l'ensemble de l'économie, mais elles l'ont fait. L'investissement s'effectuait en grande partie dans le secteur des technologies de pointe, et, lorsque la bulle boursière a éclaté, il s'est arrêté. En mars 2001, l'Amérique est entrée en récession.

L'administration de George W. Bush a pris prétexte de cette courte récession qui a suivi l'effondrement de la bulle technologique pour promouvoir son programme de réduction des impôts des riches, que le président présentait comme une panacée pour tous les maux économiques. Mais les réductions d'impôts n'étaient pas conçues pour stimuler l'économie, et ne l'ont fait que faiblement. C'est donc la politique monétaire qui a dû assumer la charge de ramener l'économie au plein-emploi. Pour s'en acquitter, Greenspan a réduit les taux d'intérêt, inondant le marché de liquidités. Avec toutes les capacités de production qui restaient inutilisées dans l'économie, la baisse des taux d'intérêt n'a évidemment pas induit une hausse de l'investissement en usines et en équipements. Elle

---

1. La bulle technologique elle-même est une autre histoire, dont on trouvera une analyse plus complète *in* J. E. Stiglitz, *Quand le capitalisme perd la tête*, trad. fr. de Paul Chemla, Paris, Fayard, 2003.

2. L'indice NASDAQ Composite (généralement utilisé comme mesure du comportement des actions technologiques) a clôturé au niveau record de 5 046,86 le 9 mars 2000. Le 9 octobre 2002, il a clôturé au point bas de 1 114,11 (Google Finance, « NASDAQ Composite Historical Prices », en ligne à l'adresse <http://www.google.com/finance/historical?q=INDEXN ASDAQ:COMPX>).

a fonctionné – mais en remplaçant la bulle technologique par une bulle du logement, qui a soutenu un boom de la consommation et de l'immobilier.

Le fardeau qui pesait sur la politique monétaire s'est encore alourdi quand les prix pétroliers ont commencé à monter à vive allure, après l'invasion de l'Irak en 2003. Les États-Unis ont consacré des centaines de milliards de dollars de plus à importer du pétrole – sommes qui, sans cette hausse, auraient servi à soutenir l'économie américaine. Le prix du brut est passé de 32 $ le baril en mars 2003, au début de la guerre d'Irak, à 137 $ le baril en juillet 2008. Ce qui veut dire qu'à cette date les Américains consacraient chaque jour aux importations de pétrole 1,4 milliard de dollars, contre 292 millions de dollars avant le début de la guerre – au lieu de dépenser l'argent dans leur pays[1]. Greenspan estimait pouvoir maintenir les taux d'intérêt à un bas niveau puisqu'il n'y avait guère de pression inflationniste[2]; sans la bulle de l'immobilier qu'alimentait la faiblesse des taux d'intérêt et sans le boom de la consommation qu'alimentait la bulle de l'immobilier, l'économie américaine aurait été anémique.

Pendant toutes ces années dynamiques d'argent bon marché, Wall Street n'a pas élaboré de bon produit hypothécaire. Un bon produit aurait eu des coûts de transaction faibles et des taux d'intérêt faibles, et il aurait aidé les gens à gérer le risque de l'accession à la propriété, notamment en les protégeant en cas de dévalorisation de la maison ou de perte d'emploi

---

1. U.S. Energy Information Administration, base de données «Petroleum Navigator», Importations américaines de pétrole brut (en milliers de barils par jour) [consulté le 28 août 2009] et Moyenne hebdomadaire tous pays des prix spot FOB, pondérée par le volume estimé des exportations (en dollars par baril) [consulté le 2 septembre 2009], en ligne à l'adresse <http://tonto.eia.doe.gov/dnav/pet/pet_pri_top. asp>.

2. On attribue souvent à Alan Greenspan le mérite de l'ère de l'inflation faible, mais beaucoup d'autres pays de la planète avaient très peu d'inflation – ce n'était pas un phénomène spécifiquement américain. Le fait que la Chine fournissait le monde en biens manufacturés à prix réduits et même en baisse était l'un des facteurs communs cruciaux.

de l'emprunteur. Les néopropriétaires veulent aussi que leurs mensualités de remboursement soient prévisibles, ne s'envolent pas sans crier gare et ne contiennent pas de coûts dissimulés. Les marchés financiers américains n'ont pas cherché à mettre au point ces bons produits, bien qu'il en existe dans d'autres pays. Ne pensant qu'à maximiser leurs profits, les firmes de Wall Street ont préféré proposer des prêts hypothécaires offrant de tout autres caractérisques : coûts de transaction élevés et taux d'intérêt variables pouvant soudain monter en flèche, mais sans aucune protection contre les risques de baisse de la valeur de la maison ou de perte d'emploi.

Si les inventeurs de ces formules de prêts immobiliers s'étaient concentrés sur les objectifs finaux – ce que nous attendons vraiment de notre marché des hypothèques – et non sur la maximisation de leurs *propres* revenus, ils auraient pu élaborer des produits qui auraient permis une augmentation *permanente* du nombre de propriétaires. Ils auraient pu « gagner bien en agissant bien ». En fait, leurs efforts ont produit toute une gamme d'instruments de crédit compliqués, qui leur ont rapporté énormément d'argent à court terme et ont entraîné une légère expansion *temporaire* de l'effectif des propriétaires, mais à un coût extrêmement lourd pour l'ensemble de la société.

Les défaillances du marché hypothécaire étaient symptomatiques de celles de tout le système financier, et en particulier des banques. Le système bancaire a deux missions essentielles. La première est de fournir un mécanisme de paiement efficace : la banque facilite les transactions en transférant l'argent de ses déposants à ceux qui leur vendent des biens et services. La seconde consiste à évaluer et gérer le risque et à consentir des prêts. Elle est liée à la première, car si une banque évalue mal le risque de crédit, fait des paris imprudents ou met trop d'argent dans des entreprises hasardeuses qui se retrouveront en défaut de paiement, elle ne pourra plus tenir sa promesse de rendre l'argent de ses déposants. Si une banque fait son travail correctement, elle apporte l'argent nécessaire pour créer de nouvelles entreprises et développer les anciennes, il y a croissance économique, il y a création d'emplois, et en même temps elle réalise des profits élevés – suffisants pour rembourser avec intérêt ses déposants et assurer des rendements compétitifs à ceux qui ont investi leur argent chez elle.

L'attrait des profits faciles issus des coûts de transaction a détourné beaucoup de nos grandes banques de leurs fonctions primordiales. Aux États-Unis et dans bien d'autres pays, le système bancaire n'a pas consacré ses efforts à prêter aux PME, qui sont à la base des créations d'emplois dans toutes les économies, mais à promouvoir la titrisation, notamment sur le marché hypothécaire.

Cet engagement dans la titrisation des prêts immobiliers s'est révélé fatal. Au Moyen Âge, les alchimistes tentaient de transformer de vils métaux en or. L'alchimie moderne a voulu, entre autres, métamorphoser des prêts immobiliers douteux, les *subprime*, en fine fleur des produits financiers, notés AAA, suffisamment sûrs pour être détenus par les fonds de pension. Les agences de notation ont donné leur bénédiction à ces agissements des banques. Celles-ci ont fini par s'engager directement dans ces paris : non contentes de servir d'intermédiaires pour diffuser les actifs à haut risque qu'elles créaient, elles en ont détenu elles-mêmes. Peut-être croyaient-elles avoir transféré à d'autres les risques épouvantables qu'elles avaient inventés (et les autorités de contrôle le pensaient peut-être également), mais, quand l'heure des comptes a sonné – quand les marchés se sont effondrés –, elles aussi ont été prises au dépourvu[1].

---

1. Comment cela a-t-il été possible ? Sur cette question, un vaste débat est en cours. Le problème est venu en partie du fait que, comme toute entreprise commerciale, les banques détenaient des «stocks». Un autre élément d'explication est que, dans les reconditionnements complexes, elles ont peut-être été abusées par leurs propres calculs ; elles ont conservé certains titres et absorbé certains risques. Parfois, des titres étaient détenus hors bilan – elles pouvaient inscrire les commissions liées au reconditionnement sans inscrire les risques associés à ce qui n'avait pas été vendu. Les incitations qui les poussaient à s'engager dans ces activités hors bilan seront analysées plus loin dans cet ouvrage.

À qui la faute?

Lorsqu'on a mieux compris la gravité de la crise – en avril 2009, elle était déjà devenue la récession la plus longue depuis la Grande Dépression –, on a naturellement cherché les coupables, et il y avait quantité d'accusations à porter de tous côtés. Savoir qui, ou du moins quoi, blâmer est essentiel pour réduire la probabilité d'un retour de ces événements et pour corriger les dysfonctionnements manifestes des marchés financiers d'aujourd'hui. Nous devons nous méfier des explications faciles : elles commencent trop souvent par la cupidité outrancière des banquiers. C'est peut-être vrai, mais cela n'offre pas de base sérieuse pour une réforme. Les banquiers ont agi avec cupidité parce qu'ils y étaient incités et avaient de bonnes occasions de le faire : c'est cela qu'il faut changer. De plus, le fondement du capitalisme est la recherche du profit : devons-nous blâmer les banquiers parce qu'ils font (peut-être un petit peu mieux que les autres) ce que chacun est censé faire dans l'économie de marché?

Dans la longue liste des coupables, il est naturel de commencer par le bas, par les «initiateurs» des prêts immobiliers. Les sociétés de crédit hypothécaire avaient fait signer des contrats extravagants à des millions de personnes, dont beaucoup ne savaient pas dans quel guêpier elles se fourraient. Mais ces sociétés n'auraient pas pu commettre leurs méfaits sans l'aide et la complicité des banques et des agences de notation. Les banques achetaient leurs prêts hypothécaires et les reconditionnaient* afin de les vendre à des investisseurs inconscients du danger. Les banques et institutions financières américaines vantaient l'habileté de leurs nouveaux instruments d'investissement. Elles avaient créé des produits qui, mis en vente en tant qu'instruments de

---

* Opération dite aussi *repackaging*. C'est l'une des formes principales de titrisation: l'émission d'une valeur mobilière directement liée à la valeur d'un sous-jacent financier [NdT].

gestion du risque, étaient en fait si dangereux qu'ils ont failli anéantir l'ensemble du système financier américain. Les agences de notation, qui auraient dû freiner la croissance de ces instruments financiers toxiques, leur ont donné leur aval, ce qui a encouragé d'autres investisseurs – dont des fonds de pension, en quête de placements sûrs pour l'argent épargné par des salariés en vue de leur retraite –, aux États-Unis ou à l'étranger, à les acheter.

Bref, les marchés financiers américains n'avaient pas rempli leurs fonctions sociales essentielles : gérer le risque, bien orienter les capitaux et mobiliser l'épargne, en maintenant les coûts de transaction à un bas niveau. Ils avaient créé le risque, mal orienté les capitaux et encouragé le surendettement, en imposant des coûts de transaction massifs. Au sommet de leur puissance, en 2007, les marchés financiers avaient tant enflé qu'ils absorbaient 41 % des profits de l'ensemble des entreprises américaines[1].

L'une des raisons pour lesquelles le système financier a si mal géré le risque, c'est que le marché a mal fixé son prix et l'a mal évalué. Le « marché » a fait une lourde erreur de jugement sur le risque de non-remboursement des prêts hypothécaires *subprime*, et une autre, plus grave encore, quand il a fait confiance aux agences de notation et aux banques d'affaires à propos du « reconditionnement » des prêts *subprime* en nouveaux produits notés AAA. Les banques (et ceux qui y ont investi) ont très mal évalué le risque associé au surendettement des banques. Et des actifs risqués, dont le rendement aurait dû normalement être nettement plus élevé afin d'inciter les investisseurs à les détenir, ne rapportaient qu'une petite prime de risque. Chez certains, ce qui semblait être une mauvaise évaluation du risque reposait en fait sur un habile pari : ils estimaient qu'en cas de

---

1. Voir Bureau of Economic Analysis, National Income and Product Accounts Table [Tableau des comptes du produit et du revenu national], « Table 6.16D. Corporate Profits by Industry », en ligne à l'adresse <http://www.bea.gov/National/nipaweb/SelectTable.asp>.

problème la Federal Reserve et le Trésor les renfloueraient, et ils avaient raison[1].

La Federal Reserve, d'abord présidée par Alan Greenspan puis par Ben Bernanke, et les autres autorités de contrôle ne sont pas intervenues, elles ont laissé tout cela se produire. Leurs responsables ont prétendu qu'ils ne pouvaient pas dire s'il y avait ou non une bulle tant qu'elle n'avait pas éclaté, et que, même s'ils avaient pu le faire ils n'auraient eu aucun moyen de la combattre. Ils avaient tort sur les deux points. Ils auraient pu œuvrer, par exemple, pour un relèvement de l'apport personnel dans les achats immobiliers, ou pour des obligations de marge dans les transactions boursières, deux mesures qui auraient refroidi la surchauffe de ces marchés. Ils ont choisi de ne pas le faire. Et il y a peut-être pire : Greenspan a aggravé la situation en autorisant les banques à s'engager dans des prêts toujours plus risqués et en incitant les particuliers à

---

1. L'un des arguments couramment avancés pour expliquer pourquoi le marché a évalué le risque à si bas prix était le suivant : les taux d'intérêt sur les actifs sûrs étaient si faibles que le marché réclamait des actifs aux rendements légèrement supérieurs ; cela a fait monter le prix de ces actifs et baisser leur rendement. Certains professionnels de Wall Street font un raisonnement parallèle : lorsque le *spread* (la marge) entre taux long terme et taux court terme a été réduit parce que la Federal Reserve a relevé ses taux d'intérêt à partir de juin 2004, beaucoup ont dit qu'ils « devaient » prendre davantage de risques pour maintenir leurs gains antérieurs. Un peu comme le voleur qui dirait pour sa défense : quand les moyens honnêtes de gagner ma vie ont disparu, j'ai dû me tourner vers la criminalité. Indépendamment du taux d'intérêt, les investisseurs auraient dû exiger d'être convenablement indemnisés pour le risque assumé (La Federal Reserve a relevé le taux d'intérêt dix-sept fois de 25 points de base de juin 2004 à juin 2006, ce qui a fait passer le taux cible des fonds fédéraux de 1,25 % à 5,25 % pendant cette période : Federal Reserve, « Intended Federal Funds Rate, Change and Level, 1990 to Present », 16 décembre 2008, en ligne à l'adresse <http://www.federalreserve.gov/fomc/funds rate.htm>. Entre ces deux dates, le taux des bons du Trésor américain à dix ans est tombé de 4,7 % en juin 2004 jusqu'à un point bas de 3,9 % en juin 2005, avant de remonter à 5,1 % en juin 2006 : voir « 10-Year Treasury Note, TNX » sur finance.yahoo.com. La courbe des taux s'est donc considérablement aplatie, et en fait inversée en juin 2006.)

emprunter à taux variable, donc avec des mensualités pouvant facilement exploser (elles l'ont fait) et condamner à la saisie de leur maison même des familles à revenus moyens[1].

Ceux qui ont plaidé pour la déréglementation – et qui continuent à le faire en dépit de ses conséquences évidentes – affirment que les coûts de la réglementation sont supérieurs à ses avantages. À l'heure où les coûts budgétaires et réels mondiaux de la crise actuelle se comptent en milliers de milliards de dollars, on voit mal comment ils peuvent encore maintenir cette position. Ils soutiennent toutefois que le coût réel de la réglementation est d'étouffer l'innovation. La triste vérité est que, sur les marchés financiers américains, les innovations visaient à contourner les réglementations, les normes comptables et le fisc. Elles ont créé des produits si complexes qu'ils ont eu le double effet d'aggraver le risque et les asymétries d'information. On ne saurait donc s'étonner qu'il soit impossible de rattacher à ces nouveaux produits financiers la moindre hausse durable de la croissance économique (autre que leur contribution à la bulle). En même temps, les marchés financiers n'ont pas produit d'innovations qui auraient facilité pour les citoyens ordinaires la tâche simple de gérer le risque de leur accession à la propriété. Ils ont même opposé une résistance à certaines nouveautés qui auraient aidé les particuliers et les pays à gérer les autres risques importants auxquels ils sont confrontés. De bonnes réglementations auraient pu réorienter l'innovation sur des voies qui auraient accru l'efficacité de notre économie et la sécurité de nos citoyens.

Sans surprise, quand on est resté sourd à ses assurances qu'il s'agissait d'un simple «accident» – un ouragan comme il s'en produit une fois par millénaire –, le secteur financier a tenté de dévier la critique ailleurs.

---

1. Alan Greenspan, «Understanding Household Debt Obligations», remarques à la conférence 2004 de la Credit Union National Association sur les «affaires de l'État», Washington, DC, 23 février 2004, en ligne à l'adresse <http://www.federalreserve.gov/boarddocs/speeches/2004/20040223/default.htm>. Voir aussi l'analyse de la question au chapitre 4.

Les financiers reprochent souvent à la Federal Reserve d'avoir maintenu trop longtemps les taux d'intérêt à un bas niveau. Mais cet argument précis pour dévier la critique est assez étrange : quel autre secteur d'activité expliquerait la faiblesse de ses profits et l'insuffisance de ses résultats en faisant valoir que le coût de ses intrants (l'acier, les salaires) était trop bas ? Le principal « intrant » du secteur bancaire est le coût de ses fonds, et pourtant les banquiers semblent se plaindre que la Federal Reserve ait rendu l'argent trop bon marché ! Si ces fonds peu coûteux avaient été bien utilisés, s'ils étaient allés, par exemple, stimuler l'investissement dans les technologies nouvelles ou l'expansion des entreprises, nous aurions eu une économie plus compétitive et plus dynamique.

Une réglementation laxiste sans argent bon marché n'aurait peut-être pas conduit à une bulle. Mais l'important, c'est que l'argent bon marché avec un système bancaire bien géré ou bien réglementé aurait pu conduire à une expansion, comme il l'a fait à d'autres époques et en d'autres lieux. (De même, si les agences de notation avaient fait leur travail correctement, on aurait moins vendu de prêts hypothécaires aux fonds de pension et autres investisseurs institutionnels, et l'envergure de la bulle aurait été nettement moindre. Cela se serait produit aussi, même avec des agences de notation aussi lamentables qu'elles l'ont été, si les investisseurs eux-mêmes avaient analysé correctement les risques.) Bref, c'est une conjonction de défaillances qui a donné à la crise les proportions qu'elle a eues.

Greenspan et consorts ont tenté à leur tour de trouver un autre coupable de la faiblesse des taux d'intérêt : ils ont accusé les pays d'Asie, et la marée de liquidités due à leur épargne excessive[1]. Là encore, pouvoir importer des capitaux à de meilleures conditions aurait dû être un atout, une bénédiction. Mais l'argument est remarquable : la Federal Reserve déclare, en fait, qu'elle ne peut plus contrôler les taux d'intérêt aux États-Unis. Bien sûr que si, elle le peut ; elle a *choisi* de

---

1. Alan Greenspan, « The Fed Didn't Cause the Housing Bubble », *Wall Street Journal*, 11 mars 2009, p. A15.

maintenir les taux d'intérêt à un bas niveau, en partie pour des raisons que j'ai déjà expliquées[1].

Faut-il y voir un acte odieux d'ingratitude envers ceux qui les ont sauvés d'une mort certaine ? Mordant la main qui les nourrit, beaucoup de banquiers ont accusé l'État. Ils lui reprochent de ne pas les avoir arrêtés – comme le gamin pris à voler des bonbons accuse le confiseur ou le gendarme d'avoir regardé ailleurs, ce qui lui a fait croire qu'il pouvait commettre son larcin impunément. Mais ici la mauvaise foi est encore plus flagrante, car les marchés financiers avaient *payé* pour se débarrasser des gendarmes. Ils avaient brillamment repoussé les tentatives pour réglementer les dérivés et restreindre le crédit prédateur. Leur victoire sur l'Amérique avait été totale. Chaque bataille gagnée leur donnait davantage de ressources pour influencer le processus politique. Ils avaient même un argument : la déréglementation leur avait fait gagner de l'argent, et l'argent était la preuve du succès. CQFD.

Les conservateurs n'aiment pas que l'on fustige ainsi les marchés ; si l'économie a un problème, ils savent, au fond d'eux-mêmes, que sa vraie cause est forcément l'État. Celui-ci voulait accroître le nombre de propriétaires, et les banquiers n'ont fait que jouer leur rôle dans ce projet : telle est leur défense. Fannie Mae et Freddie Mac, les deux sociétés privées qui étaient au départ des agences publiques, sont particulièrement vouées aux gémonies, ainsi que le Community Reinvestment Act (CRA), un dispositif de l'État qui encourage les banques à prêter aux collectivités locales insuffisamment desservies. Sans ces efforts pour prêter aux pauvres – à en croire ce raisonnement conservateur –, tout se serait bien passé. Cette litanie autojustificatrice est pour l'essentiel parfaitement absurde. Le renflouement d'AIG, de près de

---

1. En temps normal, la Federal Reserve concentre son attention sur les taux d'intérêt à court terme de l'État et laisse le marché fixer les taux d'intérêt à long terme. Mais c'est une contrainte auto-imposée : pendant la crise, elle a montré qu'elle avait la capacité et la volonté de déterminer d'autres taux d'intérêt.

200 milliards de dollars (un gros chiffre, de l'avis général), a été rendu nécessaire par des produits dérivés, les CDS – des banques qui font des paris avec d'autres banques. Les banques n'ont pas eu besoin d'une pression égalitariste en matière de logement pour s'engager dans les prises de risque excessives. Le surinvestissement massif dans les immeubles de bureaux n'a absolument rien à voir avec la politique de l'État en matière d'accession à la propriété. Pas plus que les épisodes répétés de prêts problématiques dans le monde entier où, tant de fois, il a fallu sauver les banques. Ajoutons que le taux de défaut de paiement sur les prêts CRA est en réalité du même ordre que sur les autres, ce qui prouve que ce type de prêt, s'il est bien fait, ne comporte pas de risques supérieurs[1]. Mais voici le meilleur : le mandat de Fannie Mae et de Freddie Mac portait sur les «prêts conformes», consentis aux classes moyennes. Ce sont les banques, sans aucune incitation de l'État, qui se sont lancées dans les *subprime* – secteur auquel, à l'époque, Freddie Mac et Fannie Mae ne prêtaient rien du tout. Le président a peut-être fait quelques discours sur la «société de propriétaires», mais on n'a guère de preuves, ni avant ni après, que, lorsque le président fait un discours, les banques s'empressent d'obtempérer. Une politique doit s'accompagner de carottes et de bâtons, et il n'y en avait pas. (Si le verbe suffisait, les déclarations répétées d'Obama demandant aux banques de restructurer davantage de prêts hypothécaires et de prêter

---

1. Les prêts du Community Reinvestment Act (CRA) ont des résultats comparables aux autres prêts *subprime*. De fait, les prêts consentis dans le cadre de NeighborWorks America, un programme typique du CRA, ont eu un taux de défaut de paiement inférieur à celui des *subprime*. Voir Glenn Canner et Neil Bhutta, «Staff Analysis of the Relationship between the CRA and the Subprime Crisis», mémorandum, Board of Governors of the Federal Reserve System, Division of Research and Statistics, 21 novembre 2008, en ligne à l'adresse <http://www.federalreserve.gov/newsevents/ speech/20081203_analysis.pdf>, et Randall S. Kroszner, «The Community Reinvestment Act and the Recent Mortgage Crisis», discours devant le Confronting Concentrated Poverty Policy Forum, 3 décembre 2008, en ligne à l'adresse <http://www.federalreserve.gov/newsevents/speech/ kroszner20081203a.htm>.

plus aux petites entreprises auraient eu quelque effet.) Sur le point précis dont il s'agit ici, les champions de l'accession à la propriété pensaient à une propriété permanente, ou du moins durable. Ils n'auraient pas vu grand intérêt à mettre quelqu'un dans une maison pour quelques mois, puis à le jeter dehors après l'avoir dépouillé des économies de toute sa vie. Or c'est cela qu'ont fait les banques. Je ne connais aucun responsable public qui aurait dit que les prêteurs devaient se livrer à des pratiques prédatrices, prêter au-delà de la capacité des gens à rembourser, consentir des prêts hypothécaires à haut risque et à forts coûts de transaction. Plus tard, des années après l'invention par le secteur privé des prêts hypothécaires toxiques (que j'analyserai plus longuement au chapitre 4), les Fannie Mae et Freddie Mac privatisés et sous-réglementés ont décidé qu'eux aussi allaient se joindre à la fête. Pourquoi ne pourrions-nous pas jouir de «bonus» aussi plantureux que les autres dans la branche? se sont dit leurs dirigeants. Ce faisant, ils ont bizarrement contribué à sauver le secteur privé d'une partie de sa folie : beaucoup de prêts hypothécaires titrisés ont atterri dans leurs bilans. S'ils ne les avaient pas achetés, les problèmes du secteur privé auraient vraisemblablement été bien pires, quoique, en acquérant tant de titres, ils aient peut-être aussi contribué à alimenter la bulle[1].

Je l'ai dit dans la préface: découvrir ce qui s'est passé, c'est comme éplucher un oignon – chaque explication soulève de nouvelles questions. Si l'on continue à peler l'oignon, il faut demander : pourquoi le secteur financier s'est-il montré aussi

---

1. Freddie Mac en a acheté pour au total 158 milliards de dollars, soit 13 % de tous les titres *subprime* et Alt-A [titres intermédiaires entre les *prime* et les *subprime* – *NdT*] créés en 2006 et 2007, et Fannie Mae 5 %. Parmi leurs plus gros fournisseurs de titres, il y avait Countrywide Financial Corp., de Calabasas, Californie, ainsi que New Century Financial Corp., d'Irvine, Californie, et Ameriquest Mortgage Co., prêteurs qui ont fait faillite ou ont été contraints de se vendre eux-mêmes. Fannie et Freddie étaient les plus gros acheteurs de prêts de Countrywide, selon cette compagnie. Voir Jody Shenn, «Fannie, Freddie Subprime Spree May Add to Bailout», Bloomberg.com, 22 septembre 2009.

incapable, non seulement de remplir ses fonctions sociales essentielles, mais même de servir correctement ses actionnaires et les porteurs de ses obligations[1]? Seuls les cadres supérieurs des institutions financières semblent s'en être sortis les poches bien pleines – moins pleines que s'ii n'y avait pas eu de krach, mais tout de même mieux garnies que celles des pauvres actionnaires de la Citibank, par exemple, dont les investissements ont pratiquement disparu. Les institutions financières ont déploré que les autorités de contrôle n'aient pas *empêché* leurs frasques. Mais les entreprises ne sont-elles pas censées bien se conduire spontanément? Dans les chapitres qui suivent, je vais donner une explication simple : incitations perverses. Dans ce cas, nous devons poursuivre l'épluchage : pourquoi y avait-il des incitations perverses? Pourquoi le marché n'a-t-il pas «discipliné» les firmes qui structuraient mal les incitations – comme il aurait dû le faire, à en croire la théorie orthodoxe? Les réponses à ces questions sont complexes, mais comprennent un mauvais système de gouvernance d'entreprise, une mise en œuvre inadéquate des lois sur la concurrence, et, chez les investisseurs, une information imparfaite et une compréhension insuffisante du risque.

Si le secteur financier est le grand coupable, les autorités de contrôle n'ont pas fait le travail qui leur incombait : garantir que les banques ne s'écartent pas du droit chemin, comme à leur habitude. Certains observateurs issus des composantes les moins réglementées des marchés financiers (comme les fonds spéculatifs), constatant que les pires difficultés survenaient dans leur composante très réglementée (les banques), ont conclu hâtivement que le problème était la réglementation. «Si les banques étaient déréglementées comme nous, il ne leur

---

1. L'une des raisons pour lesquelles le secteur financier n'a pas rempli ses fonctions sociales essentielles est que ceux qui y travaillaient ne comprenaient pas quelles étaient ces fonctions. Mais, dans une économie de marché qui fonctionne bien, les marchés sont censés fournir des incitations qui amènent chacun à faire ce qui est dans l'intérêt de la société, même si, individuellement, les participants au marché ne comprennent peut-être pas ce que c'est.

serait jamais rien arrivé», affirment-ils. Mais le point crucial leur échappe : si les banques sont réglementées, c'est parce que leur défaillance peut faire un mal considérable au reste de l'économie. Et il n'est pas aussi nécessaire de réglementer les fonds spéculatifs, du moins les petits, parce qu'ils ne peuvent pas faire autant de dégâts. Ce n'est pas à cause des réglementations que les banques se conduisent mal; c'est parce qu'on a insuffisamment réglementé et fait respecter les réglementations qu'on n'a pas pu empêcher les banques d'imposer des coûts au reste de la société, comme elles l'ont fait à maintes reprises. De fait, la seule période de l'histoire des États-Unis où elles n'ont pas imposé ces coûts a été le quart de siècle qui a suivi la Seconde Guerre mondiale, période où des réglementations fortes ont été mises en œuvre efficacement : on peut donc le faire.

Là encore, il faut expliquer l'échec de la réglementation au cours des vingt-cinq dernières années : je vais essayer, dans mon exposé, de lier ces défaillances à l'influence politique d'intérêts particuliers, notamment ceux des professionnels du secteur financier que la déréglementation a enrichis (nombre de leurs investissements économiques ont mal tourné, mais ils ont été beaucoup plus avisés dans leurs investissements politiques), et à des idéologies – celles qui disaient qu'il n'était pas nécessaire de réglementer.

Les échecs du marché

Aujourd'hui, après le krach, le consensus est quasi unanime : il faut réglementer – du moins davantage qu'on ne le faisait avant la crise. L'absence des réglementations nécessaires nous a coûté très cher : avec elles, les crises auraient été moins fréquentes et moins onéreuses, et, au regard de ce qui s'est passé, le coût des contrôleurs et des contrôles aurait été insignifiant. Les marchés livrés à eux-mêmes sont clairement voués à l'échec – à l'échec répété. Il y a à cela de nombreuses raisons, mais deux d'entre elles ont des affinités particulières avec le secteur financier : la question de l'«agent» – dans le monde actuel, des dizaines de personnes manient de l'argent et prennent des décisions au nom d'autres personnes – et l'importance accrue des « externalités ».

L'intervention de l'agent – l'«agence» – est un problème de notre temps : les grandes entreprises modernes, avec leurs milliers de petits actionnaires, diffèrent fondamentalement des entreprises familiales. Il y a séparation de la propriété et du contrôle, et l'équipe de direction, qui ne possède qu'une faible part de l'entreprise, peut la gérer largement à son profit[1]. Il y a aussi des problèmes d'agence dans le processus d'investissement : une grande partie passe par des fonds de pension et d'autres institutions. Les personnes qui décident d'investir – et qui évaluent la performance des entreprises – ne le font pas pour leur propre compte, mais au nom de ceux dont les capitaux sont confiés à leurs bons soins. Tout au long de la chaîne des «agents», le souci d'efficacité s'est traduit par une concentration sur le *rendement à court terme*.

---

1. Adolf Berle et Gardiner Means ont souligné la séparation de la propriété et du contrôle dans leur livre devenu classique, *The Modern Corporation and Private Property*, New York, Harcourt, Brace and World, 1932. C'était il y a soixante-dix-huit ans, mais depuis les choses se sont beaucoup aggravées, avec un tel volume d'épargne issu des fonds de pension. Ceux qui gèrent ces fonds, en général, n'essaient même pas d'exercer un contrôle sur le comportement de l'entreprise. John Maynard Keynes était extrêmement préoccupé par la courte vue des investisseurs. Ils ressemblent beaucoup, a-t-il suggéré, au juge d'un concours de beauté qui devrait déterminer non le plus joli visage, mais celui que les autres vont juger tel (voir le chapitre 12 de *Théorie générale de l'emploi, de l'intérêt et de la monnaie* [1936], trad. fr. de Jean de Largentaye, Paris, Payot, coll. «Petite Bibliothèque Payot», 1982, p. 168). Là aussi, il est à peu près certain que les choses se sont aggravées depuis qu'il a écrit ces lignes. (Certains de mes propres travaux de recherche ont contribué à placer la théorie de Berle et de Means sur des bases théoriques plus fermes. Voir J. E. Stiglitz, «Credit Markets and the Control of Capital», *Journal of Money, Banking, and Credit*, vol. 17, n° 2, mai 1985, p 133-152 ; et A. Edlin et J. E. Stiglitz, «Discouraging Rivals : Managerial Rent-Seeking and Economic Inefficiencies», *American Economic Review*, vol. 85, n° 5, décembre 1995, p. 1301-1312.

Puisque leur salaire ne dépend pas des profits à long terme mais du cours de l'action, les dirigeants font naturellement ce qu'ils peuvent pour faire monter ce cours boursier – même si cela nécessite une comptabilité trompeuse (ou créative). Leur court-termisme est accentué par les exigences des analystes de la Bourse, qui veulent des rendements trimestriels élevés. Cette quête du rendement à court terme a conduit les banques à se focaliser sur certaines questions : comment conclure davantage de transactions, toucher davantage de commissions – et, parfois, comment circonvenir les réglementations comptables et financières. L'inventivité qui a fini par faire la fierté de Wall Street consistait à imaginer de nouveaux produits capables de doper les revenus à court terme de ses sociétés. Les problèmes de taux élevés de défaut de paiement dans certaines de ces innovations se poseraient, croyait-on, très loin dans l'avenir. En revanche, les innovations qui auraient pu aider les gens à conserver leur maison ou les protéger des hausses soudaines de taux d'intérêt n'intéressaient pas le moins du monde les sociétés financières.

Bref, il y avait peu ou pas de «contrôle de qualité» effectif. En théorie, répétons-le, ce sont les marchés qui sont censés assurer cette discipline. Les entreprises qui fabriquent des produits beaucoup trop risqués vont perdre leur réputation. Le cours de leur action va tomber. Mais, dans le monde dynamique de notre temps, cette discipline de marché est tombée en panne. Les petits génies financiers inventaient des produits à hauts risques qui avaient pour un temps des rendements à peu près normaux – le revers de la médaille restant invisible pendant des années. Des milliers de gestionnaires de fonds se vantaient de pouvoir «faire mieux que le marché», et toute une population d'investisseurs myopes était prête à les croire. Mais les génies financiers se sont eux-mêmes abandonnés à l'euphorie – ils ont été trompés par leur propre discours, au même titre que les acheteurs de leurs produits. Ce qui contribue à expliquer pourquoi, quand le marché s'est effondré, ils se sont retrouvés détenteurs de ces titres toxiques à hauteur de plusieurs milliards de dollars.

La titrisation, champ le plus excitant des produits financiers dans les années qui ont précédé l'écroulement, offrait un bel exemple des risques créés par les innovations récentes, car elle signifiait que la relation entre prêteur et emprunteur était rompue. La titrisation avait un grand avantage : elle permettait de répartir le risque ; mais elle avait un gros inconvénient : elle créait de nouveaux problèmes d'imperfection de l'information, qui submergeaient les bénéfices de la diversification. Ceux qui achètent un titre adossé à un prêt hypothécaire prêtent en réalité de l'argent au propriétaire, dont ils ne savent rien. Ils font confiance à la banque qui leur vend ce produit, en supposant qu'elle a fait les vérifications nécessaires, et la banque fait confiance à l'initiateur du prêt. Les incitations des initiateurs étaient concentrées sur le nombre de contrats signés, pas sur leur qualité. Elles ont produit des quantités massives de contrats vraiment douteux. Les banques se plaisent à fustiger les initiateurs, mais les risques inhérents à ces contrats se voyaient au premier coup d'œil. En réalité, les banquiers *ne voulaient pas savoir*. Leurs propres incitations étaient de transmettre ces prêts à d'autres le plus vite possible, ainsi que les titres qu'ils créaient en les adossant à ces prêts. Dans les laboratoires-Frankenstein de Wall Street, les banques fabriquaient de nouveaux produits à risque (CDO, CDO^2, CDS – j'en analyserai certains dans les chapitres qui suivent) sans mécanismes pour gérer le monstre auquel elles avaient donné naissance. Elles étaient entrées dans l'activité « transport » (prendre des prêts hypothécaires aux initiateurs, les reconditionner et les transférer sur les livres de comptes des fonds de pension et autres), parce que c'était là que les commissions étaient les plus élevées, contrairement à l'activité « entrepôt », qui était le modèle traditionnel de leur métier (conclure les contrats de prêt, puis les conserver). Du moins le croyaient-elles, jusqu'au krach et au moment où elles découvrirent qu'elles avaient sur leurs livres des milliards de dollars d'actifs pourris.

Externalités

Les banquiers n'ont pas pensé un seul instant au danger que certains de ces instruments financiers représentaient pour nous, les autres, aux vastes externalités qu'ils étaient en train de créer. En économie, le terme technique *externalité* renvoie aux situations où un échange sur le marché impose des coûts ou apporte des bénéfices à d'autres, qui ne sont pas parties à cet échange. Si un particulier fait des transactions pour son compte et perd son argent, cela ne touche vraiment que lui. Mais le secteur financier est aujourd'hui un entrelacs si compliqué et si central pour l'économie que la défaillance d'une seule grande institution peut faire chuter tout le système. L'effondrement en cours a touché tout le monde : des millions de propriétaires ont perdu leur maison, et des millions d'autres ont vu disparaître le capital que représentait leur maison ; des localités entières ont été dévastées ; les contribuables ont dû payer la facture des pertes des banques ; et les salariés ont perdu leur emploi. Les coûts ont été payés non seulement aux États-Unis mais aussi dans le reste du monde, par des milliards de personnes qui n'avaient rien gagné aux imprudences des banques.

Quand il y a d'importants problèmes d'agence et d'externalités, les marchés ne parviennent généralement pas à des résultats efficaces – même si tant de gens croient en leur efficacité. C'est l'une des raisons pour lesquelles il faut réglementer les marchés financiers. Les autorités de réglementation étaient la dernière ligne de défense contre les comportements à haut risque des banques ou leurs agissements peu scrupuleux, mais, après des années d'efforts de lobbyisme ciblé de la part du secteur bancaire, l'État avait démantelé les dispositions existantes sans en adopter de nouvelles pour répondre à l'évolution du paysage financier. On a nommé à la tête de ces autorités des dirigeants qui ne voyaient pas pourquoi la réglementation était nécessaire, et la jugeaient donc superflue. L'abrogation en 1999 du Glass-Steagall Act, qui avait imposé la séparation des banques de dépôt et des banques d'affaires, a créé des banques toujours plus gigantesques, trop grandes pour qu'on les laisse faire faillite. La conscience d'être trop grandes pour faire faillite les a incitées à prendre des risques excessifs.

Finalement, les banques ont sauté sur leur propre pétard : les instruments dont elles se servaient pour exploiter les pauvres se sont retournés contre les marchés financiers et les ont détruits. Quand la bulle a éclaté, la plupart des banques sont restées détentrices d'un volume de titres risqués suffisant pour menacer leur existence même, leur survie – à l'évidence, elles n'avaient pas réussi aussi brillamment qu'elles le croyaient à transmettre le risque à d'autres. Ce n'est que l'une des nombreuses ironies de l'histoire de la crise : l'effort de Greenspan et de Bush pour réduire au minimum le rôle de l'État dans l'économie a abouti à lui conférer un pouvoir sans précédent sur un vaste ensemble de secteurs. L'État est devenu propriétaire de la plus grande compagnie automobile, de la plus grande compagnie d'assurances, et certaines des plus grandes banques auraient dû aussi lui appartenir (s'il avait reçu le juste retour de ce qu'il leur a donné). Un pays où le socialisme est souvent honni comme une abomination a socialisé le risque, et il est intervenu sur les marchés comme il ne l'avait jamais fait.

Cette ironie historique n'a d'égale que l'incohérence manifeste entre les arguments du FMI et du département du Trésor avant, pendant et après la crise asiatique – ainsi que l'incohérence entre les mesures prises à l'époque et celles d'aujourd'hui. Le FMI peut toujours prétendre qu'il croit à la théorie fondamentaliste du marché – que les marchés sont efficaces, s'autorégulent, et qu'il vaut donc mieux laisser jouer leurs propres mécanismes si l'on veut maximiser la croissance et l'efficacité –, mais dès l'instant où une crise se produit, il préconise une aide massive de l'État car il s'inquiète de la «contagion», de la diffusion du mal dans d'autres pays. Or la contagion, par essence, est une externalité, et s'il existe des externalités on ne peut pas croire (en restant logique) au fanatisme du marché. Même après les renflouements à coups de milliards de dollars, le FMI et le département du Trésor n'ont pas voulu imposer des mesures (des réglementations) susceptibles de réduire la probabilité et le coût des «accidents» – parce qu'ils croyaient que le marché, fondamentalement, fonctionnait bien tout seul, malgré les expériences répétées qui venaient de montrer qu'il ne le faisait pas.

Les renflouements offrent un bel exemple d'un ensemble de politiques incohérentes aux conséquences potentiellement durables. Les économistes se soucient des incitations – on pourrait dire que c'est leur préoccupation numéro un. L'un des arguments avancés par beaucoup de professionnels des marchés financiers contre toute assistance aux propriétaires incapables de rembourser est que les secourir créerait un «aléa moral» : les incitations des emprunteurs à payer leurs mensualités sont affaiblies s'ils savent qu'en ne les payant pas ils ont une chance de recevoir une aide. C'est par crainte de l'aléa moral que le FMI et le Trésor se sont opposés avec acharnement aux renflouements en Indonésie et en Thaïlande – ce qui a provoqué l'effondrement du système bancaire de ces pays et exacerbé leur récession. La peur de l'aléa moral a joué dans la décision de ne pas renflouer Lehman Brothers. Mais cette décision a conduit à l'ensemble de renflouements le plus massif de l'histoire. Quand il s'est agi des grandes banques américaines, au lendemain de l'affaire Lehman Brothers, le souci de l'aléa moral a été mis de côté – au point qu'on a laissé leurs cadres supérieurs jouir d'énormes primes pour des pertes record, que la distribution de dividendes a continué à bon rythme et que les actionnaires et les porteurs d'obligations ont été protégés. Les sauvetages répétés (pas seulement les renflouements, mais aussi la fourniture immédiate par la Federal Reserve de liquidités aux moments difficiles) sont l'un des éléments d'explication de la crise actuelle : ils ont encouragé les banques à commettre de plus en plus d'imprudences, car celles-ci savaient qu'en cas de problème elles auraient de bonnes chances d'être secourues (les marchés financiers appellent cela le «put Greenspan/Bernanke*»). Quant aux autorités de contrôle, elles ont estimé, à tort, que, puisque l'économie avait si bien «survécu», les marchés fonctionnaient correctement par

---

* Le *put* est le droit de vendre à un prix fixé d'avance en cas de chute des cours (le droit d'acheter à un prix fixé d'avance en cas de hausse des cours s'appelle le *call*). [*NdT*].

eux-mêmes et qu'il n'était pas nécessaire de les réglementer – en oubliant qu'ils avaient survécu *grâce à* l'intervention massive de l'État. Aujourd'hui, le problème de l'aléa moral est plus grave, et de très loin, qu'il ne l'a jamais été.

Les problèmes d'agence et les externalités signifient que l'État a un rôle à jouer. S'il travaille bien, il y aura moins d'accidents, et ceux qui se produiront seront moins coûteux. S'il y en a, l'État devra contribuer à ramasser les morceaux. Mais la façon dont il le fait a un impact sur les probabilités de futures crises – et sur le sentiment d'équité et de justice dans une société. Toute économie qui fonctionne bien (toute société qui fonctionne bien) implique à la fois l'État et les marchés. Il doit y avoir équilibre des rôles. Ce n'est pas une simple question de dosage, mais aussi de «qui fait quoi». Sous Reagan et les deux Bush, les États-Unis ont perdu cet équilibre – c'est parce qu'on en a fait trop peu à cette époque qu'il faut en faire trop aujourd'hui. Et si nous prenons les mauvaises décisions aujourd'hui, peut-être, dans l'avenir, faudra-t-il en faire encore plus.

Récessions

C'est l'un des traits frappants des «révolutions du libre marché» inaugurées par le président Reagan et le gouvernement de Margaret Thatcher en Grande-Bretagne : l'ensemble peut-être le plus important de situations où le marché ne produit pas de résultats efficaces – les épisodes répétés où les ressources ne sont pas pleinement utilisées – a été oublié. L'économie opère souvent au-dessous de sa capacité : des millions de personnes qui aimeraient trouver du travail n'y parviennent pas, il y a des fluctuations épisodiques où plus d'une personne sur douze est sans emploi – et les chiffres sont bien pires pour les jeunes et les minorités. Le taux de chômage officiel ne dit pas tout. Beaucoup d'actifs qui voudraient travailler à temps plein sont à temps partiel parce qu'ils n'ont pas pu trouver mieux, et on ne les compte pas dans le taux de chômage. Pas plus que ceux qui se sont inscrits comme handicapés mais qui travailleraient s'ils pouvaient trouver un emploi. Et les personnes si découragées par leurs difficultés à trouver du travail qu'elles ont cessé d'en chercher ne comptent pas non plus. Mais la crise actuelle est plus grave que d'habitude. En septembre 2009, si l'on mesure le chômage au sens large, plus d'un Américain sur six qui aurait aimé avoir un emploi à temps plein n'en trouvait pas, et en octobre c'était pire[1]. Bien que le marché se corrige lui-même – la bulle finit par éclater –, cette crise montre, une fois de plus, qu'il le fait lentement et à un coût énorme. L'écart cumulé entre ce que l'économie produit et ce qu'elle pourrait produire se compte en milliers de milliards.

Qui aurait pu prévoir le krach?

Au lendemain du krach, tant les professionnels des marchés financiers que les autorités de réglementation se sont écriés : «Qui aurait pu prévoir de tels problèmes?» En réalité, beaucoup d'esprits critiques l'avaient fait – mais leurs sinistres prévisions étaient une vérité gênante : trop de gens gagnaient trop d'argent pour que leurs mises en garde soient entendues.

Je n'étais sûrement pas le seul à m'attendre à un krach de l'économie américaine aux conséquences planétaires. L'économiste de l'université de New York Nouriel Roubini, le financier George Soros, Stephen Roach, de Morgan Stanley, l'expert en immobilier de l'université Yale Robert Shiller et l'ancien membre de l'équipe du Comité des conseillers économiques/Conseil économique national de Clinton Robert Wescott ont tous émis des avertissements répétés. Tous étaient des économistes keynésiens, qui ne croyaient pas les marchés

---

1. Le taux corrigé des variations saisonnières du «Total des chômeurs, plus toutes les personnes à la marge du marché du travail, plus total des actifs employés à temps partiel pour raisons économiques, en pourcentage de l'ensemble de la population active civile, plus toutes les personnes à la marge du marché du travail» était de 17,5 % en octobre 2009 (Bureau of Labor Statistics, «Current Population Survey : Labor Force Statistics, Table U-6», en ligne à l'adresse <http://www.bls.gov/news.release/emp sit.t12.htm>).

capables de s'autocorriger. La bulle de l'immobilier inquiétait la plupart d'entre nous ; certains (comme Roubini) se concentraient sur le risque d'ajustement brutal des taux de change que créaient les déséquilibres mondiaux.

Mais ceux qui avaient fabriqué la bulle (Henry Paulson avait porté le «levier» de Goldman Sachs à de nouveaux sommets, et Ben Bernanke avait laissé l'émission de prêts hypothécaires *subprime* continuer) gardaient foi dans l'aptitude des marchés à s'autocorriger – jusqu'au jour où *ils ont dû* affronter la réalité d'un effondrement massif. Nul besoin d'avoir un doctorat de psychologie pour comprendre pourquoi ils ont voulu faire comme si l'économie ne traversait qu'une perturbation mineure, que l'on pourrait facilement dissiper. En mars 2007 encore, le président de la Federal Reserve, Bernanke, déclarait : «L'impact des problèmes du marché des *subprime* sur l'économie en général et sur les marchés financiers sera probablement endigué[1].» Même un an plus tard, après l'effondrement de Bear Stearns et alors que bruissaient les rumeurs d'une mort imminente de Lehman Brothers, la ligne officielle (exposée en public mais aussi à huis clos, aux autres dirigeants de banque centrale) était que, après quelques couacs, l'économie se trouvait déjà sur la voie d'une reprise robuste.

La bulle de l'immobilier qui devait nécessairement éclater était le symptôme le plus évident de la «maladie de l'économie». Mais derrière ce symptôme il y avait des problèmes plus fondamentaux. Beaucoup avaient mis en garde contre les risques de la déréglementation. Dès 1992, je craignais que la titrisation des prêts immobiliers ne se termine par un désastre, puisque les acheteurs comme les vendeurs sous-estimaient la probabilité d'une baisse de prix et l'ampleur de la corrélation[2].

---

1. Déclaration de Ben S. Bernanke, président du conseil des gouverneurs du Federal Reserve System, devant le Joint Economic Committee du Congrès, Washington, DC, 28 mars 2007.

2. Les acheteurs et les vendeurs de prêts hypothécaires n'ont pas compris que, si les taux d'intérêt montaient ou si l'économie entrait en récession, la bulle de l'immobilier risquait d'éclater, ce qui causerait alors à la plupart d'entre eux de gros problèmes. C'est exactement ce qui s'est

En fait, tout observateur attentif de l'économie américaine pouvait voir facilement qu'elle avait des «macroproblèmes» majeurs autant que des «microproblèmes». Notre économie, je l'ai dit, avait été soutenue par une bulle insoutenable. Sans la bulle, la demande globale – la somme des biens et services demandés par les ménages, les entreprises, les administrations et les étrangers – aurait été faible, en partie à cause de la montée des inégalités aux États-Unis et dans le reste du monde, qui transférait de l'argent de ceux qui l'auraient dépensé vers ceux qui ne le faisaient pas[1].

Depuis des années, mon collègue à Columbia Bruce Greenwald et moi-même attirons l'attention sur un problème plus général : l'insuffisance de la demande globale *mondiale* – le total des biens et services que les habitants du monde entier veulent acheter. Avec la mondialisation, ce qui compte, c'est la demande globale mondiale. Si le total de ce que la population mondiale veut acheter est inférieur à ce que le monde peut produire, il y a un problème – une économie mondiale faible. L'une des raisons de la faiblesse de la demande globale mondiale est l'augmentation du niveau des réserves – l'argent que les pays mettent de côté pour les «temps difficiles».

---

passé. Comme je l'indique plus loin, la titrisation a aussi créé des problèmes d'asymétrie d'information, en atténuant les incitations à effectuer de bonnes évaluations de solvabilité. Voir Joseph E. Stiglitz, «Banks versus Markets as Mechanisms for Allocating and Coordinating Investment», *in* J. Roumasset et S. Barr (éd.), *The Economics of Cooperation : East Asian Development and the Case for Pro-Market Intervention*, Boulder, CO, Westview Press, 1992.

1. Dans les années qui ont immédiatement précédé la crise, on l'a vu, la demande intérieure avait également été affaiblie par le pétrole cher. Les problèmes de la hausse du prix du pétrole et de la montée des inégalités – qui réduisaient la demande globale intérieure – ont touché beaucoup d'autres pays. Les inégalités de revenu ont augmenté dans plus des trois quarts des pays de l'OCDE du milieu des années 1980 au milieu des années 2000, et les cinq dernières années ont vu monter la pauvreté et les inégalités dans les deux tiers des pays de l'OCDE. Voir Organisation de coopération et de développement économiques (OCDE), *Croissance et inégalités : distribution des revenus et pauvreté dans les pays de l'OCDE*, Paris, octobre 2008.

Les pays en développement affectent des centaines de milliards de dollars à leurs réserves afin de se protéger de la forte instabilité mondiale qui caractérise l'ère de la déréglementation, et du malaise qu'ils ressentent à l'idée de devoir solliciter l'aide du FMI[1]. Le Premier ministre d'un des pays qui ont subi les outrages de la crise financière mondiale de 1997 m'a dit : « Nous sommes de la classe 97. Nous avons appris ce qui vous arrive si vous n'avez pas assez de réserves. »

Les pays pétroliers riches aussi ont accumulé des réserves – ils savaient que le prix élevé du brut n'allait pas durer. Certains pays l'ont fait pour une autre raison. La croissance stimulée par l'exportation était présentée comme la meilleure stratégie pour se développer ; or les nouvelles règles du commerce, sous l'égide de l'OMC, avaient supprimé nombre des instruments traditionnels utilisés par les pays en développement pour soutenir la création de nouvelles branches ; beaucoup de ces pays sont donc passés à une politique visant à maintenir un taux de change compétitif – ce qui voulait dire acheter des dollars, vendre leur devise et accumuler des réserves.

Toutes ces raisons d'accumuler des réserves étaient bonnes, mais leur conséquence était mauvaise : une demande mondiale insuffisante. Avant la crise, c'est 500 milliards de dollars, voire davantage, qui chaque année prenaient le chemin des réserves. Un moment, les États-Unis sont venus à la rescousse avec une consommation dispendieuse à base d'endettement, en dépensant bien au-delà de leurs moyens. Ils étaient devenus le consommateur de dernier ressort du monde entier. Mais ça ne pouvait pas durer.

---

1. Dans *La Grande Désillusion*, *op. cit.*, j'explique plus complètement les raisons de ce malaise : les politiques du FMI (souvent fondées sur le fanatisme du marché, la théorie erronée que j'ai évoquée plus haut dans ce chapitre) transformaient les refroidissements en récessions, les récessions en dépressions, et imposaient des mesures macroéconomiques et structurelles insupportables (et souvent nullement nécessaires) qui entravaient la croissance et aggravaient la pauvreté et l'inégalité.

La crise mondiale

Cette crise est vite devenue mondiale – ce qui n'est pas une surprise, puisque près d'un quart des prêts hypothécaires américains étaient partis à l'étranger[1]. Sans le vouloir, les institutions étrangères ont rendu un fier service à l'Amérique : si elles n'avaient pas acheté si massivement ses dettes toxiques, sa situation eût été bien pire[2]. Mais les États-Unis avaient commencé par exporter leur philosophie de la déréglementation – sans elle, le monde extérieur n'aurait peut-être pas acheté autant de leurs prêts hypothécaires pourris[3]. Et ils ont fini par exporter aussi leur récession. Certes, ce n'est que l'un des nombreux canaux par lesquels la crise américaine s'est mondialisée : l'économie des États-Unis reste la plus grande de la planète, et il était difficile qu'une récession de cette ampleur n'eût pas un impact mondial. De plus, les marchés financiers mondiaux sont désormais étroitement imbriqués – pour preuve, rappelons que deux des trois principaux bénéficiaires du renflouement d'AIG par l'État américain ont été des banques étrangères.

Au début, de nombreux dirigeants européens ont parlé de «découplage» : ils allaient réussir à maintenir leurs économies en croissance même si les États-Unis ralentissaient, car la croissance asiatique les sauverait de la récession. Là aussi,

---

1. Daniel O. Beltran, Laurie Pounder et Charles P. Thomas, «Foreign Exposure to Asset-Backed Securities of U.S. Origin», Board of Governors of the Federal Reserve System, document d'analyse financière internationale 939, 1er août 2008. En même temps, les achats étrangers de prêts hypothécaires et de produits financiers adossés sur ces prêts ont alimenté la bulle.

2. Comme je l'explique plus loin, le problème est plus complexe, puisque l'offre de capitaux étrangers a elle-même nourri la bulle.

3. Soyons justes : certains autres pays, comme le Royaume-Uni sous Margaret Thatcher, avaient adopté indépendamment la philosophie de la déréglementation. Les gouvernements britanniques qui ont suivi se sont servis de la «réglementation légère» comme d'un instrument compétitif pour attirer les compagnies financières. En fin de compte, le pays y a sûrement plus perdu que gagné.

on aurait dû voir immédiatement qu'ils prenaient leurs désirs pour des réalités. Les économies asiatiques sont encore trop petites (la consommation entière de l'Asie ne pèse que 40 % de celle des États-Unis[1]), et leur croissance est lourdement tributaire de leurs exportations vers l'Amérique. Même après une stimulation massive, la croissance de la Chine en 2009 a été de 3 à 4 % inférieure à son niveau d'avant la crise. Le monde est trop interconnecté; une récession aux États-Unis ne pouvait que produire un ralentissement mondial. (Mais il y a une asymétrie : avec son immense marché intérieur qui n'est pas encore complètement exploité, l'Asie pourrait parvenir à retrouver une croissance forte même si les États-Unis et l'Europe restent faibles – j'y reviendrai au chapitre 8.)

Si les institutions financières européennes ont souffert de leurs achats de prêts hypothécaires toxiques et des paris risqués qu'elles avaient faits avec les banques américaines, plusieurs pays d'Europe devaient se colleter également avec des problèmes de leur cru. L'Espagne aussi avait laissé grandir une bulle immobilière massive, et elle subissait à présent l'effondrement quasi total de son marché immobilier. Mais, contrairement à celles des États-Unis, les banques espagnoles sont très réglementées, ce qui leur a permis de mieux résister à un traumatisme bien supérieur – même si l'économie nationale a été frappée beaucoup plus durement.

Le Royaume-Uni a également succombé à une bulle de l'immobilier. Mais il y a eu pire : sous l'influence de la City, centre majeur de la finance, il était tombé dans le piège de la « course à qui fera pire », s'efforçant de tout faire pour attirer sur son territoire les activités financières. La réglementation « légère » n'a pas eu de meilleurs résultats en Grande-Bretagne qu'aux États-Unis. Puisque les Britanniques avaient laissé le secteur financier accroître son rôle dans leur économie, le coût des renflouements a été (proportionnellement) plus lourd encore. Comme aux États-Unis, une culture des salaires et primes considérables s'était développée. Mais les Britanniques ont

---

1. « An Astonishing Rebound », *The Economist*, 13 août 2009, p. 9.

compris, au moins, que si l'on donne aux banques l'argent du contribuable, il faut faire son possible pour s'assurer qu'elles l'utilisent aux fins prévues – pour augmenter les prêts et non les bonus et les dividendes. Au Royaume-Uni, au moins, on a eu le sentiment que certains devaient rendre des comptes – les PDG des banques renflouées ont été remplacés – et le cabinet britannique a exigé que les contribuables obtiennent en échange des renflouements la «juste valeur» de leur apport : ce n'était pas un cadeau pur et simple, comme dans les sauvetages des administrations Bush et Obama[1].

L'Islande est un merveilleux exemple de ce qui peut mal tourner quand une petite économie ouverte adopte aveuglément l'évangile de la déréglementation. Sa population, instruite, travaillait dur et était à l'avant-garde de la technologie moderne. Les Islandais avaient surmonté les handicaps d'une situation excentrée, d'un climat très hostile et de l'épuisement des bancs de poissons – une de leurs sources traditionnelles de revenus – et ils avaient atteint un revenu par habitant de 40 000 dollars. Aujourd'hui, les imprudences de leurs banques ont mis en danger l'avenir du pays.

Je m'étais rendu plusieurs fois en Islande ces dernières années et j'avais mis en garde mes interlocuteurs contre les risques de ses politiques de libéralisation[2]. Ce pays de 300 000 habitants avait trois banques, qui recevaient les dépôts et avaient acheté, au total, près de 176 milliards de dollars d'actifs, soit onze fois

---

1. Malgré les efforts du gouvernement de Londres, le crédit est resté resserré au Royaume-Uni. Il n'est pas facile de déterminer avec précision ce que signifie «juste valeur». Mais cette notion implique la transmission d'une part suffisante des actions (des droits sur les profits futurs des banques) afin d'indemniser l'État de l'argent versé et du risque encouru. Comme je l'indique plus loin, une étude attentive du renflouement aux États-Unis a montré que le contribuable américain n'avait pas obtenu la «juste valeur».

2. Voir Joseph E. Stiglitz, «Monetary and Exchange Rate Policy in Small, Open Economies : The Case of Iceland», Banque centrale d'Islande, document de travail, 15 novembre 2001, en ligne à l'adresse <http://www.sedlabanki.is/uploads/files/WP-15.pdf>.

le PIB national[1]. L'effondrement spectaculaire de son système bancaire à l'automne 2008 a fait de l'Islande le premier pays développé à solliciter l'aide du FMI depuis plus de trente ans[2]. Les banques islandaises, comme les autres, avaient beaucoup emprunté et pris de gros risques. Quand les marchés financiers ont pris conscience du danger et commencé à retirer des fonds, ces banques (en particulier la Landsbanki) ont attiré des déposants britanniques et néerlandais en leur proposant des comptes « Icesaver » aux rendements élevés. Ces déposants ont été assez fous pour croire qu'il y avait un « repas gratuit », qu'ils pouvaient toucher des intérêts plus élevés sans risque. Et peut-être aussi assez fous pour croire que leurs propres gouvernements avaient fait leur travail de surveillance. Mais, comme partout, les responsables de la réglementation des banques avaient postulé, globalement, que les marchés allaient s'auto-réguler. Ces emprunts à des déposants n'ont fait que retarder l'heure de vérité. L'Islande ne pouvait se permettre de déverser des centaines de milliards de dollars dans ses banques exsangues. Quand cette réalité, peu à peu, a fini par poindre dans l'esprit de ceux qui leur avaient fourni des fonds, la panique bancaire n'était plus qu'une question de temps ; la tourmente planétaire qui a suivi l'effondrement de Lehman Brothers a précipité ce qui aurait été de toute manière inévitable. À la différence des États-Unis, le gouvernement islandais savait qu'il ne pouvait pas renflouer les porteurs d'obligations ou les actionnaires. Seules deux questions se posaient : l'État renflouerait-il la compagnie islandaise qui assurait les déposants, et de quel degré de générosité ferait-on preuve à l'égard des déposants étrangers ? Le Royaume-Uni a employé la manière forte – il est allé jusqu'à saisir des actifs islandais en utilisant

---

1. Willem H. Buiter et Anne Sibert, « The Icelandic Banking Crisis and What to Do about It : The Lender of Last Resort Theory of Optimal Currency Areas », Centre for Economic Policy Research (CEPR), Policy Insight 26, octobre 2008, en ligne à l'adresse <http://www.cepr.org/pubs/ PolicyInsights/PolicyInsight26.pdf>.

2. La Grande-Bretagne a sollicité l'aide du Fonds monétaire international (FMI) en 1976.

les lois antiterroristes – et, quand l'Islande s'est tournée vers le FMI et les pays nordiques pour demander de l'aide, ceux-ci ont exigé que les contribuables islandais renflouent les déposants britanniques et néerlandais au-delà même des montants pour lesquels les comptes avaient été assurés. Quand je suis revenu en Islande en septembre 2009, près d'un an plus tard, la colère était palpable. Pourquoi les contribuables islandais devraient-ils payer pour la faillite d'une banque privée, surtout dans une situation où les autorités de réglementation étrangères avaient failli à leur mission de protéger leurs citoyens? Sur la réaction violente des gouvernements européens, une analyse était largement partagée : l'Islande avait mis à nu une faille fondamentale de l'intégration européenne. Avec le «marché unique», une banque d'un pays européen pouvait opérer dans n'importe quel autre pays de l'Union. C'est à son pays «d'origine» qu'incombait la responsabilité de la contrôler. Mais si le pays d'origine ne faisait pas son travail, les citoyens des autres pays pouvaient perdre des milliards. L'Europe ne voulait pas réfléchir au problème ni aux questions de fond qu'il soulevait ; mieux valait présenter simplement la facture à la petite Islande, facture qui représente, selon certains, 100 % de son PIB[1].

---

1. La dette extérieure totale des banques islandaises réunies était de plus de 100 milliards de dollars, donc très supérieure au PIB du pays, qui est de 14 milliards de dollars («Iceland Agrees Emergency Legislation», Times Online (UK), 6 octobre 2008, en ligne à l'adresse <http://www.timesonline.co.uk/tol/news/world/europe/article4889832.ece>). Le Parlement islandais a voté fin août 2009 un texte législatif prévoyant de rembourser au Royaume-Uni et aux Pays-Bas les quelques 6 milliards de dollars que leurs gouvernements avaient donnés à des déposants qui avaient perdu de l'argent dans les comptes d'épargne islandais pendant la crise financière (voir Matthew Saltmarsh, «Iceland to Repay Nations for Failed Banks' Deposits», *New York Times*, 29 août 2009, p. B2). Mais le Royaume-Uni et les Pays-Bas se sont opposés à une disposition de cette loi qui prévoyait que la garantie de remboursement expirerait en 2024. En octobre 2009, l'Islande a accepté un nouvel accord qui stipulait que, si l'argent n'était pas remboursé en 2024, la garantie serait prolongée par périodes de cinq ans. Le FMI avait suspendu le déblocage des fonds de son prêt à l'Islande en raison de ce désaccord sur le remboursement (voir

Quand la crise s'est aggravée aux États-Unis et en Europe, les autres pays ont subi l'effondrement de la demande mondiale. Les pays en développement ont particulièrement souffert, parce qu'il y a eu chute des transferts des migrants (l'argent que les familles reçoivent de leurs membres qui se trouvent dans les pays développés) et que les flux entrants de capitaux se sont considérablement réduits – et parfois inversés. La crise américaine est née dans le secteur financier puis s'est étendue au reste de l'économie, mais, dans de nombreux pays en développement – dont ceux où la réglementation financière est bien meilleure qu'aux États-Unis –, les problèmes de l'«économie réelle» ont été si graves qu'ils ont fini par toucher le secteur financier. Si la crise s'est répandue aussi rapidement, c'est en partie en raison des politiques – notamment la libéralisation des marchés financiers et des capitaux – que le FMI et le département du Trésor avaient imposées à ces pays, sur la base de la même idéologie du libre marché qui a précipité les États-Unis dans la crise[1]. Mais, en un temps où même les

---

«Iceland Presents Amended Icesave Bill, Eyes IMF Aid», Reuters, 20 octobre 2009).

1. Pour un pays, libéraliser les marchés des capitaux signifie permettre aux flux financiers à court terme d'entrer et de sortir librement. On ne peut pas construire des usines ou des écoles avec ces capitaux spéculatifs; mais ils peuvent semer le chaos dans une économie. La libéralisation des marchés financiers implique l'ouverture de l'économie aux institutions financières étrangères. Des preuves toujours plus nombreuses démontrent que les banques étrangères prêtent moins aux PME et, dans certains cas, réagissent davantage aux chocs mondiaux (comme la crise actuelle), créant ainsi plus d'instabilité. Il est également prouvé que l'intégration des marchés des capitaux n'a pas abouti à réduire l'instabilité ni à stimuler la croissance, comme l'attendaient ses promoteurs. Voir Eswar S. Prasad, Kenneth Rogoff, Shang-Jin Wei et M. Ayhan Kose, «Effects of Financial Globalisation on Developing Countries : Some Empirical Evidence», *Economic and Political Weekly*, vol. 38, n° 41, octobre 2003, p. 4319-4330; M. Ayhan Kose, Eswar S. Prasad et Marco E. Terrones, «Financial Integration and Macroeconomic Volatility», *IMF Staff Papers*, vol. 50, numéro spécial, 2003, p. 119-142; Hamidur Rashid, «Evidence of Financial Disintermediation in Low Income Countries : Role of Foreign Banks», thèse de l'université Columbia, New York, 2005;

États-Unis ont du mal à s'offrir les milliers de milliards nécessaires aux renflouements et aux plans de stimulation, les pays pauvres sont bien incapables de prendre des mesures de ce genre.

Vue d'ensemble

Tous ces dysfonctionnements sont les symptômes d'une vérité plus générale : l'économie mondiale traverse des bouleversements sismiques. La Grande Dépression a coïncidé avec le déclin de l'agriculture américaine ; les prix agricoles chutaient avant même le krach boursier de 1929. La productivité agricole avait fait de tels progrès qu'un petit pourcentage de la population pouvait produire l'ensemble des denrées que consommait le pays. La transition d'une économie fondée sur l'agriculture à une économie à dominante industrielle n'a pas été simple. En fait, la croissance n'est repartie que lorsque le New Deal a stimulé l'activité et que la Seconde Guerre mondiale a envoyé les gens travailler à l'usine.

Aujourd'hui, la tendance de fond aux États-Unis est le passage de l'industrie aux services. Comme la précédente, cette transition est en partie due aux progrès de la productivité, cette fois dans l'industrie : un petit pourcentage de la population peut produire tous les jouets, voitures et téléviseurs que même la société la plus matérialiste et dispendieuse pourrait acheter. Mais, aux États-Unis et en Europe, ce mouvement a une dimension supplémentaire : la mondialisation, qui s'est traduite par un déplacement géographique de la production et de l'avantage comparatif vers la Chine, l'Inde et d'autres pays en développement.

Cet ajustement «microéconomique» s'est accompagné d'une série de déséquilibres macroéconomiques : alors que

---

et Enrica Detragiache, Thierry Tressel et Poonam Gupta, «Foreign Banks in Poor Countries : Theory and Evidence», document de travail du FMI n° 06/18, Washington, DC, Fonds monétaire international, 2006.

les États-Unis devraient épargner pour la retraite des baby-boomers vieillissants, ils ont vécu au-dessus de leurs moyens, financés dans une large mesure par la Chine et d'autres pays en développement, qui produisent plus qu'ils ne consomment. S'il est naturel que certains pays prêtent à d'autres – que certains aient un déficit commercial et d'autres un excédent –, ce système où les pays pauvres prêtent aux riches est très spécial, et l'envergure des déficits paraît insoutenable. Quand un pays s'endette de plus en plus, les prêteurs peuvent perdre confiance dans la capacité de remboursement de l'emprunteur – et cela peut arriver même à un pays riche comme les États-Unis. On ne rendra la santé à l'économie américaine et à l'économie mondiale qu'en les restructurant en fonction des nouveaux acquis de la science économique et en corrigeant les déséquilibres mondiaux.

Nous ne pouvons pas revenir où nous étions avant que la bulle n'éclate, en 2007. Et ce ne serait pas souhaitable. Cette économie avait de multiples problèmes, nous venons de le voir. Certes, il y a un risque qu'une nouvelle bulle vienne remplacer celle de l'immobilier, comme cette dernière avait remplacé la bulle de la technologie. Mais ce genre de «solution» ne ferait que différer l'heure de vérité. Toute nouvelle bulle peut être lourde de dangers : la bulle du pétrole a contribué à faire basculer l'économie dans l'abîme. Plus nous retardons le moment de traiter les problèmes de fond, plus il faudra de temps pour ramener le monde à une croissance forte.

Les États-Unis ont-ils pris des mesures suffisantes pour garantir qu'il n'y aura pas de nouvelle crise? Pour le savoir, il existe un test simple : si les réformes projetées avaient été mises en place, aurions-nous pu éviter la crise actuelle, ou se serait-elle produite tout de même? Accroître les pouvoirs de la Federal Reserve, par exemple, est un élément crucial de la réforme de la réglementation proposée par Obama. Mais, quand la crise a commencé, la Federal Reserve avait plus de pouvoirs qu'elle n'en a utilisé. Dans la quasi-totalité des interprétations de la crise, elle a joué un rôle central dans la création de cette bulle et de la précédente. Peut-être son président a-t-il retenu la leçon. Mais nous vivons dans un État de droit, pas de personnes. Devons-nous avoir un système où il faut que la Federal Reserve brûle une fois pour garantir qu'il n'y aura plus d'incendies ? Pouvons-nous faire confiance à un système dangereusement tributaire de la philosophie ou de l'analyse économiques d'une seule personne – ou même des sept membres du conseil des gouverneurs de la Federal Reserve ? À l'heure où ce livre va sous presse, il est clair que les réformes ne sont pas allées assez loin.

Nous ne pouvons pas attendre l'*après-crise*. La façon dont nous avons traité la crise risque d'ailleurs de compliquer encore plus le règlement des problèmes de fond. Le chapitre suivant explique à grands traits comment nous aurions dû réagir, et pourquoi ce que nous avons fait a été très insuffisant.

CHAPITRE 2

La chute et l'après-chute

En octobre 2008, l'économie américaine avait basculé dans le vide, et elle ne pouvait qu'entraîner dans sa chute une grande partie de l'économie mondiale. Nous avions déjà eu des krachs boursiers, des resserrements du crédit, des crises de l'immobilier, des ajustements de stocks. Mais jamais depuis la Grande Dépression tout cela ne s'était produit simultanément. Et jamais l'ouragan n'avait franchi l'Atlantique et le Pacifique si rapidement ni en prenant tant de force. Si tout semblait s'effondrer en même temps, il y avait toutefois une source commune : les prêts imprudents du secteur financier, dont s'était nourrie la bulle qui avait fini par éclater. Les événements en cours constituaient les conséquences prévisibles et prédites de l'éclatement de la bulle. Les bulles et leurs suites sont aussi anciennes que la banque et le capitalisme. Elles avaient épargné l'Amérique pendant plusieurs décennies après la Grande Dépression, grâce aux réglementations que l'État avait mises en place après ce traumatisme. Une fois que la déréglementation s'est imposée, le retour de ces horreurs du passé n'était plus qu'une question de temps. Les prétendues innovations financières ont simplement permis à la bulle de grossir davantage avant d'éclater, et gêné le déblayage des décombres après l'éclatement[1].

---

1. Selon un récit apocryphe, on a demandé un jour à John Kenneth Galbraith, l'un des plus grands économistes du xxe siècle, auteur du classique *La Crise économique de 1929* (trad. fr. de H. Le Gallo, Paris, Payot, coll. «Petite Bibliothèque Payot», 1970), quand se produirait la prochaine dépression. Sa réponse, prophétique : quinze ans après le premier président né après la Grande Dépression.

Il fallait prendre des mesures radicales. C'était clair dès août 2007. Ce mois-là, l'écart entre le taux d'intérêt des prêts interbancaires (le taux auquel les banques se prêtent entre elles) et celui des bons du Trésor (le taux auquel l'État peut emprunter) a fait un bond spectaculaire. Dans une économie « normale », les deux sont très proches. Une grosse différence signifie que les banques n'ont plus confiance les unes dans les autres. Les marchés du crédit étaient en danger de paralysie – et pour d'excellentes raisons. Chaque banque connaissait les risques énormes auxquels elle faisait face sur son propre bilan, puisque les prêts hypothécaires qu'elle détenait tournaient mal et que d'autres pertes montaient. Toutes savaient combien leur propre situation était précaire – et, à propos de la fragilité des autres banques, elles en étaient réduites aux conjectures.

L'éclatement de la bulle et le resserrement du crédit avaient des conséquences inévitables. Elles n'allaient pas se faire sentir immédiatement – cela mettrait des mois – mais le processus était en marche : même en cherchant très fort à voir la vie en rose, on ne pouvait l'arrêter. L'économie ralentissait. À mesure qu'elle ralentissait, le nombre de saisies augmentait. Les problèmes de l'immobilier sont d'abord apparus sur le marché des *subprime*, mais ils ont vite gagné d'autres secteurs. Si les Américains ne pouvaient pas régler les mensualités pour la maison, ils auraient du mal aussi pour les cartes de crédit. Avec la plongée des prix immobiliers, l'apparition de problèmes dans le secteur résidentiel haut de gamme et les immeubles de bureaux ne tarderait pas. Puisque les dépenses des consommateurs se tarissaient, beaucoup d'entreprises feraient inévitablement faillite – donc, pour les prêts aux entreprises aussi le taux de défaillances allait augmenter.

Le président Bush fut formel : il n'y avait qu'une petite ondulation superficielle sur le marché immobilier, et peu de propriétaires seraient touchés. Le 17 octobre 2007, alors que ledit marché touchait son point le plus bas depuis quatorze ans, il rassura la nation : « Je suis satisfait de nombreux indicateurs économiques ici, aux États-Unis. » Le 13 novembre, il récidiva : «Les fondations de notre économie sont fortes, et nous sommes une économie qui résiste aux chocs.» Mais la situation du secteur bancaire et de l'immobilier se dégradait toujours[1]. Quand l'économie entra en récession en décembre 2007, le président commença à reconnaître qu'il y avait peut-être un problème : «Il est clair qu'il y a des nuages et des préoccupations, mais les fondations sont saines.»

Comme les économistes et les milieux d'affaires ne cessaient de l'exhorter à l'action, le président Bush se tourna vers sa panacée habituelle pour tous les maux économiques : en février 2008, il fit voter une réduction d'impôts de 168 milliards de dollars. La plupart des économistes keynésiens prédirent que le remède n'aurait aucun effet. Les Américains étaient surendettés, et terriblement inquiets; pourquoi auraient-ils dépensé, et non épargné, ce petit rabais fiscal? De fait, ils en ont épargné plus de la moitié, ce qui n'a guère stimulé une économie déjà en perte de vitesse[2].

Malgré son soutien à cette réduction d'impôts, le président se refusait à croire que l'économie s'orientait vers une récession. Même deux mois après le début effectif de celle-ci, d'ailleurs, Bush ne voulait toujours pas l'admettre, puisqu'il déclara le 28 février 2008 : «Je ne pense pas que nous nous dirigions vers une récession.» Peu après, quand les responsables de la Federal Reserve et du Trésor organisèrent le mariage forcé du géant de l'investissement Bear Stearns avec JPMorgan Chase au vil prix de 2 dollars l'action (révisé ensuite à 10 dol-

---

1. Voir Richard Wolf, «Bush Mixes Concern, Optimism on Economy», *USA Today*, 23 mars 2008, p. 7A.

2. Dans une enquête visant à cerner ce que les bénéficiaires allaient faire de leur cadeau fiscal, seule une personne interrogée sur cinq a dit que cette ristourne l'amènerait à augmenter ses dépenses; la plupart ont répondu que, pour l'essentiel, elles allaient l'épargner ou l'utiliser pour rembourser des dettes. Les estimations de cette enquête impliquent que la propension marginale à consommer était de l'ordre de 30-40%. Voir Matthew D. Shapiro et Joel Slemrod, «Did the 2008 Tax Rebates Stimulate Spending?», *American Economic Review*, vol. 99, n° 2, mai 2009, p. 374-379.

lars), on vit clairement que l'éclatement de la bulle infligeait davantage à l'économie que ne l'aurait fait une ondulation[1].

En septembre, quand Lehman Brothers fut au bord de la faillite, les mêmes responsables changèrent abruptement de cap et laissèrent couler la banque, ce qui déclencha une cascade de renflouements de plusieurs milliards de dollars. Après quoi il ne fut plus possible d'ignorer la récession. Mais la chute de Lehman Brothers avait été la conséquence de l'effondrement économique, et non sa cause : elle n'a fait qu'accélérer un processus déjà bien engagé.

Malgré la montée des pertes d'emplois (1,8 million dans les neuf premiers mois de 2008, sans oublier les 6,1 millions d'Américains qui travaillaient à temps partiel faute de trouver un emploi à temps plein), malgré une baisse de 24 % du Dow Jones depuis janvier 2008, le président Bush et ses conseillers ne cessaient de répéter que la situation n'était pas aussi mauvaise qu'elle en avait l'air. Dans un discours prononcé le 10 octobre 2008, Bush précisa : « Nous savons quels sont les problèmes, nous avons les outils qu'il faut pour les résoudre, et nous travaillons vite. »

En réalité, l'administration Bush a utilisé peu d'outils – et même ceux-là, elle n'a pas réussi à les faire fonctionner. Elle a refusé d'aider les propriétaires. Elle a refusé d'aider les chômeurs. Elle a refusé de stimuler l'économie par les mesures normales (la hausse des dépenses ou même leur « instrument favori », de nouvelles réductions d'impôts). Elle s'est concentrée sur une seule tâche : donner de l'argent aux banques. Mais quand il s'est agi de trouver un moyen efficace de le faire, un moyen qui relancerait vite le crédit, elle n'y est pas parvenue.

Après la mort de Lehman Brothers, la nationalisation de Fannie Mae et de Freddie Mac et le renflouement d'AIG, Bush

---

1. À cette date, Bear Stearns estimait sa valeur comptable à plus de 80 dollars par action. Un an plus tôt, en mars 2007, les actions Bear Stearns s'étaient vendues 150 dollars pièce. Voir Robin Sidel, Dennis K. Berman et Kate Kelly, « J.P. Morgan Buys Bear in Fire Sale, as Fed Widens Credit to Avert Crisis », *Wall Street Journal*, 17 mars 2008, p. A1.

s'est empressé d'aider les banques par un renflouement massif de 700 milliards de dollars, dans le cadre d'un plan baptisé par euphémisme Programme de sauvetage des actifs à problèmes (Troubled Asset Relief Program, ou TARP). Aider les banques mais ignorer les millions de maisons saisies : en suivant cette politique à l'automne 2008, Bush administrait une transfusion sanguine massive à un patient mourant d'hémorragie interne. Cela aurait dû être évident : si l'on ne faisait rien pour l'économie elle-même, si l'on n'endiguait pas la marée des prêts hypothécaires se muant en saisies, déverser de l'argent dans les banques risquait fort de ne pas les sauver. Au mieux, l'injection de liquidités serait un palliatif temporaire. On est donc allé de renflouement en renflouement, et parfois la même banque (la Citibank, par exemple, la plus grande banque américaine à cette date) a dû être sauvée plusieurs fois[1].

Le débat sur la reprise et l'élection présidentielle

Tandis qu'approchait l'élection présidentielle de novembre 2008, il était clair pour à peu près tout le monde (sauf, évidemment, le président Bush) qu'il fallait faire plus pour sortir l'économie de la récession. L'administration espérait que, en dehors des sauvetages de banques, des taux d'intérêt faibles suffiraient. Mais si la politique monétaire, par ses erreurs, avait pu jouer un rôle crucial dans le déclenchement de la Grande

---

1. La Citibank a reçu une injection de liquidités de 25 milliards de dollars en octobre 2008 (avec huit autres banques, dans le cadre du TARP) ; elle a été à nouveau sauvée avec 20 milliards de dollars de liquidités plus des garanties pour 306 milliards de dollars d'actifs toxiques en novembre 2008, et elle a été aidée une troisième fois quand l'État a converti 25 milliards de dollars de ses actions préférentielles en actions ordinaires en février 2009. AIG aussi a bénéficié de trois renflouements : une ligne de crédit de 60 milliards de dollars, un investissement à hauteur de 70 milliards de dollars, et 52,5 milliards de dollars pour acheter des actifs liés aux prêts hypothécaires que la compagnie d'assurances possédait ou garantissait.

Récession, elle ne pouvait pas en sortir le pays. Pour expliquer l'impuissance de la politique monétaire dans une récession, John Maynard Keynes l'avait un jour comparée à une corde : elle peut tirer mais pas pousser. Quand les ventes s'effondrent, baisser le taux d'intérêt de 2% à 1% n'incitera pas les entreprises à construire une usine ou à se doter de nouvelles machines. Il est normal que la capacité de production excédentaire augmente nettement quand il y a une dynamique de récession. Dans ce climat d'incertitude, même un taux d'intérêt nul risque bien d'être incapable de ranimer l'économie. De plus, si la Banque centrale peut réduire le taux d'intérêt que paie l'État, elle ne détermine pas celui que paient les entreprises, ni même la disposition des banques à prêter. Le mieux que l'on puisse espérer d'une politique monétaire est qu'elle n'aggrave pas les choses – ce qu'avaient fait la Federal Reserve et le Trésor en gérant lamentablement la chute de Lehman Brothers.

Les deux candidats à la présidence, Barack Obama et John McCain, étaient d'accord sur les grandes lignes de la stratégie fondamentale qui s'imposait; il fallait agir sur trois plans : endiguer la marée des mauvais prêts hypothécaires, stimuler l'économie et ressusciter les banques. Mais ils n'étaient pas d'accord sur ce qu'il fallait faire dans chaque domaine. Nombre des vieilles batailles économiques, idéologiques et distributives livrées depuis un quart de siècle réapparaissaient ici. La stimulation que proposait McCain était centrée sur une réduction d'impôts qui encouragerait la consommation. Le plan d'Obama préconisait une hausse des dépenses publiques, notamment d'investissement, dont des «investissements verts» favorables à l'environnement[1]. Face aux saisies, McCain

1. La loi de stimulation qui a été finalement votée en février 2009, l'American Recovery and Reinvestment Act, comprend plus de 60 milliards de dollars d'investissements dans les énergies propres : 11 milliards de dollars pour un réseau électrique plus vaste, meilleur et plus intelligent, qui transférera de l'électricité issue d'énergies renouvelables des zones rurales où on la produit vers les villes où elle est essentiellement utilisée, ainsi que pour 40 millions de compteurs électriques intelligents à mettre en place dans les foyers américains; 5 milliards de dollars pour des

avait une stratégie : l'État assumerait *de facto* les pertes des banques dues aux mauvais prêts ; dans ce domaine, c'était lui le gros dépensier ; le programme d'Obama était plus modeste, mais centré sur l'aide aux propriétaires. Pour les banques, aucun des deux candidats n'avait une vision claire de ce qu'il fallait faire, et tous deux craignaient de «perturber» les marchés s'ils esquissaient ne serait-ce que l'ombre d'une critique contre les efforts de renflouement du président Bush.

Curieusement, McCain adoptait parfois un ton plus populiste qu'Obama, il semblait plus disposé à critiquer le comportement scandaleux de Wall Street. Il pouvait se le permettre : on savait que les républicains étaient le parti des milieux d'affaires, et McCain avait une réputation d'iconoclaste. Obama, comme Bill Clinton avant lui, s'efforçait de se dissocier de l'image d'hostilité aux entreprises qu'avaient les «Vieux Démocrates», même si, pendant les primaires, il avait prononcé à la Cooper Union un discours vigoureux qui expliquait pourquoi il était temps de mieux réglementer[1].

Aucun des deux candidats ne voulait prendre le risque de s'aventurer dans les causes profondes de la crise. Critiquer la cupidité de Wall Street était acceptable, mais analyser les problèmes de gouvernance d'entreprise qui avaient créé une structure d'incitations perverses et encouragé par là les mauvais comportements eût été trop technique. Parler des souffrances des Américains ordinaires passait bien, mais faire le lien avec l'insuffisance de la demande globale eût été s'écarter du principe

---

programmes de climatisation des logements à faible revenu ; 4,5 milliards de dollars pour «écologiser» les bâtiments fédéraux et réduire la facture énergétique de l'État, ce qui fera économiser au contribuable des milliards de dollars ; 6,3 milliards de dollars pour des efforts d'économies d'énergie et d'énergies renouvelables au niveau des États et des autorités locales ; 600 millions de dollars pour des programmes de formation professionnelle «verts» – 100 millions pour développer les programmes de formation des travailleurs à la chaîne et 500 millions pour former une main-d'œuvre «verte» ; et 2 milliards de dollars en dons mis au concours afin de développer la prochaine génération de batteries pour stocker l'énergie.

1. Barack Obama, «Renewing the American Economy», discours à la Cooper Union, New York, 27 mars 2008.

de base des campagnes électorales : «rester simple». Obama disait qu'il fallait renforcer le droit à se syndiquer, mais seulement en tant que droit fondamental, pas dans le cadre d'une stratégie qui pourrait avoir un lien avec la reprise économique, ou même, plus modestement, pour réduire les inégalités.

Quand le nouveau président a pris ses fonctions, il y a eu un soupir de soulagement collectif. Enfin, on allait faire *quelque chose*. Dans les chapitres qui suivent, je vais exposer la situation qu'a trouvée l'administration Obama quand elle est arrivée au pouvoir, la façon dont elle y a réagi et ce qu'elle aurait dû faire pour remettre en marche l'économie et prévenir l'apparition d'une nouvelle crise. J'essaierai d'expliquer pourquoi les responsables de l'action publique ont adopté certaines approches – notamment en fonction de quelles prévisions ou de quels espoirs. Pour franchir l'obstacle, l'équipe d'Obama a opté en définitive pour une stratégie *prudemment conservatrice*, que j'appellerai la «navigation à vue*». C'était, contrairement aux apparences, une stratégie à haut risque. Certains périlleux effets secondaires inhérents au plan présidentiel seront peut-être déjà visibles quand ce livre sortira ; d'autres ne se verront que dans plusieurs années. Mais la question demeure : pourquoi Obama et ses conseillers ont-ils choisi de naviguer à vue ?

Une économie en plein changement

Trouver ce qu'il convient de faire dans une économie qui s'effondre n'est pas facile. Savoir que toute chute a une fin n'est qu'une piètre consolation.

L'éclatement de la bulle de l'immobilier au milieu de l'année 2007 a conduit à une récession peu après – comme certains, dont j'étais, l'avaient prédit. Les conditions de crédit étaient

---

* Joseph Stiglitz emploie l'expression *muddle through*, dont le sens exact est « traverser en pataugeant » [*NdT*].

mauvaises avant la banqueroute de Lehman Brothers, et elles ont été encore pires après. Confrontées à un crédit cher (à supposer qu'elles aient pu en obtenir un) et à des marchés en déclin, les entreprises ont vite réagi en réduisant leurs stocks. Les commandes ont chuté brutalement – beaucoup plus que proportionnellement à la baisse du PIB – et les pays qui vendaient essentiellement des biens d'équipement et des biens durables, dont on pouvait remettre l'achat à plus tard, ont particulièrement souffert. (De la mi-2008 à la mi-2009, le Japon a vu ses exportations chuter de 35,7 %, l'Allemagne de 22,3 %[1].) Quant aux *green shoots* («pousses vertes»), signes de redressement constatés au printemps 2009, ils indiquaient probablement une reprise dans certains des secteurs qui avaient été les plus durement frappés fin 2008 et début 2009, et en particulier la reconstitution de certains des stocks qui avaient été exagérément dégarnis.

Un examen attentif des fondamentaux dont Obama avait hérité en entrant à la Maison-Blanche l'aurait rendu extrêmement pessimiste : des millions de maisons étaient saisies, et dans de nombreuses régions du pays les prix immobiliers baissaient encore. Cela signifiait que des millions de prêts hypothécaires supplémentaires passaient «sous l'eau» – et devenaient de futurs candidats à la saisie. Le chômage était en pleine ascension, alors que des centaines de milliers de personnes parvenaient en fin de droits, au terme de la période récemment prolongée d'indemnisation[2]. Les États étaient

---

1. Statistiques commerciales du ministère des Finances du Japon, Statistiques générales du commerce, Chiffres annuels et mensuels de la valeur totale des exportations et des importations, septembre 2009, en ligne à l'adresse <http://www.customs.go.jp/toukei/srch/indexe. htm?M=27&P=0> ; et Bureau des statistiques de la République fédérale d'Allemagne, «German Exports in June 2009 : – 22.3 % on June 2008», communiqué de presse n° 290, 7 août 2009, en ligne à l'adresse <http:// www.destatis.de/jetspeed/portal/cms/Sites/destatis/Internet/EN/press/ pr/2009/08/PE09_290_51,templateId=renderPrint.psml>.
2. Les prix des maisons ont baissé entre juillet 2006 et avril 2009, mais même quand ils se sont stabilisés, il était difficile de dire jusqu'à quel point l'arrêt de la chute n'était dû qu'à des initiatives temporaires

contraints de licencier du personnel puisque leurs recettes fiscales plongeaient. Les dépenses publiques de la loi de stimulation, l'une des premières réalisations d'Obama, avaient un effet – mais seulement celui d'empêcher que la situation ne se dégrade encore plus.

Les banques étaient autorisées à emprunter à bas prix à la Federal Reserve, avec des nantissements de mauvaise qualité, et à prendre des positions risquées. Certaines ont annoncé des profits au premier semestre 2009, essentiellement issus de l'activité « comptes et transactions » (lisez : spéculation). Mais ce n'est pas la spéculation qui allait relancer rapidement l'économie. Et si les paris des banques ne payaient pas, le coût pour le contribuable américain serait encore plus lourd.

En profitant des fonds à bas prix et en les prêtant à des taux d'intérêt beaucoup plus élevés – puisque la concurrence dans le secteur bancaire s'était réduite, la capacité des banques à augmenter les taux de leurs prêts s'était accrue –, les banques allaient peu à peu se recapitaliser, à supposer que leurs pertes sur les prêts hypothécaires, les immeubles de bureaux, les prêts aux entreprises et les cartes de crédit ne les submergent pas avant. Si rien de fâcheux n'arrivait, elles parviendraient

---

de l'État – les interventions peu orthodoxes de la Federal Reserve pour réduire le taux des prêts hypothécaires et le programme d'aide aux primo-accédants à la propriété. Quarante-huit États ont été confrontés à des pénuries de ressources, qui se montaient à 26 % des budgets des États, ce qui en a contraint quarante-deux à licencier des salariés et quarante et un à réduire les services à la population. Voir Standard & Poor's, « The Pace of Home Price Declines Moderate in April According to the S & P/Case-Shiller Home Price Indices », communiqué de presse, New York, 30 juin 2009 ; et Elizabeth McNidrol et Nicholas Johnson, « Recession Continues to Batter State Budgets ; State Responses Could Slow Recovery », Center for Budget and Policy Priorities, 20 octobre 2009, en ligne à l'adresse <http://www.cbpp.org/files/9-8-08sfp.pdf>. l'adresse <http://www.bls.gov/web/cpseea10.pdf>, et « Table D-1. Employment Status of the Civilian Non-institutional Population by Sex and Age, Seasonally Adjusted », en ligne à l'adresse <http://www.bls.gov/web/cpseed1.pdf> ; et Iris J. Lav et Elizabeth McNichol, « State Budget Troubles Worsen », Center on Budget and Policy Priorities, Washington, DC, 29 juin 2009.

peut-être à se tirer d'affaire sans nouvelle crise. Dans quelques années, espérait-on, elles seraient en meilleure forme et l'économie retrouverait son état normal. Certes, les taux d'intérêt lourds que les banques facturaient dans leurs durs efforts pour se recapitaliser allaient entraver la reprise – mais c'était l'un des prix à payer pour éviter des débats politiques venimeux.

Les banques (dont beaucoup des plus petites, sur lesquelles tant de PME comptaient pour leur financement) étaient confrontées à des tensions sur la quasi-totalité de l'éventail du crédit – immobilier de bureau, immobilier résidentiel, cartes de crédit, prêts à la consommation, prêts aux entreprises. Au printemps 2009, l'administration les a soumises à un «test de stress» (qui n'était pas très stressant) pour voir comment elles résisteraient à une période de hausse du chômage et de chute des prix immobiliers[1]. Mais, même avec des banques en bonne santé, le processus de désendettement – la réduction des dettes omniprésentes dans l'économie – signifiait que l'économie resterait probablement faible pendant une longue période. Les banques avaient utilisé leur petit montant de fonds propres (leur «capital» de base ou «valeur nette») comme garantie pour emprunter massivement, afin d'avoir une base d'actifs importante – parfois plus de trente fois supérieure à leur capital. Les propriétaires avaient emprunté considérablement grâce au petit capital que représentait leur maison. À l'évidence, trop de dettes reposaient sur trop peu de capital et il fallait dégonfler l'endettement. C'était déjà difficile en soi. Mais, pendant qu'on le ferait, les prix des actifs, qui avaient été soutenus par tous ces emprunts, allaient probablement baisser. Cette perte de richesse induirait des tensions dans de nombreux champs de l'économie; il y aurait des faillites, et même les entreprises qui ne déposeraient pas le bilan et les particuliers qui ne se

---

1. Après le test de stress, on a exigé de plusieurs banques qu'elles augmentent leur capital, et elles ont réussi à le faire. Relevons que, si le test de stress n'a guère été stressant, il semble avoir rendu une certaine confiance au marché.

mettraient pas en faillite personnelle réduiraient leurs dépenses.

Il était possible, bien sûr, que les Américains continuent à vivre comme avant, sans rien épargner; mais miser sur ce scénario était imprudent, et les chiffres indiquant une hausse de l'épargne à 5% des revenus des ménages suggéraient que les choses se passeraient autrement[1]. Une économie faible signifiait probablement davantage de pertes pour les banques.

Certains espéraient que les exportations pourraient sauver l'économie américaine – elles avaient contribué à adoucir son déclin en 2008. Mais, avec la mondialisation, les problèmes d'une composante du système ont vite des conséquences ailleurs. La crise de 2008 était une récession mondiale synchrone. Il était donc improbable que les États-Unis puissent s'en extraire en exportant – comme l'avait fait l'Asie orientale dix ans plus tôt.

Quand les États-Unis ont entamé la première guerre du Golfe en 1990, le général Colin Powell a élaboré ce qu'on allait baptiser la «doctrine Powell»: elle affirmait notamment qu'il fallait attaquer avec une force décisive. Il devrait y avoir quelque chose d'analogue en économie, peut-être la doctrine Krugman-Stiglitz. Quand une économie est faible, très faible, comme l'était visiblement l'économie mondiale au début de l'année 2009, attaquons avec une puissance écrasante! Un gouvernement peut toujours garder en réserve les munitions supplémentaires tant qu'il les tient prêtes à servir, mais s'il n'a pas de munitions prêtes à l'emploi, cela peut avoir des conséquences durables. Attaquer avec des munitions insuffisantes était une stratégie dangereuse, notamment quand il devint clair que l'administration Obama avait sous-estimé la force de la récession, dont celle de la hausse du chômage. Plus grave: tandis qu'elle poursuivait son soutien apparemment illimité

---

1. Bureau of Economic Analysis, National Income and Product Accounts, «Table 2.1. Personal Income and Its Disposition (Seasonally Adjusted at Annual Rates)», en ligne à l'adresse <http://www.bea.gov/national/nipaweb/TableView.asp?SelectedTable=58&Freq=Qtr&FirstYear=2007&LastYear=2009>.

aux banques, elle ne semblait pas avoir de vision d'avenir pour l'économie américaine et son secteur financier en détresse.

Quelle vision?

Le New Deal de Franklin Roosevelt a modelé la vie économique des États-Unis pendant un demi-siècle, jusqu'au jour où nous avons oublié les leçons de la Grande Dépression. En 2008, avec un système financier en lambeaux et une économie engagée dans une transformation dévastatrice, nous avions besoin d'une vision du type de marchés financiers et d'économie que nous voulions voir émerger de la crise. Nos actes pouvaient déterminer la forme de notre économie pendant des décennies. Il nous fallait une vision neuve parce que notre ancien modèle avait échoué, mais aussi parce que nous avions appris dans la douleur que ses postulats de base étaient faux. Le monde changeait, et l'Amérique ne tenait pas le rythme.

L'une des grandes forces d'Obama a été de susciter un climat d'espoir, un *sentiment* sur l'avenir, sur la possibilité du changement. Mais, au fond, le placide Obama était conservateur : il ne proposait pas une autre vision du capitalisme. Certes, il y a eu son discours justement célèbre de la Cooper Union, évoqué plus haut, et il a joint sa voix au chœur des critiques contre les «bonus des renflouements», mais, pour le reste, il n'avait pas grand-chose à dire sur le nouveau système financier qui pourrait être bâti sur les cendres du désastre, ni sur la façon dont il pourrait fonctionner.

Ce qu'il proposait, c'était un plan large et pragmatique pour l'avenir – des programmes ambitieux pour remettre en état les secteurs de la santé, de l'éducation et de l'énergie aux États-Unis – et une tentative à la Reagan pour changer l'humeur nationale, la faire passer à l'espoir en un temps où un flot apparemment intarissable de mauvaises nouvelles économiques répandait naturellement le désespoir. Obama avait aussi une autre vision, celle d'un pays moins divisé qu'il ne l'avait été sous George W. Bush, moins polarisé par des fractures idéologiques. Il est possible que le nouveau président ait évité toute discussion en profondeur sur ce qui n'allait pas dans l'économie américaine – et plus précisément sur les méfaits des professionnels du secteur financier – parce qu'il craignait, s'il le faisait, de susciter le conflit à une heure où il nous fallait l'unité. Un débat en profondeur conduirait-il à la cohésion sociale ou au conflit social exacerbé? Si, comme le soutenaient certains observateurs, l'économie et la société n'avaient subi qu'une contusion mineure, le mieux était peut-être de les laisser guérir toutes seules. Mais le risque était que leurs problèmes soient comme ces blessures purulentes que l'on ne peut guérir qu'en les exposant aux effets antiseptiques du grand soleil, de la lumière.

Formuler une vision était risqué, mais ne pas en avoir l'était aussi. Sans vision, l'ensemble du processus de «réforme» pouvait tomber sous la coupe des professionnels de la finance. Dans ce cas, le pays se retrouverait avec un système financier encore plus fragile que celui qui venait d'échouer, et encore moins capable de gérer le risque et d'orienter efficacement les capitaux là où ils devaient aller. Il faut que les fonds aillent davantage au secteur des technologies de pointe pour créer de nouvelles entreprises et développer les anciennes. Nous en avons trop alloué à l'immobilier – c'était trop, et plus que ceux qui les ont reçus ne pouvaient rembourser. Le secteur financier était censé garantir que les capitaux iraient là où leur rendement pour la société serait le plus élevé. Son échec est évident.

Ce secteur avait sa propre vision, centrée sur l'augmentation de ses profits et, dans la mesure du possible, le retour au monde d'avant 2007. Les sociétés financières en étaient venues à considérer leurs activités comme une fin en soi, à s'enorgueillir de leur taille et de leur rentabilité. Mais le système financier doit être un moyen au service d'une fin, pas une fin en soi. S'il devient démesuré, ses profits peuvent se faire aux dépens de la prospérité et de l'efficacité du reste de l'économie. Ce secteur démesuré doit être dégraissé – même si certaines de ses composantes, comme celles qui prêtent aux PME, sont peut-être à renforcer.

L'administration Obama n'avait pas non plus (ou du moins ne formulait pas) d'analyse claire des raisons pour lesquelles le système financier américain avait sombré. Sans vision d'avenir et sans compréhension des échecs du passé, elle n'arrivait pas vraiment à réagir. Au début, elle n'avait guère à offrir que les platitudes habituelles sur une meilleure réglementation et des banques plus responsables. Au lieu de redessiner le système, elle a consacré une grande partie des fonds à renforcer celui qui avait échoué. Les institutions «trop grandes pour faire faillite» n'ont cessé de solliciter l'État pour se faire renflouer, mais, en coulant à flots vers les grandes banques qui étaient au cœur des échecs, l'argent public a fortifié l'élément du système qui, à de multiples reprises, s'était retrouvé en difficulté. Pendant ce temps, l'État n'a pas dépensé dans les mêmes proportions pour renforcer les composantes du secteur financier qui alimentent en capitaux les forces vives de l'économie, les nouvelles entreprises et les PME.

Le grand pari : l'argent et l'équité

Certains diront que l'approche de l'administration Obama est pragmatique, qu'elle représente un compromis réaliste avec les forces politiques existantes, voire une stratégie raisonnable pour remettre l'économie à flot.

Dans les jours qui ont suivi son élection, Obama s'est trouvé face à un dilemme : il voulait calmer l'ouragan à Wall Street, mais il lui fallait aussi s'attaquer aux défaillances fondamentales du secteur financier et répondre aux préoccupations de l'Amérique. Il commençait avec un très gros capital de sympathie : tous ou presque souhaitaient son succès. Mais il aurait dû savoir qu'il ne pourrait pas plaire à tout le monde, alors qu'une guerre économique majeure opposait Main Street* à Wall Street. Le président a été pris entre deux feux.

---

* « Main Street », la « grand-rue » des villes de l'Amérique profonde, représente ici l'économie réelle, les citoyens ordinaires, par opposition à la sphère financière que symbolise « Wall Street » [NdT].

Pendant les années Clinton, ces tensions bouillonnaient déjà, prêtes à surgir. Clinton s'était doté d'un large éventail de conseillers économiques : à gauche Robert Reich, son vieil ami des années d'Oxford (il était secrétaire au Travail), à droite Robert Rubin et Larry Summers, et au centre Alan Blinder, Laura Tyson et moi-même au Comité des conseillers économiques. Ce cabinet reflétait vraiment des visions rivales, et les débats étaient acharnés, bien que, pour l'essentiel, courtois.

Nous nous battions sur les priorités – fallait-il se concentrer sur la réduction du déficit ou sur l'investissement et la satisfaction des besoins fondamentaux (une réforme humaine de l'aide sociale et une réforme de la santé qui étendrait l'accès aux soins)? J'ai toujours pensé que Clinton était de cœur avec la gauche et le centre, mais les réalités de la politique et de l'argent en ont décidé autrement : la droite a gagné sur de nombreux sujets, notamment après les législatives de 1994, qui ont assuré aux républicains le contrôle du Congrès.

L'un des problèmes qui provoquaient le plus de coups de sang était la critique du *corporate welfare* – l'aide sociale aux entreprises –, c'est-à-dire les mégachèques aux firmes américaines sous forme de subventions et de faveurs fiscales. Rubin n'aimait pas l'expression «aide sociale aux entreprises», il lui trouvait un petit air de lutte des classes. J'étais bien d'accord avec Reich : ce n'était pas une question de lutte des classes mais d'économie. Les ressources sont rares; le rôle de l'État est de rendre l'économie plus efficace et d'aider les pauvres et ceux qui ont du mal à s'en sortir. Ces cadeaux aux entreprises réduisaient l'efficacité de l'économie. Les redistributions se faisaient dans le mauvais sens, notamment à une époque de restrictions budgétaires : des fonds qui auraient dû aller aux Américains pauvres, ou à des investissements à haut rendement dans les infrastructures et les technologies, étaient versés à des entreprises déjà riches. Et, en échange de tout cet argent coulant des veines de Washington, le pays n'obtenait pas grand-chose.

Aux derniers jours de l'administration Bush, l'aide sociale aux entreprises a atteint de nouveaux sommets – ses montants ont dépassé tout ce qu'aurait pu imaginer n'importe quel membre de n'importe quelle administration précédente. Le filet de sécurité a été étendu des banques de dépôt aux banques d'affaires, puis à une compagnie d'assurances – à des sociétés qui non seulement n'avaient payé aucune prime pour s'assurer contre les risques dont le contribuable allait les protéger, mais avaient fait de considérables efforts pour ne pas payer leurs impôts. Quand Obama a pris ses fonctions, la question était clairement posée : allait-il poursuivre cette aide sociale aux entreprises ou chercher un nouvel équilibre ? S'il donnait encore de l'argent aux banques, insisterait-il pour qu'elles se sentent tenues de rendre des comptes, et veillerait-il à ce que le contribuable reçoive, en échange, des actions ? Si Wall Street avait sauvé une entreprise impuissante menacée par la faillite, c'est bien le moins qu'il aurait exigé.

L'administration Obama a décidé de tenter un gros pari, notamment dans le domaine crucial de la restructuration des banques : maintenir en grande partie le cap fixé par le président Bush, en évitant autant que faire se pouvait de respecter les règles ordinaires du capitalisme. Quand une entreprise ne peut pas payer ses dettes, elle fait faillite (ou on lui impose un administrateur extérieur) ; dans cette situation, en général, les actionnaires perdent tout et les porteurs d'obligations/créanciers deviennent les nouveaux actionnaires. De même, quand une banque ne peut pas rembourser ce qu'elle doit, on la met sous tutelle. Pour apaiser Wall Street – et peut-être accélérer son relèvement –, Obama a décidé de prendre le risque d'exaspérer Main Street. En cas de succès de sa stratégie, on pourrait éviter les batailles idéologiques de fond. Si l'économie se rétablissait vite, Main Street lui pardonnerait peut-être ces largesses prodiguées à Wall Street. Néanmoins, maintenir le cap était une option intrinsèquement risquée, et il s'agissait de risques majeurs : à court terme pour l'économie, à moyen terme pour la position budgétaire du pays, et à long terme pour notre sentiment d'équité et de cohésion sociale. Toute stratégie implique des risques, mais cette stratégie-là ne semblait guère les minimiser à long terme. Elle risquait même de mécontenter aussi beaucoup de gens sur les marchés financiers, car ils voyaient que ces mesures étaient inspirées par les grandes banques. Le terrain était déjà biaisé en faveur de ces méga-institutions, et voilà, semblait-il, qu'on allait le biaiser encore plus, au profit des composantes du secteur financier qui étaient à l'origine des problèmes.

Dribbler pour passer le ballon de l'argent public aux banques, cela coûtait cher et menaçait de compromettre le programme sur lequel Obama s'était fait élire. Il n'avait pas aspiré à la présidence pour devenir l'urgentiste du système bancaire. Bill Clinton avait sacrifié beaucoup de ses ambitions présidentielles sur l'autel de la réduction du déficit. Obama courait le risque de perdre les siennes sur l'autel encore moins satisfaisant de la recapitalisation des banques – les guérir pour qu'elles puissent se livrer aux mêmes imprudences qui, au départ, avaient jeté l'économie dans la tourmente.

Maintenir le cap fixé par l'administration Bush sur les renflouements de banques : ce pari d'Obama avait plusieurs volets. Si la récession économique se révélait plus profonde ou durable qu'il ne le pensait, ou les problèmes des banques plus graves qu'elles ne le prétendaient, le coût de la remise à neuf du système bancaire serait plus élevé. Obama n'aurait peut-être pas suffisamment d'argent pour résoudre le problème. Il en faudrait peut-être encore pour un second plan de stimulation. Comme le mécontentement montait au sujet du gaspillage des fonds publics pour les banques, il serait difficile d'obtenir du Congrès de nouveaux crédits. Et, inévitablement, l'aide aux banques aurait lieu aux dépens des autres priorités du président. Son autorité morale risquait même d'être contestée, puisqu'il était clair que ces renflouements récompensaient ceux qui avaient conduit l'Amérique et le monde au bord de la ruine. L'indignation publique contre le secteur financier, qui avait utilisé ses profits démesurés pour acheter l'influence politique capable de l'affranchir des réglementations, puis de le sauver avec 1 000 milliards de dollars, ne ferait très probablement que croître. Nul ne savait combien de temps l'opinion allait tolérer l'hypocrisie de ces champions de toujours de la responsabilité budgétaire et des libres marchés, qui, au moment même où ils formulaient des demandes pressantes d'aide financière pour eux-mêmes, continuaient à argumenter contre toute assistance aux propriétaires pauvres au nom de l'aléa moral – à dire que les secourir maintenant ne ferait que conduire à davantage de secours à l'avenir, car cela réduirait leurs incitations à rembourser les prêts.

Obama allait vite apprendre que ses nouveaux amis dans la finance étaient des alliés peu fiables. Ils acceptaient les milliards, mais, si le président laissait percer la moindre sympathie pour la critique de l'Amérique ordinaire contre les rémunérations démesurées des financiers, il subissait leur fureur. Pourtant, si Obama n'avait rien dit, il aurait paru coupé des sentiments qu'éprouvaient les simples citoyens américains en donnant à contrecœur aux banquiers l'argent demandé.

Puisque les abus commis par la finance ont coûté si cher à tant d'Américains, une hyperbole dans les invectives contre le système financier n'aurait pas surpris. Mais l'hyperbole est allée dans l'autre sens. Un projet de loi cherchant à limiter les rémunérations des dirigeants dans les banques renflouées a été baptisé «lois de Nuremberg[1]». Tout le monde avait sa part de culpabilité, mais c'était «beaucoup plus dans la culture de trouver un méchant et de vilipender le méchant[2]», a clamé le nouveau président du conseil d'administration de Citigroup. À en croire une «épouse de TARP», la disgrâce des banquiers américains avait été «plus soudaine et plus dure que toute autre depuis que Mao a expédié de force les intellectuels dans les campagnes[3]». Pas de doute : les persécuteurs se sentaient persécutés.

---

1. Source : Chrystia Freeland, «"First Do No Harm" Prescription Issued for Wall Street», *Financial Times*, 29 avril 2009, p. 4.

2. «New Citi Chair : Bankers Aren't "Villains"», CBSNews.com, 7 avril 2009.

3. Anonyme, «Confessions of a TARP Wife», *Conde Naste Portfolio*, mai 2009, en ligne à l'adresse <http://www.portfolio.com/executives/2009/04/21/Confessions-of-a-Bailout-CEO-Wife>.

Si Obama s'est fait aussi violemment critiquer pour avoir exprimé sa préoccupation à propos des rémunérations des banquiers, on comprendra qu'il se soit abstenu d'énoncer une vision claire du type de secteur financier qu'il serait bon de voir émerger après la crise. Les banques étaient devenues non seulement trop grandes pour faire faillite, mais aussi trop puissantes politiquement pour subir la moindre contrainte. Mais si certaines banques ont grandi au point qu'il n'est plus possible de les voir déposer le bilan, pourquoi les laissons-nous grandir ainsi? Les Américains auraient dû avoir un système de transfert de fonds électronique du XXIe siècle, avec les faibles coûts de transaction qu'autorise la technologie moderne, et les banques étaient inexcusables de ne pas l'avoir mis en place. L'Amérique aurait dû avoir un système de prêts hypothécaires au moins aussi bon que celui du Danemark ou de tout autre pays, mais elle ne l'avait pas. Pourquoi ces institutions financières, qui ont été sauvées par les contribuables américains, devraient-elles être autorisées à poursuivre leurs agressions contre les Américains ordinaires, à les tromper sur les cartes de crédit, à leur imposer des conditions prédatrices dans les prêts? Le seul fait de poser ces questions serait interprété par les grandes banques comme une déclaration de guerre.

Sous l'administration Clinton, la réponse de certains membres du cabinet à ceux d'entre nous (comme Robert Reich et moi) qui appelions «aide sociale aux entreprises» les milliards de dollars de subventions offerts aux riches compagnies américaines était, je l'ai dit, que nous étions pour la lutte des classes. Si nos efforts discrets pour réduire ce qui, vu d'aujourd'hui, apparaît comme un bien modeste débordement nous ont valu d'être ainsi fustigés, à quoi faut-il s'attendre en cas d'attaque directe contre l'actuel transfert – sans précédent – d'argent public vers le secteur financier américain?

Quand une structure familière commence à se dessiner

Lorsque les États-Unis ont glissé dans la crise, j'ai eu peur qu'il ne nous arrive ce que j'avais vu si souvent se produire dans les pays en développement : les banquiers, qui étaient en grande partie à l'origine du problème, profitaient de la panique en résultant pour opérer une redistribution de richesses – prélevant dans la bourse publique afin de grossir la leur. Chaque fois, on disait aux contribuables que l'État devait recapitaliser les banques afin de relancer l'économie. Dans ces crises antérieures, l'État donnait aux banques des milliards à des conditions très aimables, et l'économie finissait par se relever. (Toute récession a une fin, et, dans beaucoup de ces cas, on ne sait pas vraiment si les renflouements ont accéléré ou retardé la reprise[1].) Avec la relance, le pays reconnaissant soupirait de soulagement, sans prêter beaucoup d'attention à ce qui s'était passé en coulisse. On a estimé que le coût du renflouement des banques de 1994-1997 au Mexique a été de l'ordre de 15 % du PIB, et une partie substantielle de cette somme est allée aux riches propriétaires des banques[2]. En dépit de cette énorme injection de capital, les banques n'ont pas vraiment recommencé à prêter, et la réduction de l'offre de crédit a contribué à la croissance lente du Mexique dans la décennie qui a suivi. Dix ans plus tard, les salaires des travailleurs mexicains, compte tenu de l'inflation, étaient plus bas, et les inégalités plus élevées[3].

---

1. Les renflouements dans les pays en développement ont généralement pour effet une appréciation des taux de change par rapport au niveau qu'ils auraient eu autrement. Un des principaux moyens de relancer une économie est d'exporter davantage, mais des taux de change plus élevés font obstacle aux exportations, donc à la reprise. Peut-être le renflouement du Mexique en 1994 n'avait-il pas grand-chose à voir avec le relèvement de ce pays et l'a-t-il entravé. Voir D. Lederman, A.M. Menéndez, G. Perry et J. E. Stiglitz, « Mexican Investment after the Tequila Crisis : Basic Economics, "Confidence" Effects or Market Imperfections ? », *Journal of International Money and Finance*, vol. 22, 2003, p. 131-151.

2. Elizabeth McQuerry, « The Banking Sector Rescue in Mexico », *Federal Reserve Bank of Atlanta Economic Review*, 3ᵉ trimestre 1999.

3. Beaucoup d'autres facteurs ont contribué aux mauvais résultats du Mexique au cours de la décennie suivante. Voir Lederman, Menéndez, Perry et Stiglitz, « Mexican Investment after the Tequila Crisis », *op. cit.*, et Joseph E. Stiglitz, *Un autre monde. Contre le fanatisme du marché*, trad. fr.

Tout comme la crise mexicaine n'a guère affaibli la puissance des banquiers mexicains, la crise américaine n'a pas mis fin à l'influence du secteur financier. Dans ce secteur, la richesse a peut-être diminué, mais, quelles qu'en soient les raisons, le capital politique a survécu. Les marchés financiers sont restés le facteur le plus important dans la politique américaine, notamment en matière économique. Leur influence a été à la fois directe et indirecte.

Les sociétés engagées sur les marchés financiers avaient versé des centaines de millions de dollars en contributions de campagne aux deux partis politiques en une décennie[1]. Elles en ont tiré de jolis profits : ces investissements politiques ont été bien plus rentables que leurs spécialités supposées, les investissements sur les marchés et les prêts. Les rendements *initiaux* sont venus avec le mouvement de déréglementation. Puis elles ont reçu des retours sur investissement encore meilleurs : les renflouements massifs de l'État. Elles espèrent maintenant, j'en suis sûr, rentabiliser à nouveau ces «investissements» en empêchant tout retour à la réglementation.

Le tourniquet entre Washington et New York a aussi soutenu l'effort de prévention contre les nouvelles initiatives régulatrices. Plusieurs hauts responsables de l'État entretenant des liens directs ou indirects avec le monde financier ont été appelés à élaborer les règles *de leur propre secteur.* Quand les dirigeants publics chargés de concevoir les politiques applicables au secteur financier viennent du secteur financier, pourquoi attendre d'eux d'autres points de vue que ceux que souhaite le secteur financier? C'est en partie une question d'étroitesse d'esprit, mais on ne peut pas totalement exclure le rôle des intérêts personnels. Quand sa fortune ou ses perspectives d'emploi futur dépendent de la prospérité des banques, on a

---

de Paul Chemla, Paris, Fayard, 2006, chap. 3, «Rendre le commerce équitable».

1. Robert Weissman et James Donahue, «Sold Out : How Wall Street and Washington Betrayed America», Consumer Education Foundation, mars 2009, en ligne à l'adresse <http://wallstreetwatch.org/reports/sold_out. pdf>.

plus facilement tendance à croire que ce qui est bon pour Wall Street est bon pour les États-Unis[1].

Si l'Amérique avait besoin d'une preuve de l'influence écrasante des marchés financiers, le contraste entre le traitement réservé aux banques et celui de l'industrie automobile la lui donnerait.

Le renflouement de l'automobile

Les banques n'étaient pas les seules entreprises à avoir besoin d'être renflouées. À la fin de l'année 2008, deux des trois grands de l'automobile, General Motors et Chrysler, étaient au bord de l'écroulement. Même des constructeurs automobiles bien gérés étaient en difficulté à cause de la chute brutale des ventes, et nul ne saurait prétendre que ces deux compagnies étaient bien gérées. On craignait des effets en cascade : faillite de leurs fournisseurs, forte montée du chômage et aggravation de la récession économique. Relevons avec intérêt que certains financiers qui avaient couru demander l'aide de Washington ont alors soutenu, même en public, que, s'il était bon de sauver les banques – elles étaient les veines qui irriguaient l'économie –, se mettre à renflouer des entreprises produisant vraiment des objets était tout à fait différent. Ce serait la fin du capitalisme tel que nous le connaissons.

Le président Bush tergiversa – et légua le problème à son successeur en accordant aux compagnies une perfusion qui les maintiendrait en vie un bref moment. Pour obtenir une aide plus importante, il y avait une condition : qu'elles élaborent un plan de survie viable. L'administration Obama pratiquait clairement un «deux poids, deux mesures» : les contrats des cadres supérieurs d'AIG étaient sacro-saints, mais les accords salariaux des ouvriers dans les entreprises automobiles qui recevaient de l'aide

---

1. En 1953, Charlie Wilson, président de General Motors, a fait cette célèbre remarque : «Depuis des années, je pense que ce qui est bon pour le pays est bon pour General Motors et vice versa» (département de la Défense, biographie de Charles E. Wilson, en ligne à l'adresse <http://www.defenselink.mil/specials/secdef_histories/bios/wilson.htm>).

devaient être renégociés. Des travailleurs mal payés qui avaient trimé toute leur vie et n'avaient commis aucune faute devraient subir une réduction de salaire, mais pas les financiers payés plus d'un million de dollars et qui avaient mis le monde tout au bord de la ruine. Ceux-là étaient si précieux qu'il fallait leur verser un *retention bonus* – une prime pour les garder –, même s'il n'y avait aucun profit sur lequel payer ce bonus. Les cadres supérieurs des banques ont donc pu continuer à être grassement rémunérés; ceux des compagnies automobiles ont dû en rabattre un peu sur leur *hubris*. Mais atténuer l'*hubris* n'a pas suffi : l'administration Obama a forcé GM et Chrysler à déposer le bilan.

Les règles normales du capitalisme évoquées plus haut ont joué : les actionnaires ont tout perdu, les porteurs d'obligations et autres créanciers (les fonds d'assurance-maladie des syndicats et les autorités publiques qui avaient contribué au sauvetage des entreprises) sont devenus les nouveaux actionnaires. L'Amérique était entrée dans une nouvelle phase d'intervention de l'État dans l'économie. Peut-être était-elle nécessaire, mais beaucoup restaient perplexes sur un point : pourquoi le «deux poids, deux mesures»? Pourquoi avait-on traité les banques tout autrement que les compagnies automobiles?

L'affaire a souligné à nouveau le problème de fond que posait la restructuration du pays : on ne croyait guère que le plan d'urgence élaboré à la va-vite, ces 50 milliards de dollars fournis par l'État pendant l'été 2009, allait fonctionner – que des compagnies incapables de concurrencer les constructeurs japonais et européens depuis un quart de siècle allaient soudain devenir premières de la classe, pour l'essentiel avec leurs anciens dirigeants (même si l'on avait changé le président de GM). Si le plan ne fonctionnait pas, le déficit national des États-Unis serait plus lourd de 50 milliards de dollars, mais la restructuration de notre économie n'aurait guère avancé.

La résistance au changement

Tandis que montait la tempête financière, ni les banquiers ni l'État ne voulaient s'engager dans des débats philosophiques sur la nature d'un bon système financier. Les banquiers voulaient simplement que l'on injecte des fonds dans le système existant. Quand la possibilité de nouvelles réglementations a été évoquée, ils ont vite tiré la sonnette d'alarme. Lors d'une réunion de titans des affaires à Davos en janvier 2007, alors que la crise menaçait, l'une des préoccupations qui se sont exprimées le plus vigoureusement a été la crainte d'une «surréaction» – nom de code pour «renforcement des réglementations». Oui, ils le reconnaissaient, il y avait eu des excès, mais à présent ils avaient appris la leçon. Le risque est inhérent au capitalisme. Le risque réel, selon eux, était d'étouffer l'innovation par une réglementation excessive.

Mais donner encore de l'argent aux banques et ne rien faire d'autre, cela ne pouvait pas suffire. Elles avaient perdu la confiance du peuple américain – et leur discrédit était mérité. Leurs «innovations» n'avaient ni renforcé durablement la croissance, ni aidé les Américains ordinaires à gérer le risque de l'accession à la propriété; elles avaient conduit à la pire récession depuis la Grande Dépression et à des renflouements massifs. Donner aux banques plus de fonds sans changer leurs incitations ou leurs contraintes, c'était simplement leur permettre de continuer comme avant. Et d'ailleurs, pour l'essentiel, c'était bien ce qui se passait.

La stratégie des acteurs des marchés financiers est claire : laisser s'exprimer abondamment les champions d'un changement réel dans le secteur bancaire; la crise prendra fin avant qu'on ne parvienne à un accord, et, quand elle sera finie, la dynamique de la réforme disparaîtra[1].

---

1. C'est exactement ce qu'avaient fait les marchés financiers après la crise financière mondiale de 1997-1998. À l'époque, il était beaucoup question de réformer l'architecture financière mondiale. Les discussions se sont poursuivies jusqu'au moment où la crise a pris fin et où tout intérêt pour les réformes s'est évanoui. Au lieu de mettre en place de nouvelles réglementations, l'État a continué de déréglementer à bon rythme. De toute évidence, on a fait peu de chose – trop peu pour prévenir une nouvelle crise.

Les fauteuils du *Titanic*

Le défi le plus difficile pour un nouveau président est de choisir son équipe. Si ceux qu'il nomme sont censés partager sa vision et la mettre en œuvre, dans un domaine très complexe comme l'économie ils vont en réalité déterminer le programme. Le nouveau président se trouvait face à un choix majeur : opterait-il pour la continuité ou bien pour le changement – en termes de personnel comme de politique ? Quelle part de son capital politique allait-il dépenser pour surmonter la résistance au changement ?

L'équipe de Bush comprenait Ben Bernanke, le président de la Federal Reserve, qu'il avait nommé en 2006, Timothy Geithner, qui dirigeait la Federal Reserve Bank de New York, et Henry (Hank) Paulson, secrétaire au Trésor.

Ben Bernanke avait hérité d'une bulle en gestation, mais n'avait pas fait grand-chose pour la dégonfler[1]. C'est peut-être compréhensible : Wall Street jouissait de profits record, fondés sur la bulle. Les financiers n'auraient pas été satisfaits si Bernanke avait pris des mesures pour la faire éclater, ou même la réduire progressivement. Le simple fait de reconnaître qu'il y avait une bulle l'aurait placé devant un dilemme : s'il donnait l'alerte – s'il essayait, par exemple, de s'opposer à une partie des prêts hypothécaires à risque et de la titrisation compliquée que l'on édifiait sur leur base –, on lui reprocherait d'avoir crevé la bulle et coulé l'économie ; et il y aurait toutes ces comparaisons défavorables avec Alan Greenspan, le maestro qui l'avait précédé et qui aurait su, lui, allait-on dire, dégonfler la bulle en douceur ou la faire durer pour l'éternité !

---

1. Ben Bernanke est entré en fonction en février 2006, et l'intensité en crédits *subprime* (le pourcentage de contrats *subprime* dans l'ensemble des nouveaux contrats de prêt) a continué à augmenter au cours des mois suivants : elle a atteint son apogée vers le milieu de l'année 2006. Major Coleman IV, Michael LaCour-Little et Kerry D. Vandell, « Subprime Lending and the Housing Bubble : Tail Wags Dog ? », *Journal of Housing Economics*, vol. 17, n° 4, décembre 2008, p. 272-290.

Mais il y a d'autres raisons pour lesquelles Bernanke a pu laisser la bulle continuer. Peut-être prenait-il au sérieux la rhétorique de Greenspan et croyait-il vraiment que cette bulle n'existait pas, qu'il y avait juste un peu d'écume ; ou que, de toute manière, on ne pourrait être sûr de son existence qu'après son éclatement[1]. Peut-être pensait-il, avec Greenspan, que la Federal Reserve n'avait pas les instruments nécessaires pour dégonfler la bulle graduellement, et qu'il serait plus facile de réparer les dégâts après l'explosion.

Malgré tout, on a du mal à voir comment un économiste sérieux aurait pu ne pas être inquiet – si inquiet qu'il aurait été *obligé* de tirer la sonnette d'alarme. Pour les deux hauts responsables, le bilan n'est pas très joli : un président de Banque centrale a créé une bulle et son successeur l'a laissée grossir encore, puis exploser sans mesure.

Tim Geithner jouait un rôle actif depuis plus longtemps. Il avait été l'un des adjoints de Larry Summers et de Robert Rubin, deux des architectes du mouvement de déréglementation de l'ère Clinton. Et, surtout, il était le «régulateur en chef» des banques new-yorkaises – y compris de la plus grande des grandes, la Citibank, dont les actifs en 2007 approchaient les 2 360 milliards de dollars[2]. Il l'était depuis 2003, année où il avait été nommé président de la Federal Reserve Bank de New York.

Bien évidemment, Geithner, chargé de contrôler les banques new-yorkaises, n'a rien vu de mal dans ce qu'elles faisaient – même si elles allaient bientôt avoir besoin de centaines de milliards de dollars de fonds publics. Certes, il a fait des discours, il les a mises en garde contre les prises de risque excessives. Mais il était régulateur, pas prédicateur.

---

1. «Certaines choses suggèrent, au minimum, qu'il y a un peu d'écume sur ce marché», avait dit Greenspan. Si «nous n'avons pas l'impression qu'il y ait une bulle nationale», avait-il ajouté, «il est difficile de ne pas voir qu'il y a quantité de bulles locales» (Edmund L. Andrews, «Greenspan Is Concerned About "Froth" in Housing», *New York Times*, 21 mai 2005, p. A1).

2. Citigroup, *Quarterly Financial Data Supplement*, 16 octobre 2008, en ligne à l'adresse <http://www.citibank.com/citi/fin/data/qer083s.pdf>.

Le troisième membre de l'équipe de crise de Bush était Hank Paulson, qui, comme le secrétaire au Trésor de Clinton, Robert Rubin, était venu à Washington après avoir dirigé quelque temps Goldman Sachs. Fortune faite, il s'était tourné vers le service public.

Il est frappant que le président Obama, qui avait fait campagne en promettant le «changement auquel on peut croire», n'ait que légèrement redisposé les fauteuils sur le pont du *Titanic*. Les professionnels de Wall Street avaient usé de leur instrument habituel, la peur de «perturber» les marchés, pour obtenir ce qu'ils voulaient : une équipe qui avait déjà démontré qu'elle était prête à donner aux banques beaucoup d'argent à des conditions favorables. Tim Geithner a remplacé Paulson comme secrétaire au Trésor. Bernanke est resté en place – son mandat de président ne se termine que début 2010, mais Obama a annoncé en août 2009 qu'il le reconduirait pour un second mandat, jusqu'en 2014.

Pour coordonner l'équipe économique, Obama a nommé l'ancien adjoint de Rubin, Larry Summers, qui tenait pour l'une de ses grandes réalisations en tant que secrétaire au Trésor (de 1999 à 2001) d'avoir obtenu que les dérivés explosifs restent déréglementés. Obama a choisi cette équipe bien qu'il ait certainement su (on lui a sûrement donné ce conseil) qu'il était important d'avoir autour de la table de nouveaux visages sans liens forts avec le passé – ni avec le mouvement de déréglementation qui nous avait plongés dans ces difficultés, ni avec les sauvetages maladroits de 2008, de Bear Stearns à Lehman Brothers et à AIG.

Il y avait aussi dans l'équipe d'Obama une autre survivante de l'époque Bush, Sheila Bair, présidente de la Federal Deposit Insurance Corporation (FDIC), l'agence qui garantit les dépôts. Quand Bush était resté passif face à la montée des saisies, elle avait donné de la voix pour dire qu'il fallait faire quelque chose, aider les propriétaires à restructurer leurs prêts. Paradoxalement, alors que certains collaborateurs d'Obama inspiraient une déception croissante, elle a paru la seule, dans l'équipe économique, à avoir le courage et la volonté de résister aux grandes banques. Mais nombre des tours de passe-passe visant à financer les banques sans revenir devant le Congrès ont eu recours à la magie de la FDIC, dont la mission était de protéger les petits déposants, pas de garantir les obligations des banques ni de prêter de l'argent pour aider les fonds spéculatifs à acheter leurs actifs toxiques à des prix surévalués. A-t-on usé d'amicales pressions et de menaces, comme certains l'ont dit, pour amener Sheila Bair à jouer ce rôle peu transparent, ou a-t-elle simplement tenté de trouver une issue quelconque compte tenu des contraintes politiques et économiques? Le débat reste ouvert.

Comme l'écrit le *New York Times*, il s'agit de savoir si les membres de l'équipe économique d'Obama «ont appris de leurs erreurs, et, si oui, quoi[1]». Obama a nommé des responsables honnêtes et décidés à servir le pays. Le problème n'est pas là. Il est dans leur conception du monde et dans l'image que les Américains ont d'eux. Nous avions besoin d'une vision neuve sur les marchés financiers, et tous les talents politiques et économiques d'Obama et de ses collaborateurs allaient être nécessaires pour mettre en forme, exprimer et réaliser cette vision. Des personnalités aussi étroitement liées aux erreurs du passé étaient-elles les bonnes pour exposer cette vision neuve et prendre les décisions difficiles? Quand elles examinaient l'histoire ou les expériences des autres pays, tiraient-elles les bonnes leçons? Beaucoup de hauts responsables chargés de faire les choix cruciaux sur la réglementation avaient depuis longtemps des idées bien ancrées sur le sujet. Il existe en psychologie un phénomène appelé l'«escalade de l'engagement». Une fois que l'on prend une position, on se sent tenu de la défendre. La science économique propose un principe opposé : le passé est le passé. Il faut toujours regarder devant soi : on vérifie si une position antérieure a donné de bons résultats, et dans le cas contraire on en change. Bien évidemment, les psychologues ont raison et les économistes ont tort. Pour les

---

1. Éditorial, «Mr. Obama's Economic Advisers», *New York Times*, 25 novembre 2008, p. A30.

champions de la déréglementation, faire triompher leurs idées était un enjeu personnel – même face à des preuves écrasantes du contraire. Maintenant qu'ils allaient peut-être devoir reconnaître, semblait-il, que réglementer était impératif, du moins dans certains cas, on craignait qu'ils ne s'efforcent d'harmoniser le plus possible les nouvelles réglementations avec leurs idées précédentes. Quand ils diraient (par exemple sur les dérivés explosifs) que les règles qu'ils proposaient étaient les «bonnes» – ni trop dures, ni trop souples, mais parfaitement dosées –, seraient-ils crédibles?

Il y avait une autre raison de s'inquiéter du maintien de tant de membres de l'ancienne équipe. La crise avait montré que ses analyses, ses modèles et ses jugements économiques avaient été terriblement défectueux. Mais, inévitablement, l'équipe économique aurait tendance à penser le contraire. Au lieu de se rendre compte immédiatement qu'il y avait eu quantité de prêts de mauvaise qualité fondés sur des prix gonflés par la bulle, elle préférait croire que le marché n'était que temporairement déprimé et que, si elle pouvait restaurer la «confiance», les prix des maisons remonteraient et l'économie repartirait comme avant. Fonder la politique économique sur cet espoir était risqué – aussi imprudent que les prêts bancaires qui avaient précédé la crise. Les conséquences allaient apparaître progressivement au fil des mois suivants.

Mais ce n'était pas une simple question de positions théoriques. Quelqu'un allait devoir payer les pertes. Qui? Le contribuable américain ou Wall Street? Quand les conseillers d'Obama, si intimement liés au secteur financier et aux échecs du passé, assurent qu'ils ont fait pression sur les banques avec la dernière rigueur, qu'ils leur ont imposé le plus de sacrifices possible sans compromettre leur capacité à prêter, va-t-on les croire? Le peuple américain pense-t-il que ces hauts responsables travaillent pour lui ou pour Wall Street?

C'est une question d'équité et de principes économiques (qui exigent que les entreprises paient les conséquences de leurs actes) : les banques devaient au moins supporter la totalité des coûts directs de la remise à flot du système financier – même si on ne leur faisait pas payer la totalité des dégâts qu'elles avaient causés. Mais elles affirmaient qu'en les y contraignant on compromettrait leur reprise. Les banques qui avaient survécu soutenaient que leur faire payer les coûts du naufrage des autres était «injuste» – même si leur propre survie avait dépendu, à l'instant critique, de l'aide de l'État. L'administration Obama a pris le parti des banques. Elle peut toujours dire que ce n'était pas parce qu'Obama voulait les combler de cadeaux, mais parce qu'il n'y avait pas d'autre solution pour sauver l'économie. Les Américains ne sont pas convaincus, et ils ont raison : comme je le montrerai dans les chapitres qui suivent, *il y avait* d'autres solutions, qui auraient préservé et renforcé le système financier tout en faisant davantage pour relancer le crédit, des solutions qui, à long terme, auraient laissé notre pays avec moins de dettes – des centaines et des centaines de milliards de dollars en moins – et plus de sentiment de justice. Mais elles auraient appauvri les actionnaires et les créanciers des banques. Ceux qui critiquent le plan de sauvetage d'Obama n'ont nullement été surpris que son équipe, si étroitement liée à Wall Street, n'ait pas préconisé ces solutions.

Laisser en place une si grande partie de l'ancienne équipe exposait aussi le président à se voir reprocher des décisions qui étaient prises par la Federal Reserve – ou du moins qui semblaient l'être. La Federal Reserve et le Trésor agissaient en tandem sous Bush, et cette intimité douillette s'est poursuivie sous Obama. Lequel des deux prenait l'initiative, nul ne le savait vraiment ; la transition, marquée par une continuité sans faille, suggérait que rien n'avait changé. Que Paulson jette à AIG une bouée de sauvetage de 89 milliards de dollars dont son ancienne entreprise, Goldman Sachs, serait le plus gros bénéficiaire, c'était déjà assez déplaisant. Mais ensuite ce chiffre a presque doublé, jusqu'à 180 milliards de dollars (dont une partie a été payée sous Obama). Et pire encore la façon dont ont été réglées les obligations d'AIG – les 13 milliards de dollars remis à Goldman Sachs étant l'un des cas les plus abusifs. Si une compagnie d'assurances décide d'annuler la police incendie d'un citoyen américain, celui-ci n'a plus qu'à courir en chercher une autre qui accepte de l'assurer. Mais quand l'État a décidé d'annuler les polices d'AIG assurant Goldman Sachs, il l'a payé comme si la maison avait complètement brûlé. Rien ne justifiait une telle générosité : d'autres CDS (*credit default swaps*) avaient été réglés 13 cents pour un dollar[1].

Ces épisodes et quelques autres inspiraient des inquiétudes sur les motivations d'autres décisions prises pendant la crise – ce qu'on avait fait et ce qu'on n'avait pas fait. Comment le gouvernement pouvait-il dire que les banques étaient trop grandes pour faire faillite – si grandes, en fait, que l'on suspend les règles ordinaires du capitalisme pour protéger les porteurs de leurs obligations et leurs actionnaires – sans proposer de les scinder, de les taxer ou de leur imposer des restrictions supplémentaires afin, précisément, qu'elles ne soient plus trop grandes[2]? De même, on se demandait bien comment, après tout ce qu'elle avait dit sur l'importance de la restructuration des prêts hypothécaires, l'administration Obama avait pu élaborer un plan aussi inefficace. Il y a une réponse troublante mais évidente (que nous analyserons plus en profondeur au chapitre 4) : ce qu'il aurait fallu faire aurait forcé les banques à reconnaître les pertes liées à leurs mauvais prêts, et elles ne le voulaient pas.

Nouvelle version d'un vieux conflit

L'Amérique s'est longtemps méfiée des banques, en particulier des grandes, comme le montrent les controverses sur les

---

1. Voir Joe Hagan, «Tenacious G», *New York Magazine*, 3 août 2009, p. 28. Voir aussi Gretchen Morgenson, «Time to Unravel the Knot of Credit-Default Swaps», *New York Times*, 24 janvier 2009, p. A1.

2. Notons-le avec intérêt : Mervyn King, le gouverneur de la Banque d'Angleterre, a soutenu que, si les banques sont trop grandes pour faire faillite, elles sont trop grandes pour exister – ou du moins qu'il faut restreindre de façon très stricte ce qu'elles peuvent faire (discours au banquet du Lord-maire pour les banquiers et marchands de la City de Londres à Mansion House, 17 juin 2009, en ligne à l'adresse <http://www.bankofengland.co.uk/publications/speeches/2009/speech394.pdf>, et discours aux organisations patronales écossaises, Édimbourg, 20 octobre 2009, en ligne à l'adresse <http://www.bankofengland.co.uk/publications/speeches/2009/speech406.pdf>).

projets du premier secrétaire au Trésor, Alexander Hamilton, pour la création d'une banque nationale. Les réglementations sur les activités bancaires inter-États (finalement abrogées sous la présidence de Clinton) étaient conçues pour limiter le pouvoir des grandes banques de New York et d'autres grandes villes. Main Street avait besoin des banques pour son financement ; les profits des banques venaient de leurs prêts à Main Street. C'était une relation symbiotique mais où, souvent, on ne se faisait pas confiance.

La « bataille entre Wall Street et Main Street » caricature peut-être des affrontements complexes entre diverses catégories économiques ; il y a néanmoins de réels conflits d'intérêts et de perspectives, que la Grande Récession de 2008 a propulsés sur le devant de la scène. Dans cette nouvelle variante du vieux conflit entre Wall Street et le reste du pays, les banques pointent un revolver sur la tempe du peuple américain : « Donnez-nous davantage ou ça ira mal pour vous. » Vous n'avez pas le choix, disent-elles : si vous nous imposez des contraintes – en nous empêchant de payer des dividendes ou des primes, ou en tenant nos dirigeants pour responsables des problèmes (comme l'a fait l'État pour General Motors), nous ne pourrons plus jamais lever de capitaux à l'avenir. Peut-être ont-elles raison, et, dans le doute, aucun responsable politique ne veut porter la lourde responsabilité d'avoir tué l'économie américaine. Wall Street a utilisé la peur d'un effondrement économique pour soutirer des sommes gigantesques, très vite, aux contribuables américains. Le plus stupéfiant, c'est que le secteur financier se plaignait beaucoup. Pourquoi n'avait-il pas reçu davantage ? Pourquoi fallait-il appeler l'opération un renflouement ? Si les politiques avaient trouvé un meilleur nom – plan de « reprise » ou d'« investissement », peut-être –, il n'y aurait pas tant d'opposition. Les vétérans des crises antérieures savaient bien ce qui allait se passer : il y avait eu des pertes, et on allait se battre pour décider qui les paierait.

Nul n'a été surpris quand Bush a pris le parti de Wall Street et cédé à son chantage. Beaucoup avaient espéré qu'Obama adopterait une approche plus équilibrée. Où que puisse être le cœur d'Obama, il est clair que ses actes au moins se sont trop alignés sur les intérêts de Wall Street. Un président qui était censé réunir toutes les parties sous une grande tente a donné l'impression, par la sélection de son équipe, qu'il avait choisi son camp avant même d'entrer en fonction.

Même la façon dont on mesurait le succès des renflouements semblait biaisée : quand on a essayé successivement plusieurs méthodes pour venir en aide aux banques (certaines sont décrites au chapitre 5), on a surtout été attentif à la réaction de Wall Street et à l'évolution du cours des actions bancaires. Mais si l'accord était plus favorable aux banques (donc faisait monter leurs actions), c'est généralement parce qu'il était moins bon pour les contribuables. Main Street voulait que le crédit reparte – et pratiquement aucun des efforts consentis pour ressusciter les banques n'a fonctionné sur ce plan-là.

Obama entendait œuvrer à la réconciliation nationale, mais Wall Street lui a rendu la tâche encore plus difficile par son insensibilité politique – les banques ont payé des milliards en dividendes et en bonus au moment même où les contribuables leur donnaient des milliards, en principe pour les recapitaliser afin qu'elles puissent prêter[1].

Le scandale des bonus ne faisant que croître, en février 2009 Obama a dû le dénoncer publiquement. Mais il s'est alors trouvé pris en tenailles : la sympathie qu'il avait voulu s'attirer à Wall Street s'est aussitôt dissipée, et son équipe n'inspirait toujours pas confiance à Main Street.

Ces erreurs ont créé un climat spécifique, et elles ont peut-être déterminé les contraintes politiques auxquelles s'est heurtée l'administration Obama dans ses efforts pour ressusciter les banques, stabiliser le marché du crédit immobilier et stimuler l'économie. Les investisseurs ont été réticents à participer à certains programmes parrainés par l'État, craignant que,

---

1. Les banques américaines qui ont reçu 163 milliards de dollars de fonds de renflouement ont l'intention de payer plus de 80 milliards de dollars en dividendes au cours des trois prochaines années, avec l'autorisation de l'État. Certaines ont payé davantage en dividendes qu'elles n'ont reçu en aide de l'État (Binyamin Appelbaum, «Banks to Continue Paying Dividends», *Washington Post*, 30 octobre 2008, p. A1).

s'ils en retiraient bien les profits que ces plans étaient censés leur apporter, le Congrès ne change les règles du jeu en confisquant ces profits ou en imposant d'autres pénalités ou restrictions. Bien qu'il fût impossible de dire de quels montants les banques avaient besoin, l'impopularité croissante de leur renflouement laissait prévoir que, s'il fallait davantage de fonds publics, il serait très difficile de les obtenir du Congrès.

Cette situation a imposé une stratégie toujours plus complexe et moins transparente. Le Congrès était censé approuver toutes les dépenses de l'État, mais les subterfuges du transit par la Federal Reserve et la FDIC sont devenus la norme : on pouvait ainsi fournir des fonds en s'émancipant du type d'examen que les Américains considèrent aujourd'hui comme un trait essentiel de leur démocratie[1].

---

1. La crainte d'un effondrement économique était amplement justifiée, et, puisque l'économie se trouvait en territoire inexploré, personne ne pouvait être sûr des conséquences d'aucune mesure que prendrait le gouvernement. Même si l'on pouvait *raisonnablement* s'attendre à ce que telle initiative renforce la confiance du marché, elle pouvait fort bien avoir l'effet opposé. Sans surprise, les banques voulaient de gros chèques de l'État, faute de quoi, prétendaient-elles, on risquait le traumatisme. Mais, comme je l'explique longuement plus loin, l'argumentation avancée pour justifier la méthode du « chèque en blanc » n'était pas convaincante, notamment parce que l'État a fini par donner des garanties à pratiquement tous ceux qui auraient pu réagir négativement (par exemple les fournisseurs de fonds à court terme). Les porteurs d'obligations à long terme n'étaient peut-être pas satisfaits, mais, par définition, ils ne pouvaient pas retirer leur argent. L'administration Obama craignait que, si elle ne traitait pas avec la plus extrême délicatesse ceux qui apportaient des capitaux aux banques, ces fonds n'arrivent plus à l'avenir. C'était une conclusion particulièrement absurde – le capital ira là où c'est rentable. Et si le secteur privé n'en fournissait pas, l'État avait plus que démontré sa capacité à le faire. Le secteur privé avait donné la preuve de son incompétence dans la gestion du risque et du capital ; l'État n'aurait pas pu faire pire – et il aurait probablement fait mieux. L'État n'avait pas d'incitations perverses et, tenu de rendre des comptes, il n'aurait pas pu s'engager dans des pratiques prédatrices.

Il y avait des risques contentieux – et ils seraient là quoi qu'on fasse. Le risque contentieux est peut-être un élément d'explication très important

La Federal Reserve a prétendu que le Freedom of Information Act ne la concernait pas, du moins sur des points cruciaux. Bloomberg, agence de presse spécialisée dans la finance, a contesté cette position en justice. En août 2009, un tribunal fédéral de première instance a donné tort à la Federal Reserve. Mais, même alors, celle-ci n'a pas voulu admettre qu'elle était soumise au type de transparence que, dans notre démocratie, l'on attend d'une institution publique : elle a fait appel[1].

Les banques avaient des problèmes parce qu'elles avaient mis «hors bilan» une grande partie de ce qu'elles faisaient – afin d'induire en erreur les investisseurs et les régulateurs –, et voici que ces magiciens de la finance aidaient le gouvernement à en faire autant, peut-être pour induire en erreur les contribuables et les électeurs[2].

---

du traitement réservé aux CDS, même s'il est pratiquement certain que le Congrès aurait pu agir pour le limiter.

1. Un juge fédéral de première instance a donné cinq jours à la Federal Reserve pour qu'elle lui remette des registres permettant d'identifier les compagnies recevant de l'argent dans le cadre de son programme de prêts d'urgence (Mark Pittman, «Court Orders Fed to Disclose Emergency Bank Loans», Bloomberg.com, 25 août 2009, en ligne à l'adresse <http://www.bloomberg.com/apps/news?pid=20601087&sid=a7CC61ZsieV4>). Le 30 septembre 2009, la Federal Reserve a déposé un acte d'appel contre l'injonction du juge (voir Mark Pittman, «Federal Reserve Appeals Court Order to Disclose Loans», Bloomberg.com, 30 septembre 2009, en ligne à l'adresse <http://www.bloomberg.com/apps/news?pid=20601087&sid=aSab0xkcV8jc>).

2. Ce n'était pas la première fois que l'on tentait de contourner le Congrès pour aider Wall Street. Quand le Congrès a refusé à l'administration Clinton l'argent public qu'elle voulait donner aux investisseurs de Wall Street qui avaient acheté des bons mexicains (ce que l'on devait baptiser le «renflouement du Mexique»), Robert Rubin s'est servi du Fonds de stabilisation des changes, créé en 1934 à de tout autres fins. Le Congrès avait établi ce fonds pour stabiliser la valeur du dollar pendant une période troublée des relations financières internationales : la Grande-Bretagne avait abandonné l'étalon-or et dépréciait la livre pour s'assurer un avantage compétitif dans le commerce international. Voir J. Lawrence Broz, «Congressional Politics of International Financial Rescues», *American Journal of Political Science*, vol. 49, n° 3, juillet 2005, p. 479-496, et Anna J. Schwartz, «From Obscurity to Notoriety : A Biography of

Perspectives économiques

Au neuvième mois de sa présidence, on ne voyait toujours pas si les paris d'Obama allaient payer. L'économie n'était peut-être plus sous perfusion, elle s'était éloignée du bord du gouffre. Le mieux que l'on pourrait en dire, c'est qu'à l'automne 2009 elle semblait être arrivée au bout d'une *chute libre*, d'une descente dont on ne voyait pas la fin. Mais la fin de la chute libre n'est pas le retour à la normale.

À l'automne 2009, l'économie avait connu quelques mois de croissance forte, car les stocks qui avaient été trop dégarnis se trouvaient en voie de reconstitution[1]. Mais cette croissance était loin de combler l'écart entre la production réelle et la production potentielle, et elle ne signifiait nullement que l'économie américaine ou l'économie mondiale s'orientaient vers une reprise vigoureuse dans un avenir prévisible. En fait, la plupart des prévisionnistes voyaient un ralentissement de la croissance vers la fin de 2009 et en 2010, et de nouveaux problèmes en 2011.

La reprise de la croissance impliquait que la récession au sens technique était finie. Les économistes définissent une récession comme deux trimestres ou davantage de croissance négative – par conséquent, ils déclarent la fin de la récession quand la croissance redevient positive, si anémique puisse-t-elle être. Pour les salariés, l'économie reste en récession tant que le chômage est élevé, et en particulier quand il augmente. Pour les entreprises, la récession continue tant qu'existent des capacités de production excédentaires, qui signifient que l'économie opère au-dessous de son potentiel. Tant qu'il y aura cet excédent de capacités, elles n'investiront pas.

---

the Exchange Stabilization Fund », *Journal of Money, Credit and Banking*, vol. 29, mai 1997, p. 135-153.

1. La ventilation du taux de croissance de 3,5 % du troisième trimestre 2009, qui a marqué la fin de la récession, révèle les problèmes : 1,6 %, presque la moitié, est venu du programme « prime à la casse », qui est terminé (voir le chapitre 3) ; la moitié du 1,9 % restant a été due à la reconstitution des stocks.

À l'heure où ce livre va sous presse, les perspectives d'un retour de l'économie à son niveau de production potentiel, même dans un an ou deux, sont faibles. Si l'on regarde les fondamentaux économiques et non les scénarios délibérément roses, on a l'impression que le taux de chômage mettra longtemps à revenir à la normale. Le fond touché, le rebond ne ramènera pas l'économie là où elle devrait être : la courbe va probablement s'aplanir dans une stagnation à la japonaise longtemps avant le rétablissement du plein-emploi. (La croissance des États-Unis sera peut-être légèrement supérieure à celle du Japon pendant son long «malaise», pour la simple raison qu'au Japon la population active n'augmente pas tandis qu'en Amérique elle s'accroît de 1% par an. Mais ne soyons pas dupes de cette différence.) Il peut y avoir des remous en chemin si l'économie subit tel ou tel choc : l'effondrement soudain d'une autre institution financière, des problèmes dans l'immobilier de bureau, ou même la fin du plan de stimulation en 2011, tout simplement. Comme on le verra plus loin, ramener le chômage au niveau normal demande une croissance soutenue de plus de 3% par an, et rien de tel ne se profile à l'horizon.

Il est naturel que l'administration et les vendeurs d'actions s'efforcent de répandre l'optimisme. Rendre confiance, se disent-ils, c'est encourager la consommation et l'investissement ; cela pourrait même faire remonter le prix des maisons. Et dans ce cas la Grande Récession de 2008 disparaîtrait rapidement dans les oubliettes de l'histoire, comme un mauvais rêve dont le souvenir serait vite effacé.

La remontée des cours des actions à partir de leur point bas passe souvent pour un baromètre du retour à la santé économique. Malheureusement, une hausse des cours n'indique pas nécessairement que tout va bien. Les cours de la Bourse peuvent augmenter parce que la Federal Reserve inonde le monde de liquidités et que, puisque les taux d'intérêt sont faibles, les actions paraissent bien plus intéressantes que les obligations. La marée de liquidités issue de la Federal Reserve va trouver un débouché ; espérons que ce sera une hausse des prêts aux entreprises, mais ce pourrait être aussi une minibulle du prix de certains actifs ou de la Bourse. La hausse des cours boursiers peut également signifier que les entreprises réussissent à réduire les coûts – en licenciant du personnel et en baissant les salaires. Dans ce cas, c'est une hausse qui annonce des problèmes pour toute l'économie. Si les revenus des salariés restent faibles, la consommation le sera aussi, et elle pèse 70 % du PIB.

Cette récession, je l'ai dit, est complexe : une crise financière aggrave une contraction économique et interagit avec elle. Les récessions récentes étaient de petites aberrations temporaires. La plupart semblaient dues au fait que la Federal Reserve avait serré les freins trop fort – parfois parce que précédemment l'État avait trop appuyé sur l'accélérateur[1]. La reprise était facile : la Federal Reserve admettait son erreur, passait le pied du frein à l'accélérateur, et la croissance repartait. D'autres récessions étaient provoquées par une accumulation excessive de stocks. Dès que ces excès étaient corrigés – normalement dans l'année –, la croissance reprenait. La Grande Dépression, c'est autre chose : le système financier s'était effondré. L'expérience des autres récessions associées à des crises financières montre que, dans ce cas de figure, la reprise est bien plus difficile et prend beaucoup plus de temps.

Nous devons nous réjouir que les banques, qui étaient au bord de la faillite, semblent aujourd'hui moins près du gouffre. Malgré le gel des marchés financiers et un renforcement des bilans bancaires, des milliers d'ombres planent encore à l'horizon. Les marchés financiers restent menacés, par exemple, par l'effondrement de l'immobilier de bureau ainsi que par les difficultés qui subsistent dans l'immobilier résidentiel et les cartes de crédit – où la persistance d'un taux de chômage élevé créera forcément de nouveaux problèmes. Avec les nouvelles mesures autorisant les banques à garder sur leurs livres de

---

1. Voir *Economic Report of the President*, Washington, DC, U.S. Government Printing Office, 1996.

comptes, à leur valeur nominale, des prêts hypothécaires qui ne sont pas pleinement performants, on ne peut plus évaluer la santé du système bancaire. Les mauvais prêts peuvent être reconduits d'une année sur l'autre, ce qui retarde l'heure de vérité. Mais beaucoup de prêts liés à l'immobilier de bureau ont été titrisés, et ils doivent être reconduits dans les prochaines années. Tout est en place pour une nouvelle vague de faillites et de saisies. Les deux marchés de l'immobilier, bureau et résidentiel, ont été soutenus par les mesures habituelles de la Federal Reserve, qui a réduit les taux d'intérêt à long terme. Que se passera-t-il quand celle-ci sortira du jeu, mettant fin à ses interventions exceptionnelles sur les marchés financiers? Et que se passera-t-il si elle *ne sort pas du jeu* comme promis parce qu'elle prend conscience des risques inhérents au retrait de ces perfusions?

Cependant, même si le système financier retrouvait une santé parfaite, il y a des problèmes *dans l'économie réelle*. Quand nous passons en revue les diverses composantes de la demande globale, il n'y a pas de quoi être optimiste. Même si les banques étaient pleinement remises en selle, elles ne seraient pas disposées à prêter aussi imprudemment qu'avant ; et le seraient-elles que la plupart des Américains ne voudraient pas emprunter. Ils ont appris la leçon, au prix fort ; ils vont sûrement épargner plus, probablement beaucoup plus, qu'à l'époque où les banques les gavaient de crédit bon gré mal gré. Même s'il n'y avait pas l'incertitude liée à la hausse du chômage, la fortune d'un gros pourcentage des Américains a subi une terrible érosion : le capital représenté par leur maison était leur actif principal, et ceux qui ne l'ont pas vu s'évanouir totalement comprennent qu'il a considérablement diminué et qu'il ne se reconstituera que dans des années, jamais peut-être.

Si l'on voit la situation sous un autre angle, le processus de désendettement – par exemple la baisse du niveau anormal de la dette des ménages, qui était de 1,3 fois le revenu disponible – exige une épargne *supérieure à la normale*, donc des dépenses des ménages inférieures à la normale.

Une vigoureuse reprise des autres composantes de la demande globale paraît tout aussi problématique. À l'heure où tant de pays sont aux prises avec des problèmes intérieurs, les États-Unis ne peuvent pas compter sur un boom des exportations. Il est évident, je l'ai dit, que le monde entier ne peut pas retrouver la croissance en exportant. Pendant la Grande Dépression, chaque pays a tenté de se protéger aux dépens des autres. Ces politiques, baptisées «dépouille ton prochain», elles comprenaient le protectionnisme (mise en place de droits de douane et d'autres entraves au commerce) et les dévaluations compétitives (où l'on rend sa propre devise moins coûteuse, donc ses propres exportations moins chères et les importations moins attrayantes). Ces mesures n'auraient probablement pas de meilleurs résultats aujourd'hui qu'elles n'en ont eu alors; il est probable qu'elles seraient contre-productives.

La Chine a une croissance forte, mais sa consommation reste à ce point inférieure à celle des États-Unis qu'une hausse des dépenses des Chinois ne peut pas compenser la baisse de celles des Américains – et seul un petit pourcentage d'un surcroît de dépenses en Chine se traduira par une croissance des exportations américaines. Enfin, le terrible impact de la crise mondiale sur de nombreux pays du monde en développement va inciter ceux qui le peuvent à continuer à épargner des sommes substantielles dans leurs réserves – ce qui affaiblit la demande mondiale.

Si ni la consommation ni les exportations n'entrent en forte reprise, on voit mal comment l'investissement pourrait remonter, du moins tant que les capacités de production excédentaires dans l'économie ne disparaissent pas ou ne deviennent pas obsolètes. En attendant, la fin prochaine des dépenses de stimulation et la réduction des dépenses imposée aux États et aux autorités locales par la diminution de leurs recettes fiscales vont probablement exercer sur l'économie américaine de nouvelles pressions à la baisse.

Avant la crise, ce qui soutenait l'économie des États-Unis – et dans une large mesure l'économie mondiale –, c'était une consommation débridée, financée par l'emprunt et alimentée par une bulle de l'immobilier. Les gens pouvaient dépenser plus qu'ils ne gagnaient parce qu'ils croyaient que les prix des maisons augmenteraient éternellement. Nul ne le croit plus aujourd'hui. Le «modèle» sur lequel reposait la croissance américaine est épuisé, mais il n'y a rien à l'horizon pour le remplacer.

Bref, on est soulagé que l'économie se soit éloignée du bord du gouffre où elle semblait devoir tomber en 2008, mais personne ne dira qu'elle a retrouvé la santé. La montée de l'endettement compromet les autres programmes du président Obama. La colère contre le renflouement des banques a aussi débordé dans d'autres domaines. Mais, si les banques continuent à resserrer le crédit, elles versent à leurs cadres des primes quasi record (une étude a suggéré début novembre 2009 que le *trader* moyen allait empocher 930 000 dollars «tombés du ciel»[1]), et leurs actionnaires sont heureux parce que les actions bancaires montent en Bourse. Obama a appris qu'il ne peut pas plaire à tout le monde. Mais a-t-il plu aux bons?

Naviguer à vue, éviter les conflits : cette stratégie, qui pouvait paraître prudente, s'est révélée lourde de risques, économiques et politiques. Le risque de miner la confiance dans le gouvernement. Le risque d'exacerber le conflit entre les grandes banques et le reste du pays. Le risque de ralentir la reprise économique. Le risque de voir les coûteux renflouements, affichés et cachés, fragiliser la position budgétaire de l'État – et mettre en péril d'autres programmes publics absolument nécessaires à l'avenir du pays.

Obama aurait pu prendre des mesures bien différentes, et beaucoup d'options restent ouvertes, même si les décisions

---

1. Selon une étude du consultant en rémunérations Johnson Associates. Si pour les primes des *traders* on s'attend à une hausse de 60 %, celles des banquiers d'affaires ne devraient augmenter que de 15 à 20 %. Toutefois, certaines limites seront fixées aux rémunérations dans les sept compagnies qui ont reçu un soutien extraordinaire de l'État. Voir Eric Dash, «Some Wall Street Year-End Bonuses Could Hit Pre-Downturn Highs», *New York Times*, 5 novembre 2009, p. B3.

déjà intervenues les ont très sensiblement limitées. Dans les quatre chapitres qui suivent, je montre comment l'État s'y est pris pour stimuler l'économie (chapitre 3), comment il a aidé ou n'a pas sauvé les propriétaires (chapitre 4), et comment il a tenté de ramener à la vie et de reréglementer le système financier (chapitres 5 et 6). Ce qui m'inquiète, c'est que, à cause des choix qui ont déjà été faits, nous allons non seulement subir une récession bien plus longue et profonde que nécessaire, mais aussi sortir de cette crise avec un endettement beaucoup plus lourd, un système financier moins concurrentiel, moins efficace et plus vulnérable à une nouvelle crise, et une économie moins préparée à affronter les défis de ce siècle.

CHAPITRE 3

Réaction malheureuse

Quand Barack Obama et ses conseillers ont pris les commandes en janvier 2009, ils se sont retrouvés face à une crise
d'une ampleur sans précédent. Heureusement, ils ont compris
qu'ils ne pourraient pas guérir le système bancaire sans faire
quelque chose pour l'économie réelle. Ils devaient la ranimer,
lui insuffler un peu de vie, et endiguer la marée montante des
saisies. L'Amérique n'avait pas connu de crise de cette gravité depuis trois quarts de siècle. Mais, ailleurs, elles étaient
devenues tout à fait courantes. Leur histoire et les expériences
effectuées à l'étranger offraient une source surabondante d'informations sur la façon de faire face aux crises économiques,
dont celles créées par l'éclatement de bulles de l'immobilier.
L'équipe d'Obama aurait pu s'inspirer de la théorie, des données empiriques et du bon sens pour concevoir un plan qui
aurait stimulé l'économie à court terme tout en renforçant le
pays pour l'avenir. Mais la politique n'est pas toujours aussi
rationnelle.

Quand on traite des lendemains d'une crise, l'idée la plus
importante est bien simple : les crises ne détruisent pas les
actifs d'une économie. Les banques peuvent être en faillite ; un
grand nombre d'entreprises et de ménages peuvent avoir fait
faillite aussi ; mais les actifs *réels* sont à peu près les mêmes
qu'avant – les mêmes bâtiments, les mêmes usines, les mêmes
personnes, le même capital naturel, physique et humain. Que
se passe-t-il donc dans une crise ? La confiance en soi et dans
les autres s'érode, le tissu institutionnel d'une société s'affaiblit quand les banques et les entreprises déposent le bilan ou

sont sur le point de le faire, et l'économie de marché brouille les titres de propriété. On ne sait pas toujours clairement qui possède et contrôle tel actif particulier, parce que sa propriété, par exemple, est transférée de ses actionnaires à ses créanciers dans le processus normal d'une faillite. Certes, pendant la «marche à la crise», il y a gaspillage de ressources : l'argent sert, disons, à construire des maisons au lieu d'être affecté à des usages plus productifs. Mais c'est l'eau qui passe par-dessus la digue – et, comme on dit parfois : le passé est le passé. La question cruciale est ailleurs : comment va-t-on utiliser les ressources *après* l'éclatement de la bulle ? C'est à ce moment-là, généralement, que se produit le gros des pertes, car les ressources ne sont pas utilisées efficacement et pleinement et le chômage monte en flèche. Tel est le véritable échec du marché, et c'est un échec évitable si l'on met en œuvre les bonnes politiques. Ce qui est frappant, c'est à quel point il est rare que ces bonnes mesures soient prises : trop souvent, elles ne le sont pas, et aux pertes subies pendant la bulle s'ajoutent les pertes qui font suite à son éclatement.

La stimulation

À l'époque de la Grande Dépression, le principal débat opposait les conservateurs, partisans de l'équilibre budgétaire et qui voulaient éliminer le déficit, aux keynésiens, qui estimaient que l'État devait se mettre en déficit pour stimuler l'économie. En 2008 et 2009, tous s'étaient soudain mués en keynésiens convaincus (pour l'instant), mais il y avait désaccord sur la forme précise que devait prendre la réaction de l'État à la crise. Au moment où Obama a pris ses fonctions, la dynamique de contraction était si bien lancée qu'il ne pouvait rien faire pour l'inverser immédiatement. Mais la conception et l'envergure de la stimulation détermineraient la rapidité avec laquelle l'économie allait se stabiliser. Malheureusement, l'administration Obama n'a pas donné une vision claire de ce qu'il fallait faire. Elle a largement laissé au Congrès le soin de fixer le volume et la forme de la stimulation. Ce qui en est sorti ne correspondait pas pleinement à ce dont l'économie avait besoin.

Un plan de stimulation bien conçu doit respecter sept principes :

1. *Être rapide.* Le temps perdu par le président George W. Bush a coûté cher. Les politiques économiques mettent plusieurs mois à faire complètement effet. Il est donc impératif d'injecter de l'argent dans l'économie le plus vite possible.

2. *Être efficace.* Efficacité signifie gros effet par dollar – chaque dollar dépensé doit produire une forte hausse de l'emploi et de la production. Ce dollar dépensé fait augmenter le revenu national d'un certain montant, que l'on appelle le *multiplicateur.* Dans l'analyse keynésienne classique, un dollar dépensé par l'État augmente de plus d'un dollar la production nationale. Si l'État dépense pour un projet de travaux publics, les travailleurs vont dépenser leur salaire pour acheter des produits, et cet argent va passer à d'autres qui le dépenseront à leur tour. Chaque étape de cet enchaînement augmente le revenu national, ce qui rend sa croissance totale très supérieure au montant initial dépensé par l'État.

En moyenne, le multiplicateur à court terme de l'économie américaine se situe autour de 1,5[1]. Si l'État dépense

---

1. Certains économistes soutiennent que les multiplicateurs peuvent être encore plus importants que ne le suggèrent ces chiffres, parce que l'élan donné aux dépenses accroît la confiance des consommateurs (c'est un «multiplicateur de confiance»). Si les dépenses de stimulation font diminuer le chômage et si la baisse du chômage atténue les inquiétudes des salariés, cela peut se traduire par des dépenses supplémentaires, et l'effet global sur l'économie sera encore supérieur. C'est l'un des arguments qui incitent à choisir avec soin le calendrier et les cibles du plan. Si le stimulant se révèle moins efficace que promis, le «multiplicateur de confiance» risque d'être négatif. Tandis que les financiers insistent constamment sur la «confiance», les modèles économiques orthodoxes ne le font pas; ils mettent l'accent sur les «variables réelles», comme l'emploi et les salaires réels. De plus, l'efficacité de la stimulation budgétaire est plus élevée quand le taux d'intérêt atteint sa limite inférieure de zéro, comme il l'a fait aux États-Unis dans la crise actuelle, et le multiplicateur

aujourd'hui un milliard de dollars, le PIB augmentera cette année de 1,5 milliard de dollars. Les multiplicateurs à long terme sont plus importants – certains bénéfices des dépenses d'aujourd'hui seront ressentis l'année prochaine, ou même l'année d'après ; comme l'actuelle récession sera probablement longue, les responsables de l'action publique devraient aussi se soucier des bénéfices réalisés dans deux ou trois ans.

Toutes les dépenses n'ont pas le même multiplicateur : si l'argent sert à payer des contractants étrangers en Irak, le multiplicateur est faible, parce qu'une bonne partie de la consommation aura lieu hors des États-Unis ; de même, si l'on réduit les impôts des riches, ils épargnent une grande partie de ce qu'ils reçoivent. Si l'on augmente les indemnités de chômage, le multiplicateur est élevé, parce que ceux qui se trouvent soudain à court de revenu vont dépenser pratiquement chaque dollar qu'on leur versera[1].

3. *S'attaquer aux problèmes de long terme du pays.* Une épargne nationale faible, des déficits commerciaux gigantesques, des difficultés financières à long terme pour la Social Security et d'autres programmes destinés aux personnes âgées, des infrastructures décrépites, le réchauffement de la planète : tous ces problèmes assombrissent les perspectives à long terme des États-Unis. Une stimulation efficace doit chercher à les résoudre ou, au strict minimum, à ne pas les aggraver.

4. *Se concentrer sur l'investissement.* Lorsqu'un pays met en œuvre un plan de stimulation, il alourdit inévitablement son déficit, mais la dette publique ne mesure qu'une colonne de

---

budgétaire à court terme pourrait être nettement supérieur à 1,6. Voir, par exemple, L. Christiano, M. Eichenbaum et Sergio Rebelo, «When Is The Government Spending Multiplier Large?», document de travail du NBER 15394, octobre 2009, en ligne à l'adresse <http://www.nber.org/papers/w15394>.

1. Certaines estimations situent le multiplicateur d'une extension des indemnités de chômage à 1,6. Voir Martin Schindler, Antonio Spilimbergo et Steve Symansky, «Fiscal Multipliers», International Monetary Fund Staff Position Note, SPN/09/11, 20 mai 2009.

son bilan – ce qu'il doit. L'actif aussi est important. S'il investit l'argent de la stimulation en actifs qui augmenteront la productivité nationale à long terme, ce pays sera en meilleure position *à long terme* grâce à la stimulation – tout en relançant à court terme la production et l'emploi. Ce souci d'améliorer le bilan est particulièrement important aujourd'hui, où les États-Unis empruntent si massivement à l'étranger. Si un pays stimule son économie au moyen d'une consommation financée par l'endettement, son niveau de vie sera inférieur plus tard, quand viendra le moment de rembourser la dette ou même simplement d'en payer les intérêts. Si un pays stimule son économie par l'investissement, la production future sera plus élevée – quand les investissements sont bons, elle augmente d'un montant plus que suffisant pour payer les intérêts. Non seulement ces investissements améliorent le niveau de vie aujourd'hui, mais ils améliorent aussi celui de la prochaine génération.

5. *Être juste.* Ces dernières années, les Américains de la classe moyenne ont été infiniment plus mal lotis que les plus riches[1]. Tout plan de stimulation doit être conçu avec cette idée à l'esprit. L'équité exige que le type de réductions d'impôts mis en œuvre par George W. Bush en 2001 et 2003 – où la plupart des bénéfices allaient aux riches – soit exclu.

6. *Répondre aux impératifs à court terme créés par la crise.* Dans une récession, les États sont souvent à court d'argent et doivent commencer à supprimer des emplois. Les chômeurs se retrouvent sans assurance-maladie. Ceux qui ont du mal à s'acquitter des mensualités de leur prêt immobilier peuvent sombrer s'ils perdent leur travail ou si un membre de leur famille tombe malade. Une stimulation bien conçue doit traiter le plus grand nombre possible de ces problèmes.

---

1. De 1999 à 2006, dernière année avant l'éclatement de la bulle, le revenu moyen a augmenté de 4,6 % pour les 5 % d'Américains les plus riches tandis que le revenu médian a diminué de 1 % (U.S. Census Bureau, Tableaux historiques des revenus, Tableaux H-3 et H-6, 2008, en ligne à l'adresse <http://www.census.gov/hhes/www/income/histinc/inchhtoc.html>).

7. *Cibler les zones de pertes d'emplois.* Si les pertes d'emplois risquent d'être permanentes, la stimulation doit être orientée vers le recyclage des travailleurs : il faut leur donner les compétences dont ils auront besoin dans leur futur emploi.

Parfois ces objectifs se contrarient, parfois ils se complètent. Beaucoup de dépenses qui répondent aux impératifs à court terme sont très efficaces – le multiplicateur est élevé – mais ne créent pas d'actifs. Dépenser pour renflouer les compagnies automobiles, c'est peut-être jeter l'argent par les fenêtres, même si temporairement cela sauve des emplois. Investir pour construire des routes, cela peut aggraver le réchauffement de la planète, l'un des problèmes de long terme les plus importants qui se posent au monde ; il serait bien plus judicieux de créer un réseau de transports publics modernes à grande vitesse. Dépenser pour renflouer les banques sans rien obtenir en retour, c'est donner l'argent aux Américains les plus riches, et dans ce cas le multiplicateur est pratiquement nul[1].

Les stabilisateurs automatiques – les dépenses qui augmentent automatiquement quand l'économie s'affaiblit – sont l'une des formes de stimulation les plus efficaces parce qu'ils «calibrent» le niveau des dépenses en fonction des besoins de l'économie : ils donnent davantage d'argent quand il en faut plus. Ils comprennent, par exemple, les indemnités de chômage : le volume payé s'accroît automatiquement quand le taux de chômage augmente. Si l'économie se rétablit plus vite que prévu, les dépenses d'indemnisation du chômage diminuent automatiquement.

---

1. Les injustices liées aux renflouements de banques avec protection des détenteurs de titres sont particulièrement lourdes, car les obligations et actions des banques avaient paru de plus en plus risquées – trop pour être détenues par des fonds de pension et d'autres investisseurs soucieux de sécurité. Beaucoup de ces titres avaient donc été achetés par des spéculateurs, ou des fonds spéculatifs.

Ce qu'on a fait et ce qu'il aurait fallu faire

Ces principes donnent de précieuses indications sur l'envergure de la stimulation et la façon dont on aurait dû la concevoir. Quelques pays se sont conformés à ces règles, en particulier l'Australie : sa récession a été modérée et elle a été le premier pays industriel avancé à retrouver la croissance.

En fin de compte, la stimulation introduite par l'administration Obama a eu un gros impact – mais elle aurait dû être plus importante et mieux conçue. Elle a été trop restreinte, trop tournée vers les réductions d'impôts (environ un tiers du montant total) et trop peu vers l'aide aux États, aux collectivités locales et à tous ceux qui tombaient dans les trous des filets de sécurité sociale ; enfin, son plan d'investissement aurait pu être plus efficace.

L'envergure de la stimulation

Le coût du plan de stimulation était de près de 800 milliards de dollars : à première vue, cela paraissait vraiment beaucoup. Cet argent devait être dépensé sur plus de deux ans, et, dans une économie de 14 000 milliards de dollars, c'était moins de 3 % du PIB par an. Si un quart environ serait injecté la première année, ces 200 milliards de dollars suffisaient à peine à compenser les réductions des dépenses des États et des collectivités locales. Bref, en 2009, si l'on soustrait ce qu'ont enlevé les États à ce qu'a ajouté le plan de «stimulation» fédéral, le résultat est qu'il n'y a pratiquement aucune stimulation.

Les propres chiffres du gouvernement soulignent cette insuffisance. Le président et ses conseillers ont dit que la stimulation allait créer 3,6 millions d'emplois – ou empêcher leur suppression[1]. (Ils étaient conscients qu'il n'y aurait peut-être

---

1. Christina Romer et Jared Bernstein, «The Job Impact of the American Recovery and Reinvestment Plan», Council of Economic Advisers, 9 janvier 2009, en ligne à l'adresse <http://otrans.3cdn.net/ee40602f9a7d8172b8_ozm6bt5oi.pdf>.

aucune création d'emplois *nette* pendant les deux ans de la stimulation.) Mais ce chiffre de 3,6 millions doit être mis en perspective. Au cours d'une année normale, environ 1,5 million de nouveaux entrants *nets* rejoignent la population active, et l'économie crée pour eux des emplois. Entre le début de la récession, en décembre 2007, et octobre 2009, l'économie a perdu 8 millions d'emplois[1]. Compte tenu des nouveaux entrants dans la population active, cela signifie qu'à l'automne 2009 le déficit d'emplois – le nombre d'emplois qu'il fallait créer pour ramener l'économie au plein-emploi – s'était accru : il s'élevait à plus de 12 millions[2].

En économie, il faut courir pour rester à la même place. On doit mesurer clairement combien il est difficile d'atteindre l'objectif du plein-emploi. Avec le taux de croissance normal de la population active et les 2 à 3 % de progression annuelle de la productivité, la croissance du PIB doit être de 3 à 4 % pour que le chômage *n'augmente pas*. Pour qu'il redescende des niveaux qu'il a atteints en 2009, l'économie doit avoir une croissance *plus rapide* que ce taux plancher. Mais les «prévisions consensuelles» – celles qui n'émanent ni des plus optimistes ni des plus pessimistes des économistes – ont situé la croissance cumulée en 2009 et 2010, *avec* la stimulation, au-dessous de 1,5 %[3], et c'est très insuffisant.

---

1. Bureau of Labor Statistics, «Employment Level (Seasonally Adjusted)», Labor Force Statistics, Current Population Survey, novembre 2009, en ligne à l'adresse <http://data.bls.gov/cgi-bin/surveymost?ln>. Un petit peu plus de six mois après le lancement de ce programme, l'administration affirmait que son plan de dépenses publiques avait créé le modeste chiffre de 640 000 emplois (Elizabeth Williamson et Louise Radnofsky, «Stimulus Created 640,000 Jobs, White House Says», *Wall Street Journal*, 31 octobre 2009, p. A5).

2. Voir aussi Paul Krugman, «Averting the Worse», *New York Times*, 10 août 2009, p. A17. Comme je l'indique plus loin, ce chiffre sous-estime l'échelle du problème en raison des gros effectifs de salariés qui ont été contraints de travailler à temps partiel parce qu'aucun emploi à temps plein n'était disponible.

3. Federal Reserve Bank de Philadelphie, «Forecasters See the Expansion Continuing», Vue d'ensemble des avis des prévisionnistes pro-

Un examen plus attentif des données assombrit encore le tableau. Les chiffres sur lesquels raisonnent le gouvernement et les médias sont «corrigés en fonction des variations saisonnières». Ils tiennent compte de certaines réalités : en temps normal, il y a de nouveaux entrants dans la population active en juin-juillet parce que des jeunes quittent définitivement l'école*; ou encore les ventes augmentent dans la période de Noël. Mais ces corrections «saisonnières» ne fonctionnent pas bien dans les récessions. Elles intègrent les ajustements «normaux» alors que les récessions sont des événements anormaux. Donc, quand l'État a fait savoir que l'on avait perdu environ 492 000 emplois de juin à août, il y a eu un soupir de soulagement collectif – on a cru que le rythme de la destruction d'emplois s'était ralenti. Or la réalité était bien différente puisque le vrai nombre d'emplois détruits était trois fois supérieur : 1 622 000. Tel était le nombre de nouveaux emplois qu'il aurait fallu créer pour que l'économie revienne à la «normale». L'économie avait détruit en deux mois la moitié du nombre d'emplois que l'ensemble du plan d'Obama espérait créer en deux ans. Le plan de stimulation, même s'il est un succès aussi total que l'administration Obama a dit qu'il le serait, ne pourra pas faire l'affaire, ne serait-ce que pour approcher du plein-emploi fin 2011.

Ceux qui essaient d'influencer les anticipations et de maintenir le moral ont souligné, certes, le «décalage temporel» entre croissance de l'emploi et croissance économique : ils ont admis que l'emploi allait se rétablir lentement. Mais les calculs

---

fessionnels au quatrième trimestre 2009, 16 novembre 2009, en ligne à l'adresse <http://www.phil.frb.org/research-and-data/real-time-center/survey-of-professional-forecasters/2009/survq409.cfm>.

* Beaucoup de ces jeunes entrent dans la population active en s'inscrivant comme «demandeurs d'emploi» (les chômeurs officiellement inscrits font partie de la population active); il est donc normal que le chômage augmente fortement au début de l'été, après quoi ces nouveaux entrants trouvent du travail. Tous les ans, on «corrige» les chiffres réels du chômage de juin-juillet en les minorant considérablement pour effacer ce phénomène transitoire. On l'a fait aussi en 2009, mais à tort, puisque, avec la récession, le phénomène n'était pas transitoire : les nouveaux entrants n'allaient pas trouver rapidement de travail, contrairement aux autres années [NdT].

qui précèdent montrent combien il va être difficile de créer suffisamment d'emplois *même quand on ne tient pas compte du décalage*. S'il y a décalage – et son existence une quasi-certitude, puisque les employeurs hésitent à réembaucher tant qu'ils ne sont pas vraiment sûrs de la réalité de la reprise –, la situation sera pire encore.

En fait, le taux de chômage «publié» – en octobre 2009, il n'était *que* de 10,2 % – masque l'affaiblissement véritable de l'emploi dans la population active. J'ai signalé plus haut que ce taux de chômage officiel ne comprend pas les millions de personnes qui sont sorties de la population active, trop découragées pour continuer à chercher du travail (si les travailleurs ne cherchent pas d'emploi, on ne les classe pas comme «sans emploi», même si, bien évidemment, ils n'en ont pas), ni les millions d'autres qui ont dû accepter un emploi à temps partiel parce qu'elles n'ont pas trouvé de travail à temps plein. Un indice qui mesure le chômage «au sens large», en tenant compte des temps partiels «involontaires» et des travailleurs découragés, a bondi de 10,8 % avant la crise, en août 2008, à 17,5 % en octobre 2009 – taux le plus élevé jamais enregistré[1]. Le pourcentage de personnes employées dans la population en âge de travailler est le plus bas depuis 1947 : 58,5 %.

Il s'agit, bien sûr, de «moyennes». Dans certains endroits et pour certaines catégories les chiffres n'étaient pas aussi

---

1. La mesure du chômage au sens large est calculée officiellement depuis 1994, mais le *New York Times*, en coopération avec le département du Travail, a fait remonter la série statistique jusqu'en 1970. Le taux d'octobre 2009 a été le plus élevé «depuis 1970 au moins, et très probablement depuis la Grande Dépression» (David Leonhardt, «Jobless Rate Hits 10.2 %, with More Underemployed», *New York Times*, 7 novembre 2009, p. A1). En octobre 2009, le pourcentage des personnes en âge de travailler qui ont un emploi ou cherchent activement du travail était de 65,5 %, le chiffre le plus faible depuis vingt-deux ans (Bureau of Labor Statistics, Current Population Survey, «Table U-6. Total Unemployed, Plus All Marginally Attached Workers, Plus Total Employed Part Time for Economic Reasons, as a Percent of the Civilian Labor Force Plus All Marginally Attached Workers», septembre 2009, en ligne à l'adresse <http://www.bls.gov/news.release/empsit.t12.htm>).

mauvais, mais pour d'autres ils étaient bien pires. En octobre 2009, tandis que le taux de chômage officiel dans le Michigan avait atteint 15,1 %, son taux « au sens large » se situait à 20,9 % – plus d'un travailleur sur cinq ne pouvait pas trouver d'emploi à temps plein. En Californie, le taux élargi était de près de 20 % ; le chômage des moins de 20 ans avait atteint le taux record de 27,6 % et celui des Afro-Américains était monté en flèche, jusqu'à 15,7 %[1]. Et le taux de chômage sous-estime la gravité de la situation pour une autre raison. Beaucoup de personnes sans emploi ont choisi de se mettre en invalidité – ce qui paie mieux et plus longtemps. Dans les huit premiers mois de 2009, le nombre de candidats aux pensions d'invalidité s'est accru de 23 %. Aucune épidémie n'était en cours en Amérique. En 2008, les versements de pensions d'invalidité ont atteint le chiffre record de 106 milliards de dollars – 4 % du budget de l'État. La Social Security Administration estime qu'à la fin de l'année 2011 un million de personnes supplémentaires auront sollicité une pension d'invalidité *à cause* de la récession, et qu'environ 500 000 d'entre elles la recevront. Parmi ces dernières, le pourcentage de celles qui resteront en invalidité pour le restant de leurs jours sera très élevé[2].

La récession s'étant prolongée pendant plus d'un an et demi, le chiffre des chômeurs de longue durée (sans emploi depuis plus de six mois) est monté à des niveaux inconnus depuis la Grande Dépression. La durée moyenne du chômage est proche d'un semestre (24,9 semaines)[3].

---

1. Current Population Survey, Unemployment Statistics, Table A2, Bureau of Labor Statistics, 6 novembre 2009, en ligne à l'adresse <http://www.bls.gov/news.release/pdf/empsit.pdf> ; et Table 3, « Civilian Labor Force and Unemployment by State and Selected Area (Seasonally Adjusted). Regional and State Employment and Unemployment », Labor Force Data, Bureau of Labor Statistics, 20 novembre 2009, en ligne à l'adresse <http://www.bls.gov/news.release/pdf/empsit.pdf>.

2. Voir Conor Dougherty, « The Long Slog : Out of Work, Out of Hope », *Wall Street Journal*, 23 septembre 2009, p. A1.

3. En octobre 2009, 35 % des sans-emploi étaient sans travail depuis vingt-sept semaines ou davantage – le chiffre le plus élevé depuis la Seconde Guerre mondiale. Juin 2009 a aussi été le premier mois, depuis que l'État a com-

Certains ont examiné le taux de chômage et constaté qu'il n'était pas (encore) aussi élevé que lors de la récession Reagan de 1981-1982, où il avait atteint 10,8 %, et qu'il reste très inférieur à celui de la Grande Dépression. Ces comparaisons sont à prendre avec des pincettes. La structure de l'économie a changé, puisque de l'industrie (20 % du PIB en 1980, 11,5 % aujourd'hui) elle est passée aux services[1]. À l'époque, il y avait moins d'emplois à temps partiel. La structure de la population active a nettement changé aussi. Le chômage est normalement plus élevé chez les jeunes travailleurs et, dans les années 1980, ils étaient beaucoup plus nombreux. Ajuster le taux de chômage d'aujourd'hui en fonction de ces changements démographiques le relèverait de 1 % ou davantage.

L'absence d'emplois était anxiogène : même ceux qui en avaient un craignaient d'être licenciés et savaient que, dans ce cas, trouver du travail serait pratiquement impossible. Au début de l'été 2009, il y avait six chômeurs pour chaque poste vacant – c'était un record : deux fois plus qu'au pire moment de la récession précédente[2]. Pour les actifs employés, la semaine de travail s'était raccourcie : elle était descendue à 33 heures, son point le plus bas depuis qu'on avait commencé à tenir ces statistiques, en 1964[3]. Et l'anémie du marché du travail faisait aussi pression à la baisse sur les salaires.

---

mencé à compiler ces statistiques (1948), où plus de la moitié des sans-emploi étaient sans travail depuis quinze semaines au moins (Bureau of Labor Statistics, « Table A-12. Unemployed Persons by Duration of Employment, Seasonally Adjusted », octobre 2009, en ligne à l'adresse <http://www.bls.gov/web/cpseea12.pdf> ; voir aussi Floyd Norris, « In the Unemployment Line, and Stuck There », *New York Times*, 11 juillet 2009, p. B3).

1. Bureau of Economic Analysis, Industry Economic Accounts, GDP by Industry Accounts, « Value Added by Industry as a Percentage of GDP », 28 avril 2009.

2. Bureau of Labor Statistics, Job Openings and Labor Turnover Survey, en ligne à l'adresse <http://data.bls.gov/cgi-bin/surveymost?jt> ; et Labor Force Statistics Current Population Survey, en ligne à l'adresse <http://data.bls.gov/cgi-bin/surveymost?ln>.

3. Bureau of Labor Statistics, Current Employment Statistics Survey, « Employment, Hours, and Earnings : Average Weekly Hours of

Deux autres interactions entre l'écroulement du marché de l'immobilier et la dépression du marché du travail ont intensifié les peurs. Le marché du travail américain compte parmi les plus dynamiques du monde. Il a été l'une des forces du pays. Il fait en sorte que les travailleurs soient utilisés le plus efficacement possible. Mais aujourd'hui son dynamisme se heurte à des obstacles majeurs. Le premier : traditionnellement, les Américains qui perdent leur emploi sont prêts à faire des milliers de kilomètres pour trouver du travail ailleurs ; mais, pour la plupart d'entre eux, leur actif le plus important est leur maison, et celle-ci, même quand elle représente encore *un peu* de capital (c'est-à-dire quand ils ne sont pas «sous l'eau»), s'est considérablement dévalorisée – si bien que beaucoup ne sont plus en mesure d'effectuer l'apport personnel de 20 % nécessaire pour en acheter une autre de dimension comparable ailleurs. La capacité à se déplacer s'est réduite. Ceux qui ont un emploi ne vont pas le quitter pour un meilleur. Et ceux qui n'en ont pas vont probablement rester plus longtemps au chômage – la mobilité est devenue une option moins séduisante.

Un second problème aggrave également le chômage, qui concerne beaucoup d'Américains âgés. La plupart des plans retraite étaient autrefois «à prestations définies» : on savait quelle pension on allait recevoir quand on quitterait la vie active. Mais, depuis vingt ans, il y a eu réorientation vers des plans retraite «à cotisations définies» : l'employeur verse un certain montant qui est ensuite investi sur le marché – et un gros pourcentage de ces fonds avait été placé en Bourse[1].

Production Workers», en ligne à l'adresse <http://data.bls.gov/cgi-bin/surveymost?ce>.

1. La participation des salariés du secteur privé aux plans à cotisations définies est passée de 36 % en 1999 à 43 % en 2009, tandis que leur participation aux plans à prestations définies est restée stable, aux alentours de 20 %. Globalement, leur participation aux plans retraite en général est passée de 48 % en 1999 à 51 % en 2009 – notons que certains salariés participent aux deux types de plans (Bureau of Labor Statistics, National Compensation Survey of Employee Benefits, «Table 2. Retirement Benefits : Access, Participation, and Take-up Rates, Private Industry Workers, National

L'effondrement de la Bourse, s'ajoutant à celui du marché de l'immobilier, incite nombre d'Américains à réexaminer leurs projets de départ en retraite[1]. Et lorsque moins de salariés sortent de la population active, il y a moins de nouveaux postes disponibles – sauf en cas d'expansion de l'emploi.

Bref, quelques mois après le vote de la loi de stimulation, il est devenu évident que son envergure était insuffisante ; mais on aurait dû le voir au moment où l'administration l'élaborait[2]. Une contraction de la consommation, due à une hausse de l'épargne à partir d'un niveau insoutenable (zéro), plus une réduction des dépenses des États et des collectivités locales : face à tout cela, 800 milliards de dollars sur deux ans ne faisaient pas le poids.

L'aide aux États

Dans une crise, sans aide du pouvoir fédéral, les États et les collectivités locales vont réduire leurs dépenses, qui représentent près du tiers de l'ensemble des dépenses publiques. Les États sont tenus d'équilibrer leur budget, donc de limiter leurs

---

Compensation Survey», mars 2009, en ligne à l'adresse <http://www.bls. gov/ncs/ebs/benefits/2009/ownership/private/table02a.pdf>).

1. Selon une enquête du Pew Research Center, près de 40 % des salariés de plus de 62 ans ont retardé leur retraite à cause de la récession. Parmi les salariés âgés de 50 à 61 ans, 63 % disent qu'ils vont peut-être repousser la date prévue pour leur départ en retraite en raison du contexte économique actuel (Pew Research Center, «America's Changing Workforce : Recession Turns a Graying Office Grayer», Social and Demographic Trends Project, Washington, DC, 3 septembre 2009).

2. J'avais préconisé une stimulation beaucoup plus importante, ce qu'a fait aussi, selon les informations parues dans la presse, Christina Romer, présidente du Comité des conseillers économiques d'Obama (qui a suggéré plus de 1 200 milliards de dollars). L'équipe économique du nouveau président ne lui a soumis que deux options : l'enveloppe de 890 milliards de dollars et une autre qui était un peu plus réduite (environ 550 milliards de dollars). Voir Ryan Lizza, «Inside the Crisis», *The New Yorker*, 12 octobre 2009, en ligne à l'adresse <http://www.newyorker.com/ reporting/2009/10/12/091012fa_fact_lizza>.

dépenses à leurs recettes. Quand la valeur des biens fonciers et les profits diminuent, leurs rentrées fiscales en font autant. On estime que leur manque à gagner pour les années budgétaires 2010 et 2011 réunies sera d'au moins 350 milliards de dollars[1]. En 2009, la Californie a dû, à elle seule, réduire ses dépenses et augmenter ses impôts de 42 milliards de dollars[2]. Simplement pour compenser la baisse des recettes des États, il faudrait une dépense de stimulation *fédérale* de plus de 1 % du PIB par an.

La loi de stimulation votée en février 2009 contenait bien des aides aux États et aux collectivités locales, mais elles n'étaient pas suffisantes. Or la contraction de leurs programmes était particulièrement dure pour les pauvres ; tandis que le gouvernement vantait les mérites de son plan de stimulation, la presse décrivait les souffrances de nombreuses victimes innocentes de cette crise. La grande priorité aurait dû être de combler le trou dans les recettes des États. Cela n'a guère de sens économique d'embaucher des ouvriers supplémentaires pour construire des ponts et de licencier simultanément des enseignants et des infirmières. L'administration Obama était sensible à ces inquiétudes et, dans son premier rapport sur les emplois créés par la stimulation, en octobre 2009, elle a fait remarquer que, sur les 640 000 emplois sauvés ou créés par la première salve de ces dépenses, plus de la moitié se trouvaient dans l'éducation et seulement 80 000 dans le bâtiment[3]. Mais la stimulation n'était pas encore assez puissante pour empêcher les

---

1. Elizabeth McNichol et Iris J. Lav, «New Fiscal Year Brings No Relief from Unprecedented State Budget Problems», Center on Budget and Policy Priorities, Washington, DC, 3 septembre 2009, en ligne à l'adresse <http://www.cbpp.org/files/9-8-08sfp.pdf>.

2. Jordan Rau et Evan Halper, «New State Budget Gap Is Forecast», *Los Angeles Times*, 14 mars 2009, p. A1.

3. La Maison-Blanche, Bureau du secrétaire de presse, «New Recipient Reports Confirm Recovery Act Has Created Saved over One Million Jobs Nationwide», communiqué de presse, 30 octobre 2009, en ligne à l'adresse <http://www.whitehouse.gov/the-press-office/new-recipient-reports-confirm-recovery-act-has-created-saved-over-one-million-jobs>.

licenciements économiques chez les enseignants ; et même les chantiers immédiatement réalisables mettent quelque temps à démarrer. Les pertes d'emplois contribuaient à la démoralisation, et s'accumulaient bien plus vite qu'on ne pouvait en créer de nouveaux. Pendant le seul mois de septembre 2009, l'emploi public a perdu 40 000 postes[1].

Une règle simple était juste et permettait d'utiliser les fonds rapidement : la compensation des revenus perdus, État par État. Si l'on avait fait ce choix, l'argent public aurait eu des multiplicateurs élevés et serait allé à ceux qui en avaient le plus besoin. Il aurait aussi fonctionné comme un stabilisateur automatique : si, par miracle, l'économie se rétablissait plus vite que prévu, ces dépenses n'auraient pas lieu. Et, dans le cas plus probable où la récession se révélait plus grave et plus longue qu'on ne s'y attendait, l'injection de fonds serait supérieure.

Le raccommodage du filet de sécurité

La priorité suivante aurait dû être d'éliminer les lacunes du filet de sécurité sociale. La loi votée l'a fait un peu, mais pas assez. Le Congrès a approuvé trois extensions de l'indemnisation du chômage sur fonds fédéraux jusqu'à un maximum de 73 semaines (de nombreux États versent des allocations pendant un tiers seulement de cette durée[2]), mais, avec la poursuite de la récession, on a compris que cela ne suffirait pas[3]. Néanmoins, pour

---

1. Bureau of Labor Statistics, «All Employees (Sector : Government), Employment, Hours, and Earnings from the Current Employment Statistics Survey (National)», 10 novembre 2009, en ligne à l'adresse <http://data. bls.gov/PDQ/outside.jsp?survey=ce>.

2. Avec ces mesures exceptionnelles, plus les allocations de base de 26 semaines au niveau des États, l'indemnisation du chômage durait au total de 60 à 99 semaines à la fin de l'année 2009, selon le taux de chômage dans l'État. Voir National Employment Law Project, «Senate Extends Jobless Benefits 14-20 Weeks», Washington, DC, 4 novembre 2009, en ligne à l'adresse <http://www.nelp.org/page/-/UI/PR.SenateExtensionVote.pdf?nocdn=1>.

3. Malgré les extensions des durées d'indemnisation décidées par le Congrès, si l'Américan Recovery and Reinvestment Act n'est pas recon-

la première fois, l'État a agi sur un autre problème : la perte de la couverture santé quand on perd son travail, car notre système d'assurance-maladie est fondé sur l'employeur. Des réformes antérieures avaient garanti à ceux qui se trouvaient dans ce cas la possibilité d'*acheter* une assurance (COBRA) *s'ils pouvaient se l'offrir*, mais, de plus en plus, les sans-emploi ne le pouvaient pas. Sans assistance, les rangs déjà fournis des non-assurés allaient encore grossir. Le plan de stimulation d'Obama a donc prévu de financer 65 % du coût de l'assurance-maladie dans le cadre de la prolongation des allocations de chômage (mais seulement pour les salariés ayant perdu leur emploi entre le 1ᵉʳ septembre 2008 et la fin de l'année 2009).

Le plus révélateur, peut-être, est l'insuffisance de l'aide de l'État au sujet d'un problème qui était au cœur de la crise : les chômeurs ne peuvent pas régler les mensualités de leurs prêts immobiliers. Beaucoup ont perdu leur maison peu après avoir perdu leur travail – le tout sans avoir commis la moindre faute. L'administration Obama aurait dû leur fournir une nouvelle forme d'«assurance des prêts hypothécaires» qui, dans cette situation, aurait pris en charge les règlements – donc permis de remettre la plupart d'entre eux à plus tard, au moment où le propriétaire aurait retrouvé du travail. Ce n'est pas seulement une question d'équité, mais aussi d'intérêt national : plus on saisit de maisons, plus les prix baissent et plus s'approfondit la spirale du déclin.

Les investissements

Il aurait été raisonnable de donner la priorité à des investissements susceptibles de consolider notre avenir – notamment

---

duit en décembre 2009, 1 million de chômeurs perdront leurs allocations au cours du mois de janvier 2010 et, entre janvier et mars 2010, 3 millions seront privés d'allocations fédérales (National Employment Law Project, «NELP Analysis : 1 Million Workers Will Lose Jobless Benefits in January if Congress Fails to Reauthorize ARRA», Washington, DC, 18 novembre 2009, en ligne à l'adresse «http://nelp.3cdn.net/596480c76efd6ef8e3_pjin6bhepv.pdf>).»

certains, très rentables, dans les personnes et les technologies. Puisque les fondations des universités privées étaient ravagées par l'effondrement des marchés et que les États avaient d'énormes trous dans leurs budgets, ces dépenses étaient durement frappées.

Une bonne partie de l'argent du plan de stimulation est allée à des projets de chantiers immédiatement réalisables, puis à des investissements verts rapides à mettre en place. On aurait dû voir clairement que, dans deux ans, l'économie risquait fort d'avoir encore besoin d'être stimulée. Un plan de stimulation à plus long terme aurait permis d'aller au-delà des chantiers à effet immédiat pour envisager des investissements publics plus rentables – l'un des rares avantages d'une longue récession.

Aux États-Unis, c'est le secteur public qui a les plus grands besoins d'investissements, mais sa capacité à utiliser *rapidement* des crédits supplémentaires a des limites. Des réductions d'impôts stimulant l'investissement auraient accéléré le flux de capitaux dans l'économie – tout en rapportant des bénéfices à long terme. Inciter les propriétaires, par des allègements fiscaux, à isoler les maisons existantes aurait donné du travail, par exemple, à certains des ouvriers du bâtiment qui ont perdu leur emploi quand le secteur immobilier a coulé comme il ne l'avait pas fait depuis cinquante ans.

Dans une récession, la plupart des entreprises ne veulent pas prendre le risque d'investir. Un crédit d'impôts temporaire pour les investissements peut leur donner l'incitation appropriée. De fait, grâce à cette réduction d'impôts, investir maintenant, quand les bénéfices pour l'économie nationale sont importants, reviendra moins cher que le faire plus tard, quand l'économie sera revenue à la normale. C'est comme une vente de biens d'équipement. Un crédit d'impôts temporaire *incrémental* pour les investissements est meilleur encore. Même dans une récession, certaines entreprises vont investir, et les récompenser parce qu'elles ont fait ce qu'elles auraient fait de toute façon n'a pas de sens. En réservant les faveurs de l'État aux investissements qui dépassent, par exemple, 80 %

des dépenses d'investissement de l'entreprise dans les deux dernières années, on augmente l'effet par dollar.

Des réductions d'impôts inefficaces

L'envergure et le calendrier du plan de stimulation n'étaient pas ses seules insuffisances. Consacrer près du tiers de ses fonds à des réductions d'impôts était un risque : une grande partie de cet argent pouvait être très inefficace. Les réductions d'impôts du président Bush en février 2008 n'avaient pas fonctionné parce qu'une trop forte part en avait été épargnée, et tout indique qu'il en sera de même pour celles-ci, bien qu'elles aient été conçues pour inciter à la dépense.

Les Américains étaient confrontés à des dettes écrasantes, et en proie à des angoisses à propos de leur emploi et de l'avenir. Même les plus enclins à s'endetter comprenaient que, dans un contexte toujours plus dur de resserrement, ils ne pourraient peut-être pas utiliser leur carte de crédit en cas de besoin. Par conséquent, ils allaient probablement décider d'économiser une bonne partie de l'argent qu'ils recevaient dans l'immédiat. Ce comportement est compréhensible, mais il contrarie l'objectif de la stimulation, qui est d'*accroître* les dépenses. La réduction d'impôts va alourdir la dette nationale sans que l'on puisse lui attribuer d'effets sensibles, ni à court terme ni à long terme[1].

D'autres composantes du plan de stimulation compromettaient l'avenir : l'argent du programme «prime à la casse» a

---

1. L'administration Obama a tenté de concevoir la réduction d'impôts d'une façon qui pousserait à la dépense. Au lieu de faire un cadeau fiscal ponctuel, elle a diminué les taux des charges prélevées sur les salaires, dans l'espoir que les ménages, en constatant une petite augmentation de leur revenu mensuel, seraient amenés par cette astuce à dépenser plus. Les dépenses ont augmenté un petit peu, mais moins que ne l'avaient escompté les avocats de cette réduction d'impôts. Voir aussi John Cogan, John B. Taylor et Volker Weiland, « The Stimulus Didn't Work », *Wall Street Journal*, 17 septembre 2009, en ligne à l'adresse <http://online.wsj.com/article/SB10001424052970204731804574385233867030644.html>.

stimulé la demande d'automobiles, mais celles qu'il a fait vendre sont des voitures qui ne seraient pas achetées plus tard. Cette stratégie aurait pu avoir un sens si la récession n'avait duré que six mois ; elle était beaucoup plus risquée dans une crise de longueur incertaine. Et les craintes se sont révélées justifiées : le programme a donné un coup de fouet aux ventes de voitures dans l'été 2009, mais aux dépens de celles de l'automne. La «prime à la casse» est aussi un bel exemple de dépense mal ciblée : il y avait d'autres façons de dépenser cet argent qui auraient stimulé davantage l'économie à court terme et contribué à la restructurer utilement à long terme.

Enfin, tant les réductions d'impôts que la «prime à la casse» avaient une caractéristique assez bizarre. Le problème n'était pas que les Américains consommaient trop peu avant la crise ; ils consommaient trop. Et voici que pour réagir à la récession on les incitait à consommer plus. On peut le comprendre, à cause de la chute abyssale de la consommation, mais il aurait fallu moins insister sur l'encouragement à consommer plus, puisque ce qu'il faut pour la croissance à long terme, c'est investir plus.

Les conséquences

Le printemps 2009 est devenu été et le nombre de chômeurs augmentait toujours. Un chœur s'est alors fait entendre : la stimulation a échoué. Mais la véritable mesure de son succès n'est pas le niveau constaté du chômage, c'est ce qu'il aurait été sans elle. L'administration Obama a toujours dit clairement qu'elle allait créer trois millions d'emplois *de plus qu'il n'y en aurait eu autrement*. Le problème est que le choc infligé à l'économie par la crise financière a été si terrible que même la stimulation budgétaire d'Obama, apparemment considérable, n'a pas suffi.

Si la plupart des économistes étaient convaincus que la stimulation était nécessaire et qu'elle faisait effet – même s'il eût été souhaitable qu'elle soit beaucoup plus importante –, quelques-uns le niaient. Certains conservateurs ont même tenté de réécrire l'histoire pour suggérer que les dépenses publiques n'avaient pas fonctionné pendant la Grande Dépression[1]. Certes, ces dépenses n'ont pas tiré le pays de la crise – les États-Unis ne sont réellement sortis de la dépression qu'avec la Seconde Guerre mondiale. Mais c'est parce que la détermination du Congrès et de l'administration Roosevelt a vacillé. La stimulation n'est pas toujours restée assez puissante. Comme dans la crise actuelle, la réduction des dépenses des États a partiellement annulé l'augmentation des dépenses fédérales. L'économie keynésienne du temps de paix n'a jamais été réellement essayée à grande échelle – même si l'on prétend le contraire. Les dépenses de guerre de l'État ont réussi à ramener l'économie au plein-emploi, et très vite. Après la stimulation d'Obama, certains adversaires ont à nouveau soutenu que l'économie keynésienne s'était révélée erronée maintenant qu'on avait tenté l'expérience[2]. Mais on ne l'a pas tentée – et tout indique que la stimulation a amélioré les choses.

Il existe trois raisons pour lesquelles une stimulation peut ne pas fonctionner : la première est souvent invoquée par les économistes universitaires et montre à quel point ils sont coupés de la réalité ; mais les deux autres soulèvent de vrais problèmes. Certains économistes ont suggéré que, si l'État se met en déficit, les ménages seront incités à épargner parce qu'ils savent que le jour viendra où il leur faudra rembourser la dette

---

1. Voir par exemple Amity Shlaes, *The Forgotten Man : A New History of the Great Depression*, New York, HarperCollins, 2007, et Jim Powell, *FDR's Folly : How Roosevelt and His New Deal Prolonged the Great Depression*, New York, Crown Forum, 2003.

2. La théorie économique keynésienne avait été testée à de multiples reprises – et, globalement, elle s'était révélée correcte. Les tests les plus spectaculaires ont été ceux qu'a réalisés le FMI en Asie orientale et ailleurs, où, au lieu de réagir à la crise par des politiques budgétaires et monétaires expansionnistes, il a fait exactement le contraire. Les contractions fortes de l'économie ont été parfaitement conformes aux prédictions de la théorie keynésienne.

publique par une augmentation d'impôts. Dans cette théorie, la hausse des dépenses de l'État est *totalement* compensée par une baisse de celles des ménages. L'équivalence ricardienne, comme l'appellent les économistes, est enseignée dans toutes les facultés d'économie du pays. Et c'est une absurdité pure et simple. Quand le président Bush a réduit les impôts dans les premières années de la décennie, les taux d'épargne ont diminué. Certes, dans l'univers de la science économique, les choses ne sont jamais vraiment ce qu'elles paraissent. Les partisans de l'équivalence ricardienne vont dire que ces taux auraient peut-être baissé plus encore s'il n'y avait pas eu la réduction d'impôts. Dans ce cas, les taux d'épargne américains avant la crise auraient été fortement négatifs, de plusieurs points.

Les conservateurs invoquent plus souvent l'équivalence ricardienne pour s'opposer aux dépenses supplémentaires qu'aux réductions d'impôts. Cette théorie suggère en fait que rien n'a vraiment d'impact. Si l'État augmente les impôts, les gens s'adaptent ; ils dépensent autant d'argent aujourd'hui qu'ils l'auraient fait sans cela, car ils savent qu'ils auront moins d'impôts à payer plus tard.

Ces théories sont fondées sur des postulats simplistes, en vigueur dans les écoles de pensée économique qui ont si éminemment contribué au déclenchement de la crise actuelle. Deux de ces postulats sont courants mais visiblement faux : les marchés et l'information sont parfaits. Dans ce scénario, tout le monde peut emprunter autant qu'il veut. Si l'État augmente les impôts, ceux qui veulent rééquilibrer en dépensant plus n'ont aucune difficulté à aller emprunter l'argent à la banque – au taux auquel l'État lui-même peut emprunter (avec l'ajustement approprié en fonction du risque de défaut de paiement). Deux autres postulats sont assez étranges : les individus vivent éternellement et les redistributions ne comptent pas. Si les gens vivent éternellement, ils ne pourront pas éviter de rembourser les emprunts d'aujourd'hui ; mais, en réalité, notre génération peut transmettre le fardeau de l'emprunt actuel à celles qui suivront, et cela lui permet de consommer davantage. Dans cette théorie très bizarre, même si les personnes âgées pauvres dépensent une plus large part de leur maigre revenu que les riches d'âge moyen, redistribuer le revenu en prenant au riche pour donner au pauvre n'aurait aucun effet sur la consommation totale. En réalité, l'épargne des ménages va probablement augmenter dans cette récession, que l'État accentue ou non son déficit; et le taux d'épargne ne sera probablement guère influencé par l'envergure du déficit.

Un autre problème est plus sérieux : lorsque l'État emprunte davantage, ceux qui prêtent l'argent se demandent s'il va être capable de les rembourser. Puisqu'ils sont plus inquiets, ils peuvent exiger un taux d'intérêt plus élevé. C'est un phénomène que les pays en développement connaissent bien, parce qu'ils sont pris entre le marteau et l'enclume. S'ils ne font pas de dépenses de stimulation, leur économie s'étiole et leurs créanciers exigent des taux d'intérêt plus élevés. S'ils font des dépenses de stimulation, leur endettement s'accroît et leurs créanciers exigent des taux d'intérêt plus élevés. Les États-Unis, heureusement, ne sont pas (encore) dans cette situation critique. À mon sens, les avantages immédiats d'une stimulation sont si forts qu'ils l'emportent sur ces risques à long terme.

Une troisième difficulté est très proche de la précédente : les investisseurs vont redouter davantage une inflation future. Les pays qui prêtent de l'argent aux États-Unis expriment déjà cette inquiétude : n'y aura-t-il pas une incitation à «évacuer cette dette énorme par l'inflation» – à réduire par la hausse des prix sa valeur *réelle*? Ils craignent aussi que les investisseurs, au vu de cette dette, se disent que le dollar est en péril et que sa valeur (par rapport aux autres devises) va baisser. Que ces angoisses soient rationnelles ou non, leur simple existence va faire monter les taux d'intérêt à long terme, ce qui peut réduire l'investissement, donc diminuer l'augmentation nette de la demande globale.

Par la politique monétaire, la Federal Reserve peut largement compenser toute tendance à la hausse des taux d'intérêt (au moins des taux à court terme) que pourrait provoquer l'alourdissement de la dette publique. Mais, dans la crise actuelle, l'envergure et la nature sans précédent de ses initiatives[1] ont semé le doute sur sa capacité à les «débouler» juste au bon moment. La Federal Reserve a essayé de convaincre le marché qu'elle pouvait le faire, qu'elle empêcherait toute poussée d'inflation en durcissant comme il le faudrait la politique monétaire exactement au bon moment. Comme je le note au chapitre 5, il y a de bonnes raisons de ne pas en être très sûr. Là encore, qu'elles soient justifiées ou non, il suffit que ces convictions soient largement partagées pour que la Federal Reserve se retrouve les mains liées : si elle revient effectivement à sa politique «normale» de concentration sur les taux d'intérêt à court terme, les taux d'intérêt à long terme pourraient augmenter, même si elle maintient les taux courts à un bas niveau, et ce serait une douche froide pour la reprise.

Mais, si l'argent de la stimulation est dépensé en investissements, ces effets négatifs sont moins probables : les marchés comprendront qu'en réalité la stimulation n'affaiblit pas mais renforce la position économique des États-Unis. Quand les dépenses de relance vont à l'investissement, l'actif du bilan de la nation augmente parallèlement à son passif : les prêteurs n'ont aucune raison de s'inquiéter, et il n'y a aucune raison d'augmenter les taux d'intérêt[2].

Dans ces peurs à propos d'un déficit devenu incontrôlable, on voit s'esquisser le danger réel : le risque politique que l'Amérique ne parvienne pas à maintenir le cap. C'est ce qui lui est arrivé pendant la Grande Dépression, et c'est ce qui arrive au Japon depuis l'éclatement de sa bulle au début

---

1. Les actifs de la Federal Reserve (les prêts hypothécaires, bons du Trésor, etc., qu'elle détient) sont passés de 900 milliards de dollars en août 2008 à plus de 2 200 milliards en décembre 2008. Normalement, la Federal Reserve achète simplement des bons du Trésor (la dette publique à court terme). Quand elle a essayé d'influencer les taux à long terme et ceux des prêts hypothécaires, elle a acheté un large éventail de produits, dans une démarche parfois appelée *assouplissement quantitatif*.

2. Comme nous devrions à présent l'avoir compris, les marchés ne sont pas toujours si intelligents. Sur les marchés financiers, beaucoup ne voient, semble-t-il, que le passif du bilan de l'État, jamais l'actif.

des années 1990. L'État continuera-t-il à stimuler l'économie si celle-ci n'entame pas une vigoureuse reprise après la première dose de potion? Ceux qui n'ont jamais cru à l'économie keynésienne vont-ils s'allier avec les faucons antidéficit au Congrès pour exiger une réduction des dépenses publiques? Je le crains, et, s'ils le font, le retour à la croissance forte risque d'être retardé.

Ce qui nous attend

Les administrations Bush et Obama ont sous-estimé la gravité de la récession. Elles ont cru que donner de l'argent aux banques allait guérir l'économie, relancer le crédit et ressusciter l'immobilier. La stimulation d'Obama était conçue pour aider le pays à traverser la période intermédiaire, pendant que tout cela se produisait. Toutes ces hypothèses étaient fausses. Assainir le bilan des banques ne ramène pas automatiquement le crédit à la «normale». Le modèle qui structurait l'économie américaine – la consommation fondée sur l'emprunt – s'est brisé quand la bulle de l'immobilier a éclaté et il ne sera pas facile à réparer. Même si les prix des maisons cessent de baisser, ils ne vont pas revenir à leur niveau antérieur. Par conséquent, la principale source de richesse de la plupart des Américains – le capital représenté par leur maison – a été considérablement réduite ou totalement éliminée.

Il faut nous préparer à une seconde salve de dépenses de stimulation quand celle qui est en cours prendra fin – une fin qui sera en soi un facteur de croissance «négative». Certains éléments qu'il aurait fallu intégrer à la première salve (la compensation de la baisse des recettes fiscales des États, par exemple) devraient figurer dans la seconde. Nous devons nous préparer à une hausse des dépenses d'investissement en 2011. Peut-être ne sera-t-elle pas nécessaire, mais si nous ne commençons pas à nous y préparer aujourd'hui, nous ne serons pas prêts le moment venu. Si nous préparons cette hausse maintenant, nous pourrons toujours la réduire si elle se révèle superflue. Malheureusement, les choix opérés par les administrations

Bush et Obama ont réduit les chances d'adoption d'un nouveau plan de stimulation par le Congrès : ce sera difficile, pour ne pas dire plus. Certaines conséquences malheureuses de la «navigation à vue», la stratégie à risque d'Obama, se font déjà sentir.

En définitive, se limiter aux dépenses de stimulation financées par le déficit reste un palliatif temporaire, notamment quand des pressions montent dans de nombreux pays, dont les États-Unis, contre l'endettement croissant. Certains disent que le pays est simplement passé d'une consommation privée financée par l'emprunt à une consommation publique financée par l'emprunt. Il est vrai que ces dépenses peuvent dynamiser la restructuration de l'économie, qui est nécessaire pour garantir la croissance à long terme, mais trop peu de fonds sont orientés dans ce sens, et trop ont été consacrés à des usages qui préservent le statu quo.

D'autres politiques pourraient contribuer à soutenir l'économie – et à remplacer la bulle de la consommation financée par la dette. Pour rétablir durablement la consommation américaine totale, il faut une vaste redistribution des revenus, de ceux (en haut) qui peuvent se permettre d'épargner vers ceux (en bas) qui dépensent jusqu'au dernier centime. Une fiscalité plus progressive (qui augmenterait les impôts des premiers et réduirait ceux des seconds) pourrait réaliser cette redistribution, et elle contribuerait aussi à stabiliser l'économie. Si l'État impose davantage les Américains aux revenus élevés pour financer une expansion des dépenses publiques, notamment d'investissement, l'économie aussi entrera en expansion – cela s'appelle un «multiplicateur de budget équilibré». Les économistes de l'offre, populaires à l'époque de Reagan, soutenaient que les impôts de ce genre décourageaient le travail et l'épargne, donc réduisaient le PIB. Mais leur analyse (à supposer qu'elle ait une valeur quelconque) ne s'appliquerait qu'à des situations où la production est limitée par l'offre ; aujourd'hui, il y a des capacités excédentaires, et la production est limitée par la demande.

Pour renforcer la consommation mondiale, il faudra créer un nouveau système de réserves mondial qui permettra aux pays en développement de dépenser plus et d'épargner moins[1]. La communauté internationale devra aider davantage les pays pauvres. Et la Chine devra mieux réussir à réduire son taux d'épargne qu'elle ne l'a fait ces dernières années. Si le monde s'engageait fermement pour le carbone cher (en faisant payer au prix fort les entreprises et les ménages pour les émissions de gaz à effet de serre), il y aurait d'importantes incitations à rééquiper l'économie. Cela susciterait des innovations et des investissements dans des logements, usines et équipements plus économes en énergie. Il est probable qu'aucune de ces suggestions ne se concrétisera à brève échéance, mais jusqu'à présent on n'a même pas commencé à discuter de la plupart de ces problèmes.

Les États-Unis et le monde sont aujourd'hui confrontés à trois défis : rétablir une demande globale durable assez forte pour assurer le plein-emploi mondial ; reconstruire le système financier pour qu'il s'acquitte des tâches qu'un système financier est censé accomplir, au lieu de multiplier les prises de risque téméraires comme il le faisait avant la crise ; et restructurer l'économie américaine et les autres économies du monde – pour tenir compte, par exemple, des déplacements d'avantages comparatifs au niveau mondial et de l'évolution technologique. À l'heure où j'écris ces lignes, nous échouons sur les trois plans. En fait, nous discutons peu de ces problèmes de fond, car nous nous concentrons sur nos craintes immédiates. Mais les mesures que nous avons prises pour ne pas tomber dans l'abîme pourraient inhiber notre retour à la croissance forte : c'est l'une des inquiétudes essentielles qu'exprime ce livre. Comme les banques ont été myopes dans leurs prêts, nous avons été myopes dans notre sauvetage – et nous risquons d'en ressentir longtemps les conséquences.

Tout cela est particulièrement visible dans le secteur financier, qui a été au cœur de l'ouragan. Les trois chapitres suivants traitent des efforts pour le sauver et le ressusciter. Le

---

1. Voir le chapitre 8 pour une analyse plus développée du système de réserves mondial et de la façon dont il faut le réformer.

prochain examine le marché des prêts hypothécaires. Bien que le président Obama ait reconnu qu'il serait difficile de guérir pleinement l'économie tant que des millions d'Américains risqueraient la saisie, on a fait trop peu : les saisies continuent, presque sans fléchir. Le contraste entre ce que l'on a fait et ce qu'il aurait fallu faire est ici beaucoup plus tranché que dans le cas de la stimulation. Celle-ci n'a peut-être pas représenté tout ce qui était nécessaire, mais elle a tout de même été un succès. Impossible de donner une note aussi élevée aux mesures prises sur les prêts hypothécaires. Et quand nous en viendrons aux banques – chapitres 5 et 6 –, la déception sera plus grande encore.

CHAPITRE 4

Le scandale
des prêts hypothécaires

Les manœuvres et manipulations du secteur du crédit hypothécaire aux États-Unis resteront dans l'histoire comme le grand scandale du début du XXIe siècle. Être propriétaire de sa maison a toujours été un élément de base du rêve américain, et une aspiration répandue dans le monde entier. Quand les banques et les sociétés de crédit foncier des États-Unis ont commencé à proposer des prêts hypothécaires bon marché, beaucoup se sont précipités[1]. Des millions de personnes ont signé des contrats qu'elles ne pouvaient s'offrir. Lorsque les taux d'intérêt ont augmenté, elles ont perdu leur maison et tout le capital qu'elles y avaient investi[2].

Ce désastre a eu de vastes répercussions aux États-Unis et à l'étranger. Dans un processus dit de «titrisation», les prêts avaient été débités en fines tranches, conditionnés et reconditionnés, puis transmis à toutes sortes de banques et fonds d'investissement dans l'ensemble du pays. Quand le château de

---

1. Plus de quatre millions de personnes sont devenues propriétaires pendant la fièvre de l'immobilier – mais, au troisième trimestre 2009, le pourcentage de propriétaires (67,6%) était pratiquement le même qu'en 2000 (67,4%) (U.S. Census Bureau, Housing and Household Economic Statistics Division, «Housing Vacancies and Homeownership : Second Table 14, Third Quarter 2009», en ligne à l'adresse <http://www.census. gov/hhes/www/housing/hvs/historic/index.html>).

2. De 2001 à 2007, le nombre des ménages surendettés (payant plus de 50% de leur revenu pour le logement) s'est accru de plus de quatre millions (Joint Center for Housing Studies de l'université Harvard, *The State of the Nation's Housing 2009*, 22 juin 2009, en ligne à l'adresse <http:// www.jchs.harvard.edu/son/index.htm>).

cartes s'est effondré, il a emporté dans sa chute certaines des institutions les plus vénérables : Lehman Brothers, Bear Stearns, Merrill Lynch. Mais les épreuves ne se sont pas arrêtées aux frontières des États-Unis. Ces prêts titrisés, dont beaucoup avaient été vendus dans le monde entier, ont empoisonné des banques et des fonds d'investissement jusqu'en Norvège, à Bahreïn ou en Chine. Pendant l'été 2007, j'ai rencontré une gestionnaire de fonds indonésienne lors d'une conférence organisée par la banque centrale de son pays. Elle était atterrée par les pertes et se sentait coupable d'avoir exposé ses clients au marché américain, si peu sûr. Comme ces produits financiers provenaient des États-Unis, elle avait pensé que c'étaient de bons investissements pour ses clients : «Le marché immobilier américain est si vaste, nous n'avions jamais pensé qu'il pouvait y avoir des problèmes», m'a-t-elle confié.

Trop de risques et trop de dettes : telle était la conjonction qui créait des rendements *apparemment* élevés – et ils l'ont été réellement, pour un temps. En reconditionnant les prêts hypothécaires et en les éparpillant chez de nombreux investisseurs, les financiers de Wall Street croyaient partager le risque et se mettre eux-mêmes à l'abri. Si le risque était largement diffusé, on pourrait plus facilement absorber les chocs. En réalité, titriser les prêts hypothécaires les rendait plus risqués. Les banquiers qui ont créé le problème disent à présent que ce n'était pas entièrement de leur faute. Dick Parsons, le président de Citigroup, formule éloquemment leur point de vue : «C'est beaucoup plus dans la culture de trouver un méchant et de vilipender le méchant. En plus des banques, il y avait la faible surveillance des autorités de contrôle, les encouragements à prêter à des emprunteurs ne répondant pas aux critères, et les gens qui signaient des contrats de prêt ou d'extraction hypothécaire qu'ils ne pouvaient pas s'offrir[1].»

---

1. Joe Weisenthal, «Dick Parsons : Don't Just Blame the Bankers», *Business Insider*, 7 avril 2009, en ligne à l'adresse <http://www.business insider.com/dick-parsons-dont-just-blame-the-bankers-2009-4>.

Les PDG comme Parsons accusent les emprunteurs d'avoir acheté des maisons qu'ils ne pouvaient s'offrir, mais beaucoup de ces emprunteurs étaient financièrement analphabètes et ne comprenaient pas dans quel engrenage ils entraient. Surtout sur le marché des prêts *subprime*, qui est devenu l'épicentre de la crise. Les crédits *subprime* étaient consentis à des personnes au dossier moins satisfaisant que celles qui se qualifiaient pour les prêts «conventionnels» – par exemple parce que leurs revenus étaient faibles ou irréguliers. D'autres propriétaires ont été encouragés par les prêteurs à utiliser leur maison comme distributeur de billets, en empruntant constamment sur la base de sa valeur. La maison de Doris Canales a été menacée de saisie après treize refinancements dans les six dernières années. C'étaient des prêts «no-doc», «sans document», qui exigeaient peu de renseignements, voire aucun, sur les revenus ou les avoirs. «Ils téléphonaient et disaient simplement : "Bonjour, vous avez besoin d'argent sur votre compte?" Et je répondais quelque chose comme : "Ah ça oui, j'ai besoin d'argent sur mon compte!"», explique Mme Canales. De nombreux formulaires soumis en son nom par les courtiers mentaient sur ses véritables revenus[1]. Dans certains cas, l'issue a été fatale, au sens propre[2]. Il y a eu des suicides, des divorces lorsque, dans tout le pays, des emprunteurs ont découvert que leur maison était mise en vente sous leurs pieds. Même certains qui n'avaient jamais cessé de payer leurs mensualités et leurs impôts ont appris que leur maison avait été mise aux enchères à leur insu. Les récits dramatiques qui ont rempli les colonnes des journaux étaient peut-être des cas exceptionnels, mais ils touchaient un nerf à vif : l'Amérique vit aujourd'hui une tragédie sociale en même temps qu'une tragédie économique. Des millions d'Américains pauvres ont perdu ou sont en train de perdre leur maison – on a estimé leur nombre à 2,3 millions pour la seule

---

1. Abby Aguirre, «The Neediest Cases · After a Nightmare of Refinancing, Hope», *New York Times*, 8 novembre 2008, p. A47.
2. Peter J. Boyer, «Eviction: The Day They Came for Addie Polk's House», *New Yorker*, 24 novembre 2008, p. 48.

année 2008. (En 2007, les procédures de saisie avaient touché près de 1,3 million de biens immobiliers[1].) Début 2009, la saisie de 2,5 millions de maisons était en cours. Selon les projections d'Economy.com de l'agence Moody's, 3,4 millions de propriétaires au total seront en défaut de paiement sur leurs prêts hypothécaires en 2009, et 2,1 millions perdront leur maison. En 2012, des millions d'autres auront connu le même sort[2]. Les banques ont compromis ce que des millions de gens avaient épargné pendant toute leur vie quand elles les ont persuadés de dépenser au-delà de leurs moyens – même si certains, incontestablement, ont été vite persuadés. Avec leur maison, de nombreux Américains perdent toutes leurs économies et leurs rêves d'un avenir meilleur, d'une bonne éducation pour leurs enfants, d'une retraite un peu confortable.

Parfois, il semble que seuls les fantassins – les « initiateurs » qui ont vendu les prêts *subprime* – aient un sentiment de culpabilité directe, et même eux pourraient soutenir qu'ils n'ont fait que leur travail. Leurs structures d'incitation les encourageaient à rédiger le plus de contrats possible. Ils étaient sûrs que leurs patrons n'avaliseraient que ceux qui étaient viables. Néanmoins,

---

1. RealtyTrac, « US Foreclosure Activity Increases 75 Percent in 2007 », communiqué de presse, 29 janvier 2008, et « Foreclosure Activity Increases 81 Percent in 2008 », communiqué de presse, 15 janvier 2009, en ligne à l'adresse <http://www.realtytrac.com/contentmanagement>.

2. Sonia Garrison, Sam Rogers et Mary L. Moore, « Continued Decay and Shaky Repairs : The State of Subprime Loans Today », Center for Responsible Lending, Washington, DC, janvier 2009, en ligne à l'adresse <http://www.responsiblelending.org/mortgage-lending/research-analysis/continued_decay_and_shaky_repairs.pdf> ; éditorial, « Holding Up the Housing Recovery », *New York Times*, 24 avril 2009 ; p. A29 ; et Crédit Suisse, « Foreclosure Update : Over 8 millions Foreclosures Expected », Fixed Income Research, 4 décembre 2008, en ligne à l'adresse <http://www.chapa.org/pdf/ForeclosureUpdateCreditSuisse.pdf>. En mars 2009, 5,4 millions de propriétaires américains qui avaient un prêt hypothécaire, soit près de 12 %, avaient au moins un mois de retard dans leurs paiements ou se trouvaient en situation de saisie fin 2008, selon la Mortgage Bankers Association. Source : FBI, *2008 Mortgage Fraud Report*, *« Year in Review »*, en ligne à l'adresse <http://www.fbi.gov/publications/fraud/mortage_fraud08.htm>, p. 11-12.

certains de ces employés de terrain savaient qu'on courait à la catastrophe. Paris Welch, qui travaillait pour la société de crédit California Mortgage, a écrit aux autorités fédérales de contrôle en janvier 2006 : «Attendez-vous à des retombées, à des saisies, à des horreurs!» Un an plus tard, l'implosion du marché de l'immobilier lui a coûté son emploi[1].

Finalement, les produits financiers que les banques et les sociétés de crédit utilisaient pour exploiter les pauvres ont causé leur perte. Ces instruments extravagants étaient conçus pour soutirer le plus d'argent possible à l'emprunteur. La titrisation créait un flux sans fin de commissions, ces commissions rapportaient des profits sans précédent, ces profits engendraient des bonus inouïs, et tout cela aveuglait les banquiers. Peut-être se doutaient-ils que c'était trop beau pour être vrai. Et c'était bien le cas. Peut-être se doutaient-ils que ça ne pouvait pas durer – d'où la ruée pour tirer de ce mécanisme le plus d'argent possible dans les plus brefs délais. Car ça ne pouvait pas durer. Certains ne se sont rendu compte des dégâts qu'au moment où le système s'est effondré. Mais si de nombreux hauts dirigeants du secteur financier ont vu leurs comptes en banque diminuer considérablement, beaucoup ont gagné dans ce désastre des millions de dollars – parfois des centaines de millions.

Même l'effondrement du système n'a pas mis un frein à leur cupidité. Quand l'État a fourni à leurs banques des fonds pour se recapitaliser et alimenter les flux du crédit, ils ont préféré utiliser l'argent pour se payer des primes record – proportionnelles à leurs pertes record! Neuf sociétés de crédit qui cumulaient près de 100 milliards de dollars de pertes et avaient reçu, au titre du renflouement du TARP, 175 milliards de dollars ont versé près de 33 milliards de dollars de primes, dont plus d'un million chacun à près de 5 000 de leurs cadres[2]. Un autre gros

---

1. Matt Apuzzo, «Banks Torpedoed Rules That Could Have Saved Them», Associated Press, 1er décembre 2008. D'autres aussi ont vu ce qui se passait et n'ont pas pu le supporter, mais ils étaient très minoritaires.

2. Ces chiffres ont été rendus publics grâce aux efforts de l'Attorney General de New York Andrew Cuomo. Le département du Trésor, responsable du renflouement, ne les avait pas publiés (Susanne Craig et Deborah

prélèvement a servi à payer des dividendes – qui constituent, en principe, un partage des profits avec les actionnaires. En l'occurrence, il n'y avait pas de profits, seulement des largesses de l'État.

Dans les années qui avaient précédé la crise, la Federal Reserve avait maintenu les taux d'intérêt à un bas niveau. Mais l'argent bon marché peut conduire à un boom de l'investissement dans des usines et des équipements neufs, à la croissance forte, à la prospérité durable. Aux États-Unis et dans une grande partie du monde, il a conduit à une bulle de l'immobilier. Ce n'est pas ainsi que le marché est *censé* se comporter. Les marchés sont *censés* allouer les capitaux à l'usage le plus productif. Or, historiquement, il y a eu des épisodes répétés où les banques ont utilisé l'argent des autres pour prendre des risques excessifs et prêter à des emprunteurs qui n'ont pas pu rembourser. Et des épisodes répétés où ce type de crédit a donné naissance à des bulles immobilières. C'est l'une des raisons de la réglementation.

Mais, dans la folle déréglementation des années 1980, 1990 et des premières années de cette décennie, même les tentatives pour restreindre les pires pratiques de prêt, comme le crédit prédateur du marché des *subprime*, ont été repoussées[1]. Les réglementations servent plusieurs objectifs. L'un d'entre eux est d'empêcher les banques d'exploiter les citoyens pauvres ou peu instruits. Un autre est de garantir la stabilité du système financier[2]. Les «dérégulateurs» ont détruit ces deux types de

---

Solomon, «Bank Bonus Tab : $33 Billion», *Wall Street Journal*, 31 juillet 2009, en ligne à l'adresse <online.wsj.com/article/SB124896815094085. html>).

1. Alan Greenspan a d'ailleurs gelé un projet qui visait à intensifier la surveillance des prêteurs *subprime* en usant des larges pouvoirs de la Federal Reserve (Greg Ip, «Did Greenspan Add to Subprime Woes?», *Wall Street Journal*, 9 juin 2007, p. B1).

2. Cette liste des finalités des réglementations ne se veut pas exhaustive : elles peuvent être aussi conçues pour garantir l'accès au financement, prévenir la discrimination, promouvoir la macrostabilité et renforcer la concurrence. Certaines de ces autres réglementations ont été maintenues.

réglementation et, ce faisant, ils ont laissé le champ libre aux banquiers pour chercher de nouvelles façons d'exploiter les propriétaires, dont beaucoup étaient pauvres et achetaient une maison pour la première fois. Les institutions financières *subprime* d'Amérique ont créé un large éventail de prêts immobiliers *subprime* – innovations toutes conçues pour maximiser les commissions qu'elles pouvaient entraîner. Les bons marchés financiers sont censés opérer de façon *efficiente*, donc avec des coûts de transaction faibles, autrement dit des *commissions faibles*. Mais, si la plupart des acteurs de l'économie n'aiment pas les coûts de transaction, les professionnels des prêts hypothécaires (et de la finance en général) en raffolent. Les commissions, ils en vivent, donc ils s'efforcent de les maximiser et non de les minimiser.

La banque traditionnelle

Avant l'arrivée des innovations financières modernes, les prêteurs vivaient dans un monde assez simple. Ils évaluaient le risque de crédit, consentaient des prêts, les surveillaient pour vérifier que l'emprunteur dépensait bien l'argent de la façon promise et encaissaient les remboursements avec intérêt. La banque et les banquiers n'avaient rien d'excitant. Et c'est exactement ce que souhaitaient ceux qui leur confiaient leur argent. Les citoyens ordinaires ne voulaient pas que quelqu'un prenne leurs dollars durement gagnés pour les miser dans des paris. C'était une relation fondée sur la confiance – la confiance que l'argent déposé à la banque serait rendu. Mais les cent dernières années ont connu de nombreuses paniques bancaires, au cours desquelles les déposants se sont rués sur les guichets pour retirer leur argent de peur que les banques n'aient pas de fonds suffisants pour couvrir tous les dépôts.

En pleine Grande Dépression, en 1933, l'État est intervenu en fondant la Federal Deposit Insurance Corporation (FDIC) pour garantir les dépôts : ainsi, les gens auraient le sentiment que leur argent était protégé même si le bruit courait qu'une banque était en difficulté. Après avoir donné cette garantie, l'État a dû s'assurer qu'on ne l'exposerait pas à des risques anormaux, comme une compagnie d'assurance incendie réduit les probabilités de dégâts du feu en exigeant que l'immeuble soit équipé d'extincteurs. Il l'a fait en réglementant les banques, pour qu'elles ne prennent pas de risques excessifs.

Comme les banques gardaient sur leurs livres les prêts qu'elles avaient consentis, elles devaient être prudentes. Elles avaient une incitation à s'assurer que l'emprunteur pouvait rembourser. Elles le faisaient en vérifiant ses revenus, et elles intégraient au prêt une incitation au remboursement. Si l'argent prêté par les banques ne représentait, disons, que 80 % de la valeur de la maison et que l'emprunteur ne remboursait pas, il risquait de perdre non seulement la maison mais aussi l'argent personnel (20 %) qu'il y avait mis, son capital – une somme considérable. De plus, le risque qu'un prêt de 80 % finisse par dépasser la valeur de la maison était réduit – il aurait fallu que les prix baissent de 20 %. Les banquiers comprenaient fort bien qu'un prêt « sous l'eau » présentait un gros risque de non-remboursement, notamment s'il s'agissait d'un prêt « sans recours » – type de contrat propre aux États-Unis dans lequel, si l'emprunteur ne rembourse pas, le pire qui puisse lui arriver est de perdre la maison[1] : le prêteur ne peut rien obtenir de plus. Ce système fonctionnait très bien. Les aspirations de chacun à avoir une vaste demeure étaient modérées par l'apport personnel de 20 % de sa valeur qui était nécessaire pour obtenir le prêt.

Le système financier « innovant » des États-Unis a fait en sorte d'oublier ces principes élémentaires et immémoriaux du métier de banquier. Il y avait bien des raisons à cette amnésie. Le souvenir de ces leçons disparaît d'ailleurs périodiquement : le monde a souvent connu des bulles et des krachs immobiliers ; à travers la planète, il a fallu bien des fois renflouer les banques. La seule période prolongée où cela ne s'est pas produit a été le quart de siècle qui a suivi la Seconde Guerre

---

1. Les prêts immobiliers américains ne sont pas tous sans recours, mais, en pratique, ils le sont dans leur immense majorité.

mondiale : il y avait alors des réglementations fortes et on les faisait respecter. La garantie des dépôts par l'État a peut-être donné une incitation supplémentaire aux mauvais prêts et autres prises de risque excessives (si les banques en avaient besoin !). Désormais, si la banque pariait et perdait, l'État paierait la facture ; si elle gagnait, elle garderait les profits (encore un exemple d'« aléa moral »). Lorsque l'idée d'une garantie des dépôts a été proposée pour la première fois, pendant la Grande Dépression, le président Franklin Roosevelt s'inquiétait tant de l'aléa moral qu'elle créait qu'il a hésité à la soutenir. Mais on l'a persuadé que, si la garantie s'accompagnait d'une réglementation assez rigoureuse, on pourrait contrôler le risque[1]. Les partisans de la ruée actuelle vers la déréglementation ont oublié que, dans l'histoire, les marchés financiers s'étaient souvent rendus coupables d'excès de risque, mais aussi que la garantie des dépôts avait multiplié leurs incitations à ces débordements et leurs possibilités de s'y livrer. Et la marée de la déréglementation, soulignons-le, a déferlé à une époque où les dangers de l'excès de risque s'aggravaient à cause des nouveaux produits financiers.

Si les banques ont décidé de se lancer dans le crédit à haut risque et des entreprises périlleuses semblables, c'est aussi pour d'autres raisons. Depuis l'abrogation, en 1999, du Glass-Steagall Act, qui cloisonnait les activités des banques de dépôt et des banques d'affaires, les grandes banques devenaient toujours plus grandes, trop grandes pour faire faillite, et elles le savaient bien. Elles savaient qu'en cas de problème l'État viendrait les sauver – même celles qui ne bénéficiaient pas de la garantie des dépôts, comme les banques d'affaires. Deuxièmement,

---

1. Les adversaires de la garantie des dépôts ont tort de croire que sans elle tout se passerait bien parce que les déposants ont une incitation à veiller au bon usage de leur argent par les banques. Il y a eu des faillites de banques tant dans des pays qui garantissent les dépôts que dans d'autres qui ne le font pas. D'ailleurs, comment les déposants pourraient-ils évaluer le risque d'une très grande banque comme la Citibank alors que même ses dirigeants et les autorités de contrôle en ont donné d'un jour à l'autre des estimations nettement différentes ?

les décideurs – les banquiers – avaient des incitations perverses qui les encourageaient à voir court et à risquer gros. Ils savaient que la banque serait sauvée en cas de difficulté, mais ils savaient aussi que, même si elle ne l'était pas, ils resteraient riches. Et ils avaient raison.

Il y avait un facteur aggravant : les modèles qu'utilisaient les banques pour mesurer le risque étaient terriblement défectueux – donc les prétendus experts en gestion des risques ne se rendaient pas vraiment compte de ceux qu'ils prenaient. Dans le monde complexe où nous vivons, les banques intellectuellement «sophistiquées» s'efforcent de cerner avec précision les risques qu'elles courent ; elles ne veulent pas s'en remettre à des jugements à vue de nez. Elles souhaitaient donc savoir quelles étaient les probabilités d'une situation où un ensemble de crédits hypothécaires (ou un pourcentage suffisant de leur portefeuille de prêts) tournerait assez mal pour les mettre en danger. Si quelques prêts avaient des problèmes, ce serait facile à gérer. Quant à la possibilité que *beaucoup* en aient simultanément, elle dépendait de plusieurs risques différents mais souvent liés : une hausse du chômage ou des taux d'intérêt, une chute des prix immobiliers. Si l'on connaissait les probabilités de chacun d'eux et leurs interrelations, on pouvait estimer le risque de défaut de paiement pour tel ou tel prêt ; et même faire mieux encore : évaluer le risque de défaillance de 5 % des prêts. Les modèles n'avaient plus qu'à prévoir le montant que la banque allait récupérer en cas de défaut de paiement – à quel prix se vendrait la maison –, et, sur cette base, ils étaient en mesure d'estimer les risques de problèmes graves, de pertes si importantes que la banque ne pourrait pas rembourser les déposants. (Des modèles du même ordre étaient utilisables pour estimer les pertes d'un groupe de crédits immobiliers réunis dans un titre, ou celles des titres complexes que construisaient les banques d'affaires sur la base des titres adossés aux prêts hypothécaires.) Mais les prédictions d'un modèle ne valent que ce que valent les hypothèses qu'on lui a fournies ; si l'on a mal évalué, par exemple, les probabilités d'une baisse des prix immobiliers, toutes ses conclusions seront fausses.

Les banques comptaient sur ces modèles pour évaluer les produits financiers qu'elles achetaient et vendaient, mais aussi pour gérer leur risque global. Grâce à l'«ingénierie financière», elles étaient persuadées qu'elles pouvaient réussir à mieux utiliser leur capital – et qu'elles étaient donc en mesure de prendre autant de risques que les autorités de contrôle le leur permettraient. Par une ironie de l'histoire, cet effort d'efficience dans l'utilisation du capital financier, en contribuant à la crise, a abouti à une sous-utilisation massive du capital *réel* – matériel et humain.

Ce n'était peut-être pas par accident que les modèles de gestion du risque étaient défectueux. La distorsion des systèmes de rémunération minait les incitations à en élaborer de plus sérieux. De plus, si les dirigeants se vantaient volontiers de leur sens des affaires et de leur aptitude à évaluer le risque, beaucoup n'étaient pas compétents pour vérifier si les modèles étaient bons ou mauvais : ils étaient souvent juristes, et n'avaient jamais appris les subtilités de la modélisation mathématique.

Il y avait une autre différence importante entre la banque du bon vieux temps et celle d'aujourd'hui : leur source de profit. Autrefois, le profit était essentiellement constitué par l'écart entre le taux d'intérêt que la banque recevait des emprunteurs et celui qu'elle devait payer aux déposants. Souvent, la différence entre les deux, le *spread*, n'était pas très grande : la rentabilité de la banque de dépôt normale était confortable, pas prodigieuse. Mais quand les réglementations ont été assouplies et que la culture du métier a changé, les banques se sont mises à chercher de nouvelles sources de profit. Elles les ont trouvées dans un mot : commissions.

Voilà pourquoi tant de nouveaux produits «innovants» fabriqués sur la base des prêts hypothécaires partageaient ce point commun crucial : s'ils n'aidaient pas les emprunteurs, ils étaient conçus pour éloigner de la banque le maximum de risques et lui rapporter le maximum de commissions possible – souvent par des clauses dont l'emprunteur n'était pas pleinement conscient. Et ils visaient aussi, quand c'était nécessaire, à contourner les restrictions réglementaires et comptables susceptibles de limiter le crédit et la prise de risque.

Lorsqu'on les utilisait mal, ces innovations récentes élaborées pour aider à gérer le risque pouvaient au contraire l'amplifier, et, quelles qu'en soient les raisons – l'incompétence ou les incitations perverses –, c'est ce qui est arrivé. Certains de ces nouveaux produits permettaient aussi aux banques d'esquiver les réglementations qui tentaient de les empêcher de mal se conduire : ils aidaient à dissimuler ce qui se passait en transférant les risques hors bilan. Ils étaient complexes, opaques : même si les autorités de contrôle avaient été convaincues de la nécessité de réglementer pour maintenir la stabilité de l'économie, même si elles avaient voulu faire leur travail, elles auraient eu toujours plus de mal à y parvenir.

L'innovation tourne au désastre : une pléthore de mauvais produits

L'espace me manque ici pour décrire en détail les milliers de types de prêts hypothécaires utilisés pendant l'expansion. Prenons un seul exemple : le prêt à 100 %, où les banques prêtaient 100 % de la valeur de la maison, voire davantage. Un prêt à 100 % sans recours, les économistes appellent cela une option. Si le prix de la maison augmente, le propriétaire garde la différence. Et si le prix diminue, il ne perd rien : il remet les clés au créancier et s'en va. Dans ces conditions, plus la maison est grande, plus l'emprunteur peut gagner gros. Par conséquent, les propriétaires étaient tentés de construire des maisons chères, au-dessus de leurs moyens. Quant aux banquiers et aux initiateurs des prêts, puisqu'ils ramassaient de toute façon des commissions, ils n'étaient guère incités à freiner cette prodigalité.

Le prêt à taux d'appel (*teaser rates* – des taux faibles temporaires qui explosaient au bout de quelques années) et le prêt à remboursement *in fine* (dit «ballon» – prêt hypothécaire à court terme profitant du bas niveau des taux d'intérêt en vigueur, mais qu'il fallait refinancer cinq ans plus tard) étaient particulièrement avantageux *pour les prêteurs.* Ils supposaient de multiples refinancements. Puisque à chacun d'eux l'emprunteur devait régler une nouvelle série de commissions, l'initiateur du crédit avait une nouvelle source de profit. Lorsque la période d'appel se terminait et que les taux faisaient un bond, les familles qui empruntaient tout ce qu'elles pouvaient avaient bien du mal à régler les mensualités. Mais si, au départ, elles avaient interrogé le prêteur sur ce danger potentiel, il leur avait souvent répondu de ne pas s'inquiéter : le prix de leur maison allait monter avant la fin du taux d'appel, et elles pourraient donc se refinancer facilement – et même extraire une petite somme supplémentaire pour acheter une voiture ou partir en vacances.

Certains contrats de prêt hypothécaire allaient jusqu'à laisser l'emprunteur choisir ses mensualités : il n'était même pas tenu de payer intégralement le montant des intérêts mensuels. On parle dans ce cas de prêt «à amortissement négatif» : à la fin de l'année, l'emprunteur devait davantage qu'au début. Mais, là encore, on lui avait expliqué que, si sa dette allait peut-être augmenter, la valeur de sa maison allait augmenter encore plus et qu'en fin de compte il serait plus riche. Bref, les autorités de contrôle et les investisseurs auraient dû se méfier des prêts à 100 %, ainsi que des prêts qui endettaient toujours plus l'emprunteur et de ceux qui l'obligeaient à des refinancements constants.

Le «prêt menteur» – ainsi nommé parce qu'on n'était pas tenu de prouver ses revenus pour l'obtenir – était l'un des plus curieux des nouveaux produits. Dans bien des cas, l'emprunteur était encouragé à surestimer ses revenus. Dans d'autres, les employés des sociétés de crédit s'en chargeaient eux-mêmes, et l'emprunteur ne découvrait l'«erreur» qu'à la signature[1]. Comme pour les autres innovations, tout cela procédait d'un principe simple : plus la maison est grande, plus le prêt est important, plus les commissions sont grosses. Et s'il y a plus tard un problème, peu importe.

---

1. Si l'emprunteur remarquait que le courtier en prêts hypothécaires avait mal rapporté ses revenus et s'en inquiétait, on le faisait vite taire – c'était une simple formalité.

Tous ces prêts «innovants» avaient plusieurs faiblesses. D'abord, ils postulaient qu'il serait facile de refinancer puisque les prix des maisons continueraient à monter aussi vite qu'ils venaient de le faire. C'était une quasi-impossibilité économique. La plupart des Américains subissaient une stagnation de leur revenu réel (celui où l'on tient compte de l'inflation) : en 2005, le ménage médian (celui qui a un revenu plus élevé que la moitié des ménages et plus faible que l'autre moitié) gagnait en termes réels près de 3 % de moins qu'en 1999[1]. Pendant cette période, les prix immobiliers avaient augmenté bien plus vite que l'inflation ou le revenu réel. De 1999 à 2005, les prix des maisons s'étaient accru de 42 %[2]. Par conséquent, pour la famille médiane, le ratio prix du logement à revenu était passé de 3,72 en 1999 à 5,29 en 2005, le chiffre le plus élevé depuis qu'on avait commencé à tenir ces statistiques (en 1991)[3].

De plus, le marché du crédit hypothécaire extravagant opérait sur la base d'un autre postulat : quand l'heure viendrait de refinancer tel ou tel prêt, les banques le feraient bien volontiers. Peut-être accepteraient-elles, en effet. Mais peut-être pas. Les taux d'intérêt pouvaient augmenter, le crédit se raréfier, le chômage monter – et tous ces facteurs présentaient des risques pour l'emprunteur qui cherchait à refinancer.

Si de nombreux particuliers étaient obligés de vendre leur maison au même moment – en raison d'une hausse soudaine du chômage, par exemple –, cela ferait baisser les prix immobiliers et éclater la bulle. Et c'est là que toutes les erreurs commises dans l'octroi de ces prêts interagissent : si l'établissement

---

1. U.S. Census Bureau, Current Population Survey, Historical Income Tables, Tableau H-6, en ligne à l'adresse <http://www.census.gov/hhes/www/income/histinc/inchhtoc.html>.

2. U.S. Census Bureau, Current Population Survey, Annual Social and Economic Supplements, et Robert J. Shiller, *Exubérance irrationnelle*, trad. fr. d'Antoine Dublanc, Hendaye, Valor, 2000 (2ᵉ éd. angl., *Irrational Exuberance*, Princeton, Princeton University Press, 2005).

3. The Federal Housing Finance Board Monthly Interest Rate Survey, Tableau 36, en ligne à l'adresse <http://www.fhfa.gov/Default.aspx?Page=252>.

de crédit a prêté 100 % (ou si l'amortissement négatif a porté la dette à 100 %) de l'ancienne valeur de la maison, l'emprunteur n'a plus moyen de rembourser le prêt en vendant la maison. Plus moyen, sans se mettre en défaut de paiement, de se réinstaller dans une autre, moins grande, que la famille pourrait s'offrir.

Le président de la Federal Reserve, Alan Greenspan, l'homme qui était censé protéger le pays des prises de risque excessives, les a en réalité encouragées. En 2004, dans un discours aujourd'hui tristement célèbre, il a souligné que les propriétaires « auraient pu économiser des dizaines de milliers de dollars s'ils avaient choisi des prêts à taux variable [qui s'ajuste quand les taux d'intérêt changent] plutôt que des prêts à taux fixe au cours de la décennie écoulée[1] ». Autrefois, la plupart des Américains empruntaient sur longue durée (vingt à trente ans) et à taux fixe : les mensualités restaient les mêmes pendant toute la vie du contrat. Ce qui a un grand avantage : les ménages, sachant ce qu'ils auront à payer pour leur emprunt, peuvent planifier le budget familial. Mais Greenspan leur a conseillé de changer leurs habitudes. La raison pour laquelle ils auraient moins dépensé avec un taux variable qu'avec un taux fixe était évidente. En général, les taux d'intérêt à long terme reflètent la valeur moyenne des taux d'intérêt à venir (tels qu'on les prévoit). Et les marchés, d'ordinaire, estiment que les taux d'intérêt vont rester à peu près stables – sauf dans des périodes inhabituelles. Mais, en 2003, Greenspan avait pris une initiative

---

1. Alan Greenspan, discours sur les « affaires de l'État », conférence 2004 de la Credit Union National Association, Washington, DC, 23 février 2004. Dans le style sinueux qu'on lui connaît (on l'appelle parfois la « fedlangue »), il s'est couvert contre les futures critiques : « Les calculs effectués par les analystes du marché sur les écarts de rendement dans les prêts hypothécaires en fonction de leurs options indiquent que le coût des avantages conférés par les prêts à taux fixe peut être de 0,5 % à 1,2 %, donc alourdir de plusieurs milliers de dollars les remboursements annuels des propriétaires après impôts. » Mais, a-t-il ajouté, les emprunteurs à taux variables n'auraient pas économisé ces sommes « si les taux d'intérêt avaient eu une forte tendance à la hausse ».

sans précédent : il avait réduit les taux d'intérêt à 1 %. Il est évident que les marchés ne l'avaient pas prévu. Et tout aussi évident que les emprunteurs à taux variable ont moins payé que ceux qui étaient restés à taux fixe. Mais puisque les taux d'intérêt étaient à 1 %, ils ne pouvaient désormais changer que dans un seul sens : vers le haut. Autant dire que quiconque avait un prêt à taux variable pouvait être à peu près sûr qu'à l'avenir ses remboursements d'intérêts allaient augmenter, peut-être énormément. Et ils l'ont fait, puisque le taux d'intérêt à court terme est passé de 1 % en 2003 à 5,25 % en 2006.

Ceux qui s'étaient conformés au principe du « plus gros prêt que l'on peut s'offrir » se sont soudain trouvés face à des mensualités dépassant leur budget. Quand ils ont tous tenté de vendre leur maison, les prix se sont effondrés. Pour ceux qui avaient des prêts à 100 %, cela voulait dire qu'ils ne pouvaient ni refinancer, ni rembourser ce qu'ils devaient, ni rester où ils étaient. Et, avec la chute des prix immobiliers, des emprunteurs qui avaient choisi un prêt à 90 %, parfois à 80 %, se sont retrouvés dans la même situation. Des millions de personnes ont été acculées au défaut de paiement.

Greenspan avait conseillé aux États-Unis de prendre une orientation extraordinairement risquée. Certains pays, comme la Turquie, n'autorisaient pas les prêts à taux variables. Au Royaume-Uni, de nombreux prêts à taux variables prévoyaient que la mensualité resterait fixe : l'emprunteur n'était donc pas acculé à la saisie. Les banques augmentaient la durée de remboursement. Mais il est clair que cette solution n'en est pas une quand le prêt représente déjà 100 % de la valeur du bien, ou quand l'emprunteur ne paie même pas l'intégralité des intérêts dus.

Lorsque les diverses innovations étaient combinées – quand on associait, par exemple, un prêt à amortissement négatif avec un prêt « menteur » à 100 % –, cela créait un potentiel de mauvais procédés particulièrement explosif. L'emprunteur, je l'ai dit, n'avait apparemment rien à perdre à solliciter un prêt aussi élevé que l'accepterait la banque. Puisque les initiateurs de ces crédits touchaient une commission d'autant plus forte que le prêt était important, mais en général ne risquaient rien si l'emprunteur ne remboursait pas, leurs incitations et celles du propriétaire étaient alignées de façon très curieuse : l'un comme l'autre voulaient la maison la plus grande et le prêt le plus gros possible. Ce qui signifiait mensonge tous azimuts – sur ce que la famille pouvait s'offrir et sur la valeur de la maison.

Si l'initiateur pouvait obtenir qu'un expert évalue à 350 000 dollars une maison qui en valait 300 000, il était en mesure de consentir un prêt de 325 000 dollars. Dans ce scénario, le vendeur gagnait, l'agent immobilier gagnait, la société de crédit gagnait et le nouveau propriétaire de la maison, en apparence, ne perdait pas grand-chose. Pour lui faire croire à coup sûr qu'il ne perdait rien, on pouvait même lui verser une petite somme – un vrai *apport personnel négatif*[1].

Malheureusement – du point de vue des initiateurs, du moins –, certains experts en immobilier faisaient leur métier en professionnels et refusaient de surévaluer. Il y avait une solution simple : créer sa propre société d'évaluation. Cela offrait l'avantage supplémentaire de créer de nouvelles raisons de facturer des commissions. La Wells Fargo, par exemple, avait sa propre société d'évaluation immobilière, une filiale nommée Rels Valuation[2]. Prouver que, dans tel cas précis, il y avait eu surestimation délibérée était difficile, pour ne pas dire plus, notamment quand il y a une bulle où les prix augmentent rapidement. Mais ce qui est clair, c'est qu'il y avait un *conflit d'intérêts*, des incitations à la malhonnêteté. Les autorités de contrôle auraient dû les voir et y mettre un terme[3].

---

1. Voir, par exemple, James R. Hagerty et Michael Corkery, «How Hidden Incentives Distort Home Prices», *Wall Street Journal Online*, 20 décembre 2007.

2. Voir aussi Aubrey Cohen, «Rules Set to Cut Off Mortgage Originators from Appraisers This Week», *Seattle Post Intelligencer Online*, 29 avril 2009, en ligne à l'adresse <http://www.seattlepi.com/local/405528_appraisal25. htm>. (La Wells Fargo n'était pas la seule dans ce cas.)

3. Tandis que les crédits *subprime* se multipliaient, une enquête a été menée sur cinq cents experts en évaluation dans quarante-quatre

De nombreux acheteurs passaient par des courtiers en prêts hypothécaires pour obtenir le taux d'intérêt le plus bas possible. Ces courtiers étaient censés travailler pour l'emprunteur, mais le prêteur leur versait souvent des commissions – conflit d'intérêts évident. Ils sont vite devenus un rouage crucial du mécanisme du crédit prédateur aux États-Unis. Les emprunteurs *subprime* qui se sont adressés à des courtiers ont été plus mal lotis que ceux qui sont allés voir directement un établissement de crédit. Les emprunteurs qui ont eu recours aux courtiers ont dû payer un surcroît d'intérêts de 17 000 à 43 000 dollars par tranche de 100 000 dollars empruntés[1]. En plus, bien sûr, des 1 ou 2 % de la valeur du prêt versés *par l'emprunteur* au courtier pour la « bonne

---

États ; 55 % d'entre eux ont dit qu'ils avaient subi des pressions pour surestimer des biens immobiliers et 25 % qu'on avait fait pression sur eux dans la moitié au moins des évaluations qu'ils avaient eu mandat d'effectuer (David Callahan, « Home Insecurity : How Widespread Appraisal Fraud Puts Homeowners at Risk », Borrowing to Make Ends Meet Briefing Paper #4, mars 2005, en ligne à l'adresse <http://www.cheatingculture.com/home_insecurity_v3.pdf>). Le FBI lutte contre la fraude dans les prêts hypothécaires, qui comprend la fraude dans l'évaluation, et il a signalé une augmentation de 36 % du nombre de ces infractions en 2008 : les États les plus concernés comprennent ceux où il y a le plus de défauts de paiement et de saisies (FBI, *2008 Mortgage Fraud Report, op. cit.*). Il y aura probablement une marée d'actions en justice, comme le procès en nom collectif des acheteurs de titres adossés à des actifs de Bear Stearns : ils font valoir, par exemple, des mensonges et/ou des omissions sur les évaluations des biens sous-jacents aux prêts hypothécaires (« Cohen Milstein et Coughlin Stoia Announce Pendency of Class Action Suits... », *Market Watch*, 11 septembre 2009, en ligne à l'adresse <http://www.marketwatch.com/story/cohen-milstein-and-coughlin-stoia-announce-pendency-of-class-action-suits-involving-mortgage-pass-through-certificates-of-structured-asset-mortgage-investments-ii-inc-and-bear-stearns-asset-backed-2009-09-01>).

1. Keith Ernst, Debbie Bocian et Wei Li, « Steered Wrong : Brokers, Borrowers, and Subprime Loans », Center for Responsible Lending, 8 avril 2008, en ligne à l'adresse <http://www.responsiblelending.org/mortgage-lending/research-analysis/steered-wrong-brokers-borrowers-and-subprime-loans.pdf>.

affaire» que celui-ci lui avait prétendument trouvée. Ce n'est pas tout : les courtiers recevaient la plus grosse rémunération lorsqu'ils avaient orienté l'emprunteur vers les prêts les plus risqués, les prêts à taux variable avec pénalités pour remboursement anticipé; on leur versait même des commissions quand l'emprunteur refinançait. Ils étaient aussi très bien rétribués quand ils avaient dirigé l'emprunteur vers un prêt à taux plus élevés que celui pour lequel il se qualifiait.

Le signal d'alarme ignoré

Chacun savait que le secteur financier se livrait à toutes ces manigances, et cela aurait dû éveiller la méfiance des emprunteurs, des investisseurs qui achetaient les prêts et des autorités de contrôle. Il aurait dû être clair pour eux tous que la force motrice des prêts hypothécaires, c'étaient les commissions. Les emprunteurs devaient constamment refinancer leur prêt, et à chaque financement il y avait de nouvelles commissions : grosses pénalités pour remboursement anticipé de l'ancien prêt plus frais d'émission du nouveau. Ces commissions pouvaient être inscrites au bilan des banques en tant que profits, et l'augmentation des profits entraînait la hausse des actions des sociétés de crédit qui avaient octroyé les prêts et d'autres sociétés financières. (Même si les initiateurs des prêts les avaient conservés sur leurs livres, les procédures comptables normales auraient joué en leur faveur. Pour tout esprit rationnel, beaucoup de ces «prêts innovants» risquaient fort, en fin de compte, de ne pas être remboursés, mais les sociétés de crédit n'avaient aucune obligation de provisionner de futures pertes tant que le prêt n'était pas réellement non remboursé à son arrivée à maturité.) L'innovation réagit aux incitations, et les incitations poussaient à créer des produits capables de susciter davantage de commissions tout de suite, et non à mieux gérer les risques. L'ampleur des commissions et des profits aurait dû être un signe que quelque chose ne tournait pas rond. Une autre innovation – la titrisation – facilitait la vie aux initiateurs de prêts, dont les banques : elle leur permettait de jouir de commissions éle-vées *apparemment* sans risque, ou presque.

La titrisation

Au temps où les banques étaient des banques (avant que la mode de la titrisation ne fasse fureur, à la fin des années 1990), elles conservaient sur leurs livres les prêts qu'elles avaient accordés. Si l'emprunteur ne remboursait pas, la banque subis-sait les conséquences. S'il avait des difficultés – s'il perdait son travail, par exemple –, la banque pouvait l'aider à traverser cette mauvaise passe. Elle savait quand il était intéressant de prolonger le crédit et quand il fallait saisir, ce qu'elle ne fai-sait pas à la légère. Avec la titrisation, on regroupait plusieurs crédits hypothécaires pour les vendre à des investisseurs du monde entier. Ceux-ci n'avaient peut-être jamais mis les pieds dans les villes où se trouvaient les maisons.

La titrisation avait un grand avantage : elle diversifiait et partageait les risques. Les banques locales prêtaient essentiel-lement aux habitants de leur localité ; donc, quand une usine fermait dans une petite ville, beaucoup d'emprunteurs étaient incapables de rembourser et la banque risquait la faillite. Avec la titrisation, les investisseurs pouvaient acheter des parts d'un groupe de prêts hypothécaires ; les banques d'affaires pouvaient même associer de nombreux groupes de prêts pour que l'investisseur puisse diversifier encore plus facilement. La logique était claire : on jugeait peu probable que des prêts immobiliers accordés dans des régions très différentes posent des problèmes au même moment. Mais l'opération n'était pas sans danger. Il existait de nombreuses circonstances dans les-quelles la diversification fonctionnait imparfaitement – une hausse des taux d'intérêt, nous l'avons dit, provoque des dif-ficultés dans l'ensemble du pays[1]. De plus, la titrisation intro-

---

1. Puisqu'une hausse des taux d'intérêt poserait des problèmes dans tout le pays, les risques de défaut de paiement seraient extrêmement

duisait plusieurs problèmes nouveaux. D'abord, elle créait des *asymétries d'information*. L'acheteur du titre était en général moins informé que la banque ou la société qui avait conclu le contrat de prêt, et, puisque l'initiateur ne subissait pas les conséquences de ses erreurs (sauf à long terme – en compromettant sa réputation), ses incitations à évaluer correctement la solvabilité des emprunteurs étaient considérablement atténuées.

Le processus de titrisation faisait intervenir une longue chaîne de participants. Les initiateurs accordaient les prêts, que les banques d'affaires regroupaient, puis reconditionnaient et convertissaient en nouveaux titres. Les banques conservaient certains de ces titres dans des «véhicules d'investissement spéciaux» extérieurs à leur bilan, mais la plupart étaient transférés à des investisseurs, dont des fonds de pension. Pour pouvoir acheter ces titres, les gestionnaires des fonds de pension devaient être sûrs qu'ils étaient sans risque, et les agences de notation ont joué un rôle crucial en certifiant qu'ils l'étaient. Les marchés financiers avaient créé une structure d'incitations telles que tous les participants de la chaîne apportaient leur contribution enthousiaste à la grande arnaque.

Tout le mécanisme de la titrisation reposait sur la théorie du plus fou : elle supposait qu'il existait des fous à qui l'on pouvait vendre les prêts hypothécaires toxiques et les périlleux morceaux de papier fondés sur eux. La mondialisation avait ouvert l'accès à toute une planète de fous ; de nombreux investisseurs étrangers ne comprenaient pas les spécificités du marché immobilier aux États-Unis, notamment l'idée de prêt sans recours. Mais cette ignorance ne les empêchait pas de se jeter avidement sur ces titres. Nous devrions les remercier. Si les étrangers n'avaient pas acheté tant de nos prêts hypothécaires,

---

corrélés sur l'ensemble du territoire. Pour une analyse plus complète des problèmes posés par la titrisation, voir par exemple Joseph E. Stiglitz, «Banks versus Markets as Mechanisms for Allocating and Coordinating Investment», *op. cit.*

les problèmes de notre système financier auraient sûrement été bien pires[1].

Incitations perverses, défectueux modèles – accélérés par une course à qui fera pire

Les agences de notation auraient dû voir les risques des produits dont on leur demandait de certifier la sécurité. Si elles avaient fait leur travail, elles auraient réfléchi aux incitations perverses tant des initiateurs que des banques d'affaires et de leurs banquiers, et cela les aurait rendues particulièrement circonspectes.

Certains se sont dits stupéfiés par la prestation lamentable de ces agences. J'ai surtout été surpris qu'ils soient surpris. Les agences de notation ont un long passé d'erreurs déplorables – bien antérieur aux scandales Enron et Worldcom du début des années 2000. Pendant la crise asiatique de 1997, elles ont été accusées d'avoir contribué à la bulle qui l'avait précédée. Elles avaient donné à la dette de pays comme la Thaïlande une excellente note jusqu'à la veille même de la crise. Quand elles ont retiré cette note – en rétrogradant la Thaïlande de deux catégories et en la faisant passer au-dessous de l'*investment grade* –, elles ont obligé les fonds de pension et autres sociétés fiduciaires à vendre leurs bons thaïlandais, ce qui a contribué à l'effondrement du marché et de la devise. Tant dans la crise asiatique que dans la récente crise américaine, il est clair que les agences de notation ont été à la traîne. Au lieu de donner des informations qui auraient aidé le marché

---

1. Certains ont soutenu le contraire : puisque la demande étrangère de prêts immobiliers américains a contribué à la bulle, elle a, selon eux, aggravé les choses. Ce qui me paraît clair, c'est qu'il y avait aux États-Unis une demande intérieure suffisante pour les prêts de mauvaise qualité, et suffisamment d'erreurs de jugement sur le risque pour que l'Amérique eût une bulle sans cette demande étrangère : on ne peut pas accuser les autres, comme certains sont si prompts à le faire. Sans la demande des étrangers, la prime de risque sur les produits dangereux aurait été plus élevée et les Américains en auraient donc acheté davantage.

à prendre de bonnes décisions d'investissement, elles ont remarqué que quelque chose n'allait pas à peu près en même temps que le marché lui-même – et trop tard pour empêcher l'argent des fonds de pension d'aller où il n'aurait pas dû.

Pour expliquer la piètre performance des agences de notation, il faut remonter à leurs incitations : comme partout dans la sphère financière, les leurs étaient distordues. Elles avaient leurs propres conflits d'intérêts. Elles étaient payées par les banques qui créaient les titres qu'on leur demandait de noter. Moody's et Standard Poor's, entre autres, n'ont peut-être pas compris les risques des titres, mais ils ont parfaitement compris les incitations : être agréable à ceux qui les payaient. Et la concurrence entre agences de notation ne faisait que dégrader la situation. Si l'une d'elles ne donnait pas la note souhaitée, les banques d'affaires pouvaient s'adresser à une autre. C'était une course à qui ferait pire[1].

Le problème s'était aggravé quand les agences de notation avaient trouvé un nouveau moyen d'accroître leurs revenus : offrir des services de conseil, par exemple sur la façon d'obtenir de meilleures notes, dont le AAA tant convoité. Elles recevaient des commissions pour expliquer aux sociétés d'investissement comment avoir de bonnes notes, puis elles étaient payées quand elles les leur donnaient. Les banquiers d'affaires subtils ont vite appris comment obtenir l'éventail de notes le plus élevé pour n'importe quel ensemble de titres. Au début, les groupes de prêts étaient simplement coupés en tranches. Tous les paiements effectués allaient d'abord à la tranche «la plus sûre» (la plus élevée). Quand celle-ci avait reçu l'intégralité de ce qu'on lui devait, l'argent allait à la deuxième tranche, et ainsi de suite – la tranche la plus basse n'étant remboursée que si toutes les tranches au-dessus d'elle l'avaient été entièrement. Mais, ensuite, les petits génies financiers ont

---

1. C'est pourquoi l'une des réformes préconisées par certains partisans du libre marché – augmenter le nombre d'agences de notation, donc la concurrence entre elles – aurait pu aggraver les choses, sauf si elle s'était accompagnée d'autres réformes.

découvert que la tranche la plus élevée ne perdrait pas sa note AAA si elle prévoyait de céder une part du revenu à la tranche la plus basse dans des circonstances très peu probables, par exemple s'il y avait défaut de paiement sur plus de 50 % des prêts du pool. La probabilité d'un tel événement étant jugée extrêmement faible, cette «assurance» ne modifiait pas le AAA de la tranche supérieure mais pouvait, si elle était bien structurée, faire remonter la note de la tranche inférieure. Très vite, les différentes tranches se sont trouvées reliées par un réseau compliqué de relations, si bien que, lorsque l'événement que l'on ne pensait possible qu'une fois par millénaire s'est vraiment produit, la tranche supérieure que l'on supposait AAA n'a pas reçu l'intégralité de l'argent promis. Bref, il y a eu des pertes dans toutes les tranches et pas seulement dans les plus basses.

Une autre raison explique pourquoi les agences de notation ont été si mauvaises : elles utilisaient les mêmes modèles viciés que les banquiers d'affaires. Ces modèles postulaient, par exemple, qu'il n'y aurait pratiquement jamais de baisse des prix immobiliers, et sûrement pas dans de nombreuses régions du pays en même temps. S'il y avait des saisies, prédisaient-ils, elles ne seraient pas corrélées. J'ai dit que l'idée de base de la titrisation était la diversification, mais il n'y a diversification que si les prêts composant le titre ne sont pas corrélés. La pensée financière ignorait les éléments communs qui créaient la bulle de l'immobilier dans toute l'économie : les taux d'intérêt faibles, les réglementations laxistes et la situation de quasi-plein-emploi. Un changement dans l'un ou l'autre de ces facteurs toucherait les marchés dans tout le pays – et d'ailleurs dans le monde entier. Même si les petits génies financiers ne le comprenaient pas, c'était une idée de bon sens, et parce que c'était le bon sens, un éclatement de la bulle dans une région du pays risquait fort de déclencher une réaction en chaîne. Les gens se diraient que les prix étaient montés beaucoup trop haut en Californie et en Floride, et se poseraient donc des questions sur l'Arizona ou Detroit. Ni les banques d'affaires, ni les agences de notation qui les servaient avec tant de zèle n'ont réfléchi sérieusement à ce scénario, et peut-être ne faut-il pas s'en étonner : elles n'avaient aucune incitation à le faire, alors qu'elles avaient des incitations claires et nettes à utiliser de mauvais modèles sans se poser de questions sur leurs postulats douteux.

Les modèles auxquels elles recouraient étaient défectueux à d'autres titres. Les événements qu'ils prévoyaient «une fois dans une vie» avaient lieu tous les dix ans[1]. Selon les modèles couramment utilisés, le type de krach boursier qui s'est produit le 19 octobre 1987 ne pouvait survenir qu'une fois tous les 20 milliards d'années, ce qui est plus que l'âge de l'univers[2]. Mais un autre événement absolument exceptionnel est arrivé dix ans plus tard seulement, pendant la crise financière mondiale de 1997-1998, et il a détruit Long Term Capital Management, le fonds spéculatif de 1 000 milliards de dollars fondé par Myron Scholes et Robert Merton, qui venaient de recevoir le prix Nobel pour leurs travaux sur l'évaluation des options. Il a été démontré que les modèles largement utilisés avaient aussi des vices fondamentaux – en partie les mêmes que les autres[3]. De toute évidence, les marchés financiers n'apprenaient rien et les spécialistes des modèles ne s'intéressaient pas à l'histoire. S'ils l'avaient fait, ils auraient vu que les bulles

---

1. Les modèles utilisés par les banques d'affaires et les agences de notation postulaient en général une distribution log-normale, variante de la célèbre courbe en cloche. En réalité, elles auraient dû utiliser des distributions dites «à queue épaisse» (*fat-tailed*), où les événements relativement rares se produisent plus fréquemment que dans la distribution log-normale.

2. Mark Rubinstein, «Comments on the 1987 Stock Market Crash : Eleven Years Later», in *Risks in Accumulation Products*, Schaumburg, Ill., Society of Actuaries, 2000.

3. Ces modèles utilisaient par exemple des distributions de probabilités qui sous-estimaient l'occurrence d'événements «rares». Mais ce n'étaient pas seulement leurs postulats techniques qui étaient mauvais : leur théorie économique l'était aussi. Elle oubliait l'éventualité du type de crise de liquidités que les marchés financiers ont connu tout au long de leur histoire. Ces crises sont liées à des problèmes d'information imparfaite et asymétrique – que ces modèles ignoraient.

et les crises étaient monnaie courante. Le Japon était la dernière grande économie à avoir subi un krach de l'immobilier, et il lui avait valu plus de dix ans de croissance lente. À la fin des années 1980 et au début des années 1990, la Norvège, la Suède et la Finlande avaient eu des crises bancaires déclenchées par des krachs de l'immobilier.

Dans la crise actuelle comme dans la crise asiatique, trop de gens, en particulier les régulateurs et les investisseurs, ont «externalisé» leurs responsabilités en se fiant aux agences de notation. Les autorités de contrôle sont chargées d'évaluer les risques pris par les banques ou les fonds de pension pour vérifier qu'ils ne sont pas excessifs et ne compromettent pas leur aptitude à s'acquitter de leurs obligations. Les dirigeants des fonds d'investissement ont une responsabilité fiduciaire à l'égard de ceux qui leur ont confié de l'argent. Or, de fait, les uns et les autres ont laissé les agences de notation juger pour eux.

Un monde nouveau avec des chiffres anciens

Les avocats des nouveaux produits financiers – tous ceux à qui ils rapportaient tant, des initiateurs qui produisaient les prêts toxiques aux banques d'affaires qui les découpaient en tranches pour fabriquer de nouveaux titres et aux agences de notation qui certifiaient qu'ils étaient sûrs – soutenaient qu'ils transformaient radicalement l'économie. C'était une façon de justifier l'importance de leurs propres revenus. Les produits en question étaient si complexes que les analystes devaient recourir à des modèles techniques informatisés pour les évaluer. Mais, pour estimer réellement les risques, il leur fallait connaître, par exemple, la probabilité d'une baisse des prix de plus de 10 %. Dans une nouvelle illustration de l'incohérence intellectuelle ambiante, ils ont fondé ces évaluations sur des chiffres passés – ce qui signifiait que, tout en proclamant que leurs nouveaux produits avaient transformé le marché, ils postulaient implicitement que rien n'avait changé. Mais, avec leur courte vue habituelle, ils ne sont pas remontés très loin dans le passé. S'ils l'avaient fait, ils auraient vu qu'il existe des chutes de prix immobiliers, et qu'elles peuvent toucher simultanément de nombreuses régions du pays. Ils auraient alors compris que *quelque chose* avait changé, mais pour le pire : on avait créé de nouvelles asymétries d'information, et ni les banques d'affaires ni les agences de notation ne les avaient intégrées à leurs modèles. Ils auraient compris que les prêts hypothécaires «innovants» que l'on venait d'inventer allaient avoir des taux de défaut de paiement bien supérieurs à ceux des prêts traditionnels.

Renégociation

Comme si ces problèmes posés par la titrisation ne suffisaient pas, un autre, plus important, s'est cruellement fait sentir ces deux dernières années. Les banques qui entretenaient des relations anciennes avec la collectivité locale étaient incitées à traiter convenablement les emprunteurs en difficulté ; quand il y avait des chances sérieuses qu'ils rattrapent leurs retards de paiement si on leur laissait le temps dont ils avaient besoin, la banque leur accordait ce temps. Mais les lointains porteurs des prêts hypothécaires ne s'intéressaient absolument pas à la vie locale et se souciaient fort peu de se faire une réputation de bons prêteurs. On a une bonne idée des conséquences à la lecture d'un article publié par le *New York Times*, à la une de sa section économie, à propos d'un couple de l'Arkansas[1]. Ils avaient emprunté 10 millions de dollars pour agrandir leur centre de remise en forme. Quand ils ont eu des retards de paiement, leur prêt a été revendu à un spéculateur qui l'a payé 34 *cents* le dollar seulement. Il a exigé un remboursement total dans les dix jours, faute de quoi il saisirait leur bien. Les propriétaires lui ont proposé 6 millions de dollars, plus 1 million dès qu'ils auraient vendu leur gymnase. Mais cette offre n'a pas intéressé le spéculateur : la saisie lui permettait de réaliser un profit encore meilleur. Une situation de ce genre est mauvaise

---

1. Eric Lipton, «After the Bank Failure Comes the Debt Collector», *New York Times*, 17 avril 2009, p. B1.

pour le prêteur, mauvaise pour l'emprunteur et mauvaise pour la collectivité. Seul le spéculateur gagne.

Mais la titrisation compliquait aussi la renégociation d'un prêt quand il y avait des problèmes – ce qui arrivait souvent, avec les incitations perverses qui conduisaient à de telles pratiques de crédit[1]. Puisque les prêts avaient été vendus et revendus et que le banquier local compréhensif s'était retiré du jeu, la responsabilité de gérer les contrats (de percevoir les mensualités et de distribuer l'argent aux divers porteurs de titres) a été assignée à un nouvel acteur, les *servicers*, les établissements gestionnaires. Craignant que lesdits établissements ne se montrent trop indulgents envers les emprunteurs, les investisseurs leur ont imposé des restrictions qui compliquaient la renégociation[2]. Résultat : un scandaleux gaspillage financier, et des pertes inutiles infligées aux collectivités locales.

L'esprit procédurier de l'Amérique aggrave encore la situation. Après toute renégociation, quelqu'un va porter plainte. Celui qui l'a menée sera sûrement poursuivi en justice pour ne pas avoir extorqué davantage au malheureux emprunteur. Et le monde financier américain avait exacerbé ces problèmes en créant de nouveaux conflits d'intérêts. En général, les propriétaires très endettés avaient un premier prêt hypothécaire (80 % de la valeur de la maison) et un second (par exemple 15 %). S'ils avaient eu *un seul* prêt représentant 95 % de la valeur de la maison, il aurait pu être raisonnable, en cas

---

1. Cet effet de la titrisation sur la renégociation des prêts hypothécaires est un nouvel exemple d'un phénomène que les acteurs du marché et les autorités de contrôle auraient dû déjà remarquer : s'il avait été beaucoup plus difficile de renégocier et de restructurer les dettes dans la crise asiatique de la fin des années 1990 que dans la crise latino-américaine du début des années 1980, c'était à cause de la titrisation. Dans le second cas, on avait pu réunir les principaux créanciers autour d'une table ; dans le premier, aucune salle n'aurait été assez grande pour les rassembler tous.

2. Voir la déclaration de Sheila C. Bair, présidente de la Federal Deposit Insurance Corporation, « Possible Responses to Rising Mortgage Foreclosures », Comité des services financiers de la Chambre des représentants, Washington, DC, 17 avril 2007.

de chute du prix de la maison de 20 %, de réduire le prêt en conséquence – pour donner à l'emprunteur la possibilité d'un nouveau départ. Mais, avec deux prêts séparés, une telle opération reviendrait en général à éliminer le porteur du second prêt. De son point de vue, il était préférable de refuser la restructuration. Il y avait peut-être une chance, certes mince, que le marché se rétablisse et qu'il puisse récupérer une partie au moins de ce qu'il avait prêté. L'intérêt d'une restructuration et les conditions auxquelles elle serait acceptable n'étaient pas du tout les mêmes pour les deux créanciers. À cette situation des plus confuses le système financier ajoutait une complication supplémentaire : l'établissement gestionnaire – qui était chargé de l'éventuelle restructuration – était souvent le porteur du second prêt ; la responsabilité de renégocier incombait donc fréquemment à l'une des parties intéressées. Mais, dans ces conditions, un procès était pratiquement inévitable ; puisque, dans un monde aussi enchevêtré, saisir les tribunaux était le seul moyen d'obtenir un traitement équitable, on ne s'étonnera pas des résistances auxquelles s'est heurtée la proposition de conférer une immunité judiciaire aux établissements gestionnaires. Même dans ce produit financier tout à fait élémentaire qu'est le prêt hypothécaire, les génies de la finance avaient créé un écheveau si inextricable qu'il n'était vraiment pas facile de le démêler.

Comme si tout cela n'était pas assez désastreux, l'État, dans sa réaction à la crise, a donné aux banques des incitations à *ne pas* restructurer les prêts : la restructuration les aurait obligées, par exemple, à reconnaître des pertes qu'une comptabilité douteuse leur permettait d'ignorer pour l'instant. Ne nous étonnons pas que les efforts si mous des administrations Bush et Obama pour faire restructurer les prêts hypothécaires aient eu si peu de succès[1].

---

1. Au chapitre 5, je montrerai que la façon dont l'administration Obama a conçu le renflouement des banques a vidé de leur substance les incitations à poursuivre la restructuration de ces prêts.

Rendre vie au marché du prêt hypothécaire

Puisque les problèmes du secteur financier étaient venus des crédits hypothécaires, on aurait pu croire que les personnes chargées de les résoudre commenceraient par là. Mais elles ne l'ont pas fait, et, avec la poursuite de la dévalorisation des biens immobiliers à la fin de 2008 et au début de 2009, le nombre des saisies à prévoir ne cessait d'augmenter. Une estimation qui au début paraissait élevée – un cinquième des prêts hypothécaires allaient se retrouver «sous l'eau» – était devenue prudente[1].

Les saisies touchent deux groupes d'emprunteurs : ceux qui ne peuvent pas payer et ceux qui ne veulent pas payer. La distinction n'est pas toujours facile à faire. Certains pourraient payer, mais avec de douloureux sacrifices financiers. Les économistes aiment à croire que les individus sont rationnels. Pour beaucoup d'Américains, la meilleure option quand le prêt hypothécaire est sous l'eau est le défaut de paiement. Puisque la plupart des crédits sont sans recours, l'emprunteur peut simplement donner les clés aux créanciers et l'affaire s'arrête là. Si George Jones vit dans une maison de 300 000 dollars avec un prêt de 400 000 dollars qu'il rembourse à raison de 30 000 dollars par an, il peut passer dans la maison voisine, identique à la sienne, d'une valeur de 300 000 dollars aussi, et réduire ses remboursements d'un quart. Avec la crise, on ne lui accordera pas de prêt, mais il peut louer. (De toute manière, le capital de sa maison ayant disparu, il n'aurait probablement pas pu verser l'apport personnel.) Dans la plupart des villes, les loyers ont baissé aussi, et même si George Jones avait de l'argent de côté pour l'apport personnel, louer est un choix raisonnable en attendant que les

---

1. Plus de 15,2 millions de prêts hypothécaires américains, soit près d'un tiers de l'ensemble des biens immobiliers hypothéqués, étaient «sous l'eau» à la date du 30 juin 2009. First American CoreLogic, «Negative Equity Report, Q2 2009», 13 août 2009, en ligne à l'adresse <http://www.facorelogic.com/uploadedFiles/Newsroom/RES_in_the_News/FACL%20Negative%20Equity_final_081309.pdf>.

marchés se stabilisent. Peut-être hésitera-t-il, craignant de ternir sa réputation d'emprunteur en abandonnant sa maison. Mais, puisque tout le monde est en défaut de paiement, la stigmatisation sera probablement légère – blâmons les banques qui ont mal prêté, pas l'emprunteur! De toute manière, tout le monde a un prix : quand les sacrifices pour rembourser deviennent trop lourds, le propriétaire ne paie plus.

En février 2009, le président Obama a enfin présenté un projet pour régler le problème des saisies. C'était un pas important dans la bonne direction, mais probablement insuffisant pour empêcher leur poursuite en grand nombre. Son plan aidait un peu en réduisant les mensualités, mais il ne faisait rien pour réévaluer à la baisse le principal (la dette proprement dite) des prêts hypothécaires «sous l'eau» consentis par des banques privées – et pour d'excellentes raisons[1]. Si les prêts étaient restructurés, les banques seraient tenues de reconnaître qu'elles avaient réalisé de mauvaises opérations. Il leur faudrait faire quelque chose pour compenser les pertes dans leur bilan. (Les plus gros détenteurs de crédits hypothécaires étaient Fannie Mae et Freddie Mac, que l'administration Bush avait nationalisés. Cela signifiait que toute réduction du principal – à distinguer d'un simple rééchelonnement des remboursements – aurait lieu aux dépens des contribuables[2].)

---

1. Le plan donnait autant d'argent aux établissements gestionnaires des prêts hypothécaires et aux investisseurs qu'aux emprunteurs. Pour les «modifications réussies», où l'emprunteur reste à jour de ses remboursements pendant cinq ans, il payait au prêteur 50 % du coût de la réduction des versements de 38 % à 31 % du revenu du propriétaire, ainsi que 4 000 dollars à l'établissement gestionnaire et 5 000 dollars à l'emprunteur. La banque devrait supporter tout le coût de la réduction à 38 %. (Prenons quelqu'un qui a obtenu un prêt hypothécaire de 400 000 dollars, et qui paie un tout petit peu plus de 38 % de son revenu dans des remboursements réduits aux seuls intérêts (prêt *in fine*). Au bout de cinq ans, le prêteur obtiendrait plus de 11 000 dollars – plus que l'établissement gestionnaire et l'emprunteur réunis.) Le plan ne prévoyait aucune aide aux sans-emploi. Quelques États, comme la Pennsylvanie, ont décidé de leur consentir des prêts.

2. Les mesures prises directement par la Federal Reserve ont réduit les taux d'intérêt sur les prêts hypothécaires, et facilité considérablement les

L'une des complications du dossier des prêts hypothécaires était le souci d'équité : les contribuables qui n'avaient pas emprunté sans mesure avaient le sentiment qu'on ne devait pas les faire payer pour ceux qui l'avaient fait. C'est pour cela que, de l'avis de beaucoup, les coûts de l'ajustement devaient incomber aux prêteurs : un prêt est une transaction volontaire entre un emprunteur et un prêteur ; les prêteurs sont censés être de fins connaisseurs des réalités financières et de l'évaluation du risque ; ils n'ont pas fait le travail pour lequel ils étaient bien rémunérés, et maintenant ils doivent en assumer les conséquences – bien que le prix payé par les emprunteurs, qui ont vu s'évanouir l'essentiel du capital représenté par leur maison, puisse, *en termes relatifs*, être encore plus élevé.

Ce n'est pas la voie qui a été suivie. Les banques ont exercé une influence prépondérante sur la quasi-totalité des décisions du Trésor, mais sur ce point précis les intérêts des banques et du Trésor étaient les mêmes. Passer par pertes et profits tout ou partie du principal du prêt aurait forcé les banques à reconnaître une perte. L'apparition du trou sur leur bilan les aurait obligées à augmenter leur capital. Comme les banques auraient eu bien du mal à le faire avec des fonds privés, cela aurait exigé une nouvelle injection d'argent public. Or cet argent, l'État ne l'avait pas, et après les multiples erreurs commises dans le programme de restructuration des banques, il aurait eu bien du mal à convaincre le Congrès d'approuver de nouvelles dépenses.

Donc, ayant fait de vigoureuses déclarations sur la nécessité de régler le problème des prêts hypothécaires, Obama, en réalité, l'a juste poussé du pied un peu plus loin. Les rapports de suivi du plan n'ont pas été encourageants : seuls 651 000

---

réaménagements de prêt qui ont eu lieu. Les mensualités ont également été réduites par l'allongement de la durée du contrat à quarante ans à partir de la date du réaménagement, et par la conversion des crédits en prêts *in fine* (où l'on ne rembourse mensuellement que les seuls intérêts) – le « ballon », avec son gros remboursement du principal à la fin. Le système du « ballon » a énormément contribué à la crise et signifie que les problèmes potentiels sont reportés sur l'avenir.

(20 %) des 3,2 millions de prêts éligibles aux bénéfices du plan avaient été ajustés fin octobre 2009, même à l'essai[1]. Tous les prêts à problèmes n'étaient pas éligibles et tous les prêts restructurés n'évitaient pas la saisie. Même les chiffres optimistes de l'administration Obama sur les ajustements de prêts étaient inférieurs au niveau que les experts en immobilier jugeaient nécessaire pour éviter des tensions graves sur le marché résidentiel[2].

Il y a plusieurs façons de traiter le problème des saisies. L'une consiste à renflouer les prêteurs et à passer simultanément les prêts par pertes et profits. En l'absence de contraintes budgétaires et d'inquiétudes sur un futur aléa moral, cette démarche-là satisferait tout le monde (sauf le contribuable). Les emprunteurs pourraient rester dans leur maison et les prêteurs n'auraient pas à accuser le coup sur leur bilan. Savoir que l'État retire des bilans des banques les éléments à risque contribuerait à alléger le resserrement du crédit. Le vrai problème, c'est de trouver un moyen de sauver les maisons des centaines de milliers de personnes qui vont les perdre *sans* renflouer les banques, auxquelles il faut faire payer les conséquences de leur incapacité à évaluer le risque.

Pour endiguer la marée des défauts de paiement, nous devons accroître la capacité des familles à rembourser et leur volonté de le faire. Le point clé, c'est de réduire leurs mensualités, et il y a quatre façons d'y parvenir : en allongeant la durée de remboursement de leur prêt – ce qui alourdit leur endettement futur ; en leur versant une assistance financière pour les aider à payer ; en réduisant le taux d'intérêt de leur prêt ; en réduisant la somme qu'elles doivent.

---

1. Département du Trésor, «Making Home Affordable Program : Servicer Performance Report through October 2009», novembre 2009, en ligne à l'adresse <http://www.financialstability.gov/docs/MHA%20 Public%20111009%20FINAL.PDF>.

2. Voir Département du Trésor, «Making Home Affordable Program : Servicer Performance Report through July 2009», août 2009, en ligne à l'adresse <http://www.treas.gov/press/releases/docs/MHA_public_report.pdf>.

Les banques aiment bien la première méthode : restructurer le prêt, étendre les paiements sur une plus longue période et facturer une commission supplémentaire pour la restructuration. Elles ne cèdent rien, elles perçoivent même davantage de commissions et d'intérêts. Mais, pour le pays, cette option est la pire de toutes. Elle ne fait que retarder l'heure de vérité. Les banques l'ont très souvent testée avec les pays en développement qui devaient plus que ce qu'ils pouvaient rembourser. Le résultat, c'était une nouvelle crise de la dette quelques années plus tard. Certes, pour les banques, et notamment pour leurs dirigeants actuels, remettre à plus tard suffit. Elles luttent pour leur survie, et même un bref répit est très précieux.

Un « Chapitre 11 » pour les propriétaires

Pour le pays, la meilleure option est de réduire le principal. Cette baisse modifie les incitations au défaut et, grâce à elle, moins de prêts sont sous l'eau. Elle amène les banques à reconnaître la réalité : l'argent a été prêté sur la base de prix gonflés par une bulle. Elle met fin à la fiction selon laquelle les banques seront intégralement remboursées de ce qu'elles ont prêté. Du point de vue de la société, tout cela est très sensé.

Les banques font actuellement un pari. Si elles ne restructurent pas les prêts immobiliers, il y a une petite chance pour que les marchés de l'immobilier se rétablissent – toute petite. Dans ce cas, leur position sera bonne – ou du moins meilleure qu'aujourd'hui. Et même si elles tiennent bon encore un tout petit peu, la hausse de leurs profits due à une moindre concurrence (de nombreuses banques sont mortes prématurément) va peut-être compenser leurs pertes. Mais les coûts pour la société sont importants. Une baisse des prix est infiniment plus probable qu'une remontée, et elle va multiplier les saisies. Saisies qui coûtent cher à tout le monde – aux banques en frais de justice et autres, aux familles et à la collectivité locale. Dans la pratique courante, la maison est dépouillée de tout ce qui peut s'emporter : ceux qui la perdent sont évidemment en colère, notamment quand ils ont le sentiment d'avoir été victimes de prédateurs. Les maisons vides se dégradent rapidement et impulsent une dynamique de déclin dans la localité. Elles sont parfois occupées par des squatteurs, ou servent de cadre à des activités illicites. De toute manière, les maisons du quartier se dévalorisent, donc d'autres prêts passent sous l'eau et il y a encore des saisies. En général, la maison est finalement mise aux enchères, où l'on ne récupère qu'un petit pourcentage de son prix de marché, même diminué.

On comprend que les banques aient mobilisé toute leur puissance politique pour résister à la dépréciation du principal sous quelque forme que ce soit – plan de l'État, initiative volontaire, et surtout procédure judiciaire de faillite. Curieusement, la conception de certains renflouements a intensifié la réticence des banques à restructurer leurs prêts toxiques. L'État est devenu l'assureur implicite (ou, dans le cas de la Citibank, explicite) des lourdes pertes. Donc les contribuables assument les pertes et les banquiers gardent les gains. Si les banques ne restructurent pas les prêts hypothécaires et que, par miracle, le marché immobilier se rétablisse, les profits sont pour elles. Mais si le marché ne se rétablit pas et qu'en conséquence les pertes deviennent encore plus lourdes, elles sont pour les contribuables. Au fond, l'administration Obama a donné aux banques davantage de raisons de parier sur la résurrection.

Des changements comptables introduits en mars 2009 ont encore aggravé les choses[1]. Ils autorisaient les banques à conserver les créances «compromises» (*impaired*) – où les emprunteurs sont «en impayé» (*delinquent*) – au lieu de les passer par pertes et profits, même quand le marché estimait fort probable qu'elles ne seraient pas honorées; cette mesure

---

1. Financial Accounting Standards Board, «Determining Fair Value When the Volume and Level of Activity for the Asset or Liability Have Significantly Decreased and Identifying Transactions That Are Not Orderly», FSP FAS 157-4, 9 avril 2009, en ligne à l'adresse <http://www.fasb.org/cs/BlobServer?blobcol=urldata&blobtable=MungoBlobs&blobkey=id&blobwhere=1175818748755&blobheader=application%2Fpdf>.

reposait sur une fiction : on allait conserver ces prêts jusqu'à leur maturité car, à ce moment-là, les emprunteurs s'étant remis de cette période troublée, les banques seraient complètement remboursées[1].

Puisque les banques rechignent à réduire le principal des prêts, on aurait pu les y amener par le biais d'un «Chapitre 11 des propriétaires» – une restructuration accélérée des dettes des propriétaires pauvres, inspirée de l'allègement que l'on autorise pour les entreprises lorsqu'elles ne peuvent régler les leurs. L'idée de base du Chapitre 11, c'est qu'il est crucial pour les salariés et pour d'autres parties prenantes que l'entreprise continue à fonctionner. Sa direction peut proposer un plan de réorganisation, qui est examiné par les tribunaux. S'il est jugé acceptable, il y a effacement rapide de tout ou partie de la dette – on permet à la firme un nouveau départ. L'idée de base du «Chapitre 11 des propriétaires», c'est qu'il est tout aussi important de permettre un nouveau départ à une famille américaine qu'à une entreprise. La forcer à quitter sa maison n'est dans l'intérêt de personne.

En avril 2005, les États-Unis ont modifié leur législation sur la faillite personnelle pour qu'il soit plus difficile aux propriétaires de se décharger de leurs dettes, et même plus difficile de se débarrasser d'une dette immobilière que d'une autre, contractée par exemple pour l'achat d'un yacht. Comme tant d'autres sous l'administration Bush, la nouvelle loi portait un titre qui disait ce qu'elle n'était pas : elle s'appelait le Bankruptcy Abuse Prevention and Consumer Protection Act – Loi de prévention des faillites abusives et de protection du consommateur>.

---

1. Les banques affirmaient que, si beaucoup de leurs crédits hypothécaires étaient «compromis», ce n'était que pour un temps, et elles justifiaient ainsi leur refus de passer par pertes et profits tout ou partie de leur valeur. Mais d'un point de vue statistique c'était une absurdité : tout prêt compromis, même si ses difficultés étaient jugées temporaires, avait des probabilités de non-remboursement nettement plus élevées qu'un prêt non compromis, et une comptabilité saine aurait dû refléter cet écart – tout particulièrement dans cette grave récession, et *a fortiori* pour les prêts hypothécaires sous l'eau.

Elle permettait de saisir jusqu'au quart des salaires, et, quand on sait à quel point les salaires sont bas pour tant d'Américains – notamment les plus pauvres, principales victimes des prédations des banques –, cela veut dire que cette loi pouvait en faire basculer beaucoup dans l'indigence[1].

L'administration Obama voulait abroger cette loi féroce, mais les banques s'y sont bien sûr opposées, et avec succès[2]. Elles ont soutenu qu'assouplir les lois sur la faillite personnelle entraînerait une multiplication des défauts de paiement et une hausse des taux d'intérêt, en oubliant que les défauts étaient montés en flèche après l'adoption de la nouvelle loi – et que la plupart ne sont pas volontaires[3] : ils sont dus à une tragédie familiale (maladie ou perte d'emploi)[4]. Pour s'opposer à la réforme, les banques avançaient aussi un autre argument : ce serait un gain d'aubaine pour ceux qui avaient acheté une maison à seule fin de spéculer sur l'augmentation de son prix. Critique assez curieuse, puisque tout le monde sur le marché spéculait sur une hausse des prix immobiliers. L'État a bien voulu, néanmoins, renflouer les banques.

---

1. Quand il y a saisie sur salaire (pour le remboursement d'une dette), l'employeur remet l'argent directement au créancier.

2. Un lobbyiste travaillant pour plusieurs associations professionnelles du secteur bancaire a déclaré au *New York Times* que les républicains conduiraient «les donateurs et les lobbyistes de la profession à les regarder d'un autre œil» s'ils se montraient capables d'influer sur l'action des pouvoirs publics (Éditorial, «Holding Up the Housing Recovery», *New York Times*, 24 avril 2009, p. A26).

3. Le taux de passage en charge (le pourcentage annualisé de prêts et leasings retirés des livres de comptes des banques et imputés sur les provisions pour pertes, nets des recouvrements) des prêts immobiliers résidentiels a bondi de 0,08 avant avril 2005, date du vote du Bankruptcy Abuse Prevention and Consumer Protection Act, à 2,34 au second trimestre 2009 (voir Federal Reserve, «Charge-Off Rates: All Banks, SA», communiqué statistique de la Federal Reserve, en ligne à l'adresse <http://www.federalreserve.gov/releases/chargeoff/chgallsa.htm>).

4. David U. Himmelstein, Elizabeth Warren, Deborah Thorne et Steffie Woolhandler, «Illness and Injury as Contributors to Bankruptcy», *Health Affairs*, vol. 24, janvier-juin 2005, p. 63.

Il existe un moyen simple de contourner ce problème, et il renforcerait encore l'analogie entre le Chapitre 11 des propriétaires et celui des entreprises, qui prévoit que les propriétaires du capital (les actionnaires) perdent la valeur de leurs actions et que les créanciers deviennent les nouveaux propriétaires du capital. Dans le cas d'une maison, le propriétaire a le « capital » et le créancier est la banque. Transposé dans le Chapitre 11 des propriétaires, l'échange dette contre capital fonctionnerait ainsi : la valeur de la dette de l'emprunteur serait réduite, mais, en échange, si plus tard la maison était vendue, un important pourcentage de la plus-value réalisée irait au prêteur. Ceux qui ont acheté une maison essentiellement pour spéculer sur la plus-value jugeront cette transaction sans intérêt. (Les économistes appellent ce type de clause « mécanisme d'autosélection ».)

Avec le Chapitre 11 des propriétaires, les gens ne seraient pas obligés de passer par la procédure lourde et confuse de la faillite personnelle, où ils doivent dénoncer *toutes* leurs dettes. La maison serait traitée comme si elle constituait une entreprise séparée. L'allègement serait accessible aux ménages qui auraient des revenus inférieurs à un certain plafond (par exemple 150 000 dollars) et dont la fortune, hors résidence principale et hors épargne retraite, se situerait au-dessous d'une certaine limite (qui dépendrait peut-être de l'âge[1]). La maison serait évaluée, et la dette de l'intéressé ramenée, disons, à 90 % de cette évaluation (ce qui reflète une réalité : si le prêteur procédait à la saisie, il aurait des coûts de transaction importants)[2].

---

1. On pourrait y ajouter d'autres critères d'éligibilité à l'aide, par exemple des restrictions en fonction du rapport mensualités sur revenu.

2. Il existe d'autres façons de soulager les ménages. Toutes les stratégies doivent répartir les pertes entre les banques, les propriétaires et l'État. Si l'État avait réduit le montant des prêts hypothécaires, fait voter un « impôt » qui aurait prélevé une part importante de la plus-value créée par cette réduction et utilisé les recettes de cet impôt pour aider à assainir les banques, tout en leur fournissant de l'argent dans l'intervalle, le résultat aurait été à peu près le même. Les principes de base sont : (I) il

Des prêts à taux faibles

Avec le prêt à 100 %, le taux variable, le taux d'appel, le ballon, l'amortissement négatif et le prêt menteur – toutes les ruses que j'ai exposées dans ce chapitre –, beaucoup d'Américains ont fini par payer chaque mois à la banque 40 ou 50 % de leur revenu, voire plus[1]. Si nous ajoutons les intérêts des cartes de crédit, le pourcentage monte encore. De nombreuses familles font de gros efforts pour effectuer ces paiements, sacrifiant tout le reste. Mais, bien souvent, un autre drame – petit, comme une voiture qui tombe en panne, ou grand, comme une maladie – leur fait perdre pied.

L'État (*via* la Federal Reserve) a prêté de l'argent aux banques à des taux d'intérêt très faibles. Puisque l'État peut emprunter à un faible taux d'intérêt, pourquoi ne pas utiliser cette aptitude pour fournir un crédit moins coûteux aux propriétaires en difficulté ? Supposons que l'un d'eux ait emprunté 300 000 dollars à 6 %. Il devra payer des intérêts de 18 000 dollars par an (0,06 × 300 000 dollars), soit 1 500 dollars par mois, même s'il n'y a aucun remboursement du principal. Aujourd'hui, l'État peut emprunter à un taux d'intérêt pratiquement nul. S'il prête à ce propriétaire à 2 %, les intérêts que celui-ci doit payer baissent des deux tiers : 6 000 dollars. Pour quelqu'un qui a du mal à joindre les deux bouts avec 30 000 dollars par an, le double du seuil de pauvreté, cela fait passer les sommes à régler pour sa maison de 60 % de son revenu *avant impôts* à 20 %. Si 60 %, ce n'est pas gérable, 20 %, ça l'est, et, mis à part les frais d'envoi des avis, l'État fait dans cette affaire un joli

---

est important de laisser les propriétaires dans leur maison, du moment qu'ils peuvent se le permettre avec une réduction de la valeur du prêt et un peu d'aide financière ; les saisies sont coûteuses pour les familles comme pour les localités, et elles aggravent les pressions à la baisse des prix ; (II) pour l'essentiel, les coûts des prêts en souffrance doivent être à la charge des banques et des autres prêteurs.

1. Département du Trésor, « Homeowner Affordability and Stability Plan Fact Street », communiqué de presse, 18 février 2009, en ligne à l'adresse <http://www.treas.gov/press/releases/20092181117388144.htm>.

profit de 6000 dollars par an. À 6000 dollars, le propriétaire remboursera ; à 18000 dollars, il ne le fera pas.

De plus, puisque la maison n'est pas saisie, les prix immobiliers restent plus fermes et le quartier se porte mieux. C'est bénéfique pour tout le monde – sauf pour les banques. L'État a un avantage sur elles, tant pour lever les fonds (puisque ses risques de défaut de paiement sont pratiquement nuls) que pour percevoir les intérêts. Ces facteurs figuraient parmi les raisons qui ont plaidé en faveur des programmes publics de prêt aux étudiants et de prêt hypothécaire ; mais les conservateurs ont exigé que l'État ne s'engage pas dans ce type d'activité financière – sauf pour donner de l'argent aux banquiers. L'État n'est pas doué, selon eux, pour évaluer le risque de crédit. Aujourd'hui, ce raisonnement ne devrait pas peser bien lourd : les banques se sont montrées si lamentables tant dans leurs évaluations de la solvabilité que dans leurs formules de prêt hypothécaire qu'elles ont mis toute l'économie en péril. Pour les pratiques prédatrices, oui, elles ont été excellentes, mais ce n'est pas une base de recommandation.

Les banques ont résisté à cette initiative aussi, et pour une raison évidente : elles ne veulent pas que l'État leur fasse concurrence. Mais cela fait apparaître un autre avantage important de cette solution. Si les banques ne peuvent plus faire de l'argent « facile » en exploitant les pauvres, peut-être vont-elles revenir au métier difficile, celui qu'elles étaient censées exercer depuis le début : prêter pour aider à créer de nouvelles entreprises et à développer les anciennes.

Des initiatives pour élargir l'accession à la propriété

Les partisans de l'imprudent crédit *subprime* soutenaient que ces innovations financières allaient permettre à un très grand nombre d'Américains de devenir pour la première fois propriétaires de leur maison. Et ils le sont bel et bien devenus – mais très brièvement et à un coût très lourd. Le pourcentage de propriétaires dans la population américaine sera plus faible à la fin de cet épisode qu'au début[1]. L'objectif d'étendre la propriété me paraît louable, mais il est clair que la voie du marché n'a pas fonctionné – sauf pour les courtiers, les initiateurs et les banquiers d'affaires qui en ont profité.

Dans l'immédiat, il y a de bonnes raisons d'accorder aux Américains à faible et moyen revenu une aide *temporaire* pour faire face à leurs frais de logement. À plus long terme, il faut se demander si l'allocation actuelle de fonds publics pour le logement, qui est distordue en faveur des propriétaires à haut revenu, est celle qui convient. Les États-Unis autorisent la déductibilité fiscale des intérêts des emprunts immobiliers et des impôts fonciers, et, par ces mesures, l'État paie un important pourcentage du coût des achats de maisons. À New York, par exemple, environ la moitié des intérêts des emprunts immobiliers et des taxes foncières des contribuables à haut revenu est payée par l'État. Mais, ironie du système, cela n'aide pas ceux qui en ont le plus besoin.

Il y aurait un remède simple : transformer l'actuelle déduction fiscale des intérêts immobiliers et des taxes foncières en crédit d'impôts à taux uniforme et encaissable. (Un crédit d'impôts progressif, avec un taux plus élevé pour les pauvres que pour les riches, serait meilleur encore.) Un crédit d'impôts uniforme aide tout le monde de la même façon. Supposons que l'État en accorde un de 25 % pour les intérêts des prêts hypothécaires. Cela signifie que la famille évoquée plus haut, qui paye 6 000 dollars d'intérêts par an, verrait ses impôts baisser de 1 500 dollars. Actuellement, cette famille aurait probablement une déduction fiscale d'environ 900 dollars. En revanche, une famille à haut revenu aurait reçu pour l'achat

---

1. Comme on l'a vu à la note 1 de ce chapitre, le pourcentage de propriétaires au troisième trimestre 2009 était à peu près celui de 2000, mais, puisqu'un emprunteur sur quatre était «sous l'eau» au milieu de l'année 2009, beaucoup allaient probablement perdre leur maison dans les mois et les années qui suivraient (voir, par exemple, Ruth Simon et James R. Hagerty, «One in Four Borrowers Is Underwater», *Wall Street Journal*, 24 novembre 2009, p. A1).

de sa résidence de prestige à 1 million de dollars une déduction d'impôts de 30 000 dollars – cadeau de l'État égal à l'ensemble du revenu annuel de la famille pauvre. Avec un crédit d'impôts, l'État ferait encore au propriétaire de cette luxueuse demeure un cadeau important (15 000 dollars), mais au moins réduit de moitié. La réduction de cette aide aux citoyens riches pourrait contribuer à financer l'aide aux citoyens pauvres. Un crédit d'impôts de 25 % rendrait l'achat immobilier plus abordable pour beaucoup d'Américains.

Cette réforme se heurterait évidemment à l'opposition des familles à haut revenu et des entreprises du bâtiment qui font leurs profits en construisant les résidences à un million de dollars. Et, jusqu'à présent, ces milieux l'ont emporté. Mais le système actuel n'est ni juste ni efficace. Il signifie qu'aujourd'hui le prix effectif du logement est plus élevé pour les pauvres que pour les riches.

De nouveaux types de prêts hypothécaires

Malgré toutes ses prétentions à innover, le secteur financier ne l'a pas fait dans un sens qui aurait transféré le risque des Américains pauvres vers ceux qui sont plus capables de le supporter. Par exemple, avec les prêts à taux variable, les emprunteurs qui ont du mal à joindre les deux bouts ne savent pas, d'un mois à l'autre, ce qu'ils vont devoir payer. Or même des prêts à taux variables peuvent avoir des mensualités fixes si on laisse varier la maturité du prêt (le nombre d'années de remboursement).

Les marchés danois du prêt hypothécaire apportent une autre solution, qui fonctionne bien dans ce pays depuis plus de deux siècles. Les taux de défaut de paiement sont bas. Les produits standardisés assurent une concurrence forte – ainsi que des taux d'intérêt et des coûts de transaction faibles. L'une des raisons de la faiblesse du taux de défaut au Danemark est la rigueur des réglementations : les emprunteurs ne peuvent pas emprunter plus de 80 % de la valeur de la maison ; et l'initiateur du prêt doit supporter les premières pertes. Le système américain crée le risque de capital négatif et encourage le pari spéculatif. Le système danois est conçu pour empêcher le capital négatif et décourager la spéculation[1]. Il y a beaucoup de transparence, donc ceux qui achètent des titres de prêt hypothécaire peuvent avoir une évaluation précise de la qualité du jugement de solvabilité porté par chaque initiateur.

Le gouvernement des États-Unis a dû à maintes reprises prendre l'initiative de créer de nouveaux produits financiers répondant aux besoins des citoyens ordinaires. Quand ils ont fait leurs preuves, le secteur privé est souvent entré dans le jeu. La crise actuelle constitue peut-être une de ces situations où l'État doit prendre les devants, puisque le secteur privé n'a pas réussi à faire ce qu'il aurait dû.

Après les erreurs massives du secteur privé dans sa politique de crédit, un très grand nombre de prêts hypothécaires vont passer sous l'eau et l'État ne peut pas faire grand-chose pour empêcher cela. Mais tous les biens fonciers dont les prêts sont sous l'eau ne seront pas saisis. S'il y a pour ce type de biens des incitations au défaut de paiement, les gens se soucient de leur réputation. C'est pourquoi le type de mesures que j'ai présenté dans cette section peut aider. Si les gens peuvent rester dans leur maison et payer leurs mensualités, ils essaieront de le faire.

D'autres solutions ont été avancées pour contrer les incitations au défaut de paiement. Martin Feldstein, l'ancien président du Comité des conseillers économiques de Ronald

---

1. Dans le système danois, chaque fois qu'un prêt est accordé par l'initiateur, une obligation hypothécaire est créée, et le propriétaire peut rembourser le prêt (avec une réduction correspondante de l'obligation hypothécaire). Dans le système américain, lorsque les taux d'intérêt augmentent, avec le risque concomitant d'une baisse des prix immobiliers, il y a, nous l'avons vu, un gros risque de voir le capital devenir négatif. Dans le système danois, quand les prix immobiliers baissent, la valeur de l'obligation hypothécaire diminue simultanément, donc le propriétaire peut plus facilement rembourser ce qu'il doit. Cela empêche le capital négatif. De fait, l'obligation hypothécaire danoise encourage le refinancement quand les taux d'intérêt augmentent ; les Américains le font uniquement quand les taux d'intérêt diminuent.

Reagan, a proposé qu'un particulier puisse échanger 20 % de son crédit hypothécaire actuel contre un prêt de l'État à un taux d'intérêt inférieur[1]. Mais ce prêt de l'État *ne sera pas* «sans recours». L'emprunteur restera tenu de rembourser sa dette envers l'État. Et puisqu'il ne dénoncera pas (ne pourra pas dénoncer) son contrat avec l'État, il ne pourra pas dénoncer non plus son contrat sans recours avec la banque. Dans ces conditions, les probabilités de défaut de paiement seraient moins fortes. La position des prêteurs serait confortée : cette proposition revient en fait à leur faire un énorme cadeau, en partie aux dépens des propriétaires que l'on aurait conduits à troquer leur prêt sans recours contre un prêt avec recours. Un prêt sans recours, je l'ai dit, c'est comme une option : un pari à sens unique, qui paie quand le prix de la maison augmente mais qui n'oblige pas à supporter le risque en cas de baisse. Convertir ce prêt sans recours en prêt avec recours, c'est renoncer à cette option. Il est très probable que les emprunteurs peu au fait des subtilités financières ne comprendraient pas la valeur de l'option qu'ils détenaient et ne verraient que la baisse des mensualités. En un sens, l'État se ferait le complice de la duplicité des banquiers, sauf s'il informait les propriétaires de la valeur de leur option.

Mais, avec une légère modification, cette proposition réduirait la probabilité des saisies sans offrir pour autant un nouveau cadeau immérité aux prêteurs. L'État pourrait inciter ces derniers à racheter l'option à sa juste valeur de marché (ce qui réduirait l'incertitude à laquelle les marchés et eux sont confrontés) et encourager les ménages à utiliser le produit de cette vente – ou l'essentiel de ce produit – pour racheter une partie de ce qu'il leur reste à payer[2]. Prenons une maison de 300 000 dollars dont le crédit hypothécaire est également de 300 000 dollars et risque fort de passer sous l'eau. La banque

---

1. Martin Feldstein, «How to Stop the Mortgage Crisis», *Wall Street Journal*, 7 mars 2008, p. A15.
2. Les prêteurs participant à ce plan de rachat devraient bien sûr renoncer à toutes pénalités pour remboursement anticipé.

va convertir 60 000 dollars en prêt hypothécaire avec recours. Supposons que la valeur de l'«option» soit de 10 000 dollars. Le propriétaire utiliserait cette somme pour rembourser une petite part de son crédit, ce qui rendrait la maison plus abordable – ses versements d'intérêts diminueraient de 50 dollars par mois. L'affaire serait encore plus agréable (pour la banque comme pour l'emprunteur) si l'État, constatant que la baisse du taux de défaut est bénéfique pour tout le monde, prenait en charge le prêt avec recours de 60 000 dollars en demandant un intérêt de 2 %. Associons cette initiative à un crédit d'impôts de 25 %, et la charge annuelle des propriétaires passe de 18 000 à 11 250 dollars. Pour tous, c'est une situation gagnant-gagnant. Mensualité plus faible veut dire taux de défaut plus bas. L'une des raisons pour lesquelles on presse les banques de nettoyer leur bilan est que cela réduit l'incertitude, donc va leur permettre d'accorder davantage de nouveaux prêts. Le plan que j'expose ici aurait exactement le même effet, non en transférant les pertes des banques au contribuable mais en aidant les propriétaires. C'est de l'économie du «ruissellement vers le haut» – en aidant les citoyens ordinaires, on aide les banques –, au lieu de l'économie du «ruissellement vers le bas» que l'État s'est efforcé de mettre en œuvre dans l'espoir que, s'il aidait suffisamment les banques, les propriétaires et le reste de l'économie pourraient avoir quelque répit.

Si l'État adoptait les propositions simples de ce chapitre, je crois que le problème des saisies n'existerait plus. Malheureusement, l'administration Obama a maintenu le cap de l'administration Bush : elle a consacré l'essentiel de ses efforts à sauver les banques. Pendant qu'elle déversait de l'argent dans leurs coffres, la situation des marchés du crédit hypothécaire s'est aggravée – ce qui signifie qu'à coup sûr les banques auront encore des problèmes dans les mois et les années qui viennent. Mais, comme nous le verrons au chapitre suivant, la façon dont elle a conçu les renflouements a entravé la restructuration des prêts, manqué la relance du crédit – qui était son objectif officiel – et laissé au pays une dette nationale bien plus lourde que si d'autres routes avaient été suivies.

CHAPITRE 5

Le grand hold-up américain

Les économistes disent souvent que le système bancaire est le cœur de l'économie ; comme une pompe, il propulse les fonds là où ils sont le plus utiles. Lorsqu'il a été tout près de s'effondrer à l'automne 2008, le crédit s'est tari et l'État est venu renflouer les banques. C'était le moment ou jamais d'entamer une réflexion sur la création d'un système financier vraiment efficace, qui dirigerait sans gaspillage le capital vers les endroits où on en a besoin et où il sera le plus productif, qui aiderait les ménages comme les entreprises à gérer le risque, et qui servirait de base à un mécanisme de paiement rapide et peu coûteux. Mais les deux administrations qui se sont succédé ont pris une série de mesures pour secourir le système existant, sans se demander lequel serait bon pour le pays quand celui-ci sortirait enfin de la crise. Leurs mesures n'ont pas résolu les problèmes structurels du système bancaire. Certaines les ont aggravés. On n'a donc guère de garanties que le nouveau système qui est en train de naître des cendres de l'ancien servira mieux le pays que ce dernier.

Quand l'État américain est allé sauver les banques, il aurait dû également réfléchir à leur responsabilité. Les banquiers qui avaient mis le pays dans cette situation désastreuse auraient dû payer leurs erreurs. Or ils s'en sortaient avec des milliards de dollars – et plus encore, finalement, grâce aux largesses de Washington. En tant que système, le capitalisme peut admettre de fortes inégalités, et il y a un argument qui explique leur existence : elles servent à motiver les gens.

Lorsqu'on rémunère chacun à proportion de sa contribution à la société, on a une économie plus efficace. Mais ceux qui ont été si largement rétribués pendant la bulle immobilière n'ont pas rendu la société plus efficace. Ils ont peut-être accru un moment les profits des banques, mais ceux-ci n'étaient qu'un mirage. En fin de compte, ils ont imposé des coûts gigantesques aux populations du monde entier. Le capitalisme ne peut pas fonctionner si les rémunérations privées n'ont plus de lien avec les bénéfices sociaux. Or c'est bien ce qui s'est passé dans le capitalisme financier à l'américaine de la fin du xxᵉ siècle et du début du xxiᵉ.

Dans ce chapitre, je vais examiner ce qu'ont fait les deux administrations face à la crise financière, ce qu'elles auraient dû faire et quelles seront les conséquences probables. Les conséquences, on ne les connaît pas encore pleinement. Mais il est pratiquement certain que les échecs des administrations Bush et Obama compteront parmi les erreurs les plus coûteuses de tous les gouvernements démocratiques modernes[1]. L'ampleur des garanties et des renflouements est de l'ordre de 12 000 milliards de dollars, soit 80 % du PIB des États-Unis[2]. Les garanties n'auront pas toutes à jouer, donc le coût total pour le contribuable sera moindre. Mais, outre ces sommes annoncées publiquement, il y a eu des cadeaux cachés – des centaines de milliards de dollars. La Federal Reserve, par exemple, a accepté des nantissements de mauvaise qualité et acheté des prêts hypothécaires : il est à peu près sûr que ces transactions financières coûteront extrêmement cher au contribuable ; disons, au strict minimum, qu'elles l'exposent à un très gros risque. Les renflouements ont pris d'autres formes : par exemple, l'État a prêté de l'argent aux banques à des taux d'intérêt proches de zéro, et

---

1. La seule erreur d'envergure comparable par ses conséquences économiques a peut-être été la décision de l'Amérique d'entrer en guerre en Irak ; voir J.E. Stiglitz et Linda J. Bilmes, *Une guerre à 3 000 milliards de dollars*, trad. fr. de Paul Chemla, Paris, Fayard, 2008.

2. Mark Pittman et Bob Ivry, «Fed's Strategy Reduces U.S. Bailout to $11.6 Trillion», Bloomberg News, 25 septembre 2009.

elles peuvent utiliser ces fonds soit pour faire des paris, soit pour le prêter à d'autres sociétés à des taux bien plus élevés. Beaucoup d'entreprises (ou de particuliers) remercieraient vivement l'État s'il leur prêtait de l'argent à taux zéro – et elles pourraient faire des profits au moins aussi fastueux que ceux que les banques «efficaces» sont en train d'engranger. C'est un énorme cadeau, mais c'est un cadeau que l'on dissimule au contribuable[1].

Quand la crise financière a éclaté, l'administration Bush a décidé de renflouer les banquiers et leurs actionnaires, pas seulement les banques. Elle a fourni l'argent en toute opacité – peut-être parce qu'elle ne voulait pas que la population fût pleinement consciente de tous ces cadeaux, peut-être parce que les hauts responsables chargés de l'opération étaient souvent d'anciens banquiers, et que le secret était leur façon habituelle de procéder[2]. Elle a choisi de n'exercer aucun

---

1. Quand on prête à taux zéro, toutes sortes de merveilles peuvent se réaliser. Une banque centrale peut, par exemple, organiser la recapitalisation des banques. Elle prête des fonds à la banque A, qui les reprête au fonds Alpha, qui investit cet argent dans des actions de la banque A, et hop, voici une banque bien capitalisée et nous pouvons célébrer les miracles du marché. Cette ruse-là est un peu trop transparente. Mais la banque A peut prêter au fonds Alpha qui investit dans la banque B, pendant que la banque B prête au fonds Bêta qui investit dans la banque A. Le résultat est à peu près le même, moins les conflits d'intérêts évidents. En fait, la recapitalisation des banques (par les fonds de pension, par exemple) peut être simplement fondée sur une exubérance rationnelle ou irrationnelle, sur la conviction que leurs actions sont sous-évaluées. Néanmoins, si elles ne servent pas à des prêts, les liquidités fournies vont se manifester quelque part dans le système. Elles peuvent notamment alimenter une nouvelle série de bulles.

2. La politique a aussi joué un rôle. Avec la façon dont ont été effectués les renflouements – et le comportement des banques elles-mêmes –, il était probablement impossible, je l'ai dit, de redemander au Congrès de nouveaux crédits. Robert Johnson et Tom Ferguson soutiennent que des subventions cachées transmises par toute une série d'institutions publiques ont joué un rôle crucial dans les efforts de l'administration Bush pour dissimuler le problème (et les aides) au cours des mois précédant l'élection présidentielle, dans l'espoir de retarder l'éclatement

contrôle sur ceux qui recevraient ces infusions massives de fonds publics : c'eût été interférer avec le libre jeu des mécanismes du marché, a-t-elle dit – comme si le renflouement de 1 000 milliards de dollars était compatible avec ces principes. Les conséquences de ces décisions étaient prévisibles, et elles se sont manifestées au cours des mois suivants. Les cadres supérieurs des banques ont agi comme ils sont censés le faire en système capitaliste – dans leur propre intérêt : autant dire qu'ils ont pris le plus d'argent possible pour eux-mêmes et pour leurs actionnaires. Les administrations Bush et Obama avaient commis une erreur simple – et inexcusable au vu de ce qui s'était passé pendant des années avant la crise : elles avaient cru que l'intérêt des banques coïnciderait nécessairement avec l'intérêt national. L'indignation publique face à cet usage scandaleux de l'argent du contribuable a rendu de plus en plus difficile d'obtenir de nouveaux crédits officiels pour aider les banques – ce qui a conduit à traiter les problèmes par des méthodes toujours moins transparentes et moins efficaces.

L'administration Obama n'a pas apporté d'approche réellement neuve, ce qui n'a rien d'étonnant. Ce choix s'inscrivait peut-être dans sa stratégie globale : inspirer confiance au marché par le calme et la continuité. Mais cette stratégie avait un coût. Dès le départ, l'administration n'a pas posé les bonnes questions sur le type de système financier qui répondrait aux souhaits et aux besoins du pays, parce que c'étaient des questions gênantes, politiquement et économiquement. Les banquiers ne voulaient pas admettre que le système avait

---

de la crise jusqu'après l'élection. La tentative a presque réussi (voir Robert Johnson et Tom Ferguson, « Too Big to Bail : The "Paulson Put", Presidential Politics, and the Global Financial Meltdown, Part I : From Shadow Banking System to Shadow Bailout », *International Journal of Political Economy*, vol. 38, n° 1, 2009, p. 3-34, et Robert Johnson et Tom Ferguson, « Too Big to Bail : The "Paulson Put", Presidential Politics, and the Global Financial Meltdown, Part II : Fatal Reversal – Single Payer and Back », *International Journal of Political Economy*, vol. 38, n° 2, 2009, p. 5-45).

des vices *fondamentaux*; ils ne voulaient même pas reconnaître, ou alors seulement du bout des lèvres, qu'il avait eu la moindre défaillance. Les partisans de la déréglementation et les responsables politiques qui les avaient soutenus ne voulaient pas non plus admettre l'échec des doctrines économiques dont ils s'étaient faits les champions. Ils voulaient ramener le monde à ce qu'il était avant 2007, avant la crise, avec de petits ajustements ici ou là – puisqu'ils ne pouvaient guère prétendre que tout était parfait. Mais il fallait bien davantage. Le système financier ne pouvait pas, ne devait pas revenir à ses anciennes méthodes. Il fallait, il faut des réformes réelles – pas seulement cosmétiques. Par exemple, le système financier avait démesurément grossi. Il fallait le dégraisser, mais en réduisant certaines de ses composantes plus que d'autres.

Il se peut que l'administration Obama finisse par trouver la bonne réponse; elle l'aura peut-être même trouvée quand ce livre sortira. Mais le cours hésitant qu'elle a suivi jusqu'à présent va coûter cher. La dette qu'il laisse en héritage va compromettre l'action économique et sociale de l'État dans les années qui viennent. Quelques mois après les renflouements, d'ailleurs, l'importance du déficit a servi de prétexte pour revoir à la baisse la réforme du système de santé. Les banquiers antidéficit sont partis en vacances à la fin de l'été 2008 : quand les banques ont dit qu'il leur fallait des centaines de milliards de dollars, toute inquiétude sur l'ampleur du déficit a été mise sous le boisseau. Cependant, comme, avec d'autres, je l'avais prédit, ils sont rentrés de vacances aussitôt qu'il est apparu qu'il n'y avait plus d'argent à recevoir; et ils ont recommencé à entonner leurs couplets habituels contre les dépenses publiques, même très rentables. (Curieusement, quand les renflouements ont démarré, les banquiers ont dit que l'État allait faire de gros profits sur ses «investissements», argument qu'ils récusaient avant la crise quand on l'avançait pour justifier des investissements sociaux, technologiques ou dans les infrastructures. Mais aujourd'hui, il est clair que les contribuables ont fort peu de chances de récupérer les sommes versées aux banques, et aucune d'être correctement indemnisés pour le risque qu'ils ont assumé, comme l'auraient exigé les banquiers si c'était eux qui avaient donné de l'argent.)

Ce qui ne va pas dans le système financier américain

Le succès d'un système financier se mesure en dernière analyse par le bien-être qu'il apporte aux simples citoyens, parce que l'allocation des capitaux est meilleure ou le risque mieux géré. Or, malgré l'immense fierté que sa propre inventivité inspire à notre secteur financier surdimensionné, on ne voit pas que la plupart de ses innovations aient beaucoup contribué, dans les faits, au succès de l'économie américaine ou à l'amélioration du niveau de vie de la grande majorité des Américains. Au chapitre précédent, j'ai évoqué une tâche simple : fournir des fonds à des particuliers pour les aider à acheter leur maison. Le secteur financier aurait dû appliquer son ingéniosité à concevoir des produits permettant à ces personnes de gérer les risques de leur acquisition, par exemple celui que crée la variabilité des taux. Les autochtones de la sphère financière étaient censés bien comprendre le risque : c'est l'une des raisons pour lesquelles ils étaient si amplement rémunérés. Ils se vantaient d'être de fins connaisseurs des marchés, d'avoir le sens du risque et de l'efficacité, et leurs régulateurs aussi. En réalité, remarquons-le, ils n'avaient rien compris, ni les uns ni les autres. Leur tâche était de transférer le risque des moins capables de le supporter (les propriétaires pauvres) à d'autres, et leurs «innovations» ont fait l'inverse : elles ont accru les risques de ces propriétaires.

Ce livre relèvera souvent des exemples d'«incohérence intellectuelle» – impossible de lui donner un autre nom. Si les marchés étaient efficaces, un propriétaire, *en moyenne*, ne gagnerait rien à passer d'un taux fixe à un taux variable; la seule différence serait que le risque de la variabilité aurait été supporté par l'une ou l'autre des parties. Et pourtant, nous l'avons vu, le président de la Federal Reserve, Alan Greenspan, a encouragé les emprunteurs à choisir le taux variable. Il croyait que les marchés étaient efficaces (c'était l'une des raisons pour lesquelles, selon lui, la réglementation n'était pas nécessaire) et, simultanément, il croyait aussi qu'un emprunteur pouvait, en moyenne, faire des économies en optant pour le taux variable. Il est compréhensible que des propriétaires pauvres qui ne savaient rien du risque aient suivi son mauvais conseil; il l'est beaucoup moins que les prétendus experts de la finance en aient fait autant.

Si l'on en juge par les résultats – non par les mesures artificielles des profits et des commissions, mais par celles, plus pertinentes, qui évaluent les contributions des sociétés financières à l'économie et au bien-être des ménages –, le secteur financier a échoué. (D'ailleurs, même du point de vue de la rentabilité *à long terme* – compte tenu des énormes pertes qui se sont accumulées quand la bulle immobilière a éclaté –, il a échoué.) Ce n'est pas un coup de génie qui a fait découvrir les prêts menteurs, le crédit à 100% ou le *spread* des produits à taux variables. C'étaient de mauvaises idées, et elles sont interdites dans de nombreux pays. Elles résultaient de l'*incompréhension* des fondamentaux des marchés (dont les risques d'information imparfaite et asymétrique et la nature du risque de marché lui-même). Elles résultaient de l'*oubli* ou de l'*ignorance* des leçons de la théorie économique et de l'expérience historique.

Plus généralement, si faire clairement le lien entre ces nouveaux produits et les échecs économiques est d'une extrême facilité, on a du mal à repérer le moindre rapport évident entre les «innovations financières» et une hausse de la productivité, par exemple. Une petite composante du système financier, les sociétés de capital-risque – dont beaucoup se trouvaient sur la côte Ouest et non à New York –, ont joué un rôle crucial dans la croissance économique du pays en apportant des capitaux (et une aide managériale) à nombre de jeunes sociétés entrepreneuriales. D'autres éléments du système financier – les *community banks*, sociétés coopératives de crédit et banques locales qui fournissent aux consommateurs et aux PME les financements dont ils ont besoin – ont aussi fait du bon travail.

Quant aux grandes banques, qui s'enorgueillissaient d'être passées de l'entrepôt (lisez : du prêt) au transport (lisez : au reconditionnement de titres complexes et à leur vente à des clients sans méfiance), elles jouaient un rôle marginal dans les vraies créations d'emplois. Ce qui les intéressait, c'étaient les méga-transactions de plusieurs milliards de dollars : elles fusionnaient des entreprises et, quand cela n'avait pas marché, elles les scindaient. Elles n'étaient pas très présentes dans la création d'emplois et d'entreprises, mais elles excellaient à détruire des emplois (pour les autres), dans le cadre de ces plans de «réduction des coûts» qui étaient leur spécialité incontestée.

Les insuffisances du système financier ne se limitent pas à ses échecs dans la gestion du risque et dans l'allocation des capitaux, échecs qui ont conduit à la crise. Les banques ne rendaient pas les services nécessaires aux pauvres, qui devaient subir les extorsions des prêts sur salaire et des sociétés d'encaissement des chèques; et elles ne fournissaient pas non plus le mécanisme peu coûteux de paiement électronique que les États-Unis devraient avoir compte tenu des progrès technologiques.

Ce comportement lamentable du système financier a de nombreuses raisons, que nous devons comprendre pour pouvoir redresser la situation. Les chapitres précédents ont fait apparaître cinq défauts.

1. Les incitations comptent, mais il y a ici discordance systémique entre les profits sociaux et les profits privés. S'ils ne sont pas étroitement alignés, l'économie de marché ne peut pas fonctionner correctement. Cela contribue à expliquer pourquoi tant des «innovations» dont le système financier se faisait une gloire allaient dans le mauvais sens.

2. Certaines institutions sont devenues trop grandes pour faire faillite – et très coûteuses à sauver. Certaines se sont aussi révélées trop grandes pour être gérées. C'est ce que dit Edward Liddy, qui a pris en charge la gestion d'AIG après son

renflouement par l'État : «Quand j'ai répondu à l'appel à l'aide et que je suis arrivé chez AIG en septembre 2008, quelque chose m'est vite apparu : la structure générale de l'entreprise est trop complexe, lourde et opaque pour que les métiers qui la composent soient bien gérés en tant qu'entité unique[1].»

3. Les grandes banques sont passées de la «banque à la vanille», toute simple, à la titrisation. La titrisation a quelques vertus, mais elle doit être soigneusement gérée – et cela, ni les professionnels de la finance ni les champions de la déréglementation ne l'ont compris[2].

4. Les banques de dépôt ont voulu imiter la logique «gros risques, gros rendements» de la haute finance, mais leur métier doit rester morne et routinier. Ceux qui veulent parier ont les terrains de courses, Las Vegas ou Atlantic City. Là-bas, chacun sait qu'il ne récupérera peut-être pas l'argent qu'il a apporté. Lorsqu'on dépose son argent à la banque, on ne veut pas risquer qu'il ne soit plus là quand on en aura besoin. Il semble que trop de banquiers de dépôt souffraient du complexe du fonds spéculatif. Mais les fonds spéculatifs ne sont pas garantis par l'État ; les banques de dépôt, oui. Ce sont des activités différentes, et trop de banquiers l'ont oublié.

5. Trop de banquiers ont oublié aussi qu'ils doivent être des citoyens responsables. Ils n'ont pas à dépouiller les plus pauvres et les plus vulnérables. Les Américains leur faisaient confiance, persuadés que ces piliers de la vie locale avaient une conscience. La soif de s'enrichir qui a saisi le pays a fait sauter tous les interdits – dont l'exploitation des plus faibles dans notre société.

---

1. Edward M. Liddy, «Our Mission at AIG : Repairs, and Repayment», *Washington Post*, 18 mars 2009, p. A13.

2. Il y a une vingtaine d'années, je l'ai dit, au début de l'ère de la titrisation, j'avais affirmé qu'il y avait de fortes probabilités pour que l'aventure tourne au désastre, car les investisseurs sous-estimaient les problèmes d'asymétrie de l'information, les risques de baisse des prix et l'ampleur de la corrélation entre ces risques.

Le sauvetage qui n'a pas eu lieu

Comme nous l'avons vu aux chapitres précédents, la faillite est une caractéristique cruciale du capitalisme. Les entreprises sont parfois incapables de rembourser ce qu'elles doivent à leurs créanciers. La restructuration financière est devenue une réalité de la vie dans de nombreuses branches. Les États-Unis ont la chance d'avoir un moyen particulièrement efficace d'accorder aux entreprises un nouveau départ : le Chapitre 11 du Code des faillites, qu'ont utilisé à de multiples reprises les compagnies aériennes, par exemple. Les avions continuent à voler ; les emplois et les actifs sont préservés. En général, les actionnaires perdent tout et les créanciers deviennent les nouveaux actionnaires. Sous une nouvelle direction et allégée du fardeau de la dette, la compagnie aérienne peut poursuivre ses activités. L'État joue un rôle limité dans ces restructurations : les tribunaux de commerce font en sorte que tous les créanciers soient traités équitablement et que les dirigeants ne détournent pas les actifs de l'entreprise à leur profit.

Le cas des banques est différent sur un point : l'État est partie prenante, parce qu'il garantit les dépôts. Nous avons vu au chapitre précédent pourquoi il le fait : afin de maintenir la stabilité du système financier, ce qui est important pour préserver la stabilité de l'économie. Mais si une banque a des problèmes, la procédure fondamentale doit être la même : les actionnaires perdent tout, les porteurs d'obligations deviennent les nouveaux actionnaires. Souvent, la valeur des obligations est suffisante pour que l'on puisse s'en tenir là. Ainsi, la Citibank, la plus grande banque américaine, dont les actifs se montent à 2 000 milliards de dollars, avait au moment de son renflouement environ 350 milliards de dollars d'obligations à long terme[1]. Puisqu'il n'y a aucun paiement obligatoire pour

---

1. Les banques ont des structures juridiques complexes qui accentuent la difficulté de la restructuration, et certaines appartiennent à des holdings. Actuellement, l'État a autorité pour placer une banque sous sauvegarde, mais, vis-à-vis de la holding, ses moyens d'action sont limi-

les actions, la banque n'aurait plus eu à verser des milliards de dollars d'intérêt sur ces obligations s'il y avait eu conversion de la dette en capital. Et du fait même qu'elle n'a plus à payer tous ces milliards de dollars, la banque est en bien meilleure forme. Dans un cas de ce genre, le rôle de l'État se limite à surveiller l'opération, comme dans la faillite d'une entreprise ordinaire.

Mais parfois la banque a été si mal gérée qu'elle doit à ses déposants un montant supérieur à ses actifs (situation fréquente dans la débâcle des caisses d'épargne de la fin des années 1980 et dans la crise actuelle). L'État doit alors intervenir pour tenir ses engagements à l'égard des déposants. Il devient *de facto* le propriétaire (peut-être partiel) de la banque, bien qu'en général il s'efforce de la vendre le plus vite possible ou de trouver un repreneur. Puisque le passif de la banque en faillite est supérieur à son actif, il est d'usage que l'État paie l'établissement acquéreur pour qu'il accepte de l'acheter : il comble le trou dans la caisse. Cela s'appelle le *conservatorship*, la mise sous tutelle[1]. La plupart du temps, le transfert de propriété a lieu sans heurts : les déposants et les autres clients ne savent même pas qu'il s'est passé quelque chose, sauf s'ils l'ont lu dans la presse. Dans quelques cas où l'on ne peut trouver rapidement un prétendant convenable, l'État gère la banque pendant un temps. (Les adversaires du *conservatorship* ont essayé de ternir ce mécanisme traditionnel en l'appelant «nationalisation». Obama a suggéré qu'il ne faisait pas partie des habitudes américaines[2]. Mais il avait tort : le *conser-*

---

tés. Il a invoqué ces limites à son autorité de «résolution» pour justifier sa mauvaise gestion de certaines institutions à problème (Lehman Brothers, Bear Stearns). L'une des réformes nécessaires consiste à renforcer les pouvoirs de l'État dans ce domaine : il y a sur ce point un large consensus.

1. Parfois, les actifs financiers de l'ancienne banque sont inférieurs à ce qu'elle doit à ses déposants, mais la nouvelle banque est prête à payer pour obtenir une base de clientèle. La banque achetée peut avoir une valeur du fait même qu'elle constitue une organisation qui fonctionne – même si elle n'a pas été terriblement efficace dans ses évaluations de solvabilité.

2. Interviewé dans *Nightline*, une émission d'actualité de la chaîne de télévision ABC, Obama a déclaré que la nationalisation des banques

vatorship, y compris l'éventualité d'une propriété temporaire de l'État quand tout le reste a échoué, représente la démarche traditionnelle[1]; ce sont les cadeaux colossaux de l'État aux banques qui constituent une nouveauté sans précédent. Puisque même les banques prises en charge par l'État finissent toujours par être vendues, certains ont proposé d'appeler plutôt le *conservatorship* «pré-privatisation».)

Une longue expérience nous l'a enseigné : quand des banques sont menacées par la faillite, leurs dirigeants se livrent à des agissements qui risquent d'aggraver considérablement les pertes des contribuables. Ces banques peuvent par exemple parier très gros : si elles gagnent, elles gardent les recettes; et si elles perdent, qu'est-ce que ça change? Elles seraient mortes de toute façon. C'est pourquoi il existe des lois qui stipulent que, lorsque le capital d'une banque est faible, il faut la fermer ou la mettre sous tutelle. Les autorités de contrôle n'attendent pas que tous les fonds se soient évaporés. Elles veulent être sûres que, lorsqu'un distributeur de billets répond «crédit insuffisant» à un déposant qui a introduit sa carte, c'est parce qu'il n'y a pas assez d'argent sur son compte, pas parce qu'il n'y en a pas assez à la banque. Quand les régulateurs voient qu'une banque a trop peu de fonds, ils la mettent en demeure de lever des capitaux, et si elle ne peut pas le faire, ils prennent d'autres mesures, comme celles que je viens d'évoquer[2].

---

n'était pas une bonne solution pour les États-Unis, même si elle avait bien fonctionné en Suède : «Nous avons des traditions différentes dans ce pays», a-t-il expliqué (interview du président Obama par Terry Moran, *Nightline*, ABC News, transcription, 10 février 2009).

1. Des banques passent par là presque chaque semaine sans causer le moindre remous. À la fin du mois de novembre, 124 banques avaient déposé le bilan pour la seule année 2009 (Federal Deposit Insurance Corporation, «Failed Bank List», 20 novembre 2009, en ligne à l'adresse <http://www.fdic.gov/bank/individual/failed/banklist.html>). Même de grandes banques peuvent faire faillite. En 1984, Continental Illinois, qui était alors la sixième banque des États-Unis, a été placée sous sauvegarde («nationalisée») de façon ordonnée. Quelques années plus tard, elle a été reprivatisée.

2. La façon d'évaluer l'actif et le passif de l'entreprise est un problème crucial. Les principes sont clairs, mais la pratique est complexe, parce

Quand a grandi la crise de 2008, l'État aurait dû jouer selon les règles du capitalisme : imposer une restructuration financière. *Restructurer – accorder un nouveau départ –, ce n'est pas la fin du monde*[1]. Cela peut même être le début d'un monde nouveau, avec des incitations mieux alignées et une reprise du crédit. Si l'État avait imposé aux banques une restructuration financière du type de celle que l'on vient de décrire, il n'aurait guère eu besoin de dépenser des fonds publics, ni même d'effectuer ensuite d'autres interventions. Cette conversion *accroît* la valeur totale de l'entreprise puisqu'elle réduit les risques de faillite : non seulement on économise les coûts de transaction élevés d'une faillite, mais on préserve la valeur de la firme puisqu'elle continue à fonctionner. Par conséquent, lorsque les actionnaires sont éliminés et que les créanciers, les porteurs d'obligations, deviennent les nouveaux «propriétaires», lesdits créanciers ont de meilleures perspectives à long terme que dans la période où la banque était dans les limbes, où ils ne savaient pas avec certitude si elle allait survivre ni quelles seraient l'envergure et les conditions d'un éventuel secours de l'État[2].

Les porteurs d'obligations qui participeraient à une restructuration recevraient un autre cadeau, du moins si l'on admet la logique des banques. Les banquiers ont affirmé que le marché sous-estimait la véritable valeur des prêts hypothécaires (et d'autres actifs) figurant sur leurs livres. C'est peut-être vrai – ou peut-être pas. Si ce n'est pas vrai, il est totalement déraisonnable de faire supporter au contribuable le coût des

---

qu'il cst particulièrement difficile d'évaluer les actifs en temps de crise.

1. Puisque l'État a versé tant d'argent, il doit jouer un rôle actif dans la gestion de la restructuration. Même dans les faillites de compagnies aériennes, les tribunaux nomment généralement quelqu'un pour superviser le processus et veiller au respect des intérêts des créanciers. La plupart du temps, tout se passe en douceur.

2. Il y a quelques complications fiscales, et, quand les porteurs de titres deviennent les nouveaux actionnaires, ils s'exposent évidemment à plus de risques. Mais, s'ils ne souhaitent pas prendre ces risques, ils peuvent échanger leurs actions contre un actif plus sûr.

erreurs des banques. Mais si les actifs valent vraiment autant que l'ont dit les banquiers, les porteurs d'obligations feraient une excellente affaire.

L'administration Obama a soutenu que les grandes banques ne sont pas seulement trop grandes pour faire faillite mais aussi trop grandes pour être restructurées financièrement (donc pour qu'il y ait une solution – comme je l'écrirai désormais, elles sont « trop grandes pour être résolues »), trop grandes pour jouer selon les règles ordinaires du capitalisme. Quand une banque est trop grande pour être restructurée financièrement, cela veut dire que, si elle est au bord de la faillite, il n'y a qu'un seul bailleur de fonds : le contribuable. Et en vertu de cette doctrine inédite et non prouvée, des centaines de milliards ont été versés au système financier. S'il est vrai que les plus grandes banques d'Amérique sont trop grandes pour être « résolues », il y a de lourdes conséquences pour l'avenir de notre système bancaire – des conséquences qu'à ce jour le gouvernement américain ne veut pas admettre. Si, par exemple, les porteurs d'obligations jouissent d'une garantie de fait parce que les institutions sont trop grandes pour être restructurées financièrement, l'économie de marché ne peut plus exercer aucune discipline réelle sur les banques. Celles-ci ont accès aux capitaux à meilleur prix qu'elles ne devraient, parce que ceux qui les fournissent savent que les contribuables épongent les pertes. Dès l'instant où l'État donne sa garantie explicite ou implicite, les banques ne supportent pas tous les risques liés à chacune de leurs décisions : les risques qui pèsent sur les marchés (les actionnaires, les porteurs d'obligations) sont inférieurs à ceux qui pèsent sur l'ensemble de la société, donc les ressources n'iront pas au bon endroit. Puisque les banques trop-grandes-pour-être-restructurées ont accès aux fonds à des taux d'intérêt inférieurs à ce qu'ils devraient être, il y a distorsion de l'ensemble du marché des capitaux. Ces banques vont se développer aux dépens de leurs rivales plus petites qui ne sont pas garanties. Elles vont pouvoir facilement dominer le système financier, non par leurs prouesses et leur ingéniosité supérieures mais parce qu'elles ont le soutien tacite de l'État. Il faut le voir clairement : ces banques trop-grandes-pour-être-restructurées ne peuvent pas opérer comme des banques normales.

En réalité, je crois que tout ce débat sur les banques trop-grandes-pour-être-restructurées n'était qu'une ruse. Un stratagème qui a marché, et dont le ressort était la peur. De même que Bush a utilisé le 11 septembre et la peur du terrorisme pour justifier tant de ses agissements, le Trésor, sous Bush comme sous Obama, a utilisé le 15 septembre – le jour où Lehman Brothers s'est écroulé – et la peur d'un nouvel effondrement financier pour soutirer le plus d'argent possible à destination des banques et des banquiers qui avaient conduit le monde au bord de la ruine.

Le raisonnement était simple : ah, si la Federal Reserve et le Trésor avaient sauvé Lehman Brothers, toute la crise aurait été évitée ! Et la conclusion – acceptée, semble-t-il, par l'administration Obama – l'était tout autant : dans le doute, renflouons, et massivement ; lésiner, ce serait risquer d'énormes pertes pour faire des économies de bouts de chandelles.

Mais ce n'était pas la bonne leçon à tirer de l'épisode Lehman[1]. Cette idée – «si l'on avait sauvé Lehman Brothers,

---

1. Les partisans du nouveau concept, «trop-grand-pour-être-résolu», soutenaient qu'en laissant sombrer une autre grosse institution on risquait de créer une perturbation du même ordre. Mais le problème était la façon chaotique dont on avait géré le cas Lehman Brothers. Pour se justifier, les responsables ont d'abord avancé cette première excuse : le marché avait eu tout le temps de prendre les mesures appropriées ; depuis le printemps au moins, beaucoup s'attendaient à l'effondrement de Lehman Brothers. Toujours la vieille foi dans les marchés – alors que l'on voyait bien que le marché ne fonctionnait pas comme l'État l'espérait. Puis l'excuse a changé : ils n'avaient pas le pouvoir juridique de faire quoi que ce soit – justification démentie par les mesures fortes prises deux jours plus tard pour nationaliser de fait et renflouer AIG, la plus grosse compagnie d'assurances des États-Unis. C'était sûrement un abus de pouvoir : la Federal Reserve avait autorité sur les banques de dépôt, pas sur les compagnies d'assurances. Mais voici l'argument le plus fort que l'on puisse leur opposer : c'étaient *la Federal Reserve et le Trésor* qui avaient eu tout le temps de se demander de quel pouvoir juridique ils avaient besoin. Et s'ils

tout se serait bien passé» – est une pure absurdité. L'affaire Lehman a été une conséquence, pas une cause : la conséquence des pratiques de crédit perverses et du contrôle insuffisant des régulateurs. Que Lehman Brothers fût renfloué ou non, l'économie mondiale allait droit aux difficultés. Avant la crise, je l'ai dit, elle était soutenue par la bulle et le surendettement. Ce

---

n'avaient pas le pouvoir de protéger la stabilité financière de l'économie américaine et du monde, il leur incombait de le demander au Congrès. Notons avec intérêt que, si le Trésor a tiré la mauvaise leçon de l'expérience Lehman Brothers, il n'a manifestement prêté aucune attention à une expérience antérieure à laquelle il avait lui-même participé, en compagnie du FMI : la destruction de l'économie indonésienne. Après avoir fermé seize banques, le Trésor et le FMI avaient annoncé que d'autres suivraient et que les dépôts ne bénéficieraient que d'une garantie limitée, dans le meilleur des cas. Ce fut bien évidemment la panique, et les capitaux s'enfuirent des banques privées. La prédiction de futurs problèmes dans d'autres banques était de nature à s'autoconfirmer.

Les ressemblances entre la fermeture des banques indonésiennes et celle de Lehman Brothers sont frappantes. Dans les deux cas, il n'y avait aucune transparence – nul ne pouvait dire qui serait sauvé (Bear Stearns l'a été, alors qu'il était plus petit que Lehman Brothers) et qui on allait laisser couler. Dans les deux cas, ces erreurs financières ont eu d'énormes conséquences économiques.

Les perturbations financières qui ont suivi la chute de Lehman Brothers ont été en partie dues à une plus forte incertitude sur l'étendue de la garantie de l'État. Le problème de fond – la situation très grave de nombreuses banques – restait dans l'ombre parce que tout le monde pensait que l'État renflouerait. (Certains, comme John Cochrane et Luigi Zingales, ont soutenu que c'était le TARP qui avait «effrayé» le marché – au vu de l'ampleur du sauvetage de l'État, on s'était dit sur les marchés que les problèmes devaient être très graves. À l'appui de ce point de vue, ils citent les dates auxquelles les écarts de taux d'intérêt se sont élargis [voir John H. Cochrane et Luigi Zingales, «Lehman and the Financial Crisis», *Wall Street Journal*, 15 septembre 2009, p. A21]. Mais le TARP et l'élargissement des écarts résultaient tous deux du problème de fond : la dégradation des bilans des banques et les incertitudes qui l'entouraient. Et il suffit d'examiner un plus large éventail d'indicateurs du crédit pour constater à quel point le marché s'est pétrifié dès qu'il s'est avéré que l'État ne renflouait pas automatiquement. Voir Thomas Ferguson et Robert Johnson, «The God That Failed : Free Market Fundamentalism and the Lehman Bankruptcy», *Economists' Voice*, à paraître.)

jeu est terminé – et il a pris fin bien avant l'écroulement de Lehman. Il est pratiquement certain que sa chute a accéléré tout le processus de désendettement; elle a mis au jour les problèmes qui suppuraient depuis longtemps, on a vu que les banques ne connaissaient pas leur valeur nette, donc savaient qu'elles ne pouvaient pas connaître non plus celle des autres sociétés financières à qui elles pouvaient prêter[1]. Une procédure plus ordonnée aurait été moins coûteuse à court terme, mais il est toujours problématique de refaire l'histoire. Certains pensent qu'il vaut mieux avaler la pilule une bonne fois et en avoir fini, qu'une lente désescalade durerait des années et reviendrait encore plus cher. Mais il est possible aussi que la lente recapitalisation des banques serait arrivée à son terme avant que les pertes ne deviennent flagrantes. De ce point de vue, dissimuler les pertes par une comptabilité malhonnête (comme on l'a fait dans cette crise, et dans la débâcle des caisses d'épargne des années 1980) n'était pas un traitement purement symptomatique : faire baisser la fièvre pouvait vraiment favoriser la guérison. Il y a aussi une troisième opinion : la chute de Lehman Brothers a sauvé l'ensemble du système financier. Sans elle, il aurait été difficile de mobiliser le soutien politique nécessaire pour renflouer les banques. (Cela a déjà été assez difficile après l'écroulement de Lehman.)

Même si l'on admet que laisser Lehman Brothers faire faillite était une faute, de nombreuses options étaient possibles entre la politique du «chèque en blanc pour sauver les banques»

---

1. Bien que le public ne se soit peut-être pas rendu compte de ces problèmes (en partie à cause des mesures que prenait le secrétaire au Trésor Hank Paulson pour les dissimuler, mesures qui sont évoquées plus loin), une crise était en cours dans le secteur financier depuis le début de 2007. Les premiers frémissements publics sont apparus en août 2007, à la suite de l'effondrement de deux grands fonds. Quand les investisseurs ont pris conscience des problèmes que posaient les titres adossés aux prêts hypothécaires, ces marchés ont commencé à avoir des difficultés. À partir de là, le retour de boomerang vers les banques n'était plus qu'une question de temps. L'économie est entrée en récession à la fin de 2007, neuf mois avant l'effondrement de Lehman Brothers.

qu'ont pratiquée les administrations Bush et Obama après le 15 septembre et la méthode de Hank Paulson, Ben Bernanke et Tim Geithner dans l'affaire Lehman Brothers : fermer la banque et prier pour que tout se passe bien.

L'État était tenu de sauver les déposants, mais rien ne lui imposait de fournir de l'argent public pour sauver aussi les actionnaires et les porteurs d'obligations. Avec la procédure normale, on l'a vu, l'institution était sauvée, les actionnaires éliminés, et les porteurs d'obligations devenaient les nouveaux actionnaires. Lehman n'avait aucun déposant, la garantie ne jouait pas : c'était une banque d'affaires. Mais il avait quelque chose de presque équivalent : il empruntait à court terme sur le «marché» au moyen de billets de trésorerie détenus par des *money-market funds**, qui fonctionnent en gros comme des banques. (On peut même faire des chèques sur ces comptes-là.) C'est pourquoi la composante du système financier où opèrent les *money-market* et les banques d'affaires est souvent baptisée *shadow banking system*, système bancaire fantôme, ou parallèle. L'une des raisons de sa naissance était la volonté de contourner les réglementations imposées – pour garantir sa sécurité et sa stabilité – au vrai système bancaire. L'effondrement de Lehman a provoqué une panique bancaire contre le système fantôme semblable aux paniques bancaires qui déferlaient sur le système réel avant l'instauration de la garantie des dépôts; pour faire cesser la panique, l'État a étendu sa garantie au système bancaire fantôme.

Les adversaires de la restructuration financière des banques en difficulté (de leur mise sous tutelle) ont dit : si l'on ne protège pas *intégralement* les porteurs d'obligations à long terme,

---

* Les *money-market funds*, équivalent américain des SICAV monétaires, investissent uniquement sur les marchés monétaires et dans des créances à court terme jugées peu risquées – bons du Trésor et billets de trésorerie (*commercial papers*) notamment. Ils sont très liquides et ont un rendement faible, proche des taux d'intérêt à court terme en vigueur. L'investisseur qui y a recours fait donc un placement peu rémunéré mais sans grand risque, en principe, pour son capital, qu'il cherche ainsi à protéger [*NdT*].

les autres créanciers d'une banque – ceux qui fournissent des fonds à court terme sans garantie de l'État – prendront la fuite quand une restructuration paraîtra imminente. Mais cette conclusion défie la logique économique. Si ces créanciers sont rationnels, ils comprendront qu'ils ont tout à gagner à la mise sous tutelle et à la conversion de la dette en actions, dans la mesure où elles vont assurer à la banque plus de stabilité. Puisqu'ils étaient disposés à laisser leur argent dans cette banque avant, ils devraient l'être encore davantage maintenant. Et si l'État n'a aucune confiance dans la rationalité de ces financiers prétendument subtils, il peut leur fournir une garantie en leur facturant une prime d'assurance. En fin de compte, les administrations Bush et Obama ont sauvé les actionnaires et ont aussi donné cette garantie. Mais, avec cette dernière, l'argument qui justifiait la générosité envers les actionnaires et les porteurs d'obligations à long terme n'avait plus de sens.

Dans une restructuration financière, il y a deux grands perdants. Il est pratiquement certain que les dirigeants de la banque devront partir, et ils seront mécontents. Les actionnaires aussi seront mécontents parce qu'ils auront tout perdu. Mais c'est la nature de la prise de risque dans le capitalisme : la seule justification des profits supérieurs à la normale dont ils ont joui pendant l'expansion, c'est le risque de perte[1].

Les premiers efforts pour sauver un système financier en faillite

L'État américain aurait dû respecter les règles et «restructurer» les banques qui avaient besoin d'être renflouées, au lieu de leur prodiguer des largesses imméritées. C'est un fait, et ce que certaines banques finissent ou non par rembourser ce

---

1. Avec la restructuration financière, on peut même adoucir un peu le sort des anciens actionnaires : leur remettre des *warrants* qui leur permettront d'obtenir une part des profits potentiels si la banque se rétablit.

qu'on leur a donné. Mais les administrations Bush et Obama en ont décidé autrement.

Quand la crise a éclaté fin 2007 et début 2008, l'administration Bush et la Federal Reserve sont d'abord allées de renflouement en renflouement sans plan ni principes discernables. Elles ont ainsi ajouté l'incertitude politique à l'incertitude économique. Dans certains renflouements (Bear Stearns), les actionnaires ont reçu quelque chose et les porteurs d'obligations ont été intégralement protégés. Dans d'autres (Fannie Mae), les actionnaires ont tout perdu et les obligataires ont été intégralement protégés. Dans d'autres encore (Washington Mutual), les actionnaires et les porteurs d'obligations ont pratiquement tout perdu. Dans le cas de Fannie Mae, il semble que des considérations politiques l'aient emporté (la crainte d'indisposer la Chine, qui possédait de nombreuses obligations Fannie Mae); aucun argument économique solide n'a jamais été avancé[1]. Quand il fallait expliquer pourquoi certaines institutions étaient renflouées et d'autres pas, la Federal Reserve et le Trésor alléguaient souvent le « risque systémique », mais on voyait bien qu'avant la crise ils avaient eu une idée très insuffisante de ce qu'était le « risque systémique », et que même pendant la crise leur compréhension restait limitée.

Certains des premiers renflouements sont passés par la Federal Reserve, ce qui a conduit cette institution à prendre des mesures totalement inimaginables quelques mois plus tôt. La Federal Reserve est essentiellement responsable des banques de dépôt. Elle les réglemente, et l'État garantit les dépôts. Avant la crise, la pensée orthodoxe soutenait que les banques d'affaires n'avaient besoin ni d'accéder aux fonds de la Federal Reserve ni d'être réglementées, puisqu'elles ne faisaient peser aucun risque systémique. Elles géraient l'argent des riches et

---

1. Rappelons que Fannie Mae était à l'origine une société financée par l'État, mais qu'elle a été privatisée en 1968. Ses obligations n'ont jamais été garanties par l'État. Si cela avait été le cas, leur rendement aurait été bien inférieur, du même ordre que celui des bons du Trésor.

pouvaient se protéger toutes seules. Et voici que brutalement, dans l'acte le plus munificent de l'histoire de l'aide sociale aux entreprises, le filet de sécurité de l'État était élargi aux banques d'affaires. Puis étendu encore plus loin pour couvrir AIG, une compagnie d'assurances.

Vers la fin septembre 2008, il s'avéra que ces renflouements « cachés » *via* la Federal Reserve ne suffiraient pas, et le président Bush dut solliciter le Congrès. L'idée initiale du secrétaire au Trésor Henry Paulson pour remettre des fonds aux banques a été baptisée par ses détracteurs « *cash for trash* » – « argent frais contre déchets ». L'État allait acheter les actifs toxiques dans le cadre du TARP (Troubled Asset Relief Program, Programme de sauvetage des actifs à problèmes) : cela permettrait simultanément d'injecter des liquidités dans les banques et de « nettoyer » leurs bilans. Les banquiers ne croyaient pas vraiment, bien sûr, que l'État avait un avantage comparatif dans le traitement des ordures. Ils voulaient déverser leurs actifs toxiques sur les pouvoirs publics parce qu'ils espéraient que l'État paierait trop cher – et qu'il allait ainsi, discrètement, recapitaliser les banques.

On put vraiment comprendre que l'affaire était louche quand Paulson vint soumettre au Congrès un projet de loi sur le TARP : long de trois pages, il lui donnait un chèque en blanc de 700 milliards de dollars et excluait toute surveillance parlementaire ainsi que toute possibilité de contestation judiciaire. Quand j'étais économiste en chef à la Banque mondiale, j'ai vu des stratagèmes de ce genre. S'ils venaient d'une république bananière du tiers-monde, nous savions ce qui allait suivre : une redistribution massive des contribuables vers les banques et leurs amis. La Banque mondiale menaçait alors de suspendre toutes ses aides. Nous ne pouvions pas admettre que l'argent public fût utilisé ainsi, hors du jeu normal des contrôles et des contrepoids. De nombreux commentateurs conservateurs ont d'ailleurs soutenu que le projet de loi Paulson était inconstitutionnel. Le Congrès, à leur avis, ne pouvait se défausser si facilement de ses responsabilités dans l'allocation de ces fonds.

Certains professionnels de Wall Street accusaient les médias d'empoisonner l'atmosphère en employant le terme «renflouer». Ils lui préféraient des euphémismes plus dynamisants : il fallait dire «programme de relance», pas «renflouement»! Paulson avait transformé les actifs toxiques en «actifs à problèmes» : c'était moins agressif. Son successeur, Tim Geithner, les convertirait en «actifs hérités».

Lors du premier scrutin, le 29 septembre 2008, la Chambre des représentants repoussa le projet de loi sur le TARP à une majorité de vingt-trois voix. Après cet échec, l'administration Bush tint une vente aux enchères. Elle demanda *de facto* à chaque parlementaire hostile combien il voulait recevoir, en cadeau, pour sa circonscription et ses mandants s'il acceptait de modifier son vote. Trente-deux démocrates et vingt-six républicains qui s'étaient prononcés contre le projet initial changèrent de camp, et une version révisée du TARP fut adoptée le 3 octobre 2008. Le revirement de ces parlementaires était en partie dû à la peur d'un effondrement économique mondial et à la présence d'articles prévoyant un meilleur contrôle, mais, pour un grand nombre d'entre eux au moins, il s'agissait clairement d'un donnant, donnant : le projet de loi révisé contenait 150 milliards de dollars d'attentions fiscales particulières pour leurs mandants[1]. Personne n'a dit que l'on pouvait acheter les élus du Congrès à vil prix[2].

---

1. David Herszenhorn, «Bailout Plan Wins Approval; Democrats Vow Tighter Rules», *New York Times*, 3 octobre 2008, p. A1.

2. Parmi les aides comprises dans le projet de loi qui a finalement été voté, il y avait : une exemption de l'impôt indirect de 39 *cents* sur les arcs en bois pour enfants (introduite par des sénateurs de l'Oregon et qui rapportait 200 000 dollars à un fabricant d'arcs de l'Oregon) ; une période d'amortissement de sept ans pour les pistes de courses automobiles du NASCAR – moins de la moitié de ce que les services fiscaux jugeaient convenable (valeur : 109 millions de dollars) ; la modification d'une disposition concernant la taxe sur le rhum à Porto Rico et dans les îles Vierges (valeur : 192 millions de dollars) ; des incitations au tournage de films, dont des films pornographiques, aux États-Unis (valeur : 478 millions de dollars sur dix ans) ; et des financements supplémentaires pour le Fonds de la recherche sur la laine, qui subventionne les fabricants de laine et les

Naturellement, Wall Street était ravi de ce plan d'achat des actifs toxiques. Qui ne souhaiterait pas refiler à l'État ses déchets au prix fort? À cette date, les banques auraient pu vendre beaucoup de ces titres sur l'*open market**, mais pas au prix qu'elles souhaitaient. Et il y en avait d'autres, bien sûr, dont le secteur privé n'aurait pas voulu. Certains de ces prétendus actifs étaient en fait des dettes qui pouvaient exploser et dévorer l'argent public comme Pacman**. Le 15 septembre 2008, par exemple, AIG a fait savoir qu'il lui manquait 20 milliards de dollars. Le lendemain, ses pertes avaient grossi jusqu'à 89 milliards. Quelques jours plus tard, quand personne ne regardait, un nouveau versement a porté le total à 150 milliards. Le cadeau a ensuite atteint 180 milliards. Lorsque l'État a repris AIG (avec une participation de près de 80%), il a peut-être reçu certains actifs, mais quelques-uns d'entre eux étaient des dettes encore plus grosses.

En fin de compte, le projet initial de Paulson a perdu toute crédibilité quand on a vu combien il était difficile d'évaluer et d'acquérir séparément des milliers d'actifs. De plus, ceux qui ne voulaient pas surpayer les banques avaient fait pression pour que les prix des actifs toxiques soient fixés par un mécanisme d'enchères transparent. Mais on a rapidement compris que mettre aux enchères des milliers de catégories d'actifs distinctes serait un cauchemar. Il était crucial de faire vite, et on n'y arriverait pas. En outre, si la vente aux enchères était honnête, les prix risquaient fort de n'être pas bien hauts, et les banques en sortiraient avec un gros trou dans leurs comptes. Après avoir défendu son projet bec et ongles pendant des semaines, dit et répété que c'était la meilleure solution, Paulson le retira soudain à la mi-octobre 2008 et passa à son plan suivant.

Ce plan était une «injection de capitaux propres». Il y avait plusieurs raisons de juger important l'élargissement du capital

---

éleveurs de moutons. Voir «Spoonful of Pork May Help Bitter Economic Pill Go Down», CNN.com, 4 octobre 2008, et Paul Waldie, «Bill Larded with "Goodies" for All», *Globe and Mail*, 3 octobre 2008, p. B1.

* C'est-à-dire aux conditions du marché.

** Pacman est un personnage de jeu vidéo japonais du genre glouton. La partie est terminée quand il a tout dévoré [*NdT*].

des banques – leur recapitalisation. On espérait qu'elles pourraient alors prêter davantage. Et l'on se souvenait d'une leçon des années 1980 : des banques sous-capitalisées sont un risque pour l'économie.

Il y a trente ans, les caisses d'épargne – *savings and loan* – avaient été confrontées à un problème à peu près identique à celui que connaissent les banques aujourd'hui. Les taux d'intérêt ayant été brutalement relevés pour combattre l'inflation à la fin des années 1970 et au début des années 1980, la valeur des prêts hypothécaires qu'elles détenaient s'était effondrée. Or elles avaient financé ces prêts avec des dépôts. Puisque le montant qu'elles devaient à leurs déposants restait inchangé et que la valeur de leurs actifs s'était considérablement réduite, les caisses d'épargne étaient, *de facto*, en faillite.

Néanmoins, les règles comptables les autorisaient à remettre à plus tard le jour de vérité. Elles n'étaient pas tenues de réévaluer à la baisse leurs crédits hypothécaires pour que leurs comptes reflètent les réalités nouvelles. Mais elles étaient bel et bien obligées de payer à leurs déposants un taux d'intérêt supérieur à celui qu'elles percevaient sur leurs prêts. Beaucoup avaient donc de graves problèmes de trésorerie. Certaines ont essayé de résoudre la difficulté en ne cessant de grossir : c'était une sorte de pyramide à la Ponzi, où les nouveaux dépôts permettaient de payer ce que l'on devait aux anciens. Tant que personne ne vendait la mèche, tout allait bien. Le président Reagan a aidé à la manœuvre en adoucissant encore plus les normes comptables (qui donnaient désormais le droit d'inscrire à l'actif la «survaleur», c'est-à-dire la simple perspective des futurs profits) et en assouplissant les réglementations.

Les caisses d'épargne étaient des zombies – des banques mortes qui restaient parmi les vivants. Tout les incitait à tenter le «pari de la résurrection», selon l'expression d'Ed Kane, professeur au Boston College[1]. Si elles restaient prudentes, elles

---

1. Voir Edward J. Kane, *The S & L Insurance Mess : How Did It Happen?*, Washington, DC, Urban Institute Press, 1989, et Edward J. Kane,

n'avaient aucune chance de se hisser discrètement hors du trou qu'elles avaient creusé. Mais si elles pariaient gros, prenaient de gros risques et gagnaient, peut-être allaient-elles redevenir solvables. Et si elles ne gagnaient pas, quelle importance ? Elles ne pouvaient pas être *plus* mortes qu'elles ne l'étaient déjà[1]. En laissant ces banques zombies continuer à fonctionner et en assouplissant les règles pour leur permettre de prendre davantage de risques, on a accru le coût du nettoyage final[2].

(La frontière entre le « pari » et l'escroquerie n'étant pas très nette, la succession de scandales bancaires qui a marqué les années 1980 ne tient pas au hasard. Ne soyons pas surpris de les revoir si souvent, l'un et l'autre, dans la crise en cours.)

Ceux qui défendaient le projet d'injection de capitaux propres (j'en étais) supposaient à tort qu'il serait effectué correctement – que les contribuables recevraient en actions la juste valeur de leur apport et que les banques seraient contrôlées comme il se doit. En fait, l'argent a coulé à flots dans les banques pour les protéger, et quand il leur en a fallu encore, on leur en a donné encore. En échange, les contribuables ont reçu des actions préférentielles et quelques *warrants* (titres donnant le droit d'acheter des actions), mais ils ont été volés. Il suffit de comparer ce qu'ils ont eu avec ce qu'a obtenu Warren

---

« Dangers of Capital Forbearance : The Case of the FSLIC and "Zombie" S & Ls », *Contemporary Economic Policy*, Western Economic Association International, vol. 5, n° 1, 1987, p. 77-83.

1. Voir George Akerlof et Paul M. Romer, « Looting : The Economic Underworld of Bankruptcy for Profit », *Brookings Papers on Economic Activity*, vol. 2, 1993, p. 1-73.

2. À l'époque, le coût de la débâcle des caisses d'épargne a été estimé à 160 milliards de dollars (somme qui paraissait alors incroyable, et qui en dollars actuels représente à peu près 313 milliards de dollars). Finalement, l'État a pu en récupérer une partie importante grâce à la reprise économique de 1993, mais les chiffres généralement indiqués n'intègrent pas correctement l'ensemble du coût d'opportunité des fonds. Federal Deposit Insurance Corporation, « An Examination of the Banking Crises of the 1980s and Early 1990s », Washington, DC, 1997, en ligne à l'adresse <http://www.fdic.gov/bank/historical/history/>.

Buffett à peu près au même moment dans une transaction avec Goldman Sachs[1], ou avec les conditions auxquelles l'État britannique a fourni des fonds à ses banques, pour voir clairement que les contribuables américains se sont fait escroquer. Si ceux qui ont négocié cet accord en leur nom avaient eu une mission de ce genre à Wall Street, ils auraient exigé des conditions beaucoup plus favorables.

Et il y avait pire : alors que le contribuable américain devenait le principal «propriétaire» de certaines banques, le département du Trésor de Bush puis celui d'Obama ont refusé d'exercer le moindre contrôle[2]. Après avoir fourni des centai-

---

1. Buffett a investi 5 milliards de dollars, et obtenu en retour 5 milliards de dollars en actions préférentielles perpétuelles à 10 %, plus des *warrants* pour l'achat de 5 milliards de dollars d'actions ordinaires Goldman Sachs à 115 dollars l'action, soit 8 % au-dessous du prix de marché. En novembre 2009, tandis que les actions Goldman se négociaient à 170 dollars, l'argent que Buffett avait donné à Goldman Sachs un peu plus d'un an auparavant lui avait rapporté un retour sur investissement élevé – incomparablement supérieur à celui de l'État américain.

2. Le secteur financier a utilisé la «peur» pour persuader les administrations de n'imposer aucun contrôle, tout comme il avait utilisé la peur pour mettre sur les rails les dispositifs de protection des actionnaires et des porteurs d'obligations. L'argument était que, si l'on prenait ces mesures, les banques ne pourraient pas lever de fonds privés – comme si les coûteux «fonds privés» étaient de l'argent de nature spéciale qui garantirait le bon fonctionnement des marchés financiers. Mais le refus de l'État d'imposer ces contrôles a affaibli les banques – puisque tant de capital est allé aux primes et aux dividendes – et cette situation les a rendues plus fragiles et moins attrayantes.

L'un des arguments, déjà signalés, pour faire obligation aux banques d'être suffisamment capitalisées est que cela améliore les incitations : avec plus de capitaux propres, elles ont plus à perdre si elles prennent des risques excessifs. Mais les administrations Bush et Obama semblent avoir commis une erreur fondamentale : les propriétaires *privés* des banques se moquaient bien d'imposer des pertes à l'État. Ce n'était pas *leur* capital qui était menacé. Donc, si l'État n'avait pas son mot à dire, il était prévisible qu'elles agiraient avec la désinvolture dont elles ont fait preuve – en utilisant l'argent pour payer des dividendes et des primes malgré leur situation financière précaire.

nes de milliards de dollars, le contribuable n'a même pas eu le droit de savoir comment cet argent était dépensé, sans parler d'avoir un mot à dire sur son utilisation. Le contraste était net, là aussi, avec les renflouements de banques en Grande-Bretagne, où les responsabilités étaient reconnues, du moins en apparence : renvoi des anciens dirigeants, restrictions sur les dividendes et les rémunérations, mise en place de mécanismes d'incitation au crédit[1].

Les banques américaines, elles, continuaient à verser des dividendes et des bonus et ne faisaient même pas semblant de relancer le crédit. «Prêter davantage?» s'écria John C. Hope III, président de la Whitney National Bank de La Nouvelle-Orléans, devant une salle pleine d'analystes de Wall Street au début de l'année 2009. «Nous n'allons pas changer notre modèle économique ou nos politiques de crédit parce que le secteur public croit avoir besoin que nous consentions plus de prêts[2].»

Wall Street ne cessait de faire pression pour obtenir des conditions toujours plus favorables – et il était donc de moins en moins probable que les contribuables seraient convenablement indemnisés du risque qu'ils assumaient, même si certaines banques parvenaient à rembourser ce qu'elles avaient reçu. L'une des retombées positives de la scandaleuse exigence initiale de Paulson – aucun contrôle ni aucun examen judiciaire de son chèque en blanc de 700 milliards de dollars à Wall Street – a été la création par le Congrès d'un comité de surveillance indépendant, et celui-ci a montré combien les accords de renflouement étaient désavantageux pour les contribuables américains. Dans la première série de renflouements, à cette époque, ils n'ont reçu en titres que 66 *cents* par dollar donné aux banques. Mais dans les transactions ultérieures, notamment celles avec la Citibank et AIG, les conditions

---

1. Néanmoins, en raison de la gravité des problèmes auxquels le Royaume-Uni est confronté, le crédit dans ce pays est resté faible.
2. Mike McIntire, «Bailout Is a Windfall to Banks, if Not to Borrowers», *New York Times*, 18 janvier 2009, p. A1.

ont été pires encore : 41 *cents* par dollar[1]. En mars 2009, le Congressional Budget Office (CBO), l'organisme non partisan qui a pour mission de fournir des évaluations indépendantes du coût des programmes de l'État, a estimé que le coût net de l'utilisation complète des 700 milliards de dollars de l'enveloppe du TARP se monterait au total à 356 milliards de dollars[2]. L'État serait remboursé moins de 50 *cents* par dollar. Il n'y avait aucun espoir d'être indemnisé du risque assumé. En juin 2009, dans un examen plus précis des 369 milliards de dollars de dépenses initiales du TARP, le CBO a estimé la perte à plus de 159 milliards[3].

Il y avait une forte dose d'hypocrisie dans l'ensemble du stratagème du renflouement. Les banques (et les autorités de contrôle qui avaient laissé grandir le problème) voulaient absolument «faire comme si» la crise n'était qu'une question de confiance et de manque de liquidités. Elles manquaient de liquidités parce que personne ne voulait leur prêter. Les banques tenaient à croire qu'elles n'avaient pas pris de mauvaises décisions, qu'en réalité elles étaient *solvables*, et que la «vraie» valeur de leurs actifs était supérieure à ce qu'elles devaient (à leur passif). Mais, si chacune en était certaine pour elle-même, elle n'en croyait pas un mot au sujet des autres, comme le prouvait la réticence des banques à se prêter entre elles.

Le problème des banques américaines ne se limitait pas à un manque de liquidités[4]. Après des années d'imprudences,

---

1. Congressional Oversight Panel, «Valuing Treasury's Acquisitions», February Oversight Report, 6 février 2009, en ligne à l'adresse <http://cop.senate.gov/documents/cop-020609-report.pdf>.

2. Congressional Budget Office, «A Preliminary Analysis of the President's Budget and an Update of CBO's Budget and Economic Outlook», mars 2009, en ligne à l'adresse <https://www.cbo.gov/ftpdocs/100xx/doc10014/03-20-PresidentBudget.pdf>.

3. Congressional Budget Office, «The Troubled Asset Relief Program : Report on Transactions through June 17, 2009», juin 2009, en ligne à l'adresse <http://www.cbo.gov/ftpdocs/100xx/doc10056/06-29-TARP.pdf>.

4. Une banque (ou toute autre entreprise) est «solvable» mais «illiquide» quand ses actifs dépassent ses dettes et qu'en dépit de cette situation elle ne peut pas accéder aux capitaux. Certes, s'il était évident pour

dont les prêts à risques et les paris sur les dérivés, certaines, beaucoup peut-être, se trouvaient *de facto* en faillite. Des années d'opacité comptable et d'usage de produits complexes pour tromper les régulateurs et les investisseurs avaient fait leur effet : à présent, les banques elles-mêmes ne connaissaient pas leur propre bilan. Et puisqu'elles ne savaient pas si elles étaient vraiment solvables, comment auraient-elles pu connaître la solvabilité des autres banques auxquelles elles étaient susceptibles de prêter ?

Malheureusement, on ne peut restaurer la confiance par de simples discours sur sa propre confiance dans l'économie américaine. Les déclarations répétées où l'administration Bush et les banques martelaient que l'économie avait des bases saines, des fondamentaux solides, étaient démenties par le flux des mauvaises nouvelles. Leurs propos n'étaient pas crédibles Ce sont les actes qui comptent, et ceux de la Federal Reserve et du Trésor minaient la confiance.

En octobre 2009, le Fonds monétaire international (FMI) a fait savoir qu'au niveau mondial les pertes du secteur bancaire

---

tout le monde que ses actifs étaient supérieurs à ses dettes, cette banque n'aurait normalement aucun problème d'accès aux fonds. Les banques s'estimaient solvables parce qu'elles voulaient croire que leurs actifs (notamment les prêts hypothécaires) valaient davantage que ce qu'en disait le «marché».

Le problème des banques est que l'essentiel de leurs dettes prend la forme de «dépôts à la demande» : c'est de l'argent qu'il leur faut rendre sur demande. Les banques le prennent et l'investissent dans des placements à long terme (comme les prêts hypothécaires), certaines qu'il n'arrivera *presque jamais* qu'un très grand nombre de déposants demandent à être remboursés en même temps. Si tout le monde exige son argent simultanément, la banque devra vendre ses actifs en toute hâte, et elle risque fort, dans ces conditions, de ne pas pouvoir en obtenir la «pleine valeur». En ce sens, une banque pourrait être solvable si on lui laissait le temps de vendre, mais pas si elle devait vendre ses actifs du jour au lendemain. C'est dans cette brèche que la Federal Reserve a pour mission d'intervenir. Sa tâche est d'évaluer si, avec un peu plus de temps, la banque sera réellement capable de vendre ses actifs au prix qu'elle demande. Si (et seulement si) la Federal Reserve conclut que la réponse à cette question est oui, elle fournit à la banque les liquidités qui lui manquent.

se montaient à 3 600 milliards de dollars[1]. Celles qu'avaient reconnues les banques étaient bien inférieures à ce chiffre. Le reste constituait une sorte de matière noire. Tout le monde était conscient de sa présence dans le système, mais nul ne savait où elle se trouvait.

Puisque le plan Paulson ne réussissait ni à ranimer le crédit ni à rétablir la confiance dans les banques, l'administration Obama se demandait bien par quoi le remplacer. Après des semaines d'effervescence, en mars 2009, elle annonça un nouveau programme, le Programme d'investissement public-privé (Public-Private Investment Program, PPIP), qui utiliserait 75 à 100 milliards de dollars des fonds du TARP, plus des capitaux d'investisseurs privés, pour acheter les actifs toxiques des banques[2]. Les termes utilisés étaient fallacieux : le PPIP était présenté comme un partenariat, mais ce n'en était pas un. L'État allait apporter 92 % des fonds, recevoir la moitié seulement des profits et supporter la quasi-totalité des pertes. C'est l'État qui allait prêter au secteur privé – à des fonds spéculatifs, à des fonds d'investissement et même, paradoxalement, à des banques (qui s'achetaient peut-être les actifs entre elles[3]) – l'essentiel de l'argent que celui-ci devait avancer, et il le ferait par des prêts « sans recours », où la seule garantie est le titre ou le crédit hypothécaire acheté avec cet argent. S'il s'avère que ce titre ou ce crédit vaut moins que la somme empruntée à l'État, l'emprunteur se mettra en défaut de paiement, et c'est donc l'État, pas les investisseurs privés, qui épongera l'essentiel de toutes les pertes susceptibles de se produire.

---

1. Fonds monétaire international, « Global Financial Stability Report », Washington, DC, octobre 2009.

2. Voir Département du Trésor, « Treasury Department Releases Details on Public-Private Partnership Investment Program », 23 mars 2009, en ligne à l'adresse <http://www.treas.gov/press/releases/tg65.htm>.

3. L'objectif officiel du plan était le « nettoyage » des bilans des banques. Or, quand une banque achetait un actif toxique à une autre, la seconde était « nettoyée » mais la première était « salie ». Ce qui suggère que la véritable raison d'être du PPIP était peut-être de dissimuler des transferts de fonds aux banques.

En fait, l'équipe Obama avait finalement opté pour une légère variante du *cash for trash*, l'idée initiale. Disons qu'elle avait décidé de recourir aux services d'une entreprise privée de ramassage des ordures, qui les achetait en gros, les triait, gardait tout ce qui avait de la valeur et déversait le reste sur le contribuable. Et le programme était conçu pour assurer à ces ramasseurs d'ordures de solides profits – seuls certains membres du club de Wall Street seraient admis à « concourir », après avoir été soigneusement sélectionnés par le Trésor. On pouvait être sûr que ces financiers, qui avaient si bien réussi à presser l'économie comme un citron pour en tirer de l'argent, n'allaient pas accomplir cette mission par esprit civique, *gratis*.

L'administration a tenté de faire valoir que le PPIP était nécessaire pour fournir des liquidités au marché. Le manque de liquidités, soutenait-elle, déprimait les prix et déstabilisait artificiellement les bilans des banques. Mais le problème principal n'était pas un manque de liquidités. Sinon, un programme infiniment plus simple aurait fonctionné : donner de l'argent sans garantir les prêts. Le vrai problème était clair : les banques avaient fait de mauvais prêts pendant une bulle et elles étaient surendettées. Elles avaient perdu leur capital, et il fallait le remplacer.

L'administration faisait comme si l'idée de base de son plan consistait à laisser le marché déterminer les prix des « actifs toxiques » des banques – dont les prêts hypothécaires impayés et les titres fondés sur eux – quand le « partenariat » les achetait. On allait utiliser la magie du marché pour effectuer une « découverte de prix ». La réalité était toutefois bien différente : le marché ne fixait pas le prix des actifs toxiques mais celui d'options sur ces actifs, c'est-à-dire, fondamentalement, celui d'un pari unilatéral. Ces deux prix n'ont pas grand-chose à voir. Les partenaires privés gagnaient très gros sur les « bons » prêts mais transféraient à l'État, pour l'essentiel, les pertes sur les mauvais.

Prenons un actif qui a une probabilité de 50-50 de valoir dans un an soit 200 dollars, soit rien du tout. Sa « valeur » moyenne est de 100 dollars. Sans intérêt, c'est à ce prix que cet actif se vendrait sur un marché concurrentiel. C'est ce qu'il « vaut ». Supposons que l'un des partenariats public-privé que le Trésor a promis de créer soit disposé à le payer 150 dollars. C'est 50 % de plus que sa véritable valeur, et la banque est plus qu'heureuse de vendre. Donc, le partenaire privé avance 12 dollars et l'État fournit les 92 % restants – soit 12 dollars en « capital » plus 126 dollars sous forme de prêt garanti.

Si, un an plus tard, il s'avère que la véritable valeur de l'actif est nulle, le partenaire privé perd ses 12 dollars et l'État perd 138 dollars. Si la véritable valeur est de 200 dollars, l'État et le partenaire privé se partagent à égalité les 74 dollars qui restent après le remboursement du prêt de 126 dollars. Dans ce scénario favorable, le partenaire privé fait plus que tripler son investissement de 12 dollars. Mais le contribuable, qui avait risqué 138 dollars, reçoit seulement 37 dollars.

Pour aggraver les choses, il y a d'amples possibilités de « jeux » tactiques. Supposons que la banque qui possède l'actif dont nous parlons se l'achète à elle-même 300 dollars (l'administration n'a pas interdit la présence des banques dans les partenariats). Elle avance donc 24 dollars. Dans le mauvais cas de figure, elle « perd » les 24 dollars qu'elle a investis dans le « partenariat », mais elle garde tout de même les 300 dollars. Dans le bon, l'actif vaut toujours 200 dollars, pas plus ; donc, là encore, l'État éponge les pertes, sauf pour les 24 dollars. La banque a miraculeusement « remis dans le jeu » un actif risqué dont la véritable valeur est 100 dollars en le transformant en actif sûr (pour elle) d'une valeur nette de 276 dollars. La différence, ce sont les pertes de l'État – en moyenne 176 dollars, ce qui est énorme. Avec tant d'argent jeté de tous côtés, il y a de la marge pour s'entendre sur une répartition ; on peut laisser une part aux fonds spéculatifs. Au diable l'avarice !

Mais les Américains pourraient perdre encore plus que ne le suggèrent ces calculs, en raison de ce qu'on appelle la « sélection négative ». Les banques vont choisir les prêts et titres qu'elles souhaitent vendre. Elles veulent vendre les pires, et notamment ceux que le marché, à leur avis, surestime (et qu'il est donc prêt à payer trop cher). Mais le marché va probablement s'en rendre compte, et le prix qu'il est prêt à payer va baisser. C'est seulement parce que l'État assume une part suffisante des pertes que cet effet de «sélection négative» est surmonté. Du moment que l'État éponge les pertes, les acheteurs privés se moquent de savoir si les banques sont en train de les «rouler» en leur vendant les actifs les plus infects.

Au début, les banquiers et les partenaires potentiels (fonds spéculatifs et autres sociétés financières) ont adoré l'idée. Les banques ne vendent que les actifs qu'elles souhaitent vendre – elles ne peuvent pas perdre. Les partenaires privés gagnent quantité d'argent, notamment si l'État leur facture les garanties à très bon prix. Les milieux politiques aussi adoraient l'idée : il y avait de fortes chances pour qu'ils ne soient plus à Washington quand il faudrait régler toutes ces factures. Mais, justement, tout le problème est là pour le PPIP : personne ne saura pendant des années quel sera son impact sur les comptes de l'État.

Finalement, le désenchantement a gagné beaucoup de banques et de partenaires privés. Ils craignaient, s'ils gagnaient trop gros, que les fonctionnaires et l'opinion publique ne les laissent pas partir avec l'argent et trouvent un moyen quelconque de récupérer les profits. Ils savaient qu'au strict minimum ils seraient soumis à une surveillance attentive du Congrès – comme l'avaient été les bénéficiaires des fonds du TARP. Quand les réglementations comptables ont été modifiées pour autoriser les banques à ne pas inscrire à leur passif leurs créances «compromises» – à faire semblant que les prêts hypothécaires toxiques étaient aussi bons que l'or –, l'attrait du PPIP s'est encore terni à leurs yeux : même si elles vendaient l'actif au-dessus de sa valeur, il leur faudrait reconnaître une perte, ce qui les obligerait à trouver davantage de capital. Elles préféraient remettre à plus tard l'heure de vérité.

Certains professionnels des marchés financiers ont présenté le PPIP comme un projet gagnant-gagnant-gagnant. C'est en réalité un projet gagnant-gagnant-perdant : les banques gagnent, les investisseurs gagnent – et, si le programme fonctionne pour les banques, les contribuables perdent. Un directeur de fonds spéculatif m'a écrit : «C'est un accord terrible pour le contribuable, mais je veillerai à ce que mes clients en bénéficient pleinement.»

Donc, avec tous ces défauts, en quoi la stratégie de l'administration pouvait-elle séduire ? Le PPIP était le type de machine de Rube Goldberg* qu'adore Wall Street – habile, complexe et opaque, autorisant d'énormes transferts de richesse à destination des marchés financiers. Peut-être permettrait-il à l'administration de ne pas avoir à demander au Congrès de nouveaux crédits pour stabiliser les banques, et fournirait-il un moyen d'éviter la mise sous tutelle.

Beaucoup de temps a passé depuis la présentation du projet, et il n'a pas fonctionné comme l'administration l'avait espéré. En l'espace de quelques mois, le programme de reprise des «prêts hérités», comme tant d'autres plans, a été abandonné, et celui des «titres hérités» considérablement réduit. Le plus probable, c'est que les maigres apports éventuels du PPIP restant, celui des titres, vont être très onéreux. De l'argent qu'il aurait mieux valu consacrer aux banques ira aux «partenaires» – c'est cher payé pour une société privée de ramassage des ordures[1].

---

* Rube Goldberg, un dessinateur américain qui avait aussi une formation d'ingénieur, inventait des «machines» qui compliquaient considérablement les tâches les plus simples [NdT].

1. Le Programme d'investissement public-privé (PPIP) avait un ou deux autres avantages : par exemple, il pouvait immuniser directement l'État contre toute accusation d'avoir payé trop cher certains actifs, tout en donnant simultanément de l'argent aux banques sans aucun contrôle public (objectif curieux, mais qui semblait être au cœur de la vision des choses d'Obama). Néanmoins, le programme avait aussi des inconvénients, qui se sont exacerbés quand l'administration et la Federal Reserve ont pris des mesures pour maintenir en vie l'économie. La baisse des taux d'intérêt sur les prêts hypothécaires, conçue pour stabiliser ce marché, a indirectement aggravé le problème de la «sélection négative» : les anciens crédits hypothécaires que devait acheter le PPIP se sont mis à comporter un pourcentage de plus en plus élevé de prêts toxiques, ceux qui ne pouvaient pas être refinancés.

Pourquoi les plans de sauvetage
étaient voués à l'échec

Ce renflouement au coût inimaginable a manqué l'un de ses objectifs principaux : la relance du crédit[1]. Cet échec du programme, et les autres aussi, s'explique par quelques principes économiques élémentaires.

Le premier est la *conservation de la matière*. Quand l'État achète un actif toxique, les pertes ne disparaissent pas. Elles ne disparaissent pas non plus quand il assure celles, disons, de la Citibank. Elles passent simplement des comptes de la Citibank aux comptes de l'État. Ce qui veut dire que la vraie bataille porte sur la *répartition* : qui va supporter les pertes ? Va-t-on les transférer du secteur financier au secteur public ? Dans un monde « à somme nulle » – où ce que quelqu'un gagne est perdu par un autre –, une bonne affaire pour les actionnaires des banques ou les porteurs de leurs obligations est une mauvaise affaire pour les contribuables. Tel était le fond du problème dans les programmes de rachat des actifs toxiques, séparément ou en bloc : soit on les surpayait et l'État subirait des pertes gigantesques, soit on les sous-payait et le trou laissé dans le bilan des banques paraîtrait énorme.

Dans la réflexion sur les actifs toxiques, les métaphores utilisées ajoutaient à la confusion. L'État devait « nettoyer » les bilans des banques en les aidant à se débarrasser de ces actifs, ce qui suggérait qu'un prêt hypothécaire toxique ressemblait à une pomme pourrie : il risquait de tout contaminer autour de lui. Or un actif toxique était simplement un actif sur lequel la banque avait fait une perte – il n'avait pas une maladie contagieuse.

---

1. L'argent qui est entré dans les banques pour en ressortir immédiatement sous forme de dividendes et de primes ne leur a évidemment pas permis de reprendre leurs activités de prêt. Mais le reste des sommes versées a pu les y aider – bien que le crédit n'ait pas progressé, peut-être se serait-il contracté *encore plus* sans ces aides. Des plans mieux conçus auraient eu beaucoup plus d'« effets par dollar ».

Qui doit payer? Un principe emprunté à l'économie environnementale donne une indication : *le pollueur est le payeur*. Ce n'est pas une simple question d'équité mais aussi d'efficacité. Les banques américaines ont pollué l'économie mondiale avec des déchets toxiques, donc l'équité et l'efficacité – et le respect des règles – exigent que, maintenant ou plus tard, elles paient le prix du nettoyage, peut-être par des prélèvements fiscaux. Ce n'est pas la première fois que les banques américaines sont renflouées. C'est arrivé de façon répétée. Cela signifie que, de fait, le reste de l'économie subventionne massivement ce secteur.

Taxer les banques (de même que taxer toute externalité «mauvaise»), c'est à la fois alimenter le Trésor public et améliorer l'efficacité économique; il est beaucoup plus sensé d'instaurer des impôts de ce genre que de taxer ce qui est bon, comme l'épargne et le travail. Et ces taxes sont assez faciles à concevoir. Les banques affirment, bien sûr, que leur imposer de tels coûts amoindrirait leur aptitude à attirer des fonds privés et compromettrait la guérison du système financier. Elles recourent de nouveau à la tactique de la peur : le simple fait d'en discuter serait désastreux. La vérité est que les décharger de ces coûts est une distorsion de l'économie. Et si l'État doit fournir temporairement des fonds supplémentaires parce que le secteur privé rechigne à le faire, ce n'est pas la fin du monde, pourvu qu'il obtienne des titres (obligations ou actions) correspondant à une part de la valeur future des banques : les investisseurs privés ne les ont pas «disciplinées» avec une efficacité exemplaire. De plus, l'économie finira bien par se rétablir, et, avec la reprise, ces actifs seront probablement rentables.

Déplacer des pertes dans l'économie tient beaucoup du jeu à somme nulle, mais, lorsqu'on s'y prend mal, cela peut devenir un jeu à somme très négative, où les contribuables perdent plus que ce que gagnent les actionnaires des banques. Je ne cesse de le répéter : les incitations, ça compte. Inévitablement, les renflouements créent une distorsion des incitations. Sachant qu'ils n'auront peut-être pas à supporter pleinement les conséquences de leurs erreurs, qu'on viendra les sauver, les prêteurs évaluent la solvabilité moins sérieusement et prennent de plus gros risques. C'est le problème de l'aléa moral, auquel je me suis référé bien des fois. Chaque renflouement accroît-il le risque qu'il y en ait un autre ? On pouvait le craindre, ces craintes ont été confirmées par les faits, et nous avons maintenant la « mère de tous les renflouements ». Mais la façon dont l'État a procédé aux renflouements a également intensifié les distorsions – et sur des modes qui ont pu aggraver la récession. Une banque dont les pertes sont assurées par l'État (comme la Citibank) n'a guère d'incitations à renégocier ses prêts hypothécaires, par exemple. Si elle remet le problème à plus tard, il y a une chance – certes mince – que la valeur de ces crédits remonte et que la banque conserve l'intégralité des profits. Et si, en temporisant, elle ne fait qu'alourdir les pertes, l'État réglera la facture.

L'incapacité à penser aux incitations a également coûté cher sur un autre plan. Les banques et leurs dirigeants ont eu des incitations à prendre l'argent de l'État et à en distribuer le plus possible sous forme de dividendes et de primes. Ils savaient pertinemment que cet argent était là pour recapitaliser les banques afin de leur permettre de prêter, et que le contribuable ne les renflouait pas parce qu'il adorait les banquiers. Ils savaient aussi qu'en utilisant l'argent de cette façon, ils allaient affaiblir les banques et s'exposer à la fureur de l'opinion. Mais on connaît le proverbe : un tiens vaut mieux que deux tu l'auras ; ils savaient que la survie de leur banque était loin d'être certaine. Leurs intérêts s'écartaient de ceux de l'ensemble de l'économie, et aussi de ceux d'un « bailleur de fonds » toujours plus important : le contribuable américain. Néanmoins, les administrations Bush et Obama ont toutes deux décidé d'ignorer ce conflit d'intérêts et de ne surveiller que fort peu la façon dont l'argent était utilisé.

Un autre principe crucial de la science économique dit : *regardez devant vous ; le passé est le passé.* Au lieu d'essayer de sauver les banques existantes, qui avaient amplement démontré leur incompétence, l'État aurait pu donner les 700 milliards de dollars aux quelques banques saines et bien gérées, voire s'en servir pour créer une série de nouvelles banques. Avec un modeste effet de levier de 12 pour 1, cela aurait produit 8 400 milliards de dollars de nouveaux crédits – plus qu'assez pour relancer l'économie. Même sans prendre une initiative aussi spectaculaire, les administrations auraient pu utiliser une partie des 700 milliards pour créer de nouvelles facilités de crédit, et une autre partie pour réduire l'incertitude des nouveaux prêts en leur apportant une garantie publique partielle. Il eût été très judicieux de moduler ces garanties partielles en fonction du contexte économique – afin d'aider davantage si l'économie reste en récession, car aucune entreprise ne peut en être tenue pour responsable[1]. Une stratégie plus innovante et tournée vers l'avenir aurait fourni à la population un crédit moins cher et plus abondant que celles qu'ont effectivement suivies les États-Unis : acheter les actifs toxiques existants ou donner encore plus d'argent à des banques qui avaient prouvé leur incompétence à évaluer le risque et la solvabilité – en espérant qu'elles allaient reprendre les prêts et en priant pour qu'elles travaillent mieux après la crise qu'avant.

Il y a aussi un principe analogue à celui que j'ai évoqué au chapitre 3 à propos de la conception de la stimulation : les fonds doivent être *ciblés*, aller là où ils stimuleront le plus l'économie. *Si l'État n'avait eu aucune contrainte budgétaire, il aurait pu déverser de l'argent sur les banques en toute désinvolture.* Dans ces conditions, il aurait été facile de les recapitaliser. Mais lorsqu'on dispose de fonds limités, il faut être sûr que chaque dollar dépensé est bien dépensé. L'une des raisons pour lesquelles le TARP n'a pas relancé le crédit comme on l'espérait est que l'État a donné la majeure partie de l'argent

---

1. Il est clair que les auteurs de ces plans de sauvetage n'ont pas beaucoup réfléchi (ou du moins pas suffisamment) aux déterminants des flux de crédit. Ces préoccupations devraient être au cœur de toute théorie monétaire. D'autres facteurs influencent aussi le crédit – dont le risque, qui n'a fait que s'aggraver quand les difficultés économiques se sont intensifiées. C'est un thème central d'un de mes livres : B. Greenwald et J.E. Stiglitz, *Économie monétaire : un nouveau paradigme*, trad. fr. de Philippe Ricalens, Paris, Economica, 2005.

aux grandes banques. Or cela fait des années qu'elles ne s'intéressent plus, pour l'essentiel, aux prêts aux PME. Si le but était d'encourager la création d'emplois – ou même le maintien des emplois existants –, il fallait chercher à augmenter le flux de crédit vers les PME, parce que ce sont elles qui créent des emplois. Et pour qu'il y ait davantage de crédit aux PME, il fallait orienter l'argent vers les petites banques et les *community banks*.

Mais l'État a prodigué ses largesses aux grandes institutions financières qui avaient commis les pires fautes – et dont certaines ne prêtaient pas beaucoup, voire pas du tout. Le renflouement d'AIG a été particulièrement extravagant. On craignait, si on ne le renflouait pas, de mettre en difficulté certaines des entreprises auxquelles il avait vendu des CDS, assimilables à des polices d'assurance sur la vie de firmes particulières. Mais déverser des fonds dans AIG n'était pas une bonne façon de les envoyer là où ils pouvaient être utiles. Les deux administrations utilisaient une variante du «ruissellement vers le bas» : versons des sommes considérables dans AIG et il en ruissellera un peu là où on en a besoin. Peut-être, mais c'est un moyen très onéreux d'y parvenir. Quand on a enfin su où était allé l'argent donné à AIG, ces données montraient clairement qu'une faible part avait abouti dans des institutions d'intérêt systémique – même si c'était l'argument qu'on avait donné pour justifier l'opération[1].

---

1. Voir Mary Williams Marsh, «AIG Lists Firms to Which It Paid Taxpayer Money», *New York Times*, 16 mars 2009, p. A1. On a clairement compris pourquoi l'État était si réticent à révéler où était allé l'argent donné à AIG. Le plus gros bénéficiaire américain était Goldman Sachs – qui affirmait (peut-être hypocritement) qu'il aurait très bien survécu tout seul, qu'il n'y avait aucun risque systémique, bien qu'il fût naturellement tout disposé à recevoir de l'État un cadeau de 13 milliards de dollars. Parmi les autres gros bénéficiaires, plusieurs étaient des banques étrangères. Si la faillite de ces banques posait un problème systémique, leurs États les auraient probablement renflouées. De fait, nous étions en train de verser une aide extérieure à d'autres pays riches (la France, l'Allemagne) au lieu de la donner aux pays pauvres, qui en avaient bien plus besoin. Et l'envergure de cette aide était supérieure à ce que nous donnions à l'ensemble

De même, on craignait que si l'État ne renflouait pas tous les créanciers, certains fonds de pension et d'assurance-maladie subiraient de lourdes pertes[1]. On les mettait en avant parce qu'ils étaient «socialement méritants». Les fonds qui allaient éventuellement ruisseler jusqu'à ces créanciers privés auraient été plus utiles pour renforcer la Social Security, la caisse des retraites publiques, afin d'y éviter de fortes réductions de pensions. Qui doit compter le plus pour nous, ceux avec qui nous avons conclu un contrat social ou ceux qui ont pris de mauvaises décisions d'investissement? Et s'il faut sauver des fonds de pension et d'assurance-maladie, faisons-le directement, pour que chaque dollar d'argent public aille tout droit à l'institution qui en a besoin. Rien ne justifie de consacrer 20 dollars à renflouer des investisseurs afin qu'un dollar puisse atteindre un fonds de pension qui sans cela aurait eu des problèmes.

Le dernier principe qui aurait dû guider les renflouements ressemble beaucoup, lui aussi, à celui qui doit régir une stimulation bien conçue : *le renflouement doit contribuer à restructurer le système financier pour l'amener à mieux remplir les fonctions qu'il est censé exercer.* J'ai souligné bien des fois que ce n'est pas ce qui s'est passé. Une part démesurée des fonds n'est pas allée aux composantes du système financier engagées dans la promotion des nouvelles entreprises ou dans le développement des PME. J'ai relevé aussi que la façon dont on a renfloué a accru la concentration du secteur financier,

---

de l'Afrique. (Pendant l'année budgétaire 2008, l'aide officielle des États-Unis au développement de l'Afrique a été de 6,5 milliards de dollars, soit la moitié de la somme remise à une seule société financière, Goldman Sachs, au titre du renflouement d'AIG. Voir Département d'État, «The US Commitment to Development», note d'information du Bureau of Economic, Energy and Business Affairs, 7 juillet 2009, en ligne à l'adresse <http://www.state.gov/e/eeb/rls/fs/2009/113995.htm>.)

1. Puisque les obligations et les actions des banques sont constamment achetées et vendues, les vrais gagnants des renflouements sont ceux qui détiennent ces titres au moment où le renflouement est annoncé (ou très largement attendu). Les fonds de pension qui, au moment de l'effondrement des cours, ont vendu les obligations parce qu'elles devenaient trop risquées ne profitent pas des opérations de sauvetage.

donc aggravé le problème du «trop-grand-pour-faire-faillite», du «trop-grand-pour-être-résolu».

Ce renflouement et ses nombreux prédécesseurs des années 1980, 1990 et des premières années 2000 ont envoyé un signal fort aux banques : n'ayez pas peur des prêts qui tournent mal, l'État ramassera les morceaux. En renflouant, on fait exactement le contraire de ce qu'il faudrait faire : discipliner les banques comme il convient, récompenser celles qui se sont montrées prudentes et laisser sombrer celles qui ont pris des risques extraordinaires. Les banques où la gestion du risque a été la pire ont reçu les plus gros cadeaux de l'État.

Au nom du maintien de l'économie de marché, l'État est en train de créer un système bien éloigné d'un vrai marché. L'administration Obama n'a pas voulu prendre le chemin de la mise sous tutelle, du *conservatorship*, mais ce qu'elle a fait est bien pire qu'une nationalisation : c'est un ersatz de capitalisme, la privatisation des profits et la socialisation des pertes. La perception et la réalité de l'«injustice» des renflouements – injustement généreux pour les banquiers, injustement coûteux pour les citoyens – ont rendu encore plus difficile de faire face à la crise. Lier la crise à une perte de confiance dans le système financier est devenu un lieu commun. Mais l'échec de l'État à réaliser un sauvetage équitable contribue à une perte de confiance dans l'État.

La réaction de l'État a engagé l'économie sur la voie d'une reprise qui sera plus lente et difficile que nécessaire. Certes, la situation est bien meilleure que si l'on avait choisi la tactique opposée : ne rien faire. Elle aurait pu précipiter le pays dans l'abîme de la dépression.

Si rien de malencontreux ne se produit – et de nombreux problèmes menacent, comme ceux de l'immobilier de bureau –, les banques vont se recapitaliser peu à peu. Puisque la Federal Reserve maintient les taux d'intérêt à un niveau proche de zéro et que la concurrence a tant diminué dans le secteur bancaire, elles peuvent faire de solides profits en facturant des intérêts élevés même sur un faible volume de crédit. Mais cette stratégie va dissuader les entreprises d'étendre leurs opérations et d'embaucher. Le scénario optimiste est que cette recapitalisation ira plus vite que la montée des problèmes. Nous serons sortis de la zone dangereuse en naviguant à vue.

La Federal Reserve

Aucune analyse du renflouement financier ne serait complète sans mentionner la Federal Reserve. Elle a participé à la plupart des opérations que je viens d'évoquer. Pour sauver les banquiers et leurs actionnaires comme pour stimuler l'économie, les États-Unis ont agi en engageant des dépenses publiques massives, mais la Federal Reserve a agi aussi : elle a plus que doublé son bilan (mesure de ses prêts) en l'espace de quelques mois ; celui-ci est passé de 942 milliards de dollars en septembre 2008 à plus de 2 100 milliards en septembre 2009[1].

Quand la crise s'est installée, Alan Greenspan est passé du rôle du héros qui avait réussi la «Grande Modération», la longue période des dix-huit années de son règne qui avait connu une croissance à peu près stable, à celui du méchant. L'opinion publique a été plus aimable pour son successeur, Ben Bernanke. En août 2009, quand le président Obama a annoncé qu'il le reconduirait pour un second mandat à la tête de la Federal Reserve, il a exalté le rôle joué par Bernanke dans le sauvetage du système financier, qu'il avait ramené du bord du gouffre. Il n'a rien dit, bien entendu, du rôle du même Bernanke pour l'amener au bord du gouffre. Comme je l'ai expliqué au chapitre 1, Bernanke avait laissé grossir la bulle. Il avait remplacé le «put Greenspan» – la promesse faite au marché qu'en cas de difficultés la Federal Reserve renflouerait – par le «put Bernanke». Cette garantie avait contribué à la bulle et à l'excès de risque. Et quand la bulle a éclaté, Bernanke a tenu parole.

---

1. Federal Reserve Bank, Tableau H.4.1, «Factors Affecting Reserve Balances», Washington, DC, en ligne à l'adresse <http://www.federal reserve.gov/releases/h41/>.

Aux premiers signes de problèmes, pendant l'été 2007, la Federal Reserve et la Banque centrale européenne ont fourni au marché des liquidités massives : la BCE a injecté 274 milliards de dollars dans les deux premières semaines d'août, et la Federal Reserve 38 milliards au début du même mois[1]. Puis celle-ci a participé activement aux renflouements qui ont suivi. Elle a étendu son rôle de «prêteur en dernier ressort» aux banques d'affaires[2]. Elle n'avait rien fait pour les empêcher de prendre des risques afin de prévenir l'explosion : elle laissait entendre que ces banques n'avaient aucun impact systémique ; mais, dès l'instant où l'incendie a commencé, elle n'a pas hésité à risquer l'argent des contribuables, des milliards de dollars[3]. (Si la Federal Reserve estimait qu'elle n'avait pas autorité pour réglementer les banques d'affaires tout en leur reconnaissant une importance systémique, elle aurait dû aller demander cette autorité au Congrès. Mais on ne peut s'étonner qu'elle n'ait pas sollicité le droit de réglementer : elle professait la philosophie de la déréglementation.)

Traditionnellement, la Federal Reserve achète et vend des bons du Trésor, des bons d'État à court terme. Quand elle en achète, elle injecte de l'argent dans l'économie, ce qui, normalement, fait baisser les taux d'intérêt. Quand elle en vend, elle produit l'effet inverse. Il n'y a aucun risque que les bons posent problème : ils sont aussi sûrs que l'État américain. La Federal

---

1. Voir European Central Bank, Monthly Bulletin, septembre 2007, p. 33, en ligne à l'adresse <http://www.ecb.int/pub/pdf/mobu/mb200709en. pdf>, et Federal Reserve Bank, Tableau H.4.1, «Factors Affecting Reserve Balances», Washington, DC, 16 août 2007, en ligne à l'adresse <http:// www.federalreserve.gov/releases/h41/20070816/>.

2. La Federal Reserve a étendu sa facilité de prêteur en dernier ressort juste après avoir laissé couler Bear Stearns, ce qui lui a valu des critiques : si l'extension avait eu lieu deux jours plus tôt, cette société aurait peut-être été sauvée.

3. Techniquement, la Federal Reserve est une institution indépendante. Néanmoins, elle inspire confiance non à cause de son capital, mais parce que tout le monde comprend que l'État américain est derrière elle. Tous les profits de la Federal Reserve vont au Trésor et toute perte éventuelle serait réglée par le Trésor.

Reserve consent aussi des prêts directs aux banques, et, en leur donnant de l'argent, elle leur permet de prêter à d'autres. Mais quand la Federal Reserve prête à une banque, elle exige en général un gage : des bons du Trésor. La Federal Reserve n'est donc pas une banque au sens habituel – elle n'évalue pas des solvabilités, même si, dans sa mission de contrôle des banques, elle est censée faire fermer celles qui risquent de ne pas pouvoir rembourser les dépôts, ou les obliger à augmenter leur capital. On la qualifie de «prêteur en dernier ressort» parce qu'il arrive que des banques «solvables» manquent de liquidités ; elles ne parviennent pas à obtenir de l'argent frais quand elles en ont besoin. La Federal Reserve leur fournit ces liquidités.

Quand la crise s'est développée, la Federal Reserve a inondé le marché de liquidités. Ce faisant, elle a fait descendre les taux d'intérêt à zéro. Son intention était d'empêcher la situation de s'aggraver, de faire en sorte que le système financier ne s'écroule pas. La faiblesse des taux d'intérêt n'a évidemment pas relancé l'économie. Les entreprises n'allaient pas se mettre à investir pour l'unique raison qu'elles pouvaient avoir de l'argent à meilleur prix. Mais un autre problème est apparu : après avoir reçu tous ces fonds, les banques n'avaient pas prêté davantage. Elles les avaient gardés, tout simplement. Elles avaient besoin de liquidités, et ce n'était pas le moment de multiplier les prêts[1].

Le crédit étant gelé, la Federal Reserve a joué un nouveau rôle : le prêteur en dernier ressort s'est fait prêteur en premier ressort. Les grandes entreprises lèvent souvent une grande partie de leurs capitaux en empruntant non aux banques mais «sur le marché» : elles vendent ce qu'on appelle des «billets de trésorerie». Quand ce marché s'est gelé aussi, de vénérables géants comme General Electric se sont trouvés dans

---

1. Il y a soixante-quinze ans, Keynes avait analysé un phénomène semblable, qu'il appelait la trappe à liquidités. Inonder d'argent l'économie ne fonctionne pas parce que les ménages vont simplement le conserver. Ici, on donnait des fonds aux banques et elles les gardaient.

l'impossibilité d'emprunter. Dans certains cas, dont celui de General Electric, c'était en partie parce que l'une des composantes de la firme avait consenti des prêts qui avaient mal tourné. Quand le marché n'a pas voulu de ces billets de trésorerie, la Federal Reserve les a achetés. Mais, en agissant ainsi, le banquier des banquiers est devenu celui de la nation. Or rien ne prouvait que la Federal Reserve eût la moindre compétence en évaluation des risques – c'était un métier entièrement différent de celui qu'elle avait exercé pendant les quatre-vingt-quatorze ans de son histoire.

Certaines des initiatives prises par la Federal Reserve pour aider à ressusciter les banques ont peut-être contrarié ce qui aurait dû être l'objectif principal de la politique monétaire : relancer le crédit. La Federal Reserve s'est mise à payer des intérêts sur les réserves que les banques avaient en dépôt chez elle – joli moyen de leur faire un gros cadeau à l'insu de tous ou presque, mais avec un effet secondaire : cela les encourageait à garder l'argent au lieu de le prêter (la Federal Reserve l'a elle-même reconnu par la suite, quand elle a dit que, s'il fallait freiner le crédit en raison d'une menace inflationniste, elle augmenterait les intérêts qu'elle payait sur les réserves).

La Federal Reserve (avec le soutien du Trésor) a bien sûr tenté de remettre en mouvement le marché des titres, par divers programmes de garanties et d'achats comme le TALF (Term Asset-Backed Securities Loan Facility, «Facilité de prêt garantie par des titres adossés sur des créances à terme»). Mais elle l'a fait sans examiner convenablement le problème de fond : l'une des grandes raisons du naufrage du marché des titres, ce sont les terribles défauts des modèles utilisés pour la titrisation. Puisqu'on n'a pratiquement rien fait pour réparer les modèles, l'idée même de relancer toute la machine devrait faire peur[1].

---

1. La Federal Reserve avait toutefois réussi à mettre sur son bilan une bonne partie des encours de crédits hypothécaires du pays. Si le risque de crédit est largement supporté par l'État (les emprunts hypothécaires qui étaient refinancés quand les taux d'intérêt baissaient étaient couverts par

Le risque d'inflation

Aujourd'hui, dans le monde entier, quand on voit monter la dette publique américaine et gonfler le bilan de la Federal Reserve, on craint une future inflation. Le Premier ministre chinois a exprimé ouvertement ses inquiétudes quant à la valeur des quelque 1 500 milliards de dollars que son pays a prêtés aux États-Unis. Il ne veut pas, et ses concitoyens non plus, que ces actifs durement gagnés ne vaillent plus rien. Le débiteur a une incitation évidente à laisser l'inflation ronger la valeur réelle de ce qu'il doit, peut-être pas dans un épisode spectaculaire de très forte hausse des prix, mais plus graduellement, sur dix ans, avec une inflation modérée, disons de 6 % par an. Cette érosion éliminerait les deux tiers de la valeur de la dette[1]. Les États-Unis disent qu'ils ne feront jamais une chose pareille, et les dirigeants des banques centrales semblent effectivement avoir un gène supplémentaire qui fait de la plupart d'entre eux des ennemis agressifs de l'inflation. La Federal Reserve explique qu'elle va gérer habilement l'économie en prélevant autant de liquidités qu'il faudra pour empêcher l'inflation. Tous ceux qui ont observé son action au cours des dernières décennies en sont moins sûrs.

Tant que le taux de chômage reste élevé, la déflation menace autant que l'inflation. La déflation est un risque grave : quand les salaires et les prix diminuent, les ménages et les entreprises ne peuvent pas rembourser leurs dettes. Il en résulte des défauts de paiement, qui fragilisent les banques, ce qui déclenche une

---

la Federal Housing Administration, Fannie Mae et Freddy Mac), la Federal Reserve assume le risque de taux d'intérêt. En dernier ressort, je l'ai dit, l'ensemble du risque est supporté par le contribuable.

1. En fait, il n'est pas si facile d'évacuer une grande partie de la dette publique par l'inflation ; la plupart des emprunts de l'État sont à court terme et, lorsque les craintes d'inflation montent, l'intérêt que l'État doit payer monte aussi. La peur de l'inflation risque de provoquer cette hausse des taux d'intérêt sans que l'inflation elle-même se concrétise. Dans ce cas, nous aurons payé le prix de l'inflation sans avoir bénéficié de ses avantages en termes de réduction de la dette ; celle-ci sera encore plus élevée à cause de l'augmentation des taux d'intérêt.

nouvelle spirale du déclin. La Federal Reserve est face à un dilemme. Si elle ponctionne des liquidités trop vite, avant que la reprise ne soit solidement établie, l'économie risque de sombrer dans une récession encore plus profonde. Si elle le fait trop lentement, il y a un risque réel d'inflation – surtout quand on pense à l'ampleur de l'excès de liquidités dans le système.

Cette recherche d'équilibre est d'autant plus difficile que les effets de la politique monétaire mettent des mois à se concrétiser pleinement – c'est pourquoi ceux qui la mènent disent souvent qu'ils doivent agir *avant* que l'inflation ne soit visible. Mais cela signifie que la Federal Reserve doit prévoir l'état de l'économie plusieurs mois à l'avance. Or ses prévisions successives dans cette crise ont été lamentables[1]. Mais même si elle avait un bilan plus crédible, nul ne sait avec certitude à quoi va ressembler la reprise *cette fois-ci*, puisque la récession en cours est si différente, et à tant d'égards, de toute autre de mémoire récente. Par exemple, la Federal Reserve a lesté son bilan d'actifs de qualité plus douteuse que par le passé. Si elle effectue traditionnellement ses opérations en bons du Trésor, c'est parce que leur marché est très vaste. Elle peut facilement acheter et vendre des bons pour plusieurs milliards de dollars, ce qui injecte de l'argent dans l'économie ou en ponctionne. Les marchés des autres actifs que la Federal Reserve a pris à bord sont beaucoup plus étroits. Elle peut vendre ces actifs (donc prélever de l'argent), mais si elle le fait trop vite leur prix va baisser, ce qui infligera de lourdes pertes au pauvre contribuable. Prenons les prêts hypothécaires. Au milieu de l'année 2009, la Federal Reserve en finançait l'immense majorité. Elle réussissait à maintenir des taux d'intérêt bas, inférieurs d'environ 0,7 %, selon certains calculs, à ce qu'ils auraient été sans elle. C'était important pour soutenir le marché du logement. Mais en septembre 2009 la Federal Reserve a fait savoir

---

1. Au printemps 2008, par exemple, quelques mois avant l'effondrement de l'économie, la Federal Reserve la voyait sur la route de la reprise. Un an plus tôt, elle avait dit que les problèmes du crédit *subprime* avaient été pleinement endigués.

qu'elle interromprait cette action à la fin de l'année 2010. Ce qui voulait dire que les taux d'intérêt des prêts hypothécaires allaient probablement augmenter, donc que tout prêteur qui accorderait, à l'ancien taux inférieur, un crédit à taux fixe allait subir une moins-value. Le sachant, les établissements privés s'abstenaient de consentir des prêts hypothécaires – ils ne voulaient pas supporter les pertes ; *de facto*, le financement de la Federal Reserve « évinçait » le secteur privé. Même si celle-ci n'essayait pas de vendre ses prêts hypothécaires, la valeur de marché de ces actifs allait baisser avec la hausse des taux d'intérêt à long terme que provoqueraient l'interruption de ces mesures extraordinaires et le retour des taux d'intérêt à court terme à des niveaux plus normaux[1].

Il existe cependant certaines méthodes qui permettraient à la Federal Reserve de décourager le crédit sans vendre ses prêts hypothécaires et sans avoir à reconnaître ces pertes (si elle se fixait ces objectifs). Ses dirigeants ont proposé, par exemple, de payer des intérêts plus élevés sur les dépôts des banques à la Federal Reserve pour encourager celles-ci à ne pas prêter – si la reprise faisait mine de tourner à la surchauffe. Mais c'est un instrument qui n'a guère été essayé : on n'a aucun moyen de connaître les effets précis d'une augmentation, disons, de 2 % des intérêts payés sur les réserves. De plus, ce moyen est coûteux pour l'État, et, avec le gonflement du déficit budgétaire, on ne peut ignorer ces coûts.

---

1. La Federal Reserve dira peut-être que, si elle conserve les prêts hypothécaires jusqu'à maturité, elle n'aura pas à supporter de pertes (sauf sur les prêts en défaut de paiement). Mais elle gagnera de faibles intérêts sur ces actifs – ce qui constitue un coût d'opportunité. C'est parce que le taux d'intérêt est faible que les investisseurs privés paieront ces actifs à un prix inférieur. Si la Federal Reserve était tenue d'utiliser la comptabilité *mark-to-market* (valorisation au prix de marché), il lui faudrait reconnaître cette perte. Comme elle ne l'utilise pas, la perte de revenu liée au coût d'opportunité passera à peu près inaperçue. Mais tous les profits de la Federal Reserve sont transmis au Trésor. S'ils sont en baisse, cela signifie donc que les impôts et/ou la dette nationale vont ensuite augmenter.

Si la Federal Reserve trouve *exactement* le bon équilibre, elle peut parvenir à gérer l'économie en n'ayant ni inflation ni récession. Mais je n'y compterais pas. Je pense que le risque de récession est supérieur à celui d'un épisode d'inflation : dans la marche à la crise, la Federal Reserve s'est montrée plus proche de la pensée de Wall Street que des préoccupations de Main Street, et dans les renflouements aussi. Il est probable qu'elle le restera[1].

Les marchés peuvent aider à l'ajustement – mais pas nécessairement d'une façon propice à la stabilité. S'ils s'inquiètent de l'inflation, les taux d'intérêt à long terme vont augmenter, et cela refroidira l'économie, tant directement, en réduisant la demande d'investissements à long terme, qu'indirectement, en incitant les banques à détenir des bons d'État à long terme au lieu de prêter[2]. Mais, comme nous l'avons vu, rien ne permet de croire que le marché soit capable de calibrer correctement sa réaction. Et cela complique encore la tâche de la Federal Reserve, car elle doit anticiper non seulement les taux d'inflation futurs et les réactions du marché à ces attentes inflationnistes, mais aussi la façon dont le marché va réagir à ce qu'elle va faire elle-même[3]. Raisonner sur la base des comportements

---

1. Il y a un seul argument dans l'autre sens : la Federal Reserve, reconnaissant qu'elle a éminemment contribué à créer la crise, ne voudra pas être accusée d'avoir plongé l'économie dans une nouvelle récession au moment où elle commençait à se rétablir.

2. Si les banques vont détenir des bons d'État à long terme, c'est en partie à cause de défauts dans les réglementations comptables et bancaires. Les réglementations bancaires considèrent ces bons comme sûrs, même s'il y a un risque de baisse de leur valeur – en cas de hausse des taux d'intérêt, par exemple, ce qui pourrait arriver si les anticipations inflationnistes se renforcent. Les banques sont autorisées à enregistrer le taux d'intérêt à long terme comme «revenu», sans faire aucune provision pour le risque de perte lié à la baisse du prix du bon d'État. (Si les marchés fonctionnent bien, la différence entre le taux à court terme et le taux à long terme est l'anticipation d'une baisse de prix.) Voir J.E. Stiglitz, *Quand le capitalisme perd la tête, op. cit.*

3. Ce qui compte, bien sûr, c'est la façon dont réagit l'investissement des entreprises, ce qui va dépendre à la fois de leurs croyances au sujet

passés ne mènera peut-être pas à des prédictions fiables. Les problèmes se situent à une échelle sans précédent et, puisque les acteurs du marché le savent, leur réaction aux initiatives de l'État sera peut-être différente. En un sens, le problème du surendettement est en partie passé du secteur privé à l'État (à la Federal Reserve et au Trésor). En tant que mesure à court terme face à la crise, cela avait peut-être un intérêt. Mais le problème du désendettement global de l'économie demeure.

La Federal Reserve : son action et sa gouvernance

La Federal Reserve a joué un rôle central dans tous les actes de cette pièce, de la création de la crise par la réglementation permissive et le laxisme monétaire à l'inefficacité face aux retombées de l'éclatement de la bulle[1]. Il y a eu des échecs dans les prévisions et dans l'action. Une grande partie de ce chapitre a été consacrée aux conséquences des opérations de sauvetage mal conçues qui ont suivi la faillite de Lehman Brothers.

On ne peut que se demander : comment expliquer ces échecs permanents ? La réponse réside en partie dans un

---

des taux d'intérêt réels (c'est-à-dire qu'une hausse des taux d'intérêt comptera moins si elles croient, au même moment, que l'inflation est en train d'augmenter) et des contraintes de crédit. On voit aisément que le processus décrit dans le texte provoque des fluctuations. Le marché réagit aux anticipations inflationnistes, ce qui fait monter les taux d'intérêt à long terme, et l'économie ralentit. La Federal Reserve desserre alors les freins, ce qui aggrave les anticipations inflationnistes. Les acteurs du marché financier, actuellement, ne croient pas que la Federal Reserve va réussir à gérer tout le processus en douceur, mais, dans la presse financière et chez les professionnels de Wall Street, on craint davantage, semble-t-il, une réaction insuffisante (un petit épisode d'inflation) qu'excessive (bien que, à l'heure où ce livre va sous presse, les anticipations inflationnistes révélées par les prix des TIPS – les obligations du Trésor indexées sur l'inflation – restent discrètes).

1. Pour une excellente description et évaluation détaillée de l'action de la Federal Reserve, voir David Wessel, *In Fed We Trust : Ben Bernanke's War on the Great Panic*, New York, Crown Business, 2009.

ensemble d'idées très spéciales, qui comprend, sans s'y limiter, cette croyance simple : les marchés fonctionnent toujours – et, puisqu'ils fonctionnent toujours, on n'a guère besoin de réglementer et pas grand-chose à craindre des bulles. Et si l'on se demande pourquoi ces idées très spéciales ont tant de poids, la réponse est en partie liée à la gouvernance de la Federal Reserve.

Des actifs dont les prix ne cessaient d'augmenter, cela voulait dire qu'on faisait la fête à Wall Street. L'une de ces fêtes que, selon l'optique traditionnelle, la Federal Reserve doit interrompre – car d'autres, inévitablement, devront payer le lendemain les pots cassés. Mais les présidents Greenspan et Bernanke ne voulaient pas jouer les trouble-fêtes ; il leur a donc fallu inventer une série d'arguments fallacieux pour expliquer leur inaction : les bulles, ça n'existe pas ; même s'il y en a une, on ne peut pas la repérer ; la Federal Reserve n'a pas d'instruments pour dégonfler une bulle ; de toute manière, elle est meilleure pour nettoyer après l'éclatement. (J'expliquerai au chapitre 9 ce qui est faux dans chacune de ces assertions.)

L'une des raisons pour lesquelles la Federal Reserve a réussi à ne pas subir les conséquences de ce comportement, c'est qu'elle n'avait directement de comptes à rendre ni au Congrès ni à l'exécutif. Elle n'avait pas à obtenir l'autorisation du Congrès pour risquer des centaines de milliards de dollars payés par le contribuable. C'est d'ailleurs l'une des raisons pour lesquelles les deux administrations se sont tournées vers la Federal Reserve : elles essayaient de contourner les procédures démocratiques parce qu'elles savaient que beaucoup de leurs initiatives étaient impopulaires.

Les dirigeants de banque centrale du monde entier ont répandu une doctrine : les banques centrales doivent être indépendantes des processus politiques. C'est un principe que de nombreux pays en développement, indépendants depuis peu, ont eu vraiment du mal à accepter : on leur explique l'énorme importance de la démocratie, mais, quand il s'agit de la politique macroéconomique et monétaire, celle qui a le plus d'impact sur la vie de leur population, on leur dit que ces sujets-là sont trop importants pour qu'on les laisse aux procédures démocratiques ordinaires. L'argument qui plaide pour l'indépendance, c'est qu'elle accroît la «crédibilité» de la Banque centrale : elle ne cédera pas à des exigences populistes en faveur d'une politique d'expansion, ce qui veut dire qu'il y aura moins d'inflation et plus de stabilité.

Au cours des derniers événements, certaines banques centrales indépendantes ont moins bien réussi que celles qui étaient plus directement responsables devant le pouvoir politique, peut-être parce que les secondes étaient moins sous la coupe des marchés financiers. Le Brésil et l'Inde, qui n'ont ni l'un ni l'autre une banque centrale pleinement indépendante, comptent parmi les pays qui s'en sont bien tirés; la Banque centrale européenne et la Federal Reserve ont été mauvaises.

La politique économique implique des arbitrages – des perdants et des gagnants – et on ne peut laisser ce genre de décisions aux seuls technocrates. Les technocrates peuvent trancher des problèmes comme le choix du programme informatique à utiliser, mais la politique monétaire demande d'arbitrer entre chômage et inflation. Les porteurs d'obligations se préoccupent de l'inflation; les salariés, de l'emploi. Un moment, certains économistes ont soutenu qu'à long terme il n'y avait pas d'arbitrage – qu'un taux de chômage trop faible susciterait une inflation de plus en plus forte. Même s'il n'y avait pas d'arbitrage à long terme, à court terme il y en a un; et nul ne connaît avec certitude le seuil critique du taux de chômage au-dessous duquel se déclenche l'inflation (dont le nom technique est «taux de chômage qui n'accélère pas l'inflation»), donc la politique retenue va déterminer qui supportera les risques.

Quelles que soient les opinions de chacun sur le vieux problème de l'indépendance des banques centrales, il devrait y avoir consensus sur un point. Quand la Banque centrale d'un pays entreprend un renflouement massif en risquant l'argent public, elle est engagée dans des actions qui relèvent de la responsabilité directe des autorités politiques et qui doivent s'accomplir dans la transparence. J'ai évoqué plus haut les cadeaux faits aux banques, sans transparence (et sans nécessité), dans le cadre du TARP. Ceux qui sont passés par la Federal Reserve ont été encore moins transparents, notamment les 13 milliards de dollars versés à Goldman Sachs et à des banques étrangères quand la Federal Reserve a renfloué AIG – information que celle-ci n'a révélée que sous la pression du Congrès. D'autres renflouements de la Federal Reserve (comme celui de Bear Stearns) ont été tout aussi opaques, et les contribuables ne connaissent toujours pas l'étendue des risques auxquels ils sont confrontés[1].

Malheureusement, la plupart des dirigeants de banque centrale sont naturellement issus de la tradition bancaire, fondée sur la prémisse du secret. Ceux dont la formation est plus universitaire – comme Mervyn King au Royaume-Uni – ont préconisé davantage d'ouverture. On a même fait valoir qu'une meilleure information accroît l'efficacité des marchés – il y a moins de surprises. Ben Bernanke a eu raison de plaider pour plus de transparence quand il a pris ses fonctions, mais, quand le besoin de transparence s'est accru, le champ de la transparence s'est contracté – et pour des raisons qu'on a vite comprises. Avec le temps, il devient toujours plus clair que le rôle du secret était de cacher de mauvaises décisions. Avec le secret, il ne peut y avoir aucune vraie responsabilité démocratique[2].

---

1. Le renflouement de Bear Stearns a été particulièrement complexe : la Federal Reserve a prêté de l'argent (dans un prêt pour l'essentiel sans recours, au nantissement de valeur incertaine) à JPMorgan Chase pour acheter Bear Stearns. Il apparaît qu'elle va subir des pertes importantes sur ce nantissement. À la date du 4 novembre 2009, la Federal Reserve avait déjà enregistré une perte de près de 10 %. (Voir Federal Reserve Statistical Release H.4.1, Factors Affecting Reserve Balances, 24 septembre 2009, en ligne à l'adresse <http://www.federalreserve.gov/releases/h41/Current/>.)

2. La Federal Reserve, je l'ai dit, se prétendait exemptée du Freedom of Information Act. Le 26 février 2009, Ron Paul a déposé devant le Congrès un projet de loi exigeant plus de transparence dans le fonctionnement de la Federal Reserve. (Voir Declan McCullagh, «Bernanke Fights House Bill to Audit the Fed», CBSNews.com, 28 juillet 2009.) Depuis, le soutien

Ces problèmes de gouvernance sont graves, mais ceux de la Federal Reserve Bank de New York sont encore pires, et elle a joué un rôle particulièrement important dans ce renflouement. Les dirigeants des banques de la Federal Reserve sont élus par leur conseil, lui-même composé de banques et d'entreprises de leur secteur géographique. Six des neuf directeurs sont élus par les banques elles-mêmes. Par exemple, l'un des directeurs de la Federal Reserve Bank de New York était Jamie Dimon, président, *chairman* et PDG de JPMorgan Chase, l'une des banques bénéficiaires de l'aide généreuse de la Federal Reserve[1]. Le PDG de la Citibank, autre banque aidée, était directeur quand Geithner a été élu. Comme on l'a vu au chapitre 2, les expériences d'autoréglementation de la Federal Reserve Bank de New York avaient été au mieux douteuses, mais, quand elle s'est mise à jouer un rôle crucial dans la conception des renflouements – les programmes où l'argent du contribuable court un risque –, les questions sur son aptitude à faire sa propre police se sont intensifiées.

S'il y a plus de surveillance et de responsabilité au Federal Reserve Board de Washington, le rôle qu'il a joué dans les renflouements devrait beaucoup inquiéter. Il a été l'instrument de dissimulation privilégié qu'ont utilisé les deux administrations Bush et Obama quand les renflouements sont devenus de plus en plus coûteux et le mauvais comportement des banques toujours plus clair. Le coût final et complet des renflouements et crédits

---

à l'idée d'un audit de la Federal Reserve a grandi. Le 19 novembre 2009, le Comité des services financiers de la Chambre des représentants a voté pour cet audit à une écrasante majorité.

1. JPMorgan Chase a aussi tiré profit du renflouement de Bear Stearns. Dans un autre cas de gouvernance douteuse, Stephen Friedman est devenu président de la Federal Reserve Bank de New York en janvier 2008 alors qu'il était simultanément membre du conseil de Goldman Sachs et possédait un grand nombre d'actions Goldman. Il a démissionné en mai 2009 après une controverse sur les conflits d'intérêts évidents (dont les achats d'actions, qui lui ont fait gagner 3 millions de dollars). Voir Hagan, «Tenacious G», art. cité, et Kate Kelly et Jon Hilsenrath, «New York Fed Chairman's Ties to Goldman Raise Questions», *Wall Street Journal*, 4 mai 2009, p. A1.

qui sont passés par la Federal Reserve, et l'identité de ceux qui ont reçu ces fastueux cadeaux, restent inconnus.

Pour conclure

L'ensemble des efforts successifs menés pour sauver le système bancaire a été mal orienté, en partie parce que les responsables de la panne – champions de la déréglementation, contrôleurs qui n'avaient pas réussi à contrôler, banquiers d'affaires – ont été chargés de la réparation. Tous (faut-il s'en étonner?) ont employé pour sortir le secteur financier de ses problèmes la même logique qui l'y avait plongé. Il s'était engagé dans des transactions opaques, souvent hors bilan, qui nécessitaient un endettement massif; il avait cru qu'on pouvait créer de la valeur en transférant des actifs et en les reconditionnant. La stratégie pour tirer le pays du chaos a été fondée sur les mêmes «principes». On a transféré des actifs toxiques des banques à l'État – ce qui n'a rien enlevé à leur toxicité. Les garanties opaques et hors bilan sont devenues monnaie courante au département du Trésor, à la Federal Deposit Insurance Corporation et à la Federal Reserve. L'endettement massif (officiel et dissimulé) est aujourd'hui une réalité dans les institutions publiques comme dans les entreprises privées.

Pour les principes de gouvernement, les conséquences ont été pires encore. La Constitution accorde au Congrès le pouvoir de contrôler les dépenses. Mais la Federal Reserve en a fait de son propre chef en sachant très bien que, si le nantissement qu'elle acceptait se révélait sans valeur, le contribuable la renflouerait. Qu'elle en ait eu le droit ou non, le problème n'est pas là : c'était une tentative délibérée pour contourner le Congrès, parce qu'elle savait que le peuple américain rechignerait à approuver de nouvelles largesses pour ceux qui avaient fait tant de mal et s'étaient si mal comportés.

Le gouvernement des États-Unis a fait pire qu'essayer de recréer le secteur financier d'hier : il a renforcé les banques trop-grandes-pour-faire-faillite; il a introduit un nouveau concept, trop-grand-pour-être-résolu; il a aggravé les problèmes d'aléa moral; il a accablé de dettes les générations futures; il a jeté sur le dollar l'ombre du risque d'inflation; et il a conforté les doutes de nombreux Américains sur l'équité fondamentale du système.

Les dirigeants de banque centrale, comme tous les humains, sont faillibles. Certains observateurs ont préconisé de fonder leur action sur la pure application de règles simples (comme le monétarisme ou le ciblage d'inflation[1]) afin de réduire les possibilités d'erreur humaine. On a cru que les marchés pouvaient s'autoréguler et que l'État ne devait donc pas s'en mêler, et le résultat a été la plus vaste intervention de l'État de l'histoire; le résultat des règles exagérément simples qu'a suivies la Federal Reserve a été de l'obliger à prendre des mesures plus discrétionnaires que toute autre banque centrale dans l'histoire. Elle a dû décider de la vie ou de la mort de chaque banque, sans même avoir pour la guider un ensemble clair de principes.

*

Plusieurs commentateurs[2] ont baptisé les renflouements massifs et les interventions de l'État dans l'économie «le socialisme aux caractéristiques américaines», un peu comme la Chine avance vers ce qu'elle appelle «une économie de marché aux caractéristiques chinoises». Mais, m'a fait remarquer un ami chinois, la formule est inexacte : le socialisme est censé *prendre soin* des gens. Le «socialisme à l'américaine» n'a rien fait de tel. Si l'argent avait été dépensé pour aider ceux qui perdaient leur maison, alors, peut-être, la définition aurait été juste. Mais ce qui s'est vraiment passé n'était qu'une version

---

1. Le monétarisme préconisait l'adoption d'un taux de croissance fixe de la masse monétaire; le ciblage d'inflation exige que les banques centrales relèvent les taux d'intérêt chaque fois que le taux d'inflation dépasse la cible.

2. Voir en particulier D. Wessel, *In Fed We Trust, op. cit.*

élargie de l'aide sociale aux entreprises, dans le grand style américain.

La crise actuelle a conféré à l'État un nouveau rôle : «porteur de risque en dernier ressort». Quand les marchés privés ont été au bord de l'effondrement, tous les risques ont été transférés à l'État. Son filet de sécurité aurait dû se concentrer sur la protection des particuliers ; mais on l'a élargi aux entreprises, parce qu'on a cru que ne pas le faire aurait des conséquences horribles. Une fois en place, on aura du mal à le retirer : les entreprises sauront que, si elles sont assez grandes et que leur chute menace suffisamment l'économie – ou si elles ont assez d'influence politique –, l'État supportera leur risque de faillite. C'est pourquoi il sera crucial d'empêcher les banques de grandir autant.

Le système politique américain a, malgré tout, encore une chance de rétablir un minimum de confiance à son égard. Oui, Wall Street a usé de sa puissance et de son argent pour s'acheter la déréglementation, vite suivie du renflouement le plus généreux de l'histoire de l'humanité. Oui, l'État a manqué la restructuration du système financier, qu'il n'a pas effectuée de façon à réduire les probabilités de nouvelle crise et à renforcer les institutions financières qui font vraiment leur travail – créer des emplois, gérer le risque et allouer le capital. Mais il lui reste encore la possibilité de re-réglementer, de corriger les erreurs du passé. Il est impératif de le faire vite : si un camp, celui des contribuables qui ont dû supporter l'essentiel des coûts de l'échec du secteur financier, risque de se désintéresser de ce combat dès qu'il y aura reprise économique, l'autre camp, celui des banques, aura alors toutes les raisons de continuer à se battre pour s'assurer le plus de liberté possible de faire des profits. Mais, puisque la structure du système financier s'est détériorée et que la gestion des renflouements a aggravé le problème d'aléa moral, la re-réglementation est encore plus nécessaire.

Au chapitre suivant, je vais évoquer la prochaine bataille de la guerre pour la réforme du système financier : la bataille de la réglementation.

CHAPITRE 6

La cupidité triomphe de la prudence

Excès de risque des banques, épidémie de conflits d'intérêts et fraude généralisée : ces phénomènes répugnants font surface chaque fois que les expansions s'effondrent, et la crise actuelle ne fait pas exception. Au lendemain du dernier grand boom, qui a conduit à la Grande Dépression, les architectes du New Deal se sont efforcés de régler ces problèmes insidieux en instituant une nouvelle structure de réglementation[1]. Mais on a la mémoire courte, et un demi-siècle, c'est long. Au moment où Ronald Reagan est devenu président, trop peu de vétérans de la Grande Dépression étaient encore là pour dispenser leurs mises en garde, et les livres d'histoire n'avaient pas suffi à inculquer les leçons de cette période. Le monde avait changé, du moins les nouveaux petits génies de la finance s'en étaient-ils eux-mêmes persuadés. Ils se pensaient tellement plus subtils, plus habiles technologiquement. Grâce aux progrès de la « science », on comprenait mieux le risque, ce qui avait permis l'invention de nouveaux produits pour le gérer.

---

1. La commission Pecora a été créée par le Comité de la banque et de la monnaie du Sénat le 4 mars 1932 afin de cerner les causes du krach boursier de 1929. Elle a découvert toute une série de pratiques abusives des banques et de leurs filiales, et, à la suite de ces constats, le Congrès a voté le Glass Steagall Banking Act de 1933, le Securities Act de 1933 (qui fixait des sanctions pour fausses informations dans les offres d'actions) et le Security Exchange Act de 1934 (qui instituait la US Securities and Exchange Commission, la SEC, pour réglementer les Bourses). S'inspirant de cet exemple, en mai 2009, le Congrès a créé la Commission d'enquête sur la crise financière pour mener des investigations sur la crise actuelle.

Dans l'initiation et la titrisation des prêts hypothécaires, on l'a vu, il n'y avait pas eu une «grosse erreur» unique mais une multitude de problèmes. De même, il y a eu de nombreux problèmes dans les banques américaines. Aucun n'aurait peut-être suffi à causer de sérieux dégâts, mais leur mélange était explosif. Personne n'a tiré la sonnette d'alarme, ni les investisseurs (censés surveiller leurs capitaux), ni les gestionnaires de fonds (censés surveiller l'argent qui leur a été confié), ni même les autorités de contrôle (auxquelles nous faisons confiance pour superviser le système financier dans son ensemble).

Le dogme du libre marché enjoignait de démanteler les anciennes réglementations, mais aussi de ne rien faire pour réagir aux nouveaux problèmes des marchés du XXIᵉ siècle, dont ceux des dérivés. Le département du Trésor et la Federal Reserve ont fait plus que s'abstenir de proposer des réglementations : ils ont résisté, avec une vigueur qui frisait parfois la brutalité, à toutes les initiatives dans ce sens. Dans les années 1990, le directeur de la Commodity Futures Trading Commission, Brooksley Born, avait préconisé d'introduire une réglementation – et on a pu en mesurer l'urgence en 1998, quand la Federal Reserve Bank de New York a renfloué Long Term Capital Management, fonds spéculatif dont la faillite (plus de 1000 milliards de dollars) avait failli détruire l'ensemble du marché financier mondial. Mais le secrétaire au Trésor Robert Rubin, son adjoint Larry Summers et Alan Greenspan s'y sont opposés avec acharnement – et l'ont emporté[1]. Puis, pour être bien sûrs que de futurs régulateurs ne retrouveraient pas la raison, les professionnels des marchés financiers ont lancé leurs lobbyistes dans une bataille ardente et victorieuse pour faire inscrire dans une loi que les dérivés resteraient non réglementés (le Commodity Futures Modernization Act de 2000).

Dans leur combat, ils ont utilisé la même tactique dont nous avons vu les banques faire usage pour obtenir leurs méga-renflouements, la même qui avait contribué à la reconduction

---

1. Voir Manuel Roig-Franzia, «Credit Crisis Cassandra», *Washington Post*, 26 mai 2009, p. C1.

de Greenspan quelques années plus tôt[1] : la tactique de la peur. Si les dérivés étaient réglementés, le capitalisme tel que nous le connaissons s'effondrerait. Il y aurait sur le marché des troubles d'une ampleur inouïe, et le risque ne serait pas efficacement géré. De toute évidence, les vrais croyants dans la force des marchés des capitaux les croyaient aussi extrêmement fragiles – ils ne pourraient pas survivre si l'on suggérait ne serait-ce qu'en chuchotant de changer les règles[2].

À l'heure où ce livre va sous presse, près de deux ans après le début de la récession, on a fait trop peu pour réformer les réglementations financières. On va faire quelque chose – mais il est pratiquement certain que ce sera moins que le nécessaire : peut-être assez pour nous aider à naviguer à vue, mais pas assez pour empêcher une nouvelle crise. Et il y a encore plus remarquable : on continue à déréglementer. Le Sarbanes-Oxley Act, voté au lendemain du scandale Enron pour assurer une meilleure gouvernance d'entreprise et protéger les investisseurs, vient d'être affaibli sur des points cruciaux[3]. Le sec-

---

1. Beaucoup ont été surpris qu'Alan Greenspan, dont la philosophie économique semblait diverger si radicalement de celle de Bill Clinton, ait été reconduit à la présidence de la Federal Reserve. Ses partisans au sein de l'administration Clinton (il inspirait encore un grand respect à de nombreuses personnes) ont utilisé la peur d'une tempête boursière risquant de faire chavirer une économie en voie de reprise pour obtenir le soutien du président malgré l'opposition de son équipe économique.

2. Quand j'étais président du Comité des conseillers économiques sous l'administration Clinton, j'ai participé à un comité qui comprenait tous les hauts responsables de la réglementation financière fédérale, notamment Greenspan et le secrétaire au Trésor Robert Rubin. Dès cette époque, il était clair que les dérivés constituaient un danger. Pourtant, malgré tous les risques, les partisans de la déréglementation qui dirigeaient le système financier – Federal Reserve comprise – ont décidé de ne rien faire, car ils craignaient trop que la moindre mesure ne gêne, par ses interférences, l'«innovation» du système financier. Ils semblaient penser que mieux valait nettoyer les décombres après l'accident qu'étouffer l'économie dans l'immédiat – le même argument qui servirait plus tard à justifier le refus de crever la bulle de l'immobilier.

3. Le 4 novembre 2009, le Comité des services financiers de la Chambre des représentants a approuvé un amendement à l'Investor Protection Act

teur est habile – quelles que soient les réglementations qui lui seront imposées, il imaginera des moyens pour les contourner. La réglementation doit donc être exhaustive et dynamique. Le diable est dans les détails. Et, avec des réglementations complexes et des autorités de réglementation «captives» de ceux qu'elles sont censées réglementer, il y a un risque que les détails donnent aux banques la capacité à continuer à peu près comme avant. C'est pourquoi les règles doivent être simples et transparentes, et la structure de réglementation conçue pour empêcher l'influence excessive des marchés financiers.

La nécessité de réglementer

La crise a clairement montré que l'autoréglementation – ce concept promu par le monde financier et qui me paraît en soi contradictoire –, ça ne marche pas. Nous avons déjà vu que les banques n'étaient plus capables d'évaluer leur propre risque. Quand Greenspan a fini par admettre qu'il y avait un défaut dans sa conception de la réglementation, il a donné l'explication suivante : les banques avaient vraiment mal veillé sur leurs propres intérêts[1]. Il ne pouvait croire qu'elles prendraient des risques qui mettraient leur existence même en danger, et

---

pour exempter les petites et moyennes sociétés (celles dont le capital est inférieur à 75 millions de dollars) de la section 404 du Sarbanes-Oxley Act. La section 404 exigeait que les sociétés donnent des informations sur l'efficacité de leurs contrôles internes, ce qui est essentiel pour la confiance des investisseurs. Arthur Levitt, ancien président de la Securities and Exchange Commission, a qualifié cette disposition de «Saint Graal» de la protection des investisseurs. Après le vote, Levitt a déclaré : «Tous ceux qui voteront pour ça porteront la marque de Caïn des investisseurs.» Voir Floyd Norris, «Goodbye to Reforms of 2002», *New York Times*, 5 novembre 2009, p. B1.

1. Au cours de l'audition du Comité de surveillance et de réforme de l'État de la Chambre des représentants sur «La crise financière et le rôle des régulateurs fédéraux», le 23 octobre 2008, Alan Greenspan a déclaré : «Je me suis trompé en supposant que l'intérêt personnel des organisations, en particulier des banques et autres, était tel qu'elles étaient les

il ne comprenait manifestement pas l'importance des incitations – qui encourageaient l'excès de risque.

Mais même si une banque gérait correctement ses *propres* risques, cela ne changerait rien au risque *systémique*. Le risque systémique peut exister sans qu'il y ait une seule banque d'importance systémique : il suffit que toutes les banques se comportent de la même façon – et elles l'ont fait, avec leur mentalité grégaire. Ce point est particulièrement important, puisqu'une bonne partie du débat en cours se concentre sur la réglementation des grandes institutions d'importance systémique. Celle-ci est nécessaire, mais pas suffisante.

Si toutes les banques utilisent des modèles semblables, un défaut du modèle peut les conduire toutes, par exemple, à faire de mauvais prêts – puis à s'efforcer de vendre ces prêts en même temps. Et c'est précisément ce qui s'est passé. Toutes les banques ont fait le pari qu'il n'y avait pas de bulle immobilière, que les prix immobiliers ne baisseraient pas. Toutes ont fait le pari que les taux d'intérêt n'augmenteraient pas, et que, même s'ils augmentaient, les emprunteurs resteraient capables de rembourser. C'étaient des paris stupides, et, quand les choses ont tourné autrement qu'elles l'avaient espéré, *toutes les banques* ont été en difficulté, sans parler du *système* lui-même.

Si une banque a un problème et doit liquider ses actifs, c'est facile. Quand de nombreuses banques ont un problème et doivent liquider des actifs semblables, les prix de ces actifs s'effondrent. Elles en retirent moins qu'elles ne l'avaient prévu et leurs problèmes s'aggravent de façon exponentielle. Ce type de «corrélation» – d'interdépendance entre les actes de banques différentes – n'était pas pris en compte par leurs modèles. Ce n'est pas le genre de choses que l'autoréglementation met en lumière. Mais *c'est* le genre de choses qu'un bon régulateur aurait prévu.

Normalement, la plupart des marchés fonctionnent relativement bien par eux-mêmes. Mais ce n'est pas vrai quand il y

---

plus capables de protéger leurs propres actionnaires et leur capital dans les entreprises. »

a des externalités, quand les actes d'une partie ont un impact négatif sur les autres. Les marchés financiers regorgent d'externalités. Leurs défaillances ont coûté extrêmement cher à la société et à l'économie. L'existence de la garantie des dépôts met en danger les contribuables si les banques prennent des risques exagérés, donc l'État doit veiller à ce que les banques qu'il assure restent prudentes. Le professeur Gerald Caprio du Williams College, qui travaillait avec moi à la Banque mondiale, disait souvent qu'il y avait deux types de pays : ceux qui garantissaient les dépôts en le sachant et ceux qui les garantissaient sans le savoir. En temps de crise, les États renflouent les banques, qu'il y ait ou non garantie des dépôts – c'est un truisme, la crise actuelle le montre assez. Mais si l'État va venir réparer les dégâts, il doit faire ce qu'il peut pour empêcher les accidents.

Tout au long de ce livre, j'ai souligné combien il était important de «peler l'oignon», d'aller voir ce qu'il y a derrière chaque erreur. Les marchés ont échoué, et la présence de grandes externalités est l'une des raisons de leur échec. Mais il y en a d'autres. J'ai dit et répété que les incitations étaient mal alignées – celles des dirigeants des banques n'étaient pas compatibles avec les objectifs d'autres parties prenantes et de la société en général. Il y a aussi l'information imparfaite des acheteurs d'actifs : l'une des fonctions sociales des marchés financiers est de collecter, évaluer et diffuser l'information, mais ils ont aussi le pouvoir d'exploiter les non-informés, et ils l'ont fait de façon impitoyable.

Avant la crise, Greenspan et les autres champions d'une réglementation minimaliste pensaient que, en dehors de l'autorégulation des institutions financières, l'État devait se concentrer sur la seule protection des petits investisseurs, et même dans ce cas ils croyaient de plus en plus au principe *caveat emptor*[1] – «c'est à l'acheteur de faire attention». Lorsqu'il est

---

1. Greenspan ne jugeait même pas nécessaires les lois contre la fraude. Selon Brooksley Born, ancien président de la Commodity Futures Trading Commission, il soutenait qu'«il n'y avait pas besoin de lois contre

devenu évident qu'il y avait des cas de crédit outrageusement prédateur, l'opinion courante était que les particuliers devaient se défendre eux-mêmes. Mais le vent a tourné : les coûts des fausses théories de la déréglementation ont été considérables et ont gagné l'ensemble de l'économie mondiale ; leurs avantages prétendus – une ère d'innovation – étaient une illusion. Dans ce chapitre, j'analyse les raisons pour lesquelles le secteur financier n'a pas fonctionné aussi bien qu'il aurait dû et certaines des réformes essentielles qu'il faut lui appliquer : amélioration des incitations et de la transparence, restrictions sur l'excès de risque, réduction du nombre de banques trop-grandes-pour-faire-faillite et mesures concernant certains des produits financiers les plus problématiques, dont les dérivés.

Les incitations perverses

Les banquiers (pour la plupart) ne sont pas nés plus cupides que les autres. Ils ont peut-être seulement davantage d'occasions de mal agir aux frais d'autrui, et des incitations plus puissantes à le faire. Quand les rémunérations privées sont bien alignées sur les objectifs sociaux, tout va bien ; quand elles ne le sont pas, les choses peuvent mal tourner. Normalement, dans les économies de marché, les incitations sont bien alignées. Par exemple, sur un marché concurrentiel, la somme supplémentaire que recevra une entreprise en produisant une tonne d'acier supplémentaire est le prix de l'acier, et la valeur d'une tonne supplémentaire d'acier pour ses utilisateurs est reflétée dans ce prix ; de même, ce qu'elle devra payer en plus pour produire une tonne supplémentaire d'acier est la valeur des intrants supplémentaires (minerai de fer, charbon, etc.) utilisés dans la production, qui est reflétée par le coût de ces intrants. C'est pourquoi, lorsque les entreprises maximisent

---

la fraude puisque, si un commis de Bourse en commet une, le client va le remarquer et cesser de travailler avec lui» (cité *in* M. Roig-Franzia, «Credit Crisis Cassandra», art. cité).

les profits, elles maximisent aussi, dans l'idéal, le bien-être social – la différence entre la valeur pour la société de ce qui est produit et la valeur des ressources utilisées dans la production. Sur les marchés financiers, en revanche, les incitations sont distordues, et souvent grossièrement.

Un exemple important de distorsion des incitations est la façon dont sont payés de nombreux cadres supérieurs – avec des stock-options, des options sur titre. Dans le secteur financier, un gros pourcentage des rémunérations est fondé sur les bonus, primes liées au revenu rapporté (les commissions). Les partisans de ces systèmes de rémunération soutiennent qu'ils incitent puissamment les cadres supérieurs à travailler dur. L'argument est mensonger, puisque ces derniers trouvent le moyen d'être bien rémunérés même quand l'entreprise est en difficulté. Il y a manifestement peu de rapport entre rémunération et résultats, et on en a eu un exemple éclatant lorsque les dirigeants de compagnies qui avaient subi des pertes record ont obtenu des bonus de plusieurs millions de dollars. Certaines entreprises sont même allées jusqu'à changer le nom des primes : les *performance bonuses* (primes de résultat) sont devenus des *retention bonuses* (primes pour conserver le dirigeant). Mais l'alpha et l'oméga, c'est que la rémunération est forte quand les résultats sont bons et quand ils sont mauvais[1].

Dans de nombreux secteurs où la «rémunération au résultat» avait été essayée, elle a été abandonnée depuis longtemps. Si les travailleurs sont payés sur la base d'un «salaire à la pièce» et qu'ils ont la moindre marge de manœuvre (c'est presque toujours le cas), ils fabriqueront les produits les plus lamentables qui puissent «passer» sans leur causer de problèmes. Ils sont payés sur la base de la quantité, pas de la qualité. Le même phénomène s'est répété tout au long de la chaîne

---

1. On a une belle illustration de l'indépendance des fortes rémunérations par rapport aux résultats : les bonus accordés par les banques en 2008, année de pertes record et de primes quasi record – dans les 33 milliards de dollars. (Six des neuf banques ont payé davantage en bonus qu'elles n'ont fait de profits.) Voir S. Craig et D. Solomon, «Bank Bonus Tab : $33 Billion», art. cité.

financière, et notamment dans cette crise, quand les courtiers en immobilier ont produit le plus de contrats de prêt possible – sans penser aux capacités de remboursement. Les banques d'affaires ont fabriqué le plus possible de produits complexes fondés sur ces crédits hypothécaires toxiques – parce que c'était pour ça qu'on les payait.

Les dirigeants rémunérés en stock-options avaient une incitation à faire tout ce qu'ils pouvaient pour que le cours de l'action de leur entreprise monte – y compris par la comptabilité «imaginative». Plus ce cours était élevé, mieux ils étaient payés. Ils savaient que plus les profits *annoncés* étaient élevés, plus les cours allaient monter, et ils savaient aussi qu'il était facile de tromper les marchés. L'un des moyens les plus simples d'augmenter les profits annoncés était de manipuler le bilan : d'une main on transférait hors bilan les pertes potentielles, de l'autre on y inscrivait les commissions lucratives. Les investisseurs et les autorités de contrôle avaient eu un avertissement – la comptabilité imaginative avait été la clé de nombreux scandales liés à la bulle des point-com (ou bulle technologique) à la fin des années 1990 –, mais il est clair qu'ils n'avaient pas retenu la leçon[1].

Dans les systèmes de rémunération incitative «surpuissante» de la finance, les banquiers partageaient les profits mais pas les pertes. Les bonus étaient fondés sur la performance à court terme – pas à long terme.

En fait, le secteur financier avait des incitations à prendre des risques qui associaient de fortes probabilités de rendement supérieur à la normale à de faibles probabilités de désastre. Et si l'on pouvait organiser les choses pour que les probabilités de désastre se situent plutôt dans un avenir lointain, tout allait

---

1. Les dirigeants qui ont défendu leurs manipulations comptables ont fait valoir que, lorsque les banques annonçaient des profits élevés, les actionnaires en tiraient bénéfice. Mais si certains actionnaires y ont gagné, d'autres y ont perdu, notamment ceux qui ont fait confiance aux chiffres falsifiés et ont conservé leurs actions pour de fausses raisons. La vérité allait finir par éclater et, quand elle l'a fait, il y a eu chute, parfois spectaculaire (comme pour la Citibank), du cours de ces actions.

pour le mieux. Le rendement net pourrait même être négatif, mais nul ne le saurait avant qu'il ne soit trop tard. L'ingénierie financière moderne donnait les outils nécessaires pour créer des produits répondant parfaitement à cette description.

Supposons que l'on puisse investir dans un actif sûr avec un rendement de 5 %. Les petits génies financiers concevaient un produit qui rapportait presque toujours 6 % – disons 90 fois sur 100. Par magie, ils semblaient avoir fait mieux que le marché, et de loin – 20 % de plus. Mais dans les 10 fois sur 100 qui restaient, on perdait tout. Le rendement (moyen) attendu était négatif : moins 4,5 %, loin au-dessous des 5 % de l'actif sûr. Le produit innovant présentait plus de risques et avait un rendement moyen plus faible que l'actif sûr. Mais, en moyenne, si les mauvais rendements n'apparaissaient qu'une année sur dix, il faudrait une décennie avant que le désastre ne se produise – longue période pendant laquelle les génies de la finance pourraient engranger les amples récompenses de leur aptitude stupéfiante à faire mieux que le marché.

Le désastre provoqué par ces incitations financières perverses nous apporte tout de même, à nous économistes, un peu de réconfort : nos modèles prédisaient qu'il y aurait des excès de risque et des comportements à courte vue, et ce qui s'est passé a confirmé ces prédictions. Nous avions du mal, en revanche, à débusquer dans l'« économie réelle » des résultats nettement supérieurs à la normale qui aient un lien avec ces innovations du marché financier. En fin de compte, les faits ont donné raison à la théorie économique. Le désalignement entre bénéfices sociaux et bénéfices privés était clair : les professionnels des marchés financiers étaient amplement rémunérés, mais ils avaient pris des risques si exceptionnels que, pour l'économie dans son ensemble, ils avaient inventé le *risque sans rémunération*.

La gouvernance d'entreprise

Les systèmes de rémunération incitative qui ont produit les incitations mal alignées n'ont bien servi ni les actionnaires ni le monde. Dans la période quinquennale 2004-2008, les profits nets de beaucoup de grandes banques ont été négatifs[1]. Un actionnaire ayant investi 100 dollars dans la Citibank en 2005 avait à la fin de l'année 2008 des actions valant 13,90 dollars.

En revanche, ces systèmes incitatifs ont bien servi les cadres dirigeants des banques ; certains d'entre eux avaient pu être assez fous pour conserver une grosse partie de leur fortune en actions bancaires, mais, même après avoir déduit les «pertes» de leurs profits sur le papier, beaucoup aujourd'hui sont riches, quelques-uns très riches.

S'ils ont pu agir ainsi impunément, c'est à cause de la mauvaise gouvernance d'entreprise. Les sociétés américaines (et celles de bien d'autres pays) ne sont que nominalement dirigées par les actionnaires. En pratique, pour l'essentiel, elles sont gérées par l'équipe de direction et à son profit[2]. Dans beaucoup d'entreprises où la propriété est largement dispersée entre des actionnaires disparates, c'est cette équipe qui nomme de fait la plupart des membres du conseil d'administration, et elle choisit naturellement les personnes susceptibles de servir le plus efficacement ses intérêts. Le conseil d'administration décide de la rémunération des dirigeants, et l'«entreprise» est généreuse pour les membres de son conseil d'administration. C'est une relation tout confort.

Dans le sillage du scandale Enron, afin d'améliorer la gouvernance d'entreprise, le Congrès a adopté une nouvelle loi prétendument sévère, le très critiqué Sarbanes-Oxley Act, entré en vigueur en juillet 2002. Les défenseurs du monde des

---

1. Les profits réunis des neuf plus grandes banques du début de l'année 2004 au milieu de l'année 2007 ont été de 305 milliards de dollars. Mais, depuis juillet 2007, ces banques ont réduit les valorisations de leurs prêts et d'autres actifs d'un montant légèrement supérieur. Voir Louise Story et Eric Dash, «Banks Are Likely to Hold Tight to Bailout Money», *New York Times*, 16 octobre 2008, p. A1.

2. Il y a des limites aux possibilités qu'ont les dirigeants d'abuser de leur position – les révoltes d'actionnaires et les OPA. Mais une vaste littérature économique explique pourquoi ces mécanismes n'ont qu'une efficacité réduite.

affaires se sont écriés que cette loi écrasait les entreprises sous des fardeaux accablants qui allaient les étouffer. Pour ma part, je lui ai reproché de ne pas aller assez loin[1]. Elle ne traitait pas comme il convenait les incitations perverses qui étaient à l'origine de tous les mauvais comportements décrits plus haut. Elle n'exigeait pas des entreprises qu'elles révèlent de façon claire et transparente ce qu'elles distribuaient en stock-options[2]. En effet, les règles comptables encouragent l'usage de ces options sur titre, qui permettent aux entreprises de verser de fortes rémunérations sans que leur coût total soit connu des actionnaires. En vertu du principe de conservation de la matière, lorsque la rémunération des cadres supérieurs augmente, c'est toujours aux dépens de quelqu'un d'autre – dans le cas des stock-options, par dilution des titres de propriété des autres actionnaires*.

Que les dirigeants aient une incitation à concevoir des structures de rémunération globale qui leur bénéficient et nuisent à d'autres – et à concevoir les outils pour le faire –, voilà qui est clair comme de l'eau de roche. Ce qui reste un mystère, c'est pourquoi les actionnaires ne l'ont pas compris. Les graves défauts de la gouvernance d'entreprise rendaient peut-être difficile de changer directement le comportement des dirigeants, mais les investisseurs auraient dû malgré tout «punir» les entreprises aux incitations perverses en faisant baisser le cours de leurs actions. Ils auraient pu lancer un avertissement, qui aurait peut-être modifié les comportements, mais ils ne l'ont pas fait[3].

---

1. Voir J.E. Stiglitz, *Quand le capitalisme perd la tête, op. cit.*

2. Arthur Levitt, l'ancien et respecté dirigeant de la SEC, a fini par conclure que ne pas avoir réglé la question des stock-options (dans le Sarbanes-Oxley Act) avait été l'une de ses erreurs cruciales. Voir Arthur Levitt, *Take On the Street : How to Fight for Your Financial Future*, New York, Random House, 2002.

* Le mécanisme de cette dilution est expliqué dans J.E. Stiglitz, *Quand le capitalisme perd la tête, op. cit.*, p. 163 *sq.* [NdT].

3. Peut-être les investisseurs n'ont-ils pas lancé d'avertissement parce qu'ils étaient trop souvent saisis par la même mentalité de «bulle» qui

Que faire ?

Réduire le champ des conflits d'intérêts et des comportements à courte vue et à haut risque est l'une des plus importantes séries de réformes à faire, pour une raison simple : si les banquiers ont de mauvaises incitations, ils feront tout pour contourner les autres réglementations. Une réforme simple pourrait changer considérablement la donne : fonder la rémunération sur les résultats à long terme et imposer la participation des banquiers aux pertes et pas seulement aux profits. Si des entreprises utilisent la « rémunération incitative », il faut que ce soit une *vraie* rémunération incitative – l'entreprise doit démontrer qu'il y a un rapport entre la rémunération et les résultats à long terme[1].

Mais, si l'on veut traiter efficacement les problèmes de structures d'incitation abusives et distordues, il faut réformer la gouvernance des entreprises – pour que ceux qui les gèrent aient davantage de comptes à rendre à ceux qui les possèdent[2]. Les actionnaires devraient avoir leur mot à dire dans la fixation des rémunérations (cela s'appelle le *say-on-pay**),

---

dynamisait Wall Street ; de plus, on ne saurait s'attendre à voir la plupart d'entre eux mieux comprendre le risque que les prétendus experts de Wall Street. Ils faisaient confiance à Wall Street. Il sera intéressant de voir combien de temps il faudra pour que cette confiance revienne.

1. L'une des conséquences involontaires d'une disposition fiscale de 1993 qui imposait une taxe supplémentaire sur les gros salaires sans lien avec les résultats a peut-être été d'encourager la mascarade de la rémunération au résultat. Cette mesure n'établissait pas de normes suffisantes permettant d'évaluer si la rémunération était vraiment liée aux résultats.

2. Le conflit sur la divulgation des stock-options offre un exemple de la divergence d'intérêts. Les actionnaires aimeraient savoir à quel degré la valeur de leurs actions est diluée par l'émission de ces options sur titre. Mais les entreprises (c'est-à-dire leurs dirigeants) ont résisté vigoureusement à toute amélioration des obligations d'information – qui aurait accru la transparence des émissions – parce qu'elles se rendaient compte que, si les actionnaires comprenaient à quel point la valeur de leurs actions était diluée, il y aurait des protestations contre l'envergure des rémunérations.

* Le *say-on-pay* est pratiqué dans certaines assemblées générales d'actionnaires, mais n'est pas imposé par la loi [*NdT*].

et les comptes des entreprises devraient au moins indiquer clairement les montants payés en stock-options et autres formes de rémunération cachée. On mesure l'état calamiteux de la gouvernance d'entreprise quand on sait que les firmes ont organisé une campagne pour s'opposer à des lois prévoyant un simple vote consultatif des actionnaires sur les rémunérations des dirigeants[1]. Les actionnaires sont les propriétaires nominaux de l'entreprise, mais ils n'ont même pas le droit de donner leur avis sur la rémunération de ceux qui, en principe, travaillent pour eux.

Le manque de transparence

Les critiques contre les marchés financiers commencent toujours par invoquer leur manque de transparence. *Transparence* est bien sûr un synonyme d'«information». Au lendemain d'une crise, c'est toujours une évidence qu'il y a eu un manque d'information : personne n'aurait placé son argent à Wall Street si l'on avait su qu'il faisait de si mauvais investissements. Mais il y a une grande différence entre l'information que chacun, avec le recul, aurait aimé avoir et le vrai manque de transparence. Nul ne peut jamais avoir toute l'information qu'il souhaiterait avant de prendre une décision. Le travail des marchés financiers est de chercher et de trouver l'information pertinente et, sur la base de ces données limitées, de porter des jugements sur les risques et sur les rendements.

Pour moi, le problème de la transparence est en réalité celui de la tromperie. Les banques américaines cherchaient activement à tromper : elles retiraient le risque de leur bilan pour que nul ne puisse l'évaluer correctement. L'échelle des

---

1. Le Shareholder Vote on Executive Compensation Act (Loi sur le vote des actionnaires à propos des rémunérations des dirigeants) a été adopté à la Chambre des représentants et transmis au Sénat en avril 2007 ; il s'est enlisé au Sénat et n'a jamais reçu force de loi. Voir Tomoeh Murakami Tse, «"Say-on-Pay" Movement Loses Steam», *Washington Post*, 6 mai 2008, p. D1.

fourberies commises est époustouflante. Lehman Brothers a pu annoncer, peu avant sa disparition, qu'il avait une valeur nette d'environ 26 milliards de dollars alors que le trou dans ses comptes approchait les 200 milliards de dollars[1].

Si les marchés fonctionnaient bien, les banques plus transparentes – et les pays plus transparents – pourraient avoir des capitaux à moindre coût. Il *devrait* y avoir des incitations de marché à ce type de transparence – un équilibrage des coûts et des avantages de la collecte, de l'analyse et de la publication de l'information supplémentaire. Mais les marchés, par eux-mêmes, sont apparemment incapables de fournir la juste dose de transparence ; c'est pourquoi l'État doit intervenir et *exiger* la divulgation de l'information[2].

Sans bonne information, les marchés ne peuvent pas bien fonctionner, et l'un des facteurs importants pour pouvoir fournir une bonne information est d'avoir de bons systèmes de comptabilité, afin que les acteurs du marché puissent interpréter – sérieusement – les chiffres qui leur sont donnés. Aucun système comptable n'est parfait : c'est pour cela que la comptabilité a suscité de telles controverses dans la crise actuelle[3].

---

1. Voir Jonathan Weil, « Lehman's Greatest Value Lies in Lessons Learned », Bloomberg.com, 11 juin 2008, et Jeffrey McCracken et Alex Frangos, « Lehman Considers Spinoff of Remnants », *Wall Street Journal*, 14 mai 2009, p. C1.

2. Ce sont les incitations des managers de la banque qui comptent ; or, comme nous l'avons vu, elles ne sont pas bien alignées sur celles des actionnaires. Il y a de fortes incitations managériales au manque de transparence. Voir A. Edlin et J.E. Stiglitz, « Discouraging Rivals : Managerial Rent-Seeking and Economic Inefficiencies », art. cité.

3. J'ai été déçu, il y a une quinzaine d'années, de voir des membres tant de l'administration Clinton (dont Robert Rubin) que du Congrès (dont le sénateur Joseph Lieberman) exercer une pression politique sur une institution en principe indépendante, le Financial Accounting Standards Board (FASB – Conseil des normes de comptabilité financière), afin qu'elle n'oblige pas les entreprises à inscrire convenablement leurs stock-options dans leurs comptes. Mais ce qui s'est passé dans cette crise est encore plus atterrant, puisque des membres du Congrès ont menacé d'annuler la décision du FASB s'il n'acceptait pas la détérioration des normes comptables exigée par les banques.

Aujourd'hui, la controverse principale porte sur le *mark-to-market*, la valorisation aux prix du marché : cette méthode consiste à inscrire dans le bilan les actifs d'une entreprise à leur valeur immédiate sur le marché (quand il y a un marché).

Selon certains professionnels de la finance, la comptabilité *mark-to-market* est coupable de tous leurs maux. Ah! s'ils n'étaient pas obligés d'inscrire que les crédits hypothécaires qu'ils détiennent ne seront probablement pas remboursés, leurs comptes auraient bien meilleure mine et personne n'y verrait que du feu. Les champions du fanatisme du marché, qui dissertaient sur les vertus de la «découverte du prix» – les merveilles de la détermination des prix par le marché –, avaient soudain perdu la foi. Quand les prix des crédits hypothécaires et des instruments complexes qu'on avait fondés sur eux se sont effondrés, ils ont soutenu que ce n'étaient pas de «vrais prix»; ils ne reflétaient pas la vraie valeur. Raisonnement qu'ils n'avaient jamais fait, bien sûr, pendant la bulle, mais à cette époque-là les prix élevés étaient synonymes de bonus élevés et permettaient de consentir de nouveaux prêts. Et ils n'ont évidemment pas proposé de rembourser leurs bonus quand les profits qui les justifiaient se sont révélés fictifs.

En réalité, les banques de dépôt n'étaient pas obligées de valoriser au prix du marché la plupart des actifs qu'elles détenaient à long terme. Avant mars 2009, elles étaient seulement tenues de dévaloriser les prêts hypothécaires qui étaient «compromis» – c'est-à-dire qui avaient de fortes probabilités de non-remboursement. Puis, dans une nouvelle initiative pour accroître l'opacité, on a élargi la liberté dont disposent les banques de ne pas dévaloriser de nombreux prêts hypothécaires *de ce type-là*[1]. De la valorisation aux prix du marché, elles sont passées à la valorisation aux prix de l'espoir. Cette

---

1. Le FASB a voté l'approbation de ce changement le 2 avril 2009. Voir Floyd Norris, «Banks Get New Leeway in Valuing Their Assets», Financial Accounting Standards Board, Résumé des décisions du Conseil, 2 avril 2009, en ligne à l'adresse <http://www.fasb.org/action/sbd040209.shtml>.

innovation a permis à certaines banques d'annoncer des profits bien supérieurs à ce qu'ils auraient été sans elle, mais elle a aussi réduit la confiance dans les chiffres que publiaient les banques et n'a fait que retarder l'assainissement de leur bilan.

(Ce ne fut pas la seule manifestation de la tendance à «blâmer» le messager pour avoir apporté les mauvaises nouvelles sur le triste état des bilans des banques. Quand la crise s'est développée, l'autre exigence des banques – outre l'abandon de la comptabilité *mark-to-market* – a été l'interdiction des ventes à découvert*. L'investisseur qui vend à découvert les actions d'une entreprise parie que leur cours va baisser. Quand de nombreux investisseurs croient qu'une entreprise va avoir de mauvais résultats et vendent ses actions à découvert, il est évident que le prix de ces actions baisse. La vente à découvert incite puissamment les acteurs du marché à débusquer la fraude et le crédit imprudent – certains pensent qu'elle a davantage contribué à mettre un frein à ces mauvais comportements que les autorités de contrôle de l'État. Mais dans la crise actuelle, je l'ai dit, les banques – qui d'ordinaire croient aux vertus du marché – ont perdu la foi ; elles voulaient bien que les investisseurs optimistes sur leurs perspectives puissent «voter» pour elles en achetant leurs actions, mais elles ne voulaient pas que leurs adversaires puissent s'exprimer de la même façon en vendant à découvert.)

Inévitablement, les banques étaient exagérément optimistes et elles avaient de fortes incitations à l'être. Tandis que la crise se développait, elles espéraient que le problème reposait seulement sur un accès de «pessimisme irrationnel». Si les gens avaient confiance, les prix de marché remonteraient. Malheureusement, la science économique ne soutient guère

---

* Dans une vente à découvert, le vendeur vend au prix actuel une action qu'il n'a pas et qu'il s'engage à livrer à une certaine date dans le futur. Il compte acquérir cette action juste avant de la livrer à l'acheteur. Si à ce moment-là le cours a baissé, il a donc gagné le montant de la baisse, et l'acheteur a perdu le même montant. Si l'action s'est au contraire valorisée, c'est l'acheteur qui gagne et le vendeur qui perd [*NdT*].

ce point de vue. La confiance est importante, mais les croyances, sentiments, désirs et aversions reposent sur des facteurs réels. La réalité de cette crise particulière est tout à fait claire : on a accordé de mauvais prêts, sur la base d'une bulle, à des personnes qui ne peuvent pas les rembourser. Les prix de marché sont imparfaits, mais ils représentent tout de même, dans l'ensemble, la meilleure information disponible sur la valeur des actifs. Il est certain que laisser aux banquiers le soin d'évaluer ces prêts n'a pas de sens. Ils ont toutes les incitations à fournir une information déformée, particulièrement quand la vraie pourrait suggérer que la banque est à court d'argent.

Néanmoins, avec des réglementations conçues de façon inadaptée, la comptabilité *mark-to-market* peut accentuer l'ampleur des fluctuations cycliques. Malgré tous les nouveaux produits flambant neufs, la crise actuelle, je l'ai dit, ressemble de près à beaucoup d'autres qui se sont produites dans le passé : une expansion excessive du crédit, fondé sur un nantissement immobilier. Dans les bonnes périodes, les valeurs des actifs sont trop élevées, gonflées par une bulle. Puisque les emprunteurs ont l'air plus riches, la banque peut leur prêter davantage. Pendant le boom, les défauts de paiement sont rares et la banque fait de gros profits, donc elle a aussi les moyens de prêter davantage. Lorsque les marchés se «corrigent», les prix baissent, les défauts de paiement augmentent et la banque ne peut plus et ne veut plus prêter autant qu'avant. Quand les banques réduisent le crédit, l'économie souffre. Il y a donc davantage de prêts non remboursés et la valeur des actifs baisse encore plus. La comptabilité *mark-to-market* impose plus de discipline aux banques : quand la valeur de son portefeuille de prêts diminue parce que les taux de défaut de paiement augmentent, la banque doit admettre qu'elle n'est pas aussi riche qu'avant et cela signifie qu'elle doit soit resserrer davantage le crédit, soit lever plus de capital. Mais, dans une récession, la seconde option est souvent exclue. Donc la comptabilité *mark-to-market*, semble-t-il, peut conduire à accentuer les fluctuations du crédit.

Mais le problème n'est pas la valorisation aux prix du marché, c'est la façon dont on s'en sert. Les autorités de contrôle auraient dû permettre, en proportion de la valeur du capital de la banque, un niveau de crédit inférieur dans les bonnes périodes afin de tempérer l'euphorie et la bulle, et un niveau supérieur dans les mauvaises[1].

Il y a d'autres problèmes faciles à corriger dans la comptabilité *mark-to-market*. L'un réside dans le fait que ses zélotes l'ont poussée trop loin et n'ont pas compris ses limites – parmi lesquelles les usages différents que l'on fait de l'information comptable. Par exemple, dans la comptabilité *mark-to-market*, les banques estiment aussi leurs dettes aux prix du marché. Quand le marché juge qu'une banque va faire faillite, la valeur de ses obligations chute et la banque va donc enregistrer une plus-value. C'est absurde : la banque a l'air de faire un profit pour l'unique raison que tout le monde croit qu'elle est sur le point de disparaître. Pour les banques qui ont des dépôts à la demande – où ceux qui ont prêté leur argent peuvent le réclamer à tout moment –, on souhaite une valorisation prudente des actifs. On veut savoir si la banque peut satisfaire à ses obligations. Si elle vend ses actifs (ce qu'elle ne peut faire qu'au prix du marché), aura-t-elle des fonds suffisants[2] ?

Au chapitre précédent, nous avons vu qu'une mauvaise comptabilité avait laissé supputer le problème des caisses d'épargne, ce qui avait alourdi le coût final du renflouement. Dans la crise de 2008, en assouplissant les normes comptables, l'État nous conduit sur la même voie. Il espère que, cette fois-ci, le pari de la résurrection va payer. Peut-être, mais probablement pas[3].

---

1. Autoriser moins de crédit en proportion de la valeur du capital des banques pendant les bonnes périodes et davantage pendant les mauvaises, c'est ce qu'on appelle des normes contracycliques d'adéquation des fonds propres. Les réglementations de ce genre sont parfois nommées «réglementations macroprudentielles».

2. Une comptabilité valorisant pleinement aux prix du marché pourrait, dans ce cas, donner une certaine indication du retour sur investissement (moyen) attendu pour les actionnaires, en reconnaissant qu'en moyenne ils paieront aux porteurs d'obligations moins qu'ils ne l'avaient promis.

3. D'autres problèmes de comptabilité peuvent déformer le comportement. Après la crise des caisses d'épargne, on a naturellement exigé que les banques conservent davantage de capital (cela se reproduit

Dans la crise actuelle, l'éloignement de la valorisation aux prix du marché a eu un effet particulièrement négatif : dissuader les banques de réaménager les prêts hypothécaires, ce qui retarde la restructuration financière dont l'économie a tant besoin[1]. Si elles remettent à plus tard la modification de ces crédits, *peut-être* les prix remonteront-ils et les prêts seront-ils remboursés. Probablement pas. Mais peut-être, dans l'intervalle, auront-elles récupéré assez d'argent en commissions[2] ; et l'écart énorme entre les taux auxquels elles prêtent et celui qu'elles paient pour avoir de l'argent leur permettra peut-être de gérer les pertes quand elles devront enfin les reconnaître[3].

---

actuellement), mais, puisque les bons d'État à long terme étaient considérés comme sûrs, on leur demandait moins de capital si elles en détenaient. À l'époque, ces bons à long terme avaient un rendement bien supérieur aux taux des dépôts ou aux bons d'État à court terme, et les banques pouvaient inscrire sur leurs livres ce rendement supérieur comme un profit, bien qu'il reflétât l'anticipation d'une baisse des prix des obligations (une moins-value). Ce «traitement de faveur» comptable a provoqué dans les portefeuilles des banques un virage vers les bons d'État à long terme aux dépens des prêts, ce qui a contribué à la récession économique de 1991. Voir J.E. Stiglitz, *Quand le capitalisme perd la tête, op. cit.*

1. En fait, les anciennes normes comptables (celles d'avant avril 2009) n'étaient pas si rigoureuses. Elles n'imposaient pas aux banques une valorisation aux prix du marché pour tous leurs actifs, mais seulement, je l'ai dit, pour certains actifs «compromis», des prêts qui étaient «en impayé». Cela avait un sens – infiniment plus de sens que de laisser aux banques toute latitude pour dire : bon, si nous les gardons assez longtemps, peut-être qu'ils seront vraiment parfaits. Le fait est que, selon toutes les données, de plus en plus de crédits hypothécaires allaient avoir des problèmes – sauf renflouement massif. Le programme de l'État sur les prêts hypothécaires apportait une aide, mais insuffisante, sûrement pas suffisante en tout cas pour justifier le nouveau système de valorisation aux prix de l'espoir.

2. Les établissements gestionnaires des prêts hypothécaires, auxquels incombe la responsabilité de gérer leur restructuration, ont des incitations particulièrement distordues. En différant la saisie, ils peuvent s'assurer des commissions, rentrées d'argent qui s'effectuent, en fin de compte, aux dépens du porteur du premier prêt. Voir à ce sujet l'analyse du chapitre 4.

3. Il y a d'autres problèmes : ne pas utiliser la comptabilité *mark-to-market* expose l'économie à des risques inimaginables. Ne pas valoriser

Que faire ?

L'assouplissement des normes comptables en avril 2009 a été un pas dans la mauvaise direction : il faut réaffirmer l'attachement à la comptabilité *mark-to-market*, à la valorisation aux prix du marché, mais en soignant davantage les règles et la façon dont on les utilise. Si la banque veut expliquer qu'elle est plus optimiste que le marché, elle est libre de le faire, et si les investisseurs sont convaincus, ainsi soit-il.

Trafiquer les livres de comptes pour cacher aux investisseurs ce qui se passe – en exagérant le revenu – devrait être aussi illégal que les trafiquer vis-à-vis du fisc – en minorant le revenu. Aucun des tours de passe-passe « hors bilan » du passé ne doit plus être autorisé. Si payer les dirigeants avec des stock-options n'est pas entièrement interdit, il faut imposer aux banques qui le font d'élargir leur capital et de payer plus cher la garantie des dépôts. Au strict minimum, il doit y avoir une publicité totale des stock-options : il faut en finir avec la fiction d'une rémunération des dirigeants qui tomberait comme la manne du ciel, sans sortir des poches des actionnaires.

Enfin, la transparence, pour être sérieuse, doit régner partout. Si l'on autorise certains canaux à rester dans l'ombre,

---

aux prix du marché, c'est inciter toutes les banques au pari. Supposons qu'une banque puisse garder des actifs sur ses livres à leur prix d'achat jusqu'au moment où elle les vend, et qu'elle inscrive alors le prix auquel ils ont été vendus. Elle aurait une incitation à acheter des actifs à haut risque, dont certains vont se valoriser fortement et d'autres se dévaloriser. Il lui serait alors facile de déformer artificiellement la valeur apparente de son portefeuille d'actifs en vendant ceux qui se sont valorisés et en gardant aussi longtemps qu'elle le pourra ceux qui se sont dévalorisés. Si l'on dit à la banque qu'elle n'est tenue de valoriser aux prix du marché que les actifs qui se négocient largement, elle est incitée à acheter des actifs qui ne se négocient pas largement – ce qui lui donne plus de liberté pour pratiquer une comptabilité non transparente. Le problème n'est pas seulement que la valeur sur le livre de comptes est une déformation de la valeur réelle, mais qu'il y a des conséquences : les systèmes de comptabilité défectueux créent des distorsions du crédit et de l'investissement en encourageant des excès de risque et l'achat d'actifs difficiles à évaluer.

c'est là que se concentreront toutes les activités nocives. De vastes portions du capital mondial passent par des paradis du secret comme les îles Caïmans – qui ne sont pas devenues un centre bancaire de 2 000 milliards de dollars parce que l'air y est particulièrement favorable à ce métier[1]. Il existe dans le système mondial de réglementation des «failles» qui ont été délibérément créées pour faciliter le blanchiment d'argent, l'évasion fiscale, l'évasion réglementaire et d'autres activités illicites. Après le 11 septembre, l'État a empêché qu'elles offrent un abri sûr au financement du terrorisme, mais il a fait trop peu pour réduire leur usage à d'autres fins sordides[2].

Complexité : il faut plus que de la transparence

La complexité en soi a joué un rôle aussi important dans cette crise que le manque de transparence. Les marchés financiers avaient créé des produits si complexes que, même si l'on en avait connu tous les détails, personne n'aurait pu pleinement comprendre le risque qu'ils impliquaient. Les banques disposaient sur elles-mêmes de toute l'information et de

---

1. U.S. Government Accountability Office (GAO), «Cayman Islands : Business and Tax Advantages Attract US Persons and Enforcement Challenges Exist», Report to the Chairman and Ranking Member, Comité des finances du Sénat, GAO-08-778, juillet 2008.

2. On a fait quelques progrès pour réduire l'usage du secret bancaire dans les centres financiers «offshore», et les récentes réunions du G-20 suggèrent que d'autres pourraient suivre. Sur un problème crucial, l'échange automatique d'informations, on a trop peu avancé. Et si les efforts ont surtout ciblé l'évasion fiscale, on ne fait pas grand-chose contre les autres usages nuisibles du secret bancaire (comme le fait qu'il offre un refuge sûr à l'argent volé par des dictateurs corrompus). De plus, alors que l'attention se concentre sur les îles offshore, l'indice du secret bancaire récemment élaboré par le Tax Justice Network révèle que les États-Unis, la Grande-Bretagne et Singapour comptent parmi les pires contrevenants. Voir Michael Peel, «Leading Economies Blamed for Fiscal Secrecy», *Financial Times online*, 30 octobre 2009, et Tax Justice Network, «Financial Secrecy Index», 2009, en ligne à l'adresse <http://www.financialsecrecyindex.com>.

toutes les données pertinentes, et pourtant elles ne pouvaient pas déterminer leur propre position financière.

L'évaluation des produits complexes n'était pas faite par les marchés, mais par des ordinateurs utilisant des modèles qui, quel que fût leur degré de complexité, ne pouvaient évidemment pas embrasser toute l'information pertinente[1]. Il s'est avéré qu'ils négligeaient d'inclure certains ingrédients très importants; or, inévitablement, leurs «résultats» dépendent des postulats et des données qu'on y intègre (voir le chapitre 4). Par exemple, des modèles où l'on avait prêté peu d'attention au risque de baisse des prix et au risque corrélé de défaut de paiement pouvaient aboutir à des évaluations tout à fait aberrantes – avec des changements d'évaluation prononcés quand les probabilités de défaut montaient en flèche.

La nécessité même de ces nouveaux instruments n'est pas évidente. Le système financier avait toujours eu des produits qui répartissaient et géraient le risque. Celui qui voulait un actif très sûr achetait un bon du Trésor. Celui qui voulait prendre un peu plus de risques pouvait acheter une obligation d'entreprise. Les parts de capital (les actions) étaient encore plus risquées. Il y avait des risques contre lesquels on pouvait s'assurer auprès des compagnies d'assurances – la mort d'un membre clé du personnel ou un incendie. On pouvait même se protéger contre le risque d'une augmentation du prix du pétrole. Avec la nouvelle gamme de produits sur le risque, selon ceux qui en faisaient l'article, on allait «gérer le risque en finesse». En principe, ces nouveaux instruments pouvaient améliorer la gestion du risque et même réduire les coûts de transaction. Mais, en pratique, ils permettaient de faire des paris plus gros et plus risqués avec de moins en moins de capital.

L'un des objectifs des modèles informatiques était de maximiser, disons dans un très mauvais prêt *subprime*, la fraction

---

1. L'impossibilité pour un planificateur central d'effectuer de tels calculs était l'un des thèmes principaux de mon livre *Whither Socialism?*, Cambridge, MA, MIT Press, 1994, rédigé au moment de l'effondrement du système soviétique.

de ce crédit qui pouvait obtenir la note AAA, puis la note AA, etc., afin de maximiser le montant de ce qu'on pouvait gagner en découpant en tranches fines ce prêt hypothécaire qui, sans une telle alchimie, aurait eu sans appel un F – la note la plus basse. Cela s'appelait la notation à la marge, et la solution était encore plus de complexité.

Les banques, nous l'avons vu, n'aiment pas la transparence. Un marché pleinement transparent serait très concurrentiel, et, avec une concurrence intense, il y aurait une pression à la baisse sur les commissions et sur les profits. Les marchés financiers ont délibérément créé des produits complexes parce que c'était un moyen de réduire la transparence effective tout en respectant les règles. La complexité a rendu possibles des commissions plus élevées, et les banques ont vécu de la hausse des coûts de transaction. Avec ces produits «sur mesure», comparer les prix devenait plus difficile et la concurrence était réduite. Cela a marché un moment, ne serait-ce qu'en rapportant davantage de profits aux banques. Mais la complexité a également causé la perte du secteur financier. Nul n'a jamais montré que le gain d'efficacité ainsi créé dans l'absorption du risque parviendra jamais, même de loin, à indemniser l'économie, et le contribuable, des dégâts créés dans le même temps.

La prise de risque débridée

Le 12 novembre 1999, le Congrès a voté le Gramm-Leach-Bliley Act (Financial Services Modernization Act), couronnement de plusieurs années d'efforts intenses de lobbyisme de la part des banques et des sociétés de services financiers pour réduire la réglementation dans leur secteur. Impulsée au Congrès par le sénateur Phil Gramm, la loi réalisait un objectif de longue date des grandes banques : l'abrogation du Glass-Steagall Act.

Au lendemain de la Grande Dépression, l'État s'est posé la question de ce qui l'avait causée et a pris des dispositions pour empêcher son retour. La structure de réglementation qu'il a mise en place a bien servi le pays et le monde : elle a régné sur une période de stabilité et de croissance sans précédent. Le Glass-Steagall Act de 1933 était une pierre angulaire de cet édifice. Il séparait les banques de dépôt (qui prêtent de l'argent) et les banques d'affaires (qui organisent la vente des obligations et des actions), afin d'éviter les conflits d'intérêts évidents qui surgissent quand la même banque émet des actions *et* prête de l'argent.

Le Glass-Steagall Act avait un second objectif : garantir que ceux à qui l'on confiait l'argent des simples citoyens dans les banques de dépôt ne prendraient pas le même type de risque que les banques d'affaires – qui visent essentiellement à maximiser la rentabilité des grandes fortunes. De plus, préserver la confiance dans le mécanisme des paiements était si important que, dans la même loi, l'État accordait la garantie des dépôts à ceux qui mettaient leur argent dans les banques de dépôt. Puisque le Trésor public était engagé, l'État voulait que les banques de dépôt restent prudentes. Ce n'était pas la culture des banques d'affaires.

Les réglementations du temps de la Grande Dépression ne convenaient peut-être pas au XXIe siècle. Dans ce cas, ce qu'il fallait faire, ce n'était pas démanteler le système réglementaire existant, mais l'adapter aux nouvelles réalités, dont le risque accru que faisaient courir les dérivés et la titrisation. À ceux qui s'inquiétaient des problèmes existant avant le Glass-Steagall Act, problèmes qui avaient conduit au vote de cette loi, les partisans de l'abrogation répondaient : «Faites-nous confiance!» Ils allaient créer des murailles de Chine – des barrières insurmontables entre les deux activités – pour garantir que les conflits d'intérêts n'apparaîtraient plus. Quelques années plus tard, les scandales comptables ont montré que leurs murailles de Chine étaient si basses qu'on les enjambait facilement[1].

---

1. En tant que président du Comité des conseillers économiques de 1995 à 1997, je m'étais vigoureusement opposé à l'abrogation du Glass-Steagall Act. Étant économiste, j'avais sûrement une dose salubre de confiance – confiance dans le pouvoir des incitations économiques. J'ai

La conséquence la plus importante de l'abrogation du Glass-Steagall Act a été indirecte. Quand banques d'affaires et banques de dépôt ont été réunies, la culture des banques d'affaires l'a emporté. Il y a eu une demande pour le type de rendement élevé que l'on ne pouvait obtenir que par de gros effets de levier et de grosses prises de risque. Une autre conséquence est claire : un système bancaire moins concurrentiel et plus concentré, dominé par des banques toujours plus massives. Dans les années qui ont suivi l'adoption de la loi Gramm, la part de marché des cinq plus grandes banques est passée de 8 % en 1995 à 30 % aujourd'hui[1]. L'un des signes distinctifs du système bancaire américain avait été son haut niveau de concurrence, avec une multitude de banques qui servaient des localités et des niches de marché différentes. Cette force, on était en train de la perdre, tandis que de nouveaux problèmes apparaissaient. En 2002, l'effet de levier des grandes banques d'affaires était de 29 contre 1 : autant dire que, si la valeur des actifs baissait de 3 %, elles n'existaient plus. La Securities and Exchange Commission (SEC), en ne faisant rien, se prononçait en faveur des vertus de l'autoréglementation – l'idée bien spéciale selon laquelle les banques peuvent efficacement assurer leur propre police. Puis, dans une décision controversée d'avril 2004, on leur a donné, apparemment, encore plus de liberté, puisque certaines banques d'affaires ont porté leur effet de levier à 40 contre 1. Les autorités de contrôle semblent avoir cru elles aussi, comme les banques d'affaires, qu'avec de meilleurs modèles informatiques on pouvait mieux gérer le risque[2].

---

fait remarquer que, si les champions de l'abrogation du Glass-Steagall Act construisaient vraiment des murailles de Chine, la plupart des « économies d'envergure » – les prétendus bénéfices de la fusion des banques de dépôt et des banques d'affaires – seraient perdues.

1. Federal Deposit Insurance Corporation, Summary of Deposits, 15 octobre 2009, en ligne à l'adresse <http://www2.fdic.gov/SOD/sod Summary.asp?barItem=3>.

2. Certains, comme l'ancien responsable de la SEC Lee Pickard, considèrent que le changement introduit en 2004 dans la règle de 1975 est au

Que faire ?

Il est facile de réduire la prise de risque excessive : restreignons-la et donnons aux banques des incitations contre elle. Interdire aux banques d'utiliser des structures d'incitation qui encouragent l'excès de risque et les contraindre à se montrer plus transparentes fera déjà beaucoup. Exiger que celles qui s'engagent dans des activités à haut risque augmentent considérablement leur capital et paient à l'État de grosses primes pour la garantie des dépôts sera efficace aussi. Mais d'autres réformes sont nécessaires : il faut limiter bien davantage l'effet de levier (et l'ajuster au cycle des affaires) et imposer des restrictions sur les produits particulièrement risqués (comme les CDS évoqués plus haut).

Après ce que vient de vivre l'économie, il est clair que l'État fédéral doit rétablir une version révisée du Glass-Steagall Act. Il n'a pas le choix : dès l'instant où une institution bénéficie des avantages d'une banque de dépôt – dont les garanties de l'État –, il faut limiter sévèrement sa capacité à prendre des risques[1]. Les conflits d'intérêts et les problèmes sont trop nombreux pour autoriser la fusion des activités des banques de dépôt et des banques d'affaires. Les bienfaits de l'abrogation du Glass-Steagall Act promis par ses partisans se sont révélés illusoires, et les coûts plus élevés que même ses adversaires ne

---

cœur de l'échec. La SEC soutenait que sa nouvelle règle « renforçait la surveillance ». Rétrospectivement, au vu des problèmes qu'ont connus tant de banques d'affaires, cette assertion paraît peu convaincante. Voir Julie Satow, « Ex-SEC Official Blames Agency for Blow-up of Broker-Dealers », *New York Sun online*, 18 septembre 2008. Pour la position contraire, voir le discours d'Erik R. Sirri, directeur de la Division des transactions et marchés de la SEC, 9 avril 2009, en ligne à l'adresse <http://www.sec.gov/news/speech/2009/spch040909ers.htm>.

1. Certains ont préconisé de mettre en œuvre cette idée sous une forme extrême, qu'on appelle la « banque étroite » : les institutions de dépôt n'auraient le droit d'investir, par exemple, qu'en bons du Trésor. Les fonctions des banques de dépôt ordinaires – comme le crédit aux PME – sont essentielles au bon fonctionnement d'une économie de marché. Je crois que des synergies naturelles naissent de l'association de ces activités de prêt avec le système de paiement.

l'avaient imaginé. Les problèmes sont particulièrement graves dans le cas des banques trop-grandes-pour-faire-faillite. Au vu du comportement récent de certaines banques d'affaires, pour lesquelles le *trading* est redevenu une source majeure de profit, il paraît impératif de rétablir le Glass-Steagall Act au plus vite. L'empressement avec lequel toutes les grandes banques d'affaires se sont faites «banques de dépôt» à l'automne 2008 est alarmant : elles voyaient venir les cadeaux de l'État fédéral et, de toute évidence, elles étaient persuadées qu'on n'imposerait guère de restrictions à leurs prises de risque. Elles avaient désormais accès au guichet de la Federal Reserve et pouvaient donc emprunter à un taux d'intérêt quasi nul ; elles se savaient protégées par un nouveau filet de sécurité ; mais elles pouvaient poursuivre sans fléchir leurs gros paris. Cette situation doit être jugée totalement inacceptable.

Trop grandes pour faire faillite

Toutes les grandes banques américaines, nous l'avons vu, sont devenues trop grandes pour faire faillite ; et, sachant qu'elles l'étaient, elles ont pris des risques, comme la théorie économique le prédisait. J'ai montré au chapitre 2 que les administrations Bush et Obama ont introduit un nouveau concept : elles ont soutenu que certaines banques étaient trop grandes pour être résolues (ou restructurées financièrement) – c'est-à-dire trop grandes pour que l'on puisse utiliser les procédures normales qui obligent les actionnaires à supporter les pertes et transforment les créanciers – les porteurs d'obligations – en actionnaires. Au lieu de recourir à ces procédures, l'État est intervenu, assurant *de facto* (sans aucune prime) les porteurs d'obligations et les actionnaires, et détruisant toute discipline de marché.

Il y a une solution évidente pour éviter les banques trop grandes pour faire faillite : les diviser. Si elles sont trop grandes pour faire faillite, elles sont trop grandes pour exister. Autoriser le maintien de ces institutions gigantesques ne pourrait se justifier que si leur démantèlement faisait perdre d'importantes économies d'échelle ou d'envergure – autrement dit, si ces institutions étaient tellement plus efficaces que les plus petites qu'il serait très coûteux de restreindre leur taille. Je n'ai vu aucune preuve de cela. En fait, c'est le contraire qui est prouvé : ces institutions trop-grandes-pour-faire-faillite, trop-grandes-pour-être-résolues-financièrement, sont aussi trop grandes pour être gérées. Leur avantage compétitif vient de leur pouvoir de monopole et des subventions implicites de l'État.

Cette idée n'a *rien* d'extrémiste. Mervyn King, le gouverneur de la Banque d'Angleterre, l'a exprimée avec presque les mêmes mots : « Si l'on pense que certaines banques sont trop grandes pour faire faillite, [...] alors c'est qu'elles sont trop grandes[1]. » Paul Volcker, ancien président de la Federal Reserve, a été le coauteur d'un rapport publié en janvier 2009 et qui formule aussi cette idée :

> *Il est presque inévitable que la complexité d'une large part de l'activité de marché du capital propre et le besoin que ressentent ses propriétaires de maintenir ces activités confidentielles limitent la transparence pour les investisseurs comme pour les créanciers. [...] En pratique, toute approche doit admettre que l'étendue de ces risques, la volatilité potentielle et les conflits d'intérêts seront difficiles à mesurer et à contrôler. L'expérience démontre que, dans des situations tendues, les ressources du capital et du crédit seront détournées pour couvrir des pertes, ce qui affaiblit la protection des intérêts des clients. Les conflits d'intérêts complexes et inévitables entre clients et investisseurs peuvent être aigus. De plus, dans la mesure où ces activités du capital propre sont menées par des sociétés supervisées par l'État et protégées du plein impact d'une faillite potentielle, il y a un élément fort de concurrence inéquitable avec les*

---

1. Discours du 17 juin 2009, *op. cit.*

institutions «indépendantes». [...] [Et] est-il réellement possible, avec toutes les complications, tous les risques et les conflits potentiels, que le conseil d'administration et l'équipe dirigeante les plus dévoués puissent comprendre et contrôler un éventail d'activités aussi diverses et complexes[1] *?*

Volcker met l'accent sur l'une des réformes cruciales pour les grandes banques garanties par l'État : il faut restreindre leurs transactions en «capital propre» – les paris qu'elles font pour leur propre compte en sachant qu'il y a un butoir de l'État s'ils tournent mal. Il n'y a aucune raison de fusionner ces risques. Cependant, maintenant que les grandes banques sont devenues encore plus grandes, d'autres problèmes se posent : quelques-unes ont, de fait, une «information d'initiés» dont elles peuvent profiter. Elles savent en particulier ce que sont en train de faire beaucoup d'autres acteurs du marché, et elles peuvent utiliser cette information pour réaliser elles-mêmes des gains aux dépens des autres. En créant un «terrain de jeux inégal», elles ont simultanément deux effets sur le marché : elles lui imposent des distorsions et elles minent la confiance qu'on a en lui. De plus, elles bénéficient d'un avantage injuste quand elles émettent des CDS et d'autres produits de type «assurance». La faillite d'AIG a fait mieux prendre conscience de l'ampleur du «risque de contrepartie», la possibilité qu'apparaisse une situation où l'assureur est en défaut de paiement. Mais cela confère un gros avantage aux grandes banques, puisque chacun sait qu'elles ont de fait la caution de l'État. Ce n'est peut-être pas un hasard si la part des grandes banques dans les émissions de CDS est si importante.

Il en résulte une dynamique malsaine : les grandes banques ont sur les autres un avantage compétitif qui ne repose pas sur une force économique réelle mais sur les distorsions induites

---

1. Groupe des Trente, *Financial Reform : A Framework for Financial Stability*, 15 janvier 2009, en ligne à l'adresse <http://www.group30.org/pubs/recommendations.pdf>.

par la garantie implicite de l'État. Avec le temps, le risque existe d'avoir un secteur financier de plus en plus distordu.

Les grandes banques ne sont pour rien dans le dynamisme que peut avoir l'économie américaine. Les synergies tant vantées de la fusion entre diverses composantes du secteur financier ont été un fantasme ; on voit mieux aujourd'hui les échecs de gestion et les conflits d'intérêts. Bref, il y a peu à perdre et beaucoup à gagner à diviser ces mammouths. Les activités qu'elles ont mêlées à leur métier – compagnies d'assurances, banques d'affaires, tout ce qui n'est pas absolument essentiel à la fonction centrale d'une banque de dépôt – doivent leur être enlevées.

Le processus de démantèlement risque d'être lent, et de se heurter à une résistance politique. Même en cas d'accord de principe pour limiter la dimension des banques géantes, il peut y avoir des faiblesses dans sa mise en œuvre. C'est pourquoi il faut attaquer sur trois plans : diviser en plusieurs morceaux les institutions trop-grandes-pour-faire-faillite ; restreindre énergiquement les activités autorisées à toute grande institution restante ; calibrer la garantie des dépôts et les règles d'adéquation des fonds propres pour « égaliser le terrain de jeux ». Puisque ces institutions imposent de plus gros risques à la société, on doit leur faire obligation d'avoir davantage de capital et de payer plus cher la garantie des dépôts[1]. Toutes les

---

1. Il n'est pas raisonnable d'obliger les banques qui ont réellement fait leur travail de banques à payer les coûts des pertes des banques trop-grandes-pour-faire-faillite. Ce n'est ni juste ni efficace. Si la Federal Deposit Insurance Corporation (FDIC) garantit les obligations, tous les déposants, dont ceux qui ont mis leur argent dans de bonnes banques, sont de fait contraints de supporter, au minimum, une partie du coût des erreurs des banques engagées dans l'excès de risque. Ces banques trop-grandes-pour-faire-faillite doivent payer ce coût, par exemple sous la forme d'un impôt spécial sur leurs profits, leurs distributions de dividendes, leurs bonus et les intérêts qu'elles paient sur leurs obligations. (Si nous pouvions prendre un engagement crédible de ne pas renflouer les porteurs d'obligations – pour le démontrer, il faudrait laisser les porteurs d'obligations actuels boire la tasse –, nous pourrions nous passer du dernier point ; avec l'attitude actuelle de l'État, il ne faut pas.)

réglementations évoquées jusqu'ici doivent être appliquées à ces institutions avec encore plus de rigueur. En particulier, il ne faut pas les autoriser à avoir des structures d'incitation de leur personnel (notamment de leur personnel de direction) qui encouragent l'excès de risque et la vue courte[1]. Les restrictions imposées à leurs activités peuvent se traduire par des profits faibles pour les grandes banques – mais c'est normal. Leurs profits élevés d'hier étaient dus à une prise de risque aux dépens des contribuables américains.

Il faut forcer les banques trop-grandes-pour-faire-faillite à revenir au métier fastidieux de la banque traditionnelle. Il y a quantité d'autres établissements – des compagnies plus petites et plus agressives, des sociétés financières qui ne reçoivent pas de dépôts et qui ne sont pas assez grosses pour que leur faillite puisse détruire toute l'économie – qui peuvent jouer les rôles risqués que ces banques se sont attribués.

Quand Teddy Roosevelt a préconisé pour la première fois une législation antitrust en décembre 1901, les inquiétudes qui le motivaient concernaient autant la puissance politique que les distorsions du marché. On n'a guère de preuves,

---

À l'heure où ce livre va sous presse, les grandes banques résistent à toute idée visant à leur imposer des charges supplémentaires. Elles affirment qu'elles vont bien se conduire, qu'elles n'auront pas à solliciter l'aide de l'État et qu'il serait injuste de leur faire payer les erreurs de celles qui ne gèrent pas bien le risque. Un projet prévoit d'imposer des charges aux banques qui doivent être renflouées. Mais le fait est que, d'ordinaire, quand il y a des renflouements, c'est l'État qui doit mettre de l'argent dans les banques ; il lui reste peu d'argent susceptible d'être prélevé, comme l'illustrent les pertes qu'il va subir dans le renflouement actuel. L'État, je l'ai dit, a dû à de multiples reprises renflouer les banques, et, tant qu'il n'imposera pas de réglementations suffisamment fortes pour que les faillites deviennent un mauvais souvenir, il doit imposer des charges aux banques trop-grandes-pour-faire-faillite. Il est évident que cela fait partie des frais de gestion du système financier. L'équité et l'efficacité exigent que ces coûts soient assumés par les banques – et non par les contribuables.

1. Nul ne doit avoir droit à la moindre activité hors bilan. Plus loin dans ce chapitre, je décris un produit particulièrement risqué, le CDS (*credit default swap*), et la façon dont il faut le réglementer.

d'ailleurs, qu'il ait compris l'analyse courante des économistes sur la distorsion de l'allocation des ressources que crée le pouvoir de monopole. Même si les banques trop-grandes-pour-faire-faillite n'avaient aucun moyen de faire monter les prix (la condition cruciale dans l'analyse antitrust moderne), il faudrait les démanteler. L'évidente capacité des grandes banques à bloquer tant de réformes nécessaires en matière de réglementation prouve assez le pouvoir qu'elles exercent, et montre qu'il importe d'agir.

L'une des excuses avancées *a posteriori* par la Federal Reserve et le secrétaire au Trésor Henry Paulson afin de se justifier d'avoir laissé Lehman Brothers faire faillite a été qu'ils n'avaient pas l'autorité juridique nécessaire pour faire autrement. Puisqu'il était clair depuis si longtemps que Lehman Brothers était au bord de la faillite, ont-ils aussi soutenu à l'époque, ils estimaient que le marché avait eu amplement le temps de se protéger. Mais, selon la même logique, n'ayant pas l'autorité juridique nécessaire, ils ont eu amplement le temps de la demander au Congrès. Les mesures sans précédent qu'ils ont prises dans le cas d'AIG, deux jours plus tard seulement, suggèrent que ce «manque d'autorité juridique» n'était rien d'autre que la meilleure justification qu'ils aient pu trouver une fois que leur première ligne de défense avait cédé (ils avaient d'abord dit que la disparition de Lehman ne faisait peser aucune menace systémique). Si la rumeur de la mort de Lehman circulait depuis des mois, il est clair que le système ne s'était pas immunisé contre cette éventualité; mais – et c'est plus remarquable – ni la Federal Reserve ni le Trésor ne semblent en avoir pris conscience.

Quoi qu'il en soit, l'une des réformes nécessaires est de donner à la Federal Reserve et au Trésor une autorité plus claire pour «résoudre» les institutions financières dont la faillite risque de mettre l'économie en danger. Néanmoins, si c'est une réforme nécessaire, elle ne change rien au problème de fond – l'existence même de ces institutions trop-grandes-pour-être-résolues – et ne répond pas davantage à la question : *que faire?* Si ces institutions financières sont trop grandes pour être résolues ou si elles sont en position de persuader une administration crédule que c'est le cas, quelle que soit l'autorité juridique de l'État, elles le tiennent à leur merci. La seule «solution» sera de déverser l'argent du contribuable pour les maintenir en activité.

Mais les problèmes sont plus profonds. La taille n'est pas le seul facteur qui compte, il y a aussi les liens entre les établissements. On a pu craindre que la faillite d'une société, même assez petite (comme Bear Stearns), ne déclenche des effets en cascade : le système financier est un tel entrelacs ! Les sociétés financières trop entremêlées pour être résolues ont le même avantage compétitif que celles qui sont trop-grandes-pour-être-résolues. (Les dérivés, dont il va être question ci-dessous, ont été l'une des innovations du système financier responsables de cet enchevêtrement excessif.)

Ce dont on a besoin, ce n'est pas seulement l'autorité de «résoudre», mais une action préventive. L'État doit pouvoir empêcher l'apparition de situations où des banques sont trop-grandes-pour-faire-faillite, trop-grandes-pour-être-résolues ou trop-entremêlées-pour-être-résolues. L'État doit pouvoir effectuer un choix sérieux – et non être «obligé» de faire ce qu'il s'est prétendu obligé de faire dans la crise actuelle : donner aux banques des fonds illimités en protégeant tant les actionnaires que les porteurs d'obligations[1].

Des innovations à risque : les dérivés

Les marchés financiers étaient innovants, mais pas toujours d'une façon qui renforçait la stabilité et la productivité de l'économie. Ils avaient des incitations à créer des produits

---

1. Les propositions de «testament de vie», plans concrets sur la façon de déboucler les transactions et de fermer les banques, sont un pas dans la bonne direction, mais ils ne suffiront probablement pas : la situation peut changer radicalement en quelques heures, et un plan qui, avant la crise, pouvait sembler susceptible de fonctionner ne fonctionnera pas pendant la crise.

complexes et non transparents, comme les titres de créance adossés à des actifs (CDO) : ils ont coupé en rondelles les crédits hypothécaires dans des titres, puis coupé en rondelles ces titres dans des produits toujours plus compliqués[1]. Comme les paris – la spéculation – sur le maïs, l'or, le pétrole ou les poitrines de porc ne leur donnaient pas assez de bonnes occasions de prendre des risques, ils ont inventé les produits «synthétiques», des dérivés fondés sur ces produits de base. Puis, dans un grand tourbillon d'ingéniosité métaphysique, ils ont inventé des produits synthétiques basés sur les produits synthétiques. Il était rarement démontré que ces nouveaux produits aidaient vraiment l'économie à bien gérer des risques importants, mais il était clair qu'ils fournissaient de nouvelles occasions d'en prendre et de gagner de fournissaient commissions.

Ces dérivés comptent parmi les innovations dont les professionnels des marchés financiers sont le plus fiers. Leur nom dit l'essentiel sur leur nature : leur valeur est *dérivée* d'un autre actif. Si l'on parie que telle action vaudra plus de 10 dollars lundi prochain, ce pari est un dérivé. Un pari sur la valeur de marché d'un pari selon lequel telle action vaudra plus de 10 dollars lundi prochain, c'est un dérivé fondé sur un dérivé. On pourrait inventer une infinité de produits de ce genre.

Les dérivés sont une épée à double tranchant. D'un côté, on peut les utiliser pour gérer le risque. Si Southwest Airlines craignait une hausse du prix du carburant, elle pouvait déjà

---

1. Ce livre ne peut pas entrer dans le détail de tous les instruments complexes qu'a créés le secteur financier – ni des problèmes qu'ils posent. Un produit financier en particulier a beaucoup retenu l'attention : les titres «à taux variables fixé par des enchères» – le taux d'intérêt à payer sur ces titres était déterminé chaque semaine lors d'une vente aux enchères. Mais, au début de l'année 2008, les enchères ont cessé de fonctionner et ce marché de 330 milliards de dollars s'est gelé. S'il existe quantité de témoignages sur les menées délictueuses des sociétés de Wall Street qui vendaient ces titres, obtenir réparation par le système judiciaire, notamment dans des procès en nom collectif, est au mieux lent et coûteux, ce qui laisse les investisseurs individuels supporter les pertes. Voir Gretchen Morgenson, «A Way Out of the Deep Freeze», *New York Times*, 8 novembre 2009, p. B1.

s'assurer contre ce risque en achetant du pétrole sur les marchés à terme, verrouillant ainsi au prix d'aujourd'hui du pétrole qu'on lui livrerait dans six mois. En utilisant les dérivés, Southwest peut, de la même façon, prendre une «police d'assurance» contre le risque d'une hausse de ce prix. Les coûts de transaction peuvent être légèrement inférieurs à ceux qu'impliquent les anciennes méthodes d'arbitrage, par exemple l'achat ou la vente de pétrole sur les marchés à terme.

De l'autre côté, comme l'a souligné Warren Buffett, les dérivés peuvent aussi être des armes financières de destruction massive, et c'est bien ce qu'ils sont devenus pour AIG, puisqu'ils l'ont détruit, et avec lui une bonne partie de l'économie. AIG vendait des «assurances» contre l'effondrement d'autres banques – type particι 'er de dérivé qu'on appelle un *credit default swap* (CDS). L'assurance peut être un métier très rentable, tant que l'assureur n'a pas à payer trop souvent. Elle peut être particulièrement rentable à court terme : l'assureur perçoit les primes et, tant que l'événement assuré ne se produit pas, il voit la vie en rose. AIG pensait avoir de l'argent par-dessus la tête. Quel était le risque que des grandes firmes comme Bear Stearns ou Lehman Brothers fissent jamais faillite? Même s'il y avait une possibilité qu'elles gèrent mal leur risque, l'État les renflouerait sûrement.

Les compagnies d'assurances sur la vie savent estimer leur risque avec exactitude. Elles ne savent pas combien d'années il reste à vivre à tel ou tel particulier mais, en moyenne, les Américains vivent soixante-dix-sept ans (l'espérance de vie actuelle à la naissance). Si une compagnie d'assurances assure un échantillon représentatif d'Américains, elle peut être relativement sûre que l'âge moyen des décès se rapprochera de ce chiffre. De plus, les compagnies d'assurances peuvent obtenir des données sur l'espérance de vie par métier, par sexe, par niveau de revenu, etc., et faire une prédiction encore meilleure sur celle de la personne qui veut s'assurer[1]. Enfin, à quelques

---

1. Comme je l'ai signalé, ce n'est pas vrai pour les saisies. Les compagnies d'assurances excluent souvent ce type de risque corrélé.

exceptions près (comme les guerres et les épidémies), les risques sont «indépendants» : les «probabilités de décès» d'une personne ne sont pas liées à celles d'une autre.

Mais estimer le risque de faillite d'une entreprise n'est pas la même chose qu'estimer une espérance de vie. Ce risque ne se réalise pas tous les jours et, nous l'avons vu, le risque d'une entreprise peut être très fortement corrélé à celui d'une autre[1]. AIG croyait comprendre la gestion du risque. Il n'y comprenait rien. Il émettait des CDS qui lui faisaient obligation de procéder à des paiements gigantesques et simultanés – plus d'argent que n'en possédait même la plus grande compagnie d'assurances du monde. Puisque ceux qui achetaient l'«assurance» voulaient être sûrs que l'autre partie pouvait payer, ils exigeaient que la compagnie d'assurances dépose de l'argent (un nantissement) en cas de baisse du prix de l'obligation assurée – en effet, cette baisse suggérait que le marché anticipait un risque de faillite plus élevé. Ces obligations de nantissement, AIG ne pouvait pas les honorer, et ce sont elles qui ont fini par le tuer.

Les CDS ont joué un rôle nocif dans la crise actuelle pour plusieurs raisons. Puisqu'ils n'évaluaient pas correctement la capacité du vendeur de l'assurance à tenir sa promesse, ses acquéreurs n'achetaient pas seulement une assurance : ils faisaient un pari. Certains de ces paris étaient très spéciaux et créaient des incitations perverses. Aux États-Unis et dans la

---

1. Il y a une autre différence fondamentale entre l'achat d'une police d'assurance contre le décès d'une personne et celui d'une police contre la mort d'une entreprise : l'ampleur de l'asymétrie d'information. Dans le cas de l'assurance sur la vie, la compagnie d'assurances et l'assuré ont accès à la même information concernant l'espérance de vie. Le second peut avoir un léger avantage informationnel – il sait s'il présente certains types de comportements à risque qui peuvent raccourcir son espérance de vie. Dans le cas de la mort d'une entreprise, celle-ci a très probablement une bien meilleure information sur ses perspectives en affaires que la compagnie d'assurances, et elle n'achètera donc pas la police si la compagnie fixe une prime qui reflète une surestimation trop importante de sa probabilité de faillite. C'est ce qu'on appelle le problème de sa sélection négative.

plupart des autres pays, une personne ne peut pas acheter une assurance sur la vie d'une autre, sauf si elle a un intérêt économique à le faire (cela s'appelle l'«intérêt assurable»). Une épouse peut acheter une assurance sur la vie de son mari; une entreprise, sur la vie d'un membre important de son personnel. Mais si Bob prend une police d'assurance sur la vie de Jim, qui ne lui est rien, cette police crée l'incitation la plus perverse : Bob a intérêt à hâter la mort de Jim.

Si une institution financière prenait une police d'assurance sur la vie de Lehman Brothers, elle avait, pour les mêmes raisons, une incitation à voir Lehman mourir prématurément[1]. Tout joueur ou groupe de joueurs assez important pour manipuler le marché disposait de quantité d'armes pour ce faire, et cet arsenal n'a fait qu'augmenter avec la complexification des marchés financiers. Les marchés des CDS étaient étroits, et il était donc facile de faire baisser le prix – ce qui suggérait qu'il y avait une forte probabilité de faillite. Cela pouvait déclencher des conséquences en cascade. Le cours de l'action allait probablement baisser. Celui qui s'était mis en position «courte» sur le titre – qui avait parié sur la baisse du cours et le vendait à découvert – allait faire un profit; celui qui, en face, lui achetait le titre allait subir une perte. Il pouvait y avoir toute une série de contrats (semblables à ceux d'AIG) exigeant que Lehman augmente ses nantissements. Cela pouvait déclencher une panique, une vague de retrait des fonds, chez ceux qui lui avaient confié des dépôts non garantis (et, dans le cas de Lehman, ils étaient tous non garantis). La banque pouvait alors se trouver confrontée à une crise de liquidités. Ses probabilités de faillite avaient *vraiment* augmenté : l'attaque menée

---

1. Comme tant d'autres initiatives des marchés financiers, leurs efforts pour gérer le risque n'ont pas seulement échoué, mais ont parfois été contre-productifs; de fait, en créant un réseau complexe de conflits d'intérêts et d'enchevêtrements juridiques, ils ont accru le risque. Lorsque l'État donnait de l'argent à une banque pour en acheter une autre, peut-être renflouait-il autant la première que la seconde si la première était tenue de payer de grosses sommes à des tiers en cas de faillite de la seconde.

contre elle *via* les CDS était, en un sens, une prophétie capable de s'autoréaliser.

Les dérivés ont éminemment contribué à amplifier la crise par un autre mécanisme important. Les grandes banques ne mettaient pas au net leurs positions en dérivés, elles ne les annulaient pas dans leurs comptes. La banque A parie 1 000 dollars avec la banque B que le prix du pétrole va monter de 15 dollars l'année suivante. La semaine d'après, elle décide de renoncer à ce pari. Le moyen direct de le faire est de payer une commission pour se dégager de son obligation, mais ce serait beaucoup trop simple. Donc elle préfère monter une seconde transaction dans laquelle c'est la banque B qui accepte de lui payer 1 000 dollars au cas où le prix du pétrole augmenterait de 15 dollars l'année suivante. Si le prix du pétrole augmente effectivement, il ne se passera rien ; ce sera comme si on avait annulé la première transaction. C'est vrai *tant qu'aucune des deux parties ne fait faillite*. Les acteurs n'ont pas mesuré l'importance du risque de contrepartie – le risque de voir l'une des deux banques faire faillite. Si la banque A sombre, la banque B lui doit malgré tout 1 000 dollars dans le cas où le prix du pétrole serait monté de 15 %, mais la banque A, elle, ne doit rien à B – ou, plus exactement, elle lui doit cet argent mais ne peut le payer. Les deux transactions ne s'annulent pas nécessairement.

Quand on a demandé aux banquiers pourquoi ils n'annulaient pas directement les transactions au lieu de les compenser par d'autres – ce qui les avait exposés à des risques de l'ordre de plusieurs milliers de milliards de dollars –, ils ont répondu : « Nous ne pouvions pas imaginer un défaut de paiement. » Pourtant, ils achetaient et vendaient des *credit default swaps* sur les grandes banques, et ceux-ci reposaient sur la prémisse qu'il y avait un risque de défaut de paiement. Nouvel exemple de l'incohérence intellectuelle omniprésente sur ces marchés.

Les banques étaient censées bien gérer le risque, et, parmi les risques qu'elles devaient gérer, il y avait le risque de contrepartie. Mais certaines d'entre elles au moins ne l'ont pas fait.

C'est pourquoi la faillite d'AIG a menacé de destruction tout le système financier. Beaucoup de banques avaient acheté une police d'assurance – *chez* AIG – contre toute une gamme de risques de marché, et, se croyant assurées, elles avaient pris plus de risques qu'elles ne l'auraient fait autrement. La disparition d'AIG les a laissées dans une position extrêmement vulnérable. Les régulateurs leur avaient permis de prendre davantage de risques parce qu'ils pensaient (à tort) que leur profil de risque global était gérable ; l'achat d'une « assurance » les mettait dans une position solide pour risquer plus. Sans l'assurance d'AIG (et des « assurances » semblables fournies par d'autres institutions financières), les régulateurs auraient exigé que la banque montre qu'elle avait assez de capital pour affronter les risques auxquels elle s'exposait. Si elle ne pouvait pas trouver le capital nécessaire, il lui fallait réduire ses prêts, et ce resserrement du crédit exacerbait la récession économique.

Quand on achète une assurance sur la vie, on veut être certain que la compagnie qui la vend sera vivante quand on mourra. Les États-Unis ont une réglementation très forte pour l'assurance sur la vie, mais il n'y en avait aucune pour le type d'assurance qu'achetaient les institutions financières afin de gérer leurs risques. En fait, les marchés financiers américains s'étaient opposés à la création de ces réglementations, comme nous l'avons vu[1].

Aujourd'hui, *après* la crise, il y a quelques tentatives pour mettre au net une partie des milliers de milliards de dollars d'exposition au risque, mais cette annulation pose des problèmes. De nombreux dérivés étaient « sur mesure* », chacun

---

1. Les marchés financiers – et les régulateurs – auraient dû être conscients des risques, lesquels s'étaient clairement manifestés dans la crise asiatique dix ans plus tôt. Les banques coréennes pensaient avoir bien géré quantité de risques auxquels les exposaient, par exemple, les variations des taux de change. Elles se croyaient couvertes contre ces risques par une société de Hong Kong. Mais la compagnie dans laquelle elles s'étaient assurées avait fait faillite, et elles avaient dû supporter le risque elles-mêmes.

* Les produits « sur mesure » (*tailor-made*) sont ceux qui ne sont pas « standardisés » [*NdT*].

était différent du précédent. Dans certains cas, c'était pour une bonne raison : une partie voulait s'assurer contre un risque très particulier. Dans beaucoup d'autres cas, il semble que la véritable raison d'être de ces produits «sur mesure» était d'augmenter les commissions. La concurrence dans les produits standardisés peut être intense – donc les profits sont faibles. Si la banque parvenait à persuader un client que tel produit sur mesure était exactement ce qu'il lui fallait, il y avait une possibilité d'accroître les revenus. On a fort peu réfléchi à la difficulté de «déboucler» ces produits complexes.

Le débat continue sur ce qui attirait des milliers de milliards de dollars dans les dérivés. L'argument allégué est la «meilleure gestion du risque» : par exemple, ceux qui achètent les obligations d'une entreprise souhaitent se décharger du risque de faillite de cette entreprise. Cet argument n'est pas très convaincant. Si l'on veut acquérir un titre *sans risque de crédit*, on peut acheter un bon d'État de maturité comparable. C'est aussi simple que cela. Quiconque achète une obligation à dix ans d'une entreprise effectue par définition un jugement de crédit : il se demande si le taux d'intérêt payé en plus du taux des bons d'État à dix ans suffit à compenser le risque supplémentaire de défaut de paiement[1].

Quand on s'interroge sur ce qui s'est probablement passé, on ne voit que quelques réponses possibles – et aucune n'est très rassurante sur la contribution des dérivés au dynamisme global de l'économie. J'ai déjà mentionné la première de ces répon-

---

1. On peut évaluer les probabilités de défaut de paiement, implicitement, sur la base du cours du marché obligataire. Si les marchés des capitaux étaient aussi efficaces que l'ont prétendu leurs partisans, il n'y aurait pas besoin de *credit default swaps*, et il serait difficile de justifier les milliards de dollars de commissions perçus par les établissements qui les émettent. Ce que fait le marché des CDS, c'est permettre à ceux qui veulent se concentrer sur l'évaluation du risque de le faire sans avoir à lier cette évaluation à une fourniture de fonds. En soi, cet apport est potentiellement important, mais, comme nous l'avons vu, il s'accompagne d'un risque considérable, notamment parce qu'il invite à spéculer sur les écarts entre les évaluations des risques.

ses : les commissions. Une seconde est l'«arbitrage réglementaire*» : en faisant semblant de transférer le risque à d'autres, la banque pouvait absorber d'autres risques. Les bénéfices du transfert de risque (notamment ses bénéfices «réglementaires») étaient supérieurs aux coûts apparents. Les banques étaient-elles assez stupides pour ne pas comprendre le risque de contrepartie? Peut-être le comprenaient-elles, mais elles comprenaient aussi que les régulateurs le sous-estimaient, et les occasions de profit à court terme qu'apportait l'«arbitrage réglementaire» étaient trop belles pour qu'elles puissent résister à la tentation, même si ces paris mettaient leur avenir en danger.

Il y a une troisième explication : on a qualifié Wall Street de «casino pour les riches». Dans la prime payée sur une obligation d'entreprise, il y a un jugement implicite sur la probabilité du défaut de paiement. Si je me crois plus subtil que le marché, je ferais bien un pari sur la valeur de ce jugement. Tout le monde à Wall Street se croyait plus intelligent que les autres – ou du moins plus intelligent que la moyenne. Les CDS ont ouvert une nouvelle table à forte mise au casino des paris. Les adultes consentants ont le droit de miser – même quand ils le font parce que tous, contre toute raison, se croient plus intelligents que quiconque. Mais ils ne devraient pas avoir le droit de miser à nos frais, à nous les autres – et c'est bien ce qui se passe quand le pari a lieu au sein des institutions financières, notamment celles qui sont trop-grandes-pour-faire-faillite.

Que faire?

Puisque les dérivés peuvent *vraiment* être utiles pour gérer le risque, il ne faut pas les interdire, mais il faut les réglementer afin de s'assurer qu'on en fera bon usage. Il doit y avoir

---

* «Arbitrage réglementaire» (*regulatory arbitrage* ou *regarb*) est l'expression consacrée pour désigner toutes les initiatives visant à donner l'impression que la banque satisfait à des conditions réglementaires auxquelles en réalité elle ne satisfait pas [*NdT*].

transparence totale, concurrence effective, une «marge» suffisante garantissant que les parieurs pourront s'acquitter de leurs obligations, et – c'est le plus important – il ne faut pas laisser les dérivés mettre en danger l'ensemble du système financier. Pour atteindre ces objectifs, il convient de prendre plusieurs mesures. Les CDS et certains autres dérivés doivent être limités aux transactions sur une place boursière et aux situations où il y a un «risque assurable». S'il n'y a pas une transparence totale – non seulement une information sur les expositions brutes, mais des données sur chaque position afin que le marché puisse évaluer le risque de contrepartie –, des désastres comme celui d'AIG pourraient se reproduire. Mais exiger que les dérivés standardisés se négocient sur des places boursières (ou des chambres de compensation) ne suffit pas. Les Bourses doivent être suffisamment capitalisées, faute de quoi, quand se produira un malheureux événement – comme l'éclatement d'une bulle de l'immobilier –, l'État devra encore réparer les dégâts. Cela dit, certains produits sont si complexes et si risqués que même un régulateur bien intentionné aura du mal à être certain qu'il y a un capital suffisant – et les régulateurs de demain risquent fort de ressembler beaucoup à ceux d'hier, plus attentifs au bien-être des marchés financiers qu'à celui de l'économie ou du contribuable. Il existe un remède simple : la responsabilité conjointe et solidaire de tous les participants au marché sur les places boursières – tous ceux qui utilisent la Bourse devront obligatoirement donner tout ce qu'ils ont avant que les contribuables ne sortent un centime. (J'ai bien l'impression que cette mesure pourrait aboutir à la fin du marché : cela prouverait que le marché n'existe que parce qu'on peut puiser dans l'argent public pour le soutenir.)

Il y a controverse sur un point : faut-il autoriser ou non les produits sur mesure de gré à gré* ? À en croire la pensée financière courante, s'il faut encourager les banques à s'en tenir à

---

* Ces marchés de gré à gré non réglementés et extérieurs aux places boursières s'appellent aussi OTC (*over-the-counter*) [*NdT*].

des produits standardisés négociés sur les places boursières, les produits sur mesure ont malgré tout un rôle important à jouer ; cependant, quand on utilise des produits de gré à gré, il faut qu'ils soient soutenus par un niveau de capital suffisamment élevé et que tout se passe dans la transparence qui convient. Ce qu'on peut craindre, c'est la « capture » des régulateurs. Ils succomberont aux pressions pour que la transparence ne soit pas totale (le « secret des affaires », formule d'usage courant). Si on leur laisse le choix d'émettre soit des dérivés transparents négociés en Bourse, soit des dérivés moins transparents négociés de gré à gré, les banques choisiront les seconds, sauf si le capital supplémentaire exigé pour les soutenir est assez élevé. Et les régulateurs succomberont aux pressions qu'on exercera sur eux pour qu'il ne le soit pas trop. Bref, si nous autorisons à la fois les dérivés négociés sur les places boursières et de gré à gré, nous risquons fort d'aboutir à une situation pas si différente de celle qui nous a plongés dans le chaos.

Crédit prédateur

Le système financier a montré qu'on ne peut pas lui faire confiance pour vendre des produits répondant aux besoins de ceux qui les achètent. Les risques sont complexes. Même les banquiers n'ont pas pu les gérer correctement. Comment attendre du premier venu qu'il le fasse ? Dans bien des domaines, nous avons fini par comprendre que la présomption du *caveat emptor* ne suffit pas. Pour une raison simple : les acheteurs sont mal informés, et il y a d'importantes asymétries d'information. C'est pourquoi nous avons, par exemple, une réglementation publique de la sécurité alimentaire et une réglementation publique des médicaments[1]. Les banques et

---

1. Après la publication du réquisitoire cinglant d'Upton Sinclair contre les abattoirs américains dans son célèbre roman *La Jungle* (1906), les Américains se sont tant méfiés de la viande nationale que la profession a demandé à l'État de bien vouloir procéder à des inspections. Les clients

autres institutions financières ont particulièrement profité des Américains les moins instruits ; elles les ont exploités de mille façons, dont certaines que j'ai déjà décrites et d'autres que je vais bientôt analyser. Cela se voyait clairement, et les organisations de défense des consommateurs ont maintes fois tenté de faire voter des lois pour mettre un terme à ces pratiques. Mais, jusqu'à présent, les institutions financières prédatrices ont réussi à repousser ces efforts.

Ce qu'il faut, c'est une commission de sécurité des produits financiers[1]. L'une de ses tâches serait d'identifier les produits qui sont assez sûrs pour être détenus par de simples particuliers, et dans quelles conditions.

Concurrence inadéquate : comment on empêche l'innovation

Si les banques ont passé l'essentiel des deux dernières décennies à essayer de gagner quelques sous sur les marchés des dérivés, elles ont aussi dépensé beaucoup d'énergie à encourager l'addiction de l'Amérique à la dette. Nous avons vu que les banquiers ont alléché les imprudents avec des prêts hypothécaires bien au-delà de leurs capacités de remboursement, mais les fourberies des cartes de crédit, qui se sont

---

ne faisaient pas vraiment confiance à la certification qu'aurait pu donner une société privée. De même, il est impossible aux simples citoyens d'évaluer la position financière d'une banque, de savoir si elle est assez sûre pour qu'ils y déposent leur argent. Ils ont de bonnes raisons de ne pas croire une société privée qui note la banque sur sa position financière – notamment si cette société est payée par la banque, comme c'est le cas pour les agences de notation. Ce type d'information constitue ce que les économistes appellent un *bien public* : il y a donc des arguments forts pour que ce soit l'État qui la fournisse.

1. L'administration Obama a proposé de créer une commission des produits financiers. À l'heure où ce livre va sous presse, elle n'a pas encore été votée par le Congrès, mais le Comité des services financiers de la Chambre des représentants a sabré des dispositions cruciales et exempté l'immense majorité des banques.

rapidement développées après 1980, ont peut-être été encore plus sinistres[1]. Les banques ont inventé une nuée de nouveaux moyens d'accroître leurs profits. Si quelqu'un avait un retard, de paiement, non seulement il y avait une pénalité de retard, mais, souvent, le taux d'intérêt augmentait, et la banque commençait à facturer des intérêts sur les soldes avant qu'ils ne soient dus.

Mais les commissions les plus habiles étaient les commissions d'«interchange», imposées aux commerçants qui acceptaient les cartes. Quand celles-ci ont été plus largement utilisées – parce qu'on incitait leurs détenteurs, séduits par divers avantages, à s'en servir –, les propriétaires de magasin se sont dit qu'ils devaient les accepter; sinon, ils allaient perdre trop de ventes au profit des concurrents qui le faisaient. Visa et MasterCard le savaient – et savaient aussi que cette réaction allait leur permettre d'exploiter les commerçants. Si les banques demandaient 2 à 3% du coût du produit vendu, la plupart des commerçants préféreraient malgré tout accepter les cartes plutôt que perdre des ventes. Avec les ordinateurs modernes, les vrais coûts étaient négligeables, mais quelle importance? Il n'y avait aucune concurrence réelle, donc les banques pouvaient agir ainsi impunément. Pour garantir que les marchés *ne fonctionneraient pas*, elles ont exigé que le commerçant n'informe pas les clients du coût véritable du paiement par carte et ne facture aucun supplément pour son usage. Visa et MasterCard lui ont imposé aussi de ne faire aucune «discrimination» entre les cartes. S'il acceptait une carte Visa, il devait les accepter toutes, même si les pourcentages prélevés sur ses ventes étaient différents[2]. Bref, le pouvoir de monopole des banques était si grand

---

1. En 1980, 56% des Américains adultes avaient au moins une carte de crédit. En 2001, ils étaient 76% («Debt Nation», *NewsHour with Jim Lehrer*, PBS, 18 avril 2001, en ligne à l'adresse <http://www.pbs.org/newshour/extra/features/jan-june01/credit_debt.html>).

2. Les cartes Visa et MasterCard sont différentes des autres cartes de crédit (comme American Express et Diners Club) parce qu'elles appartiennent de fait aux banques. Et leur usage est si répandu que les commerces hésitent à ne pas les accepter, de peur de perdre des clients.

qu'*elles pouvaient faire le nécessaire pour que le système des prix ne fonctionne pas*. Si les commerçants avaient pu transférer les coûts, les clients qui utilisaient les cartes pour lesquelles ceux-ci étaient les plus lourds auraient vu la différence, et ils auraient choisi la meilleure carte – celle qui conférait les avantages correspondant le mieux aux paiements imposés[1]. Mais Visa et MasterCard ont réussi à court-circuiter le mécanisme des prix.

Rien de tout cela n'eût été possible si l'on avait imposé le respect des règles sur la concurrence. La déréglementation financière a rendu encore plus attrayantes ces pratiques anti-concurrentielles des cartes de crédit. Il y avait des lois qui limitaient les taux d'intérêt – on les appelait les lois sur l'usure. Ces restrictions remontent à la Bible et ont dans la plupart des religions une longue histoire – née de l'histoire encore plus longue des usuriers (qui faisaient, dit-on souvent, le deuxième plus vieux métier du monde) exploitant les emprunteurs pauvres. Mais l'Amérique moderne a jeté aux orties les leçons sur les dangers de l'usure. À des taux d'intérêt aussi élevés, prêter était extrêmement rentable, même si un certain pourcentage des détenteurs de carte ne payait pas ce qu'il devait. Il était plus facile de tendre une carte de crédit à quiconque avait un souffle de vie que de faire un dur travail d'évaluation pour juger qui était solvable et qui ne l'était pas.

Puisque les banques étaient les principales propriétaires des deux plus grands systèmes de carte de paiement et de crédit, Visa et MasterCard, et jouissaient des profits supplémentaires que produit ce coûteux dispositif, tout les incitait à empêcher le développement d'un mécanisme efficace de paiement électronique, et elles l'ont empêché. On peut imaginer à quoi ressemblerait un système efficace. Sur le lieu d'achat, il serait possible de vérifier instantanément (comme aujourd'hui) que la carte n'a

---

1. Les commerçants peuvent bien sûr transférer les coûts à leurs clients, et ils le font – mais à tous leurs clients, qu'ils paient en espèces, avec une carte de paiement, une carte de crédit ou une carte de crédit premium. Le marché des mécanismes de paiement (le choix entre ces diverses solutions) est entièrement distordu.

pas été volée et que le compte de son détenteur est suffisamment approvisionné pour payer le montant. Les fonds seraient alors immédiatement transférés du compte du détenteur de la carte à celui du commerçant. Tout cela se ferait pour quelques centimes. Certains détenteurs de carte se seraient entendus avec leur banque pour avoir un découvert autorisé, ce qui leur permettrait de passer sans solution de continuité dans ce découvert jusqu'à un certain point, à des taux d'intérêt concurrentiels. D'autres auraient préféré avoir les mains liées en refusant le découvert autorisé – car ils savent que les commissions prélevées par les banques à ce titre relèvent de l'extorsion. Le mécanisme de paiement fonctionnerait en douceur, qu'une ligne de crédit vienne s'y adjoindre ou non. Ce dispositif efficace unissant paiement et crédit serait bon pour tout le monde – sauf pour les banquiers, qui verraient diminuer leurs commissions[1].

Le système financier des États-Unis a été habile à trouver des moyens pour exploiter les Américains pauvres, mais il a été incapable de trouver comment répondre à leurs besoins. Au Botswana, l'un des pays d'Afrique les plus efficaces, j'ai vu les banques aller dans les villages pauvres fournir des services finan-

---

1. L'idée-force d'un système de paiement efficace est claire : l'efficacité exige de séparer la fonction paiement de la fonction crédit – les particuliers doivent payer chacune séparément. Ceux qui veulent un moyen peu coûteux d'effectuer une transaction doivent en avoir un, mais il faut aussi un moyen efficace et peu coûteux d'y «ajouter» une option crédit. Le coût d'une transaction de simple «paiement» (en additionnant la part réglée par le client et celle que paie le commerçant) ne serait qu'un petit pourcentage de ce qu'il est aujourd'hui.

L'Australie a mis en place récemment une modeste réforme – elle a autorisé le commerçant à demander un surcoût reflétant ce que la carte lui coûtait, et elle a limité les commissions abusives qui lui étaient facturées –, avec des résultats bénéfiques tout à fait conformes aux prédictions. Voir Reserve Bank of Australia, communiqué de presse, «Reform of Credit Card Schemes in Australia», 27 août 2002, en ligne à l'adresse <http://www.rba.gov.au/MediaReleases/2002/mr_02_15.html>. Pour le constat des bénéfices de la réforme, voir Reserve Bank of Australia, «Reform of Australia's Payments System : Conclusions of the 2007/2008 Review», Sydney, Australie, septembre 2008.

ciers de base à des gens dont les revenus ne représentent qu'un petit pourcentage de ceux des plus pauvres des Américains (le revenu *moyen* par habitant du Botswana n'est encore que de 13 604 dollars[1]). Pour toucher leurs chèques en liquide, les habitants des régions pauvres des États-Unis, eux, doivent recourir aux services des sociétés d'encaissement des chèques et payer en commission jusqu'à 20 % de la valeur du chèque[2]. C'est une industrie majeure – un autre moyen d'exploiter les pauvres[3].

Rien ne révèle mieux la cupidité flagrante des marchés financiers américains que la pression politique qu'ils ont exercée pour le maintien du programme de prêts aux étudiants des universités. C'est un autre exemple de partenariat public-privé où l'État supporte le risque et où le privé empoche les profits. L'État garantit les prêts aux étudiants, donc il n'y a aucun risque, mais les initiateurs de ces prêts peuvent facturer aux étudiants des taux d'intérêt *comme s'il y avait un risque* de non-remboursement. En fait, par rapport à un système où il accorderait lui-même les prêts, le coût pour l'État de ce recours au privé comme « partenaire » est estimé sur dix ans à 80 milliards de dollars – un fastueux cadeau au secteur financier[4]. Faire des dons de ce calibre est une invitation à la corruption, et c'est exactement ce qui s'est passé. Tel prêteur va voir les employés

---

1. Banque mondiale, *World Development Indicators 2008*, PIB par habitant, parité de pouvoir d'achat (c'est-à-dire compte tenu des différences de coût de la vie), éd. revisée, Washington, DC, 16 avril 2008.

2. Seuls vingt-quatre États ont plafonné les commissions pour le paiement des chèques en liquide. Voir Matt Fellowes et Mia Mabanta, « Banking on Wealth : America's New Retail Banking Infrastructure and Its Wealth-Building Potential », Metropolitan Policy Program at Brookings Institute, Washington, DC, janvier 2008.

3. Pour amener les banques à prêter dans ces régions sous-desservies, le Congrès a dû voter une loi, le Community Reinvestment Act. Et quand elles ont été obligées de le faire, elles ont découvert que cela pouvait être rentable – avec des taux de défaut de paiement inférieurs (je l'ai dit au chapitre 1) à ceux d'autres régions où elles prêtaient.

4. Voir Congressional Budget Office, « Cost Estimate : H.R. 3221 Student Aid and Fiscal Responsibility Act of 2009 », 24 juillet 2009, en ligne à l'adresse <http://www.cbo.gov/ftpdocs/104xx/doc10479/hr3221.pdf>.

du bureau des inscriptions de telle université et leur donne des pots-de-vin pour qu'ils mettent en avant son programme de prêts. Même des universités prestigieuses comme Columbia n'ont pas été épargnées[1]. Mais là où la corruption a réellement commencé, c'est dans le processus politique qui a créé le programme et qui lui permet de se poursuivre.

Faire fonctionner la réglementation

Le secteur financier a besoin d'être réglementé, mais une réglementation efficace exige des régulateurs qui y croient. Il faut les choisir parmi ceux qui pourraient souffrir d'un échec de la réglementation et non parmi ceux qui pourraient en bénéficier[2]. Heureusement, il y a beaucoup d'experts des questions financières dans les syndicats, les organisations non gouvernementales (ONG) et les universités. Inutile d'aller chercher à Wall Street ce qu'on appelle l'«expertise».

Nous avons vu dans l'analyse des dérivés que les banquiers, alors même qu'ils gagnaient les batailles immédiates, ont voulu s'assurer que les Brooksley Born ne l'emporteraient jamais : ils ont supprimé le pouvoir de réglementer. Il nous faut prendre conscience de la pression qui s'exerce sur les régulateurs pour qu'ils ne fassent pas leur travail – et du risque de voir nommer un nouveau Greenspan, quelqu'un qui ne croit pas à la

---

1. Karen W. Arenson, «Columbia to Pay $1.1 Million to State Fund in Loan Scandal», *New York Times*, 1er juin 2007, p. B1.

2. Il existe en sciences économiques et politiques une vaste littérature qui décrit comment les régulateurs sont souvent «capturés» par ceux qu'ils sont censés réglementer. Dans le cas de l'autoréglementation, la capture est évidente, et, comme nous l'avons vu au chapitre précédent, la réglementation de la Federal Reserve de New York est proche de l'autoréglementation. Mais le problème est d'abord une question d'état d'esprit («capture cognitive»). Les régulateurs ont pour mission de penser différemment de ceux qu'ils contrôlent. Ils doivent penser à ce qui peut dérailler. Et ils sont censés agir quand les choses commencent à mal tourner – notamment parce qu'ils devraient savoir que, si on laisse la situation dégénérer, d'autres (en particulier les contribuables) auront à payer les frais du nettoyage.

réglementation. Nous devons «blinder» le système, avec des règles transparentes qui laissent peu de marge de manœuvre à qui voudrait ne pas les appliquer. Une certaine redondance serait même souhaitable, comme en matière de concurrence[1], malgré les coûts supplémentaires – les coûts d'une erreur sont infiniment supérieurs. Et, pour que le système fonctionne, nous avons évidemment besoin de plusieurs régulateurs : certains connaissant intimement chaque marché (marchés des assurances, marchés des titres, banques), un régulateur qui surveille la stabilité globale du système financier et un autre qui vérifie la sécurité des produits que vend le système.

La conception d'une structure de réglementation pour l'avenir est manifestement l'enjeu d'une lutte, même si les petites guerres entre bureaucraties ont dominé le débat. L'administration Obama a fait une proposition des plus étranges : accroître les pouvoirs de la Federal Reserve – qui avait si lamentablement échoué pendant la marche à la crise. Encore un coupable blanchi en vertu du principe «récompensons l'échec» : les banques ont un «petit» problème, donc donnons-leur plus d'argent à dépenser à leur guise, même si elles n'ont pas fait bon usage de l'argent qu'elles avaient déjà; la Federal Reserve a un petit problème, donc donnons-lui plus de pouvoir, même si elle n'a pas fait bon usage du pouvoir qu'elle avait déjà.

Au-delà de la finance et de la réglementation financière

Dans ce chapitre et dans celui qui précède, j'ai décrit les multiples méfaits du système financier et la façon dont il s'est tiré d'affaire impunément. J'ai récité la litanie de ses problèmes

---

1. Nous avons un double mécanisme pour faire respecter la loi, privé (les procès au civil) et public; nous avons un mécanisme public au niveau fédéral et un autre au niveau des États; enfin, au niveau fédéral, la responsabilité de faire respecter la loi incombe à la fois au département de la Justice et à la Federal Trade Commission.

parce que son aptitude à tout englober est fascinante. Mais les problèmes de l'économie ne se limitent pas au secteur financier, et les défaillances du système de réglementation non plus.

J'ai déjà mentionné les échecs dans la conception et la mise en œuvre de la politique de la concurrence et de la gouvernance d'entreprise, mais il y en a eu d'autres. En 2005, le Congrès a voté le Bankruptcy Abuse Prevention and Consumer Protection Act (Loi de prévention des faillites abusives et de protection du consommateur). Les banques s'étaient battues pour obtenir cette loi, car elle leur donnait de nouveaux pouvoirs d'extorsion contre les emprunteurs. Elles ont plaidé pour leur propre renflouement par l'argent public, mais contre tout secours aux pauvres. Elles ont écarté toute crainte d'aléa moral dans leur cas, mais soutenu que toute remise de dettes à de simples particuliers fourvoyés dans le surendettement créerait des incitations négatives. Des incitations négatives, il y en a eu, mais elles se sont manifestées dans la qualité du jugement de solvabilité des banques.

Couvertes par les nouvelles lois contre la faillite personnelle, les banques ont eu le sentiment qu'elles pouvaient prêter avec assurance à n'importe qui. «Qualifié de naissance», disait le slogan publicitaire d'une des plus grandes d'entre elles, aujourd'hui vivante par la grâce de l'État. Tous les adolescents ont été inondés d'offres de cartes de crédit. De nombreuses familles se sont endettées énormément, et, prises dans un cercle vicieux ressemblant beaucoup au servage, elles ont travaillé pour payer la banque. Une part toujours plus massive de leur revenu a été engloutie par les pénalités et les intérêts exorbitants, et les intérêts sur les intérêts et sur les pénalités, leur laissant peu de chances d'en voir jamais la fin. Les financiers auraient pu demander que l'on revienne au temps d'Oliver Twist et des prisons pour dette, mais à l'époque actuelle la loi de 2005 était la meilleure possible pour eux. On pouvait saisir le quart du salaire. Enhardis par la nouvelle loi, les prêteurs ont alors approuvé les pires crédits hypothécaires, ce qui explique peut-être pourquoi tant de contrats toxiques ont été signés *après* le vote de la loi.

Une nouvelle loi sur la faillite personnelle plus conforme aux valeurs américaines n'aurait pas pour seul effet de soulager les familles opprimées : elle rendrait aussi le marché plus efficace et inciterait les banques à mieux évaluer la solvabilité. Les banques font valoir qu'une abrogation de la loi de 2005 pourrait faire monter les taux d'intérêt. Si c'est vrai, acceptons-le : les Américains n'ont que trop emprunté, et cela a coûté très cher à la société et au monde entier. S'il y a maintenant une incitation à l'épargne, tant mieux.

Le système fiscal a aussi joué un rôle dans la situation actuelle. On dit que la fiscalité reflète les valeurs d'une société. Une des bizarreries du système fiscal américain est que les spéculateurs qui font des paris sont mieux traités que les travailleurs qui gagnent leur vie en faisant de durs efforts. Les plus-values sont taxées à un taux beaucoup plus bas que les salaires. Il n'y a aucune justification économique valable. Certes, la société peut souhaiter encourager certains investissements risqués parce que leurs bénéfices sont importants – inciter par exemple à des innovations pionnières, notamment dans des domaines d'intérêt public comme la lutte contre le réchauffement de la planète ou la santé. Dans ce cas, l'État doit taxer à un taux inférieur les retours sur ces investissements-là (sous toutes les formes, qu'il s'agisse de plus-values ou de profits). Mais la spéculation immobilière ne compte certainement pas au nombre des catégories d'investissements que la société veut encourager par un traitement préférentiel. Le foncier restera là, que l'on subventionne ou non son achat.

L'innovation

Les adversaires d'un nouveau système de réglementation rigoureux disent qu'il va étouffer l'innovation. Mais l'innovation financière, nous l'avons vu, s'est en grande partie consacrée à contourner des normes comptables conçues pour assurer la transparence du système financier, des réglementations cherchant à garantir sa stabilité et son équité, et des lois tâchant de faire en sorte que tous les citoyens paient leur juste part de l'impôt. En même temps, non seulement le système financier n'a pas innové pour faciliter aux simples citoyens la gestion de leurs risques, mais il a même résisté à des innovations qui amélioraient le bien-être.

Quand j'étais membre du Comité des conseillers économiques du président Clinton, j'ai préconisé, par exemple, d'émettre des bons d'État indexés sur l'inflation. Les gens qui épargnent pour une retraite qu'ils prendront dans trente ou quarante ans ont peur de l'inflation, et ils ont raison. Aujourd'hui l'inflation est faible, mais il y a eu des époques de forte inflation, et beaucoup s'attendent à une nouvelle période de ce genre. Les particuliers aimeraient s'assurer contre ce risque, mais le marché n'offre pas ce type de police. Le Comité a proposé que l'État vende des bons indexés sur l'inflation, et fournisse ainsi une véritable assurance à long terme contre l'inflation. C'est à l'État qu'il incombe de maintenir la stabilité des prix à un niveau raisonnable. S'il n'y parvient pas, il est juste qu'il en paie les conséquences.

Certains professionnels de Wall Street se sont opposés à cette initiative parce qu'ils pensaient que les acheteurs de ces bons indexés sur l'inflation allaient les garder jusqu'à leur retraite. De mon point de vue, c'était une bonne chose – pourquoi gaspiller de l'argent en coûts de transaction liés aux achats et aux ventes ? Mais ce n'était pas bon pour Wall Street, qui pensait à maximiser ses revenus – ce qui, pour les sociétés financières, veut dire maximiser les coûts de transaction.

Autre exemple : l'Argentine, après sa crise financière, ne savait pas combien elle pouvait rembourser à ses créanciers, et elle a donc proposé une innovation intéressante. Au lieu d'essayer de payer plus qu'elle ne pouvait, ce qui aurait conduit quelques années plus tard à une nouvelle crise de la dette, elle a proposé un bon indexé sur le PIB. Ce bon rapportait davantage si et quand le revenu de l'Argentine augmentait : le pays pouvait alors se permettre de payer plus. De cette façon, les intérêts des créanciers seraient alignés sur ceux de l'Argentine, et ils essaieraient de soutenir la croissance du pays. Wall Street s'est aussi opposé à ce bon indexé sur le PIB[1].

Un système financier mieux réglementé serait en fait plus innovant sur ce qui compte : il orienterait l'énergie créatrice et concurrentielle des marchés financiers vers l'élaboration de produits renforçant le bien-être de la plupart des citoyens. Il pourrait développer le système de paiement électronique efficace que j'ai décrit au cours de ce chapitre, ou la meilleure conception du crédit hypothécaire que j'ai évoquée au chapitre 4. Créer un système financier qui s'acquitte réellement des fonctions qu'il est censé remplir serait faire un grand pas vers la restructuration de l'économie. Cette crise peut être un tournant – pour le secteur financier mais également pour le reste de l'économie.

Nous n'avons pas travaillé aussi bien que nous aurions dû le faire à restructurer le système financier et à redessiner la structure réglementaire dans laquelle il opère. Les États-Unis ne retrouveront pas la prospérité s'ils reviennent au système financier d'avant crise. Mais ce n'est que l'un des nombreux défis auxquels ils feront face dans le monde d'après crise. Le chapitre suivant analyse ce qui est à faire, et les nombreux enseignements de la crise qui peuvent nous aider à mieux le faire.

---

1. On pourrait citer beaucoup d'autres cas où les marchés financiers résistent aux innovations : il y a quelques années, certains économistes ont proposé une meilleure façon de vendre des bons du Trésor, par des enchères qui diminueraient les coûts de transaction, rendraient les ventes plus transparentes et garantiraient à l'État un rendement plus élevé pour les titres qu'il vendait. Là encore, certains professionnels de Wall Street s'y sont opposés. Pour une raison évidente : Wall Street ne voulait pas maximiser les revenus de l'État ; il voulait maximiser ses propres revenus. Et il pouvait gagner davantage avec l'ancien système non transparent.

CHAPITRE 7

Un nouvel ordre capitaliste

À l'automne 2008, l'économie mondiale – ou du moins ses marchés financiers sophistiqués – était au bord de l'effondrement complet. Elle était en chute libre. Des crises, j'en avais vu beaucoup, et j'étais sûr que cette impression de chute libre ne durerait pas. C'est toujours ce qui se passe. Mais après ? Nous ne pouvions ni ne devions revenir au monde d'avant. Beaucoup d'emplois perdus ne reviendraient pas. La classe moyenne américaine avait déjà de grosses difficultés avant la crise. Que lui arriverait-il après elle ?

La crise a détourné les États-Unis et une grande partie du monde de problèmes de long terme qu'il faudra bien régler. La liste est familière : la santé, l'énergie et l'environnement (tout particulièrement le réchauffement de la planète), l'éducation, le vieillissement de la population, le déclin de l'industrie manufacturière, le dysfonctionnement du secteur financier, les déséquilibres mondiaux, les déficits commercial et budgétaire américains. Pendant que le pays se débattait pour faire face au danger immédiat de la crise, ces problèmes n'ont pas disparu. Certains se sont aggravés. Mais les ressources dont nous disposons pour les régler ont été considérablement réduites parce que l'État a mal géré la crise – et notamment a gaspillé des fonds considérables à renflouer le système financier. Le rapport dette sur PIB des États-Unis est monté en flèche, de 35 % en 2000 à près de 60 % en 2009 – et, puisque même les projections optimistes de l'administration Obama suggèrent que l'endettement s'accroîtra de 9 000 milliards de dollars dans la prochaine décennie, ce rapport va continuer à augmenter pour atteindre 70 % en 2019[1].

La restructuration de l'économie ne se produira pas toute seule. Et c'est le second ensemble majeur de changements qui nous attend : la crise financière a montré que le bon fonctionnement des marchés financiers n'est pas automatique, et qu'ils ne s'autocorrigent pas. Mais la leçon est plus générale, elle dépasse le cadre des marchés financiers. L'État a un rôle important à jouer. Ce rôle, la «révolution» Reagan-Thatcher l'a dénigré. On a vu le résultat de cet effort malavisé pour le réduire : l'État a dû, en fin de compte, intervenir plus massivement que nul n'aurait pu l'imaginer, même pendant le New Deal. À présent, nous devons reconstruire une société qui équilibre mieux le rôle de l'État et celui du marché. Avec un meilleur équilibre, l'économie sera plus stable et plus efficace.

Dans ce chapitre, je vais exposer ces deux programmes jumeaux et liés entre eux : ce qu'il faut faire pour rétablir l'équilibre entre l'État et le marché et pour restructurer l'économie – y compris le rôle de l'État dans cette restructuration. Pour réussir à transformer l'Amérique, nous devons voir plus clairement vers où il serait bon d'aller, et nous faire aussi une idée plus claire de la fonction de l'État.

Les problèmes auxquels les États-Unis sont confrontés sont semblables à ceux que connaissent un nombre important de pays industriels avancés, voire la grande majorité d'entre eux.

---

1. Ces chiffres indiquent le rapport dette publique sur PIB. Dans les scénarios les plus réalistes fournis par le Congressional Budget Office, le rapport dette sur PIB devrait augmenter jusqu'à 87 % en 2019. Si l'on considère l'ensemble de l'endettement (pas seulement la dette publique), le rapport dette sur PIB en 2019 dépassera 100 % dans le scénario optimiste de l'administration Obama. Voir Office of Management and Budget, «Budget of the US Government, Fiscal Year 2010, Updated Summary Tables, May 2009»; Budget of the United States Government : Historical Tables Fiscal Year 2010, «Table 7.1 – Federal Debt at the End of Year : 1940-2014», Washington, DC, en ligne à l'adresse <http://www.gpoaccess.gov/USbudget/fy10/index.html>; et Congressional Budget Office, «The Long-Term Budget Outlook», juin 2009, <http://www.cbo.gov/ftpdocs/102xx/doc10297/06-25-LTBO.pdf>.

Si beaucoup ont un peu mieux géré le renflouement de leurs banques, ils doivent tout de même à leurs tentatives (pour la plupart réussies) pour stimuler l'économie une hausse prononcée de leur rapport dette sur PIB. Dans certains pays, les problèmes liés au vieillissement de la population sont pires. Dans la plus grande partie d'entre eux, ceux liés à la santé sont moins graves. Aucun n'aura la partie belle face au changement climatique. La restructuration de leur économie est pour presque tous un défi majeur.

Il faut restructurer l'économie

Une évaluation franche des perspectives d'avenir

Si les États-Unis vont probablement rester la plus grande économie du monde dans les années qui viennent, il n'est pas inévitable que le niveau de vie de la plupart des Américains continue à augmenter comme il l'a fait, par exemple, dans les années qui ont suivi la Seconde Guerre mondiale[1]. Beaucoup vivaient dans un monde féérique de crédit facile, et celui-ci a disparu. Il ne reviendra pas, et il ne faut pas qu'il revienne. Les Américains, et l'Amérique dans son ensemble, vont subir une baisse de leur niveau de vie. Ils vivaient au-dessus de leurs moyens – non seulement le pays, mais aussi beaucoup de familles.

L'état économique de la nation n'était pas aussi bon qu'il aurait pu l'être, et dû l'être, mais la bulle le dissimulait. Notre intérêt exclusif pour le PIB nous a trompés – comme je l'explique plus longuement au chapitre 10. De nombreuses catégories ont déjà, économiquement, de piètres perspectives

---

1. De 1950 à 1973, le revenu moyen par habitant a augmenté de 59 %, et le revenu médian des ménages – le revenu de ceux qui se trouvent au milieu – de 41 % (U.S. Census Bureau, *Historical Income Tables – People*, «Table P-4. Race and Hispanic Origin of People (Both Sexes Combined) by Median and Mean Income : 1947 to 2007», en ligne à l'adresse <http://www.census.gov/hhes/www/income/histinc/p04.html>).

d'avenir : le revenu médian des hommes qui aujourd'hui ont la trentaine est inférieur à ce qu'il était il y a trente ans[1]. La plupart des Américains voient leurs revenus stagner depuis dix ans. Dans les premières années de cette décennie, alors que beaucoup avaient des revenus stationnaires ou en baisse, ils n'en ont pas moins consommé comme s'ils vivaient le rêve américain. La bulle immobilière leur permettait d'accroître leur consommation dans l'immédiat et de s'imaginer qu'ils auraient plus tard une retraite confortable, et qu'ils pourraient offrir à leurs enfants l'éducation nécessaire pour parvenir à une prospérité encore plus grande. Mais l'éclatement de la bulle a anéanti ces rêves, et simultanément accru l'insécurité économique et physique de ces Américains – ils sont environ 15 % à n'avoir aucune assurance-maladie[2]. D'autres indicateurs montraient aussi que quelque chose était détraqué : en 2007, les États-Unis avaient la proportion la plus élevée de détenus par rapport à la population totale – dix fois celle de nombreux pays européens[3].

Quantité d'autres problèmes demeurent. Le réchauffement de la planète impose un rééquipement de notre économie qui exigera d'énormes investissements. Le pays doit aujourd'hui rattraper le temps perdu pendant les années Bush. Nos infrastructures sont délabrées – comme l'ont montré l'effondrement des digues de La Nouvelle-Orléans et celui du pont du Minnesota. Et, si nous avons un enseignement supérieur de premier ordre – le meilleur du monde –, les résultats moyens

---

1. Voir Julia B. Isaacs, « Economic Mobility of Men and Women », *in* R. Haskins, J. Isaacs et I. Sawhill (éd.), *Getting Ahead or Losing Ground : Economic Mobility in America*, Washington, DC, Brookings Institution, 2008.

2. Carmen DeNavas-Walt, Bernadette D. Proctor et Jessica C. Smith, « Income, Poverty, and Health Insurance Coverage in the United States : 2008 », U.S. Census Bureau, septembre 2009, en ligne à l'adresse <http://www.census.gov/prod/2009pubs/p60-236.pdf>.

3. Roy Walmsley, « World Prison Population List. 7th édition », Centre international d'étude des prisons, Faculté de droit du King's College de Londres, 2007.

des élèves du primaire et du secondaire sont au-dessous du niveau de leurs pairs : ces élèves ont, en moyenne, moins de connaissances scientifiques et mathématiques que ceux de la plupart des autres pays industrialisés[1]. Beaucoup de membres de la population active ne sont donc pas bien préparés à soutenir les chocs de la concurrence mondiale du xxie siècle.

L'économie américaine a besoin d'être restructurée, dans des directions qui ne sont pas encore claires. Ce qui est clair, c'est qu'il faudra des ressources, et des fonds publics. Les ressources devront passer de certains secteurs surdimensionnés (comme la finance et l'immobilier) ou trop faibles (comme l'industrie manufacturière) à d'autres offrant de meilleures perspectives de croissance durable.

Quelque chose est détraqué : c'est plus qu'une crise financière

Comme je l'ai montré dans les chapitres précédents, les Américains passaient de bulle en bulle depuis des années. Il y avait aussi de gigantesques déséquilibres mondiaux – l'État américain empruntait à d'autres pays jusqu'à 6 % du PIB au moment même où il aurait dû épargner, puisque le grand départ à la retraite de la génération du baby-boom était imminent[2].

---

1. Les élèves américains de 15 ans ont eu de moins bonnes notes que la moyenne de l'OCDE pour les connaissances scientifiques de base (22 des 57 pays ont eu des moyennes supérieures) et pour les connaissances mathématiques de base (31 pays ont eu des moyennes supérieures et 20 seulement des moyennes inférieures). Le pourcentage des élèves américains qui ont eu des notes inférieures ou égales au niveau le plus bas (niveau 1) en connaissances scientifiques de base est supérieur à la moyenne de l'OCDE (S. Baldi, Y. Jin, M. Skemer, P.J. Green et D. Herget, *Highlights from PISA 2006, op. cit.*).

2. La génération du baby-boom comprend les 79 millions d'Américains nés entre 1946 et 1964. On estime que le nombre des plus de 65 ans aux États-Unis aura augmenté de plus de 50 % en 2030 : cette classe d'âge devrait passer de 13 % de la population en 2010 à 20 % en 2030, et rester au-dessus de 20 % pendant plusieurs décennies au moins. Après 2010, le vieillissement de la génération du baby-boom va alourdir considérable-

Le reste du monde s'efforçait d'imiter l'Amérique, mais, s'il y parvenait pleinement, la planète n'y survivrait pas. Ce style de consommation était insoutenable pour l'environnement. Pourtant les Américains continuaient à acheter de grosses voitures gloutonnes en carburant, et la rentabilité de toute l'industrie automobile reposait sur l'hypothèse qu'ils le feraient éternellement.

Une grande partie du reste de l'économie, dont certains de nos secteurs les plus brillants, avait aussi des bases insoutenables. L'une des branches les plus rentables était celle de l'énergie, du charbon et du pétrole : elle envoyait à foison des gaz à effet de serre dans l'atmosphère, malgré les preuves irréfutables qu'ils étaient en train d'opérer un changement massif du climat[1].

Un aspect crucial de la restructuration de l'économie est le passage de l'industrie aux services. Au début des années 1990, un débat avait eu lieu sur la qualité des nouveaux emplois que créait le secteur des services. Le pays remplaçait-il ses ouvriers qualifiés par des retourneurs de hamburgers ? L'analyse atten-

---

ment les dépenses de l'État. Le taux de croissance annuel des dépenses de la Social Security, la caisse de retraites publique, va s'accélérer : il passera de 5,1 % environ en 2008 à 6,4 % en 2018. La croissance des dépenses de Medicare et Medicaid sera encore plus rapide, de l'ordre de 7 à 8 % par an. Selon les projections, les dépenses totales de Medicare et Medicaid vont plus que doubler entre 2009 et 2018, tandis que la croissance du PIB sera inférieure de moitié. (U.S. Census Bureau, Population Division, «National Population Projections – Projections of the Population by Selected Age Groups and Sex for the United States : 2010 to 2050», 14 août 2008, et Peter Orszag, «The Budget and Economic Outlook : Fiscal Years 2008 to 2018», déclaration devant le Comité du budget, Sénat des États-Unis, Washington, DC, 24 janvier 2008.)

1. Les dépenses d'énergie représentaient 8,8 % du PIB en 2006 (voir Energy Information Agency, «Annual Energy Review 2008, Table 1.5 : Energy Consumption, Expenditures, and Emissions Indicators, 1949-2008», 26 juin 2009, en ligne à l'adresse <http://www.eia.doe.gov/emeu/aer/overview.html>). Dans le classement des plus grandes compagnies américaines, on trouve ExxonMobil (n° 1), Chevron (n° 3), ConocoPhillips (n° 4) et Valero Energy (n° 10) («Fortune 500», *Fortune online*, 2009, en ligne à l'adresse <http://money.cnn.com/magazines/fortune/fortune500/>).

tive des chiffres montrait qu'un fort pourcentage des emplois du secteur des services étaient de bons emplois, bien rémunérés, et beaucoup de ces emplois se trouvaient dans le secteur financier : il serait la nouvelle base de l'économie américaine. Mais comment une activité qui était un moyen au service d'une fin pouvait-elle devenir le centre d'une Nouvelle Économie ? Nous aurions dû comprendre : l'envergure disproportionnée du secteur financier (dans les années qui ont précédé la crise, il faisait 40 % des profits des entreprises) était le signe que quelque chose ne tournait pas rond[1].

L'Amérique dans le contexte mondial

Toute vision de l'avenir de l'Amérique doit s'inscrire dans le cadre d'une vision mondiale. Comme cette récession planétaire nous l'a si vigoureusement rappelé, nous sommes tous interconnectés. Le monde affronte aujourd'hui au moins six défis économiques cruciaux, dont certains sont liés. Leur persistance et leur gravité montrent combien notre système économique et politique a du mal à traiter les problèmes qui se posent à l'échelle mondiale. Nous n'avons pas d'institutions efficaces pour nous aider à les cerner et à nous faire une idée de la façon de les résoudre, sans parler de prendre les mesures concrètes appropriées.

Le défi le plus flagrant est l'écart entre la demande mondiale et l'offre mondiale. Un monde où il y a d'immenses besoins non satisfaits sous-utilise sa capacité de production. La sous-utilisation la plus grave est celle des ressources humaines : au-delà du problème immédiat des 240 millions de sans-emploi dans le monde à cause de la récession, des milliards de personnes n'ont pas l'éducation nécessaire pour employer pleinement

---

1. Voir Bureau of Economic Analysis, National Income and Product Accounts Table, «Table 6.16D. Corporate Profits by Industry», en ligne à l'adresse <http://www.bea.gov/National/nipaweb/SelectTable.asp>. Outre ces profits élevés, une très grosse somme a été distribuée en bonus (dans le cas de quelques banques, les montants sont presque égaux).

leur potentiel humain, et, même quand elles l'ont, elles ne font pas un travail à la hauteur de leurs capacités[1]. Le travail décent est important pour la dignité d'un individu, et la perte sociétale est bien supérieure à la «production manquante».

Le plus grand défi environnemental est évidemment le réchauffement de la planète. On traite des ressources environnementales rares comme si elles étaient gratuites. Le résultat est une distorsion de tous les prix, parfois considérable. Aux chapitres précédents, nous avons vu comment les prix distordus de l'immobilier ont distordu l'économie; et la crise a montré l'effet traumatisant de la «correction» de ces prix – d'autant plus traumatisant que la correction n'intervenait qu'après un long délai. La distorsion des prix environnementaux est de même ampleur; elle a conduit à un usage excessif et insoutenable de ressources cruciales; la correction est impérative; et la retarder serait probablement encore plus coûteux.

Les «déséquilibres mondiaux» sont également un défi pour la stabilité de la planète. Une partie du monde vit bien au-dessus de ses moyens; l'autre produit plus qu'elle ne consomme. Les deux dansent le tango. Que certains pays consomment plus que leur revenu et d'autres moins n'a peut-être rien de particulièrement inquiétant : c'est un aspect de l'économie de marché. L'inquiétant, comme je l'ai indiqué au chapitre 1, c'est qu'avec les montants que l'Amérique emprunte au reste du monde – plus de 800 milliards de dollars pour la seule année 2006 – son endettement est insoutenable. On peut assister à un «débouclage» chaotique de ces déséquilibres, qui s'accompagnera peut-être de gros réajustements déstabilisant les taux de change[2]. Ce qui s'est passé dans cette crise a été manifestement chaotique, mais les déséquilibres demeurent. Et, on l'a

---

1. Organisation internationale du travail, «Global Employment Trends Update, May 2009», Genève, Organisation internationale du travail, 2009, en ligne à l'adresse <http://www.ilo.org/wcmsp5/groups/public/---dgreports/---dcomm/documents/publication/wcms_106504.pdf>.

2. Le déficit des comptes courants américains était de 804 milliards de dollars en 2006. Il a depuis légèrement baissé, à 727 et 706 milliards respectivement en 2007 et 2008 (Bureau of Economic Analysis, U.S.

vu, un point est particulièrement problématique : les États-Unis devraient épargner pour la génération du baby-boom, pas emprunter.

Le G-20 a proposé une riposte macroéconomique coordonnée – les États-Unis augmentent leur épargne, la Chine réduit la sienne – afin d'atténuer les déséquilibres sans compromettre la vigueur de l'économie mondiale. C'est une noble aspiration, mais il est probable que chaque pays déterminera sa politique en fonction de ses propres objectifs intérieurs.

Les États-Unis réduiront vraisemblablement leur consommation plus vite que la Chine n'augmentera la sienne. C'est d'ailleurs ce qui semble se produire (bien qu'en 2009 la hausse rapide de l'épargne des ménages ait été contrebalancée par la hausse encore plus rapide de la dette publique)[1]. Cette situation va affaiblir la demande globale mondiale – et rendre ainsi encore plus difficile une vigoureuse reprise mondiale.

À long terme, avec tout ce qu'ont emprunté tant de pays pour financer leurs plans de relance, il y a le risque d'une hausse importante des taux d'intérêt. Certains pays très endettés dont la capacité à lever des impôts est limitée pourraient être confrontés à une crise financière. Ceux qui ne le seront pas devront faire tout de même des choix difficiles. Voyons les États-Unis, avec leur dette nationale bientôt proche de 70 % du PIB : même à un taux d'intérêt modéré de 5 %, le service de la dette emportera 3,5 % du PIB, environ 20 % des recettes fiscales de l'État. Il faudra augmenter les impôts et/ou réduire d'autres dépenses. Ce qui cède en général dans ce type de

---

International Transactions Accounts Data, Table 1, 14 septembre 2009, en ligne à l'adresse <http://www.bea.gov/international/xls/table1.xls>).

1. Les ménages sont passés d'un emprunt net de plus de 1 000 milliards de dollars en 2006 à une épargne de 279 milliards au dernier trimestre 2008. Pendant la même période, l'emprunt public est passé de 335 milliards à près de 2 200 milliards de dollars (Federal Reserve, Flow of Funds Accounts of the United States, Table F.1, Washington, DC, 12 mars 2009, en ligne à l'adresse <http://www.federalreserve.gov/releases/z1/Current/data.htm>).

situation, c'est l'investissement – il y aura donc réduction de la production future.

En revanche, la hausse des taux d'intérêt favorisera les pays qui épargnent beaucoup. Voyons la Chine, assise sur des réserves qui dépassent maintenant les 2 000 milliards de dollars. À 5 %, elles rapportent par leur simple existence un revenu de 100 milliards de dollars. Si l'on se concentre sur les paiements d'intérêt des États-Unis à la Chine, avec un taux aux environs de 1 %, le transfert n'est que de 15 milliards de dollars par an. À 5 %, c'est un chèque de 75 milliards de dollars que les États-Unis devront envoyer tous les ans à la Chine au titre des intérêts sur les 1 500 milliards de dollars qu'elle détient en bons américains.

Puisque avec la crise l'investissement s'est effondré, il est naturel que l'on croie qu'il y a trop d'épargne. Traditionnellement, l'épargne était une vertu, et je pense qu'elle l'est toujours. C'est pourquoi le G-20 a peut-être eu tort de chercher essentiellement à encourager la consommation[1]. Certes, on espère que les citoyens des pays en développement pourront élever leur niveau de vie, et que cela signifiera davantage de consommation, de services de santé, d'éducation, etc. Mais le monde est confronté à de gigantesques besoins économiques : il doit être rééquipé, je l'ai dit, pour répondre aux défis du réchauffement de la planète ; environ 40 % de la population mondiale vit tou-

---

1. Encourager la Chine à consommer davantage est une erreur à un autre point de vue : même si la Chine augmentait sa consommation, il n'y aurait guère de hausse des importations provenant des États-Unis. Priorité serait donnée – et elle doit l'être – à des services intérieurs comme l'éducation et la santé. Quand on s'imagine qu'une croissance de la consommation des Chinois réglerait aisément le problème du gigantesque déficit commercial américain, on commet la même erreur de raisonnement qu'en prétendant qu'une appréciation de leur devise aurait cet effet-là. L'Amérique ne se mettra pas à produire des vêtements et des tissus. Elle va simplement transférer ses achats de la Chine à d'autres pays en développement. Ce qui pourrait aggraver le problème des déséquilibres mondiaux : si la Chine est toute disposée à reprêter son excédent financier aux États-Unis, d'autres pays en développement pourraient ne pas l'être autant qu'elle.

jours avec moins de 2 dollars par jour, et il y a un besoin massif d'investissements pour améliorer leurs possibilités. C'est un problème de moyens financiers : il faut recycler l'épargne là où l'on en a si terriblement besoin.

Le quatrième défi, je l'appellerai le « casse-tête industriel ». L'industrie manufacturière a longtemps représenté l'apogée d'un stade particulier du développement, la voie qui permettait de sortir des sociétés agraires traditionnelles. Les emplois industriels étaient traditionnellement bien payés et ils ont fourni l'ossature des sociétés de classe moyenne en Europe et en Amérique du Nord au XXe siècle. Dans les dernières décennies, les progrès de la productivité ont été tels que, même quand l'industrie se développe, l'emploi diminue, et ce modèle va probablement persister.

Le cinquième défi est celui des inégalités. La mondialisation a eu des effets complexes sur la répartition des revenus et de la fortune dans le monde. La Chine et l'Inde ont réduit l'écart avec les pays industriels avancés. Pendant un quart de siècle, l'écart avec le continent africain s'est accru – mais ensuite la demande chinoise de matières premières a aidé l'Afrique (ainsi que l'Amérique latine) à atteindre des taux de croissance record, de 7 %. La crise actuelle a mis fin à cette brève période de modeste prospérité. Et même pendant cette période l'extrême pauvreté est restée un problème : la condition des habitants les plus pauvres de la planète est radicalement différente de celle des plus riches, à presque tous les points de vue imaginables. Il y a encore près d'un milliard de personnes qui vivent avec moins d'un dollar par jour.

Les inégalités s'accroissent dans la plupart des pays du monde, et la mondialisation est l'un des facteurs qui ont contribué à cette tendance mondiale[1]. Celle-ci ne constitue pas seulement une préoccupation humanitaire. Elle a joué un rôle dans la récession économique en cours : la hausse des

---

1. Les effets dans les pays développés sont évidents : les travailleurs non qualifiés doivent affronter la concurrence des travailleurs à bas salaire du reste du monde. Voir J.E. Stiglitz, *Un autre monde, op. cit.*

inégalités est l'une des raisons de l'insuffisance de la demande globale mondiale – l'argent passe de ceux qui le dépenseraient à ceux qui en avaient déjà plus qu'il ne leur en fallait.

Le dernier défi est la stabilité. L'instabilité financière croissante est un problème de plus en plus sérieux. Malgré les prétendues améliorations au sein des institutions financières mondiales et les progrès des connaissances en matière de gestion de l'économie, les crises économiques sont devenues plus fréquentes et plus graves.

Il y a des interactions fortes entre ces divers éléments – certains problèmes en exacerbent d'autres, et les stratégies conçues pour en régler un peuvent atténuer l'impact de programmes visant à remédier à d'autres. Par exemple, la hausse du chômage provoquée par la crise financière va exercer une pression à la baisse sur les salaires dans le monde entier, et ce sont les moins qualifiés qui risquent le plus de perdre leur emploi. Aux États-Unis, dans la moitié la plus pauvre de la population, l'essentiel de la fortune d'une famille est sa maison – et cette fortune a été anéantie. L'une des raisons des déséquilibres mondiaux est la forte demande de réserves de nombreux pays en développement après l'expérience de la crise asiatique. L'impact de la crise actuelle sur ces pays va les inciter à détenir encore plus de réserves, ce qui accentuera le problème des déséquilibres. Conjointement, les deux phénomènes – hausse des inégalités et demande croissante de réserves – peuvent aggraver l'insuffisance de la demande globale mondiale, donc affaiblir l'économie mondiale.

Une vision plus large et à plus long terme – qui se concentre sur le malheur des pauvres et le défi du réchauffement de la planète – garantira une demande plus que suffisante pour absorber l'ensemble de la capacité de production mondiale[1]. Si les pauvres, dont ceux de Chine, consomment plus et si les

---

1. Par exemple, un engagement mondial à fixer et à maintenir un prix élevé pour les émissions de carbone (disons 80 dollars la tonne) inciterait fortement les entreprises et les ménages à faire les investissements nécessaires pour accroître leurs économies de «carbone».

riches (en particulier aux États-Unis) consomment moins, cela réduira l'échelle des déséquilibres mondiaux.

Concrétiser cette vision nouvelle exigera un *nouveau modèle économique* – la durabilité impose de mettre moins l'accent sur les biens matériels pour ceux qui surconsomment et de réorienter l'innovation. Dans le monde entier, l'innovation a trop servi à économiser le travail et trop peu à économiser les ressources naturelles et à protéger l'environnement – ce qui n'a rien d'étonnant, puisque les prix ne reflètent pas la rareté de ces ressources. On a si bien réussi à économiser le travail que la plupart des pays du monde ont aujourd'hui un problème de chômage chronique. Mais on a si peu réussi à économiser les ressources naturelles que l'environnement menace de s'effondrer.

Les défis à long terme que doit affronter l'Amérique

Les problèmes du monde se posent aussi à l'Amérique, mais en Amérique certains d'entre eux sont particulièrement exacerbés. Les États-Unis n'ont pas seulement le « casse-tête industriel » en général, ils ont aussi le problème plus spécifique de la délocalisation : la production quitte leur territoire pour aller en Chine ou ailleurs, ce qui reflète un déplacement de l'avantage comparatif. Ajuster la structure de l'économie à ce déplacement ne sera pas simple : perdre des emplois dans les domaines où l'on n'est plus compétitif est évidemment plus facile que d'en créer de nouveaux dans d'autres domaines, comme j'ai pu le constater si souvent dans des pays en développement confrontés à la mondialisation. C'est particulièrement difficile si l'on ne dispose pas d'un secteur financier robuste qui concentre son action sur le prêt aux PME et aux nouvelles entreprises – source de la plupart des créations d'emplois. Et, aujourd'hui, l'Amérique se heurte à une difficulté supplémentaire : la restructuration va obliger les gens à aller vivre ailleurs. Or beaucoup d'Américains ont perdu une grande partie de la valeur de leur maison (un nombre non négligeable d'entre eux l'ont perdue en totalité). S'ils la vendent, ils n'auront pas de quoi verser l'apport personnel nécessaire pour en acheter une autre de taille un tant soit peu comparable. La mobilité, l'une des grandes caractéristiques des succès passés de l'Amérique, va se réduire.

Comme tant d'autres pays du monde, les Américains voient monter les inégalités, mais chez eux elles le font jusqu'à des niveaux inconnus depuis trois quarts de siècle[1]. Les États-Unis doivent, eux aussi, s'adapter au réchauffement de la planète, mais ils ont été longtemps et jusqu'à tout récemment le plus gros émetteur de gaz à effet de serre, dans l'absolu et par habitant, donc réduire ces émissions leur demandera un effort d'ajustement encore plus grand[2].

Les États-Unis doivent aussi affronter d'autres défis. À commencer par celui du vieillissement de la population : à l'époque où ils vivaient au-dessus de leurs moyens, les Américains auraient dû épargner pour leur retraite.

L'Amérique a également toute une série de problèmes sectoriels. De larges pans de son industrie sont en lambeaux. L'un de ses secteurs apparemment les plus brillants, la finance, était surdimensionné et reposait sur des postulats erronés. Un autre, l'énergie, est intolérable pour l'environnement. Même quand ce secteur est entré sur le marché des énergies renouvelables – avec l'éthanol –, le lobbyisme d'entreprise lui a imposé des distorsions telles qu'il n'a même pas pu concurrencer la recherche de pays émergents comme le Brésil. Pour qu'il soit compétitif, le gouvernement des États-Unis a dû associer des subventions qui ont parfois dépassé 1 dollar le gallon* à des

---

1. Les parts du 1 % supérieur et du 5 % supérieur dans le revenu salarial avaient déjà battu leurs précédents records de la fin des années 1980 et atteint de nouveaux sommets historiques en 1998 (Thomas Piketty et Emmanuel Saez, « Income Inequality in the United States, 1913-1998 », *Quarterly Journal of Economics*, vol. 118, n° 1, février 2003, p. 1-39, figure IX).

2. En 2006, la Chine a dépassé les États-Unis comme plus gros émetteur. Voir Elisabeth Rosenthal, « China Increases Lead as Biggest Carbon Dioxide Emitter », *New York Times*, 14 juin 2008, p. A5.

* Le gallon américain représente environ 3,78 litres [*NdT*].

droits de douane de plus de 50 *cents* le gallon sur l'éthanol brésilien à base de sucre[1] ! L'industrie énergétique aurait dû se concentrer sur les économies d'énergie ; elle a préféré faire pression pour les droits de forage offshore.

Le système de santé américain, inefficace, coûte plus cher que celui des autres pays industriels avancés et a en moyenne des résultats inférieurs. Dans certains cas, notre qualité de soins peut être égalée même par des pays du tiers-monde – mais au sommet l'Amérique fournit des soins médicaux insurpassés[2].

Les États-Unis ont un système d'éducation inefficace, dont les résultats, là encore, sont égalés par bien des pays émergents – mais au sommet, à nouveau, les universités américaines sont sans rivales[3].

Quand il réfléchit à une vision à long terme pour l'Amérique, il est naturel qu'un économiste commencer par se demander : quel est l'avantage compétitif à long terme de l'Amérique, et comment pouvons-nous le concrétiser ? À mon avis, notre

---

1. Voir Wallace E. Tyner, «The US Ethanol and Biofuels Boom : Its Origins, Current Status, and Future Prospects», *BioScience*, vol. 58, n° 7, juillet-août 2008, p. 646-653. L'éthanol à base de maïs a peu d'avantages environnementaux, voire aucun : il y a sur ce point un large consensus. On le critique aussi parce qu'il risque de provoquer une hausse des prix des céréales alimentaires.

2. Cuba a réduit son taux de mortalité infantile, déjà faible, à 7,2 décès pour 1 000 naissances vivantes, ce qui est identique à la moyenne américaine et équivalent à la moitié du taux de Washington, DC. (Molly Moore, «The Hemorrhaging of Cuba's Health Care ; Doctors without Data, Patients without Drugs : U.S. Embargo, Economic Crisis Cripple a Showcase System», *Washington Post*, 23 février 1998, p. A12.)

3. Par exemple, les élèves sud-coréens de 15 ans du meilleur niveau ont obtenu des notes très supérieures à la moyenne de l'OCDE au test PISA, tandis que les élèves du même niveau aux États-Unis ont eu des notes inférieures à la moyenne de l'OCDE (Organisation de coopération et de développement économiques, «OECD Briefing Note for the United States», *PISA 2006 : Science Competencies for Tomorrow's World*, 4 décembre 2007, en ligne à l'adresse <http://www.pisa.oecd.org/dataoecd/16/28/39722597.pdf>. Voir aussi la note 6 de ce chapitre).

avantage compétitif à long terme réside dans les institutions d'enseignement supérieur et dans les progrès technologiques qui dérivent des avantages que fournissent ces institutions. Aucun autre secteur de l'économie ne fournit une telle proportion des leaders mondiaux ; les universités américaines attirent les meilleurs talents du monde entier, dont beaucoup restent en Amérique et s'y installent. Aucune des grandes universités des États-Unis – celles qui donnent à ce pays un avantage compétitif – ne sont des institutions à but lucratif, ce qui suggère que notre foi dans les institutions tournées vers le profit est peut-être une erreur.

Mais l'enseignement supérieur, à lui seul, ne suffit pas à donner chair à la stratégie économique de l'Amérique – nous devons imaginer un moyen de créer les emplois bien rémunérés, de classe moyenne, qui étaient l'épine dorsale du pays et qui ont disparu avec l'affaiblissement de sa base industrielle. D'autres pays, comme l'Allemagne, ont créé un secteur industriel compétitif dans les technologies de pointe, grâce à une solide formation assurée par l'apprentissage. C'est peut-être une orientation à laquelle l'Amérique devrait réfléchir.

Des gens raisonnables peuvent être en désaccord sur les réponses à ces questions, mais, dans la panique de la réaction immédiate à la crise, les États-Unis ont commis une erreur. Avant de consacrer aux «politiques industrielles» (les politiques de l'État qui donnent forme à la structure de l'économie) plus de fonds qu'aucun pays ne l'avait jamais fait – c'est bien ce qui s'est passé avec le renflouement des secteurs automobile et financier –, c'est le type de questions qu'il aurait fallu poser. L'ampleur de la tâche qui nous attend est énorme : les secteurs qui vont mal – ou qui font souffrir les Américains – et qu'il est urgent de restructurer (la finance, l'industrie manufacturière, l'énergie, l'éducation, la santé, les transports) représentent plus de la moitié de l'économie. Le reste du pays ne peut pas se reposer sur les lauriers du secteur technologique, ni même sur les succès des établissements supérieurs d'enseignement et de recherche.

Faux départs

La plupart de ces défis étaient déjà à l'ordre du jour des États-Unis, et du monde. Mais certaines tentatives pour leur faire face – y compris pendant la récession en cours – ont été des pas dans la mauvaise direction. J'en ai déjà analysé un : il n'y a pas eu de dégraissage du secteur financier pour le rendre plus à même de répondre aux besoins sociaux ; au lieu de cela, l'État a donné de l'argent aux responsables des difficultés.

Les marchés financiers ont aussi tenté de persuader l'État de mettre en œuvre une fausse solution au problème des personnes âgées : la privatisation de la caisse de retraites publique, la Social Security. Puisqu'ils écrémaient chaque année 1 % ou davantage de l'argent qu'ils géraient, ils voyaient dans cette privatisation une nouvelle source de commissions, de nouvelles occasions de s'enrichir aux dépens des personnes âgées. Une étude d'impact britannique de la privatisation partielle des retraites publiques dans ce pays a montré que les pensions seraient réduites de 40 % par ces coûts de transaction[1]. Le secteur financier veut maximiser les coûts de transaction ; le bien-être des retraités exige qu'ils soient minimisés. Aujourd'hui, la plupart des Américains se félicitent vraiment que l'initiative du président Bush sur la privatisation partielle de la caisse de retraites publique ait été rejetée ; sinon, la situation des personnes âgées serait encore plus sombre.

L'Amérique avait prêché l'évangile de la mondialisation et de la concurrence mondiale. Le B-A-BA de la science économique nous expliquait ce que cela voulait dire : les États-Unis devaient se spécialiser dans leur avantage comparatif, dans les domaines qui reflétaient leurs forces relatives. Dans de nombreux secteurs, la Chine s'était montrée

---

1. Voir Mamta Murthi, J. Michael Orszag et Peter R. Orszag, « The Charge Ratio on Individual Accounts : Lessons from the U.K. Experience », document de travail 99-2 du Birkbeck College, Université de Londres, mars 1999.

plus compétitive, et pas seulement à cause des bas salaires de ses travailleurs non qualifiés – il y a bien des pays où des travailleurs non qualifiés ont des salaires encore plus bas. La Chine a une épargne forte, une population active de plus en plus instruite (le nombre de diplômés à tous les niveaux de l'enseignement supérieur en Chine a pratiquement quadruplé entre 2002 et 2008, et le nombre total d'étudiants inscrits a quintuplé[1]) ainsi que de gros investissements d'infrastructures, et elle associe tout cela à une production à faible coût et à une logistique moderne pour assurer la livraison des volumes massifs de biens matériels que réclament les consommateurs américains. Même s'il est très difficile pour les Américains de l'admettre, dans de nombreux secteurs, dont des piliers de l'«ancienne» économie comme la sidérurgie et l'automobile, leur pays n'est plus à l'avant-garde technologique; il n'est plus le producteur le plus efficace; et il ne fabrique plus les meilleurs produits. L'Amérique n'a plus d'avantage comparatif dans de nombreuses branches de l'industrie. L'avantage comparatif d'un pays peut changer; ce qui compte, c'est l'avantage comparatif *dynamique*. Les pays d'Asie orientale l'ont compris. Il y a quarante ans, l'avantage comparatif de la Corée du Sud n'était ni les puces électroniques, ni les voitures, mais le riz. Son gouvernement a décidé d'investir dans l'éducation et la technologie afin de changer d'avantage comparatif et d'élever le niveau de vie de son peuple. Il a réussi, et, ce faisant, il a transformé sa société et son économie. L'expérience de la Corée du Sud, et d'autres pays qui ont remporté des succès, suggère des leçons et des questions applicables aux États-Unis : quel doit être notre avantage comparatif dynamique à long terme et comment y parvenir?

---

1. Voir Yao Li, John Whalley, Shunming Zhang et Xiliang Zhao, «The Higher Educational Transformation of China and Its Global Implications», document de travail 13849 du National Bureau of Economic Research, Cambridge, MA, mars 2008, en ligne à l'adresse <http://www.nber.org/papers/w13849>.

Le rôle de l'État

Quel doit être le rôle de l'État? C'est la grande question de l'économie mondiale du XXIᵉ siècle. Pour réaliser la restructuration que nous venons d'évoquer, il faut que l'État élargisse sa mission. Ces changements structurels ne se sont pas produits spontanément, et il est peu probable qu'ils le fassent. Mais les mécanismes de marché peuvent jouer le rôle clé dans leur *mise en œuvre*, par exemple dans la construction d'une nouvelle économie verte. De fait, un changement simple y contribuerait énormément : faire en sorte que les prix reflètent correctement la rareté des ressources environnementales à long terme.

Malheureusement, en particulier aux États-Unis, nombre d'idées reçues empêchent de penser le juste rôle de l'État. «Le gouvernement qui gouverne le mieux est le gouvernement qui gouverne le moins», dit un aphorisme courant emprunté à Thomas Paine. Dans les campagnes électorales républicaines, c'est une évidence admise que les réductions d'impôts peuvent guérir tous les maux économiques – plus le taux d'imposition est faible, plus le taux de croissance est élevé. La Suède a pourtant l'un des revenus par habitant les plus élevés et, dans les classements opérés à l'aide de mesures élargies du bien-être (comme l'indice du PNUD), elle jouit d'une avance considérable sur les États-Unis[1]. Il suffit de comparer les espérances de vie : 77 ans aux États-Unis, 80,5 ans en Suède. Son ancien ministre des Finances m'a expliqué la base de ce succès : «Nous avions des taux d'imposition élevés.»

Ce n'étaient pas, bien sûr, ces taux élevés en eux-mêmes qui avaient provoqué directement la croissance forte et la hausse des niveaux de vie. Mais la Suède avait compris qu'un

---

1. L'«indice de développement humain» (IDH) du Programme des Nations unies pour le développement (PNUD) associe des mesures du revenu par habitant à des mesures de l'éducation et de la santé. Selon le *Rapport sur le développement humain 2009*, la Suède s'est classée 7ᵉ pour cet indice tandis que les États-Unis étaient en 13ᵉ position.

pays doit vivre selon ses moyens. Si elle voulait un bon système de santé, un bon système scolaire, de bonnes routes, une bonne protection sociale, ces services publics devaient être financés, et cela exige des impôts élevés. Il est évident qu'un pays doit dépenser relativement bien ses fonds : cela reste vrai que l'on parle du secteur privé ou du secteur public. Le secteur public suédois est parvenu à bien les dépenser ; le secteur financier privé américain a fait un travail lamentable. Un pays doit être attentif aux incitations, et, à une époque, les taux d'imposition de la Suède ont peut-être été un peu trop élevés et ses mécanismes de soutien un peu trop généreux ; elle a donc ajusté les deux. Mais elle a découvert qu'un bon système de soutien social peut aider les gens à s'adapter au changement – donc les amener à accepter plus facilement le changement et les forces qui le provoquent, comme la mondialisation. Les Suédois ont réussi à avoir la protection sociale sans le protectionnisme, et ils ont bénéficié de l'ouverture qui en a résulté pour leur économie et pour leur société. Une bonne protection sociale associée à une bonne éducation et à un bon recyclage professionnel a donné à leur économie plus de flexibilité et lui a permis de s'ajuster aux chocs plus rapidement en maintenant des niveaux d'emploi supérieurs. Avec un niveau d'emploi élevé et une bonne protection sociale, les Suédois étaient prêts à prendre des risques. L'«État-providence» bien conçu a soutenu une «société d'innovation».

Ce scénario n'a rien d'inéluctable. Un «État-nounou» peut miner les incitations, dont celles qui poussent à prendre des risques et à innover. Trouver le juste équilibre n'est pas si simple. L'une des raisons du succès des pays scandinaves est qu'ils n'ont pas été plombés par certains postulats idéologiques, du type «les marchés sont toujours efficaces» ou «l'État est toujours inefficace». La débâcle financière actuelle, due à une mauvaise allocation massive des ressources *par le secteur privé*, devrait guérir tout le monde de ces préjugés. Et pourtant, on l'a vu au chapitre 5, la peur de «nationaliser» les banques en faillite a empêché l'État d'intervenir vite et efficacement, aux États-Unis comme en Grande-Bretagne, ce qui a coûté aux contribuables des milliards de dollars *sans nécessité*. En Amérique, des mots comme «socialisme», «privatisation» et «nationalisation» ont une charge émotionnelle qui empêche de penser clairement.

Herbert Simon, qui a reçu le prix Nobel en 1978 pour ses travaux pionniers sur la façon dont les entreprises modernes fonctionnent vraiment, a fait remarquer que les différences entre les firmes du capitalisme moderne et les entreprises gérées par l'État ont été beaucoup exagérées. Dans les deux cas, tout le monde travaille pour quelqu'un d'autre. Les structures d'incitation utilisables pour motiver les cadres et les salariés sont les mêmes. Il écrit :

> *La plupart des producteurs sont des employés, pas des propriétaires d'entreprise. [...] Du point de vue de la théorie [économique] classique, ils n'ont aucune raison de maximiser les profits des entreprises, sauf dans la mesure où les propriétaires peuvent les contrôler. [...] De plus, il n'y a aucune différence à cet égard entre les entreprises à but lucratif, les organisations à but non lucratif et les administrations. Toutes ont exactement le même problème : amener ceux qu'elles emploient à travailler au service des buts de l'organisation. Il n'y a aucune raison, a priori, pour qu'il soit plus facile (ou plus difficile) de créer cette motivation dans des organisations visant à maximiser des profits que dans d'autres qui se fixent des buts différents. La conclusion selon laquelle les organisations motivées par les profits seront plus efficaces que les autres ne découle pas, dans une économie organisationnelle, des postulats néoclassiques. Si elle est vraie empiriquement, il faut introduire d'autres axiomes pour en rendre compte[1].*

---

1. Herbert Simon, «Organizations and Markets», *Journal of Economic Perspectives*, vol. 5, n° 2, 1991, p. 28.

J'ai dit au chapitre 1 que le modèle de capitalisme du xixᵉ siècle n'est pas applicable au xxiᵉ. La plupart des grandes entreprises n'ont pas de propriétaire unique ; il y a de nombreux
actionnaires. Aujourd'hui, la principale distinction est que les
propriétaires ultimes (les « actionnaires ») sont dans un cas les
citoyens opérant par le biais de toute une série d'institutions
publiques, et dans l'autre les citoyens opérant par le biais de
toute une série d'intermédiaires financiers, comme les fonds de
pension et fonds mutuels, sur lesquels ils n'ont en général guère
de contrôle[1]. Les deux systèmes se caractérisent par d'importants problèmes dits « d'agence », dus à la séparation entre propriété et contrôle : les décideurs ne supportent pas les coûts des
erreurs et ne reçoivent pas non plus les avantages des succès.

Il y a des exemples d'entreprises efficaces, et inefficaces,
dans le secteur public comme dans le secteur privé. Les grandes aciéries publiques en Corée du Sud et à Taïwan étaient
plus efficaces que les aciéries privées américaines. Le seul secteur où les États-Unis restent en tête est l'enseignement supérieur, et, je l'ai dit, toutes leurs universités de premier ordre
sont publiques ou à but non lucratif[2].

Les divers rôles qu'a joués l'État dans l'économie américaine
pendant la crise actuelle ont été sans précédent. Beaucoup

---

1. Dans les deux formes d'organisation, la gestion de l'entreprise peut
être perçue comme un bien public : si elle est bien gérée, tous les actionnaires en bénéficient. Dans les deux cas, il y a un risque d'insuffisance
dans la surveillance de ce bien public. Peut-être parce que le problème
est plus flagrant dans les entreprises publiques, celles-ci ont souvent créé
des mécanismes institutionnels pour y faire face, ce qui empêche l'apparition des pires abus.

2. Les écoles à but lucratif, qui se concentrent sur la formation professionnelle, ont excellé dans les pratiques douteuses et les fausses promesses. Les étudiants qui ont préparé leurs diplômes dans ces écoles ont
souvent été terriblement déçus et ont refusé de rembourser leurs prêts
d'études. Sous l'administration Clinton, nous avons essayé de disqualifier
les écoles où le taux de défaut de paiement des étudiants sur leurs prêts
était élevé, mais les écoles privées ont mobilisé leurs lobbyistes pour
combattre cette initiative : elles savaient que, sans accès aux prêts garantis par l'État, elles n'auraient plus qu'à cesser leur activité.

d'adversaires traditionnellement acharnés de l'activisme de l'État, et notamment de son endettement, se sont tus. Mais d'autres ont vu dans le renflouement massif des banques par Bush une trahison des principes du conservatisme républicain. Pour ma part, je l'ai simplement interprété comme une nouvelle expansion (certes considérable) d'un phénomène en cours depuis plus d'un quart de siècle : la création d'un «État-providence des entreprises», l'extension et le renforcement de leur «sécurité sociale», alors même qu'on affaiblit la protection sociale des particuliers, au moins dans certains domaines.

Si les droits de douane (les taxes sur les biens importés) ont été réduits dans les dernières décennies, un vaste attirail de barrières non tarifaires protège les firmes américaines. Après la promesse des États-Unis de réduire leurs subventions agricoles, Bush les a doublées en 2002 : l'agriculture est subventionnée à hauteur de plusieurs milliards de dollars par an. En 2006, 27 000 cultivateurs de coton se sont partagé 2,4 milliards de dollars par an dans le cadre d'un programme qui violait le droit commercial international et nuisait à des millions d'agriculteurs pauvres d'Afrique, d'Amérique du Sud et d'Inde[1].

D'autres branches ont été subventionnées aussi, certaines légèrement, d'autres massivement, certaines ouvertement, d'autres plus discrètement, par le biais de mesures fiscales. Tout en affirmant, nous États-Unis, qu'il ne fallait pas autoriser les pays en développement à soutenir leurs industries naissantes, nous avons justifié nos propres aides massives à l'industrie de l'éthanol issu du maïs par l'argument de l'«industrie naissante» – nous l'aidions temporairement, jusqu'au moment où

---

1. Voir Environmental Working Group, «Farm Subsidy Database», en ligne à l'adresse <http://farm.ewg.org/farm/progdetail.php?fips= 0 0000&yr=2006&progcode=cotton&page=conc>. En août 2009, l'organe d'appel de l'OMC a décidé que le Brésil pouvait prendre contre les États-Unis, pour leurs infractions, des mesures de représailles commerciales à hauteur de 800 millions de dollars. Voir Organisation mondiale du commerce, «WTO Issues Arbitration Reports in US-Brazil Cotton Dispute», 31 août 2009, en ligne à l'adresse <http://www.wto.org/english/news_e/ news09_e/267arb_e.htm>.

elle pourrait affronter seule la concurrence. Mais c'est un bébé qui a refusé de grandir.

On aurait pu croire que l'industrie pétrolière, avec ses profits apparemment illimités, ne solliciterait pas d'aides de l'État. Mais, la cupidité n'ayant pas de bornes et l'argent achetant l'influence politique, elle a reçu de grosses faveurs fiscales. John McCain, le candidat républicain à la présidentielle de 2008, avait dit que la première loi de Bush sur l'énergie «ne laissait aucun lobbyiste au bord de la route[1]». L'industrie minière aussi reçoit des milliards de subventions cachées; elle extrait des minerais du domaine public pratiquement pour rien. En 2008 et 2009, l'industrie automobile et le monde financier sont entrés dans la longue liste des subventionnés.

Dans beaucoup des secteurs les plus dynamiques de l'économie américaine, la présence de l'État est forte aussi. Internet, sur lequel s'appuie une si large part de la prospérité récente, a été créé sur fonds publics – même le prototype des navigateurs, Mosaic, a été financé par l'État. Il était commercialisé par Netscape, mais Microsoft a éliminé Netscape par des méthodes que des tribunaux du monde entier ont qualifiées d'abus flagrant du pouvoir de monopole.

Si les subventions données au fil des ans aux sociétés américaines atteignent des centaines de milliards de dollars[2], ces montants pâlissent comparés aux récents cadeaux au secteur financier. J'ai évoqué aux chapitres précédents les renflouements coûteux et répétés des banques, dont celui d'aujourd'hui

---

1. «Statement of Senator McCain on the Energy Bill», 19 novembre 2003, <http://mccain.senate.gov/public/index.cfm?FuseAction=PressOffice.Speeches&ContentRecord_id=9259EB94-5344-435F-B4D8-37F7BF6DAA77>.

2. Quand j'étais membre et président du Comité des conseillers économiques, nous avions compilé une liste des programmes d'aide sociale aux entreprises que nous avions comparée à celles établies par d'autres, dont des *think tanks* conservateurs. Notons avec intérêt que l'aide aux banques par le truchement du FMI, qui joue un rôle majeur dans les renflouements bancaires, se situait en tête ou dans les premiers rangs d'un grand nombre de listes. Et cela se passait avant l'organisation par le FMI des grands renflouements de banques en Asie, en Russie et en Amérique latine.

n'est que le plus massif. Comme je l'avais prévu dès qu'il a com mencé, *il s'est révélé l'une des plus grandes redistributions rapides de richesse de l'histoire* (celle qu'a provoquée en Russie la privatisation des entreprises d'État a sûrement été supérieure).

Adam Smith n'a peut-être pas eu tout à fait raison de dire que les marchés conduisent, comme par une main invisible, au bien-être de la société. Mais aucun de ceux qui sont fidèles à sa pensée ne pourrait qualifier de juste ou d'efficace l'ersatz de capitalisme vers lequel ont évolué les États-Unis, ni soutenir qu'il conduit au bien-être de la société.

Donc, que doit faire l'État ?

Au cours des trente-cinq dernières années, les économistes ont mieux compris les conditions dans lesquelles les marchés fonctionnent bien et celles dans lesquelles ils ne fonctionnent pas. C'est en grande partie une question d'incitations : quand les marchés donnent-ils les bonnes incitations ? Quand les profits privés sont-ils alignés sur les bénéfices sociaux ? Et comment l'État peut-il contribuer à cet alignement ? Les six premiers chapitres ont relaté l'histoire de marchés financiers où ces incitations n'étaient pas alignées.

Les économistes ont élaboré une courte liste de cas où les marchés échouent – où les incitations sociales et privées ne sont pas alignées. Cette liste rend compte d'un gros pourcentage des principaux échecs. Elle comprend les monopoles, les externalités et les imperfections de l'information. Par une ironie de l'histoire du débat politique, c'est la « gauche » qui a dû agir pour essayer de faire fonctionner les marchés comme ils le devraient, par exemple en faisant voter et respecter des lois antitrust pour garantir la concurrence ; en faisant voter et respecter des lois sur la publication de données pour que les acteurs du marché soient au moins *mieux* informés ; et en faisant voter et respecter des lois sur la pollution, ainsi que sur la réglementation du secteur financier (comme celles évoquées au chapitre 6), pour limiter les conséquences des externalités.

Quant à la «droite», elle soutient qu'il suffit de garantir les droits de propriété et de faire respecter les contrats. Ces deux tâches sont nécessaires mais pas suffisantes – et elles posent certains problèmes cruciaux, comme celui de la juste définition des droits de propriété et des domaines dans lesquels ils s'appliquent. La propriété ne confère pas de droits illimités à faire ce qu'on veut. Posséder une parcelle ne me donne pas le droit de polluer la nappe phréatique qui se trouve au-dessous, ni même de brûler des feuilles qui pourraient polluer l'air.

Maintenir le plein-emploi *et* une économie stable

Faire fonctionner les marchés est donc l'une des responsabilités de l'État, et les manifestations les plus évidentes de l'échec des marchés, de leur incapacité à fonctionner comme ils sont censés le faire, sont les épisodes périodiques de chômage et de sous-utilisation des capacités de production, les récessions et dépressions caractéristiques du capitalisme. L'Employment Act de 1946 a reconnu que maintenir l'économie au plein-emploi est un objectif national, et que la responsabilité en incombe à l'État.

Sur la meilleure façon d'y parvenir, il y a quelques controverses. Les conservateurs ont fait de leur mieux pour essayer d'amoindrir le rôle de l'État. Après avoir admis à contrecœur que les marchés, par eux-mêmes, n'assureraient peut-être pas le plein-emploi, ils ont tenté de rétrécir le champ d'intervention de l'État. Le monétarisme de Milton Friedman s'efforçait de cantonner les banques centrales dans un rôle mécanique : accroître la masse monétaire à taux fixe. Et quand cela n'a pas marché, les conservateurs ont cherché une autre règle simple : cibler l'inflation.

La crise actuelle a pourtant montré que les échecs de marché peuvent être complexes et généralisés, qu'ils ne sont pas si simples à corriger, et que suivre des règles mécaniques pourrait bien aggraver les choses. Parmi les problèmes qui ont provoqué cette crise, il y avait une sous-appréciation du risque. Peut-être est-il impossible à l'État d'obliger les marchés à donner au risque son juste prix, mais, je l'ai dit au chapitre 6, il peut concevoir des réglementations qui limitent les dégâts provoqués par les erreurs de prix que commet le marché[1].

Promouvoir l'innovation

Il y a des biens que, par lui-même, le marché fournit de manière insuffisante. Ils comprennent les biens publics, dont peuvent bénéficier tous les membres de la société – et, parmi ces biens, certaines innovations cruciales. Le troisième président des États-Unis, Thomas Jefferson, a fait observer que le savoir est comme une chandelle : lorsqu'une chandelle en allume une autre, sa propre lumière ne diminue pas. Il est donc inefficace de restreindre l'usage du savoir[2]. De telles restrictions ont un coût particulièrement lourd dans la recherche scientifique fondamentale. Mais, pour que le savoir soit diffusé librement, l'État doit assumer la responsabilité de financer sa production. C'est pourquoi il joue un rôle fondamental dans la promotion de la connaissance et de l'innovation.

Certains des plus grands succès des États-Unis – d'Internet à la biotechnologie moderne – sont issus de recherches financées par l'État, en général dans des universités publiques ou à but non lucratif. Au XIXᵉ siècle, l'État a éminemment contribué aux remarquables progrès de l'agriculture – ou des télécommunications, en posant la première ligne de télégraphe entre Baltimore et Washington. Il a même eu un rôle important dans des innovations sociales – ses initiatives ont élargi l'accession à la propriété, sans les pratiques d'extorsion qui ont gâché les récents efforts privés en la matière.

---

1. Si la sous-appréciation du risque par le marché est due à des incitations perverses, l'État peut essayer d'influer sur les structures d'incitation afin d'intervenir indirectement sur l'appréciation du risque.

2. C'est pourquoi essayer de faire produire le savoir par les marchés peut être très inefficace. Dans certains cas, on peut y parvenir (par exemple avec le système des brevets), mais les coûts sociaux du recours à un mécanisme de marché risquent d'être lourds.

Il est possible d'induire l'innovation dans le secteur privé en restreignant l'usage du savoir par le système des brevets – bien que, en renforçant ainsi les bénéfices privés, on réduise les bénéfices sociaux. Un système de brevets bien conçu essaie de trouver le juste équilibre, d'inciter à l'innovation sans restreindre indûment l'usage du savoir. Comme je l'explique dans la suite de ce chapitre, le régime existant de la propriété intellectuelle pourrait être considérablement amélioré.

Mais, dans le cas des marchés financiers, le problème est l'*absence* de moyens efficaces pour protéger la propriété intellectuelle. Quiconque élabore un nouveau produit réussi peut être vite imité. La règle du jeu est donc «pile je perds, face tu gagnes» : si le nouveau produit n'a aucun succès, personne ne l'imite mais l'entreprise qui l'a conçu perd de l'argent; s'il a du succès, on l'imite et les profits de l'entreprise innovante vont vite s'éroder.

La conséquence est claire : on ne cherche pas des innovations qui améliorent le bien-être des clients ou l'efficacité de l'économie, mais des innovations difficiles à imiter ou qui, même imitées, rapporteront malgré tout des profits. Les prêts menteurs et les commissions usuraires des cartes de crédit, par exemple, sont des «innovations» qui ont été vite imitées, mais qui n'en ont pas moins rapporté des profits gigantesques. Les dérivés et autres produits financiers complexes, en revanche, n'étaient pas faciles à imiter – plus c'est compliqué, plus c'est dur à imiter. Une poignée assez restreinte d'institutions émettent un gros pourcentage des dérivés complexes de gré à gré. Moins de concurrence veut dire davantage de profit. Autrement dit, ce sont les forces du marché qui ont largement impulsé la dynamique de la complexité si perturbante pour son fonctionnement.

Fournir des assurances et des protections sociales

L'État a joué un rôle important dans la protection sociale en fournissant une assurance contre de nombreux risques auxquels les individus sont confrontés, tels le chômage ou le handicap. Dans certains secteurs, comme les rentes, le privé a fini par suivre l'exemple des pouvoirs publics, mais en consacrant de grosses ressources à un effort de repérage des cas les moins risqués – dépenses qui ne semblent pas socialement productives. La société peut estimer qu'une personne assez infortunée pour naître avec une maladie cardiaque doit être aidée («cela aurait pu m'arriver»), et lui payer une opération chirurgicale à cœur ouvert. Mais une compagnie d'assurances privée veut être sûre qu'elle n'aura pas à payer quantité de factures : elle fera donc tout son possible pour découvrir qui court un risque[1]. C'est l'une des raisons pour lesquelles l'État continuera à jouer un rôle essentiel sur les marchés des assurances.

Empêcher l'exploitation

Même des marchés efficaces peuvent avoir des résultats socialement inacceptables. Ils vont attribuer à certaines personnes un si faible revenu qu'elles ne pourront pas survivre. Sur des marchés concurrentiels, les salaires sont déterminés par l'intersection de l'offre et de la demande, et rien ne dit que le «salaire d'équilibre» permettra de vivre. Les États essaient constamment de «corriger» la répartition des revenus opérée par le marché.

De plus, rien ne garantit que les marchés seront humains, à tous les sens du terme. Leurs acteurs n'hésiteront peut-être pas à profiter de toutes les façons possibles d'une situation qui les met en position de force – ou qui affaiblit d'autres acteurs. Pendant un ouragan, celui qui a une voiture peut aider les autres à échapper à la noyade, mais peut-être en exigeant

---

1. Les économistes ont consacré beaucoup d'efforts à comprendre l'absence de marchés d'assurance cruciaux. Celle-ci est largement liée à des problèmes d'information (en particulier d'asymétries d'information). Voir M. Rothschild et J.E. Stiglitz, «Equilibrium in Competitive Insurance Markets : An Essay on the Economics of Imperfect Information», *Quarterly Journal of Economics*, vol. 90, n° 4, novembre 1976, p. 629-649.

pour ce service «le prix que le marché supportera». Quand on cherche désespérément du travail, on accepte un emploi dans des entreprises où les conditions sanitaires et de sécurité sont inférieures aux normes. L'État ne peut pas empêcher toutes les formes d'exploitation, mais il peut réduire leur ampleur : c'est pour cela que, dans la plupart des pays industriels avancés, il a promulgué et fait respecter des lois contre l'usure (qui fixent un plafond au taux d'intérêt exigible), ainsi que d'autres qui fixent un salaire minimum, un nombre d'heures de travail maximum, des conditions sanitaires et de sécurité de base sur les lieux de travail, et qui s'efforcent de limiter le crédit prédateur.

Les entreprises privées, quand elles le peuvent, essaient de restreindre la concurrence, et elles sont douées aussi pour exploiter des modèles systématiques de comportement irrationnel et autres «points faibles» du consommateur. Les compagnies du tabac vendaient leurs produits en sachant parfaitement qu'ils étaient addictifs, cancérigènes et nocifs à bien d'autres titres – alors qu'elles niaient qu'il y eût la moindre preuve scientifique de tout cela. Elles savaient que, si elles affirmaient qu'il y avait un doute scientifique, les fumeurs seraient réceptifs à leur message.

Les sociétés de prêts hypothécaires et les compagnies de cartes de crédit savaient que beaucoup d'emprunteurs auraient des retards de paiement, au moins une fois, et elles en ont profité. Elles les ont attirés avec des taux initiaux très bas ; s'il était prévu au contrat que ces taux augmentent considérablement après un retard de paiement, elles pourraient plus tard récupérer leurs pertes et au-delà. Les banques encouragent leurs clients à signer des contrats de découvert autorisé sur lesquels les commissions sont élevées, parce qu'elles savent qu'ils ne vérifieront pas s'ils sont en dépassement[1].

---

1. La liste des pratiques d'entreprise relevant de l'exploitation est fort longue. Une compagnie d'assurances a vendu des polices d'assurance sur la vie contre des maladies redoutées : elle savait que son agent commercial, en décrivant la veuve éplorée laissée sans ressources après un décès provoqué par un mal aussi épouvantable, pourrait facilement vendre des polices qui ne coûtaient que 25 cents par mois – même si le ris-

Le rôle de l'État change

Le juste rôle de l'État diffère selon les pays et les époques. Le capitalisme du XXIᵉ siècle n'est pas celui du XIXᵉ. La leçon que nous avons apprise du secteur financier est vraie dans d'autres secteurs : s'il est possible que les réglementations du New Deal ne soient plus adaptées aujourd'hui, il ne faut pas pour autant déréglementer en bloc, mais le faire davantage dans certains domaines, moins dans d'autres. La mondialisation et les nouvelles technologies ont rendu possibles de nouveaux monopoles mondiaux, dont la richesse et la puissance dépassent tout ce que les barons de la fin du XIXᵉ siècle auraient pu rêver[1]. Comme je l'ai dit au chapitre 1, la séparation de la propriété et du contrôle, et une situation où la fortune de la plupart des simples citoyens est gérée par d'autres, en principe dans leur intérêt, créent des problèmes «d'agence» qui rendent d'autant plus nécessaire de mieux réglementer la gouvernance d'entreprise.

D'autres changements dans l'économie américaine peuvent aussi exiger un élargissement du rôle de l'État. La transformation de nombreuses économies industrielles avancées en économies de l'innovation a des conséquences profondes sur la nature du marché. Prenons le problème de la concurrence, vital pour le dynamisme de toute économie. Nous pouvons facilement vérifier si la concurrence existe ou non sur le marché de l'acier, par exemple, et, s'il n'y en a pas, il existe des procédures bien établies pour régler le problème.

Mais produire des idées n'est pas la même chose que produire de l'acier. Si les bénéfices privés et sociaux de la

---

que actuariel était négligeable. L'ancien directeur de la Food and Drug Administration, David Kessler, donne des exemples issus de l'industrie de l'alimentation et des boissons. Voir David Kessler, *The End of Overeating : Taking Control of the Insatiable North American Appetite*, Emmaus, PA, Rodale, 2009, et *A Question of Intent : A Great American Battle with a Deadly Industry*, New York, PublicAffairs, 2001.

1. Adam Smith a vu le danger, et la raison d'être des lois antitrust modernes est d'essayer de maintenir la concurrence sur le marché et de prévenir les pratiques abusives anticoncurrentielles.

fabrication des produits de base traditionnels sont bien alignés, les bénéfices sociaux et privés de l'innovation peuvent diverger très nettement. Il y a même des innovations dont les bénéfices sociaux sont *négatifs* – les cigarettes qui intensifient la dépendance, par exemple.

Ce qui intéresse le secteur privé, c'est la proportion de la valeur de l'idée qu'il va pouvoir s'approprier, pas ses bénéfices globaux pour la société. C'est pourquoi le marché consacre trop d'argent à certaines recherches – le développement d'un médicament «moi aussi» pour imiter un médicament breveté qui se vend très bien – et trop peu à d'autres. Sans le soutien de l'État, il y aurait peu de recherche fondamentale, et trop peu sur les maladies des pauvres.

Dans le cadre du système des brevets, le bénéfice privé est lié à l'antériorité – il faut être le premier; le bénéfice social, c'est que l'innovation soit disponible plus tôt qu'elle ne l'aurait été autrement. La différence a été illustrée avec éclat dans le cas des recherches sur les gènes associés au cancer du sein. Un effort mondial organisé était en cours pour décoder systématiquement l'ensemble du génome humain, mais certains cherchaient à le battre de vitesse sur des gènes qui auraient peut-être une valeur commerciale. Myriad, une firme américaine, a obtenu le brevet des gènes du cancer du sein; l'information a été disponible un peu plus tôt qu'elle ne l'aurait été autrement – mais, comme cette entreprise tient à facturer au prix fort les tests de détection du gène, des milliers de femmes peuvent mourir sans nécessité dans les pays où le brevet est reconnu[1].

Bref, dans l'économie innovante du XXIᵉ siècle, l'État va peut-être devoir prendre une place plus centrale : en assurant la recherche fondamentale sur laquelle repose tout l'édifice; en

---

1. Claude Henry, «La fièvre des brevets dans les pays développés et ses retombées sur les pays en voie de développement», *Prisme*, n° 6, Paris, Centre Cournot pour la recherche en économie, mai 2005, et Andrew Pollack, «Patent on Test for Cancer Is Revoked by Europe», *New York Times*, 19 mai 2004, p. C3.

orientant la recherche vers les besoins nationaux, par exemple par des dons et des prix; et en rééquilibrant le régime de propriété intellectuelle afin que la société bénéficie davantage des incitations qu'il peut fournir sans avoir à subir les coûts qui les accompagnent, dont celui de la monopolisation[1].

À la fin du siècle dernier, on a espéré (à tort) que l'action de l'État deviendrait moins nécessaire dans un domaine : certains estimaient que, dans la nouvelle économie innovante, le cycle des affaires n'existait plus. Comme pour tant d'idées, il y avait un grain de vérité dans cette notion de Nouvelle Économie sans récessions. Avec les nouvelles technologies de l'information, les entreprises pouvaient mieux contrôler les stocks; or de nombreux cycles passés avaient été liés à des fluctuations de stocks. De plus, la structure de l'économie avait changé: elle était passée de l'industrie, où les stocks sont importants, aux services, où ils ne le sont pas. L'industrie manufacturière, je l'ai dit, ne représente aujourd'hui que 11,5 % du PIB des États-Unis[2]. Néanmoins, la récession de 2001 a montré que le pays pouvait encore dépenser beaucoup trop dans les fibres optiques et d'autres investissements, et la récession actuelle qu'il pouvait le faire dans l'immobilier. Les bulles et leurs conséquences sont bien présentes au xxie siècle, comme elles l'étaient aux xviiie, xixe et xxe siècles.

Les marchés sont imparfaits, mais l'État aussi. Pour certains, la conclusion inévitable est qu'il ne faut pas compter sur l'État. Les marchés échouent, mais les échecs de l'État sont pires, prétendent-ils. Les marchés créent des inégalités, mais les inégalités créées par l'État sont pires. Les marchés peuvent être

---

1. Le système des brevets peut même entraver le rythme de l'innovation. Par exemple, il augmente le prix de l'intrant le plus important dans la recherche (le savoir) et il peut créer un «fourré de brevets», où chaque innovateur a peur d'empiéter sur les brevets d'un autre. Voir J.E. Stiglitz, *Un autre monde, op. cit.*, chap. 4.

2. Bureau of Economic Analysis, Industry Economic Accounts, GDP by Industry Accounts, «Value Added by Industry as a Percentage of GDP», 28 avril 2009, en ligne à l'adresse <http://www.bea.gov/industry/xls/ GDPbyInd_VA_NAICS_1998-2008.xls>.

inefficaces, mais les États le sont encore plus. Toute cette logique est spécieuse et propose des choix fallacieux. Nous n'avons pas le choix : nous devons avoir une forme quelconque d'action collective. Le dernier pays qui a testé le système bancaire totalement déréglementé (libre), c'était le Chili sous le dictateur Pinochet, et ce fut un désastre. Comme en Amérique, la bulle du crédit chilienne a éclaté. Environ 30 % des prêts sont devenus «en souffrance», et le pays a mis un quart de siècle à rembourser les dettes de l'expérience manquée.

Les États-Unis auront une réglementation, et l'État consacrera de l'argent à la recherche, à la technologie, aux infrastructures et à certaines formes de protection sociale. Il aura une politique monétaire, il assurera la défense nationale, l'ordre public, la protection anti-incendie et d'autres services publics essentiels. Quand les marchés échoueront, l'État viendra ramasser les morceaux. Puisqu'il le sait, il doit faire ce qu'il peut pour empêcher les catastrophes.

Les vraies questions sont donc : que doit faire l'État? jusqu'où doit-il aller? et comment doit-il s'y prendre?

Tout jeu a ses règles et ses arbitres, et le jeu économique ne fait pas exception. L'un des rôles cruciaux de l'État est d'écrire les règles et de fournir les arbitres. Les règles sont les lois qui gouvernent l'économie de marché. Les arbitres comprennent les autorités de contrôle et les juges qui aident à faire appliquer et à interpréter les lois. Les anciennes règles, qu'elles aient ou non bien fonctionné dans le passé, ne sont pas de bonnes règles pour le XXIe siècle.

La société doit être sûre que les règles sont fixées équitablement et que les arbitres sont justes. En Amérique, trop de règles ont été établies par et pour les professionnels de la finance, et les arbitres se sont montrés partiaux. On ne peut donc s'étonner du déséquilibre des résultats. Il y avait d'autres réactions possibles, dont les chances de succès étaient au moins égales mais qui mettaient moins en danger le contribuable : il suffisait que l'État joue selon les règles, au lieu de bifurquer à mi-parcours vers une stratégie de libéralités inouïes au bénéfice du secteur financier.

En fin de compte, le seul barrage contre ces abus est le processus démocratique. Mais ses chances de succès dépendront des réformes des contributions de campagne et de l'organisation même des élections[1]. Certains clichés restent vrais : qui paie le flûtiste choisit la musique. Le secteur financier a payé les flûtistes des deux partis et il a choisi la musique. Pouvons-nous espérer, nous les citoyens, que des lois seront votées pour démanteler les banques trop-grandes-pour-faire-faillite, trop-grandes-pour-être-résolues ou trop-grandes-pour-être-gérées si ces dernières restent des contributrices de campagne trop-grandes-pour-être-ignorées? Pouvons-nous même espérer empêcher les banques de prendre des risques excessifs[2]?

En dernière analyse, faire face à cette crise – et éviter qu'il y en ait d'autres – est donc affaire de politique autant que d'économie. Si nous ne mettons pas en œuvre ces réformes, nous

---

1. Si l'État exigeait que les chaînes de télévision et les stations de radio mettent gratuitement du temps d'antenne à la disposition des candidats, les financements de campagne seraient moins nécessaires. Et, avec le système australien du vote obligatoire, on a moins besoin de dépenser pour «aller chercher les voix».

2. Des données de la Commission électorale fédérale compilées par le Center for Responsive Politics ont révélé que les comités d'action politique des sociétés financières et d'investissement et leurs salariés ont donné 156 millions de dollars en contributions politiques pendant le cycle électoral de 2008. Goldman Sachs, Citigroup, JPMorgan Chase, Bank of America et Crédit Suisse ont donné 22,7 millions de dollars et dépensé à eux tous plus de 25 millions de dollars en lobbyisme pendant cette période (Center for Responsive Politics, «Lobbying Database», en ligne à l'adresse <http://www.opensecrets.org/lobby/index.php>, et «Heavy Hitters», en ligne à l'adresse <http://www.opensecrets.org/orgs/list.php?order=A>). Le représentant Collin C. Peterson, président du Comité de l'agriculture de la Chambre des représentants, qui supervise normalement les transactions sur les marchés à terme (parce que les transactions à terme portaient à l'origine sur les denrées agricoles), le dit sans détour : «Ici, les banques font la loi. Je vais vous dire quel est le problème : elles donnent trois fois plus d'argent que le premier plus gros groupe de pression» (Gretchen Morgenson et Don Van Natta Jr., «Even in Crisis, Banks Dig in for Battle against Regulation», *New York Times*, 1er juin 2009, p. A1).

risquons la paralysie politique, car les exigences des intérêts particuliers et de l'ensemble du pays sont contradictoires. Et si nous évitons la paralysie politique, ce sera probablement en compromettant l'avenir : l'endettement du futur pour financer les renflouements du présent, et/ou les réformes minimales du présent en laissant au futur les problèmes de fond.

Aujourd'hui, nous devons créer un nouveau capitalisme. Nous avons vu les échecs de l'ancien. Mais, pour créer ce nouveau capitalisme, il faudra de la confiance – y compris entre Wall Street et le reste de la société. Nos marchés financiers nous ont fait faux bond, mais nous ne pouvons pas fonctionner sans eux. Notre État nous a fait faux bond, mais nous ne pouvons pas nous passer de lui. Le programme de déréglementation Reagan-Bush a été fondé sur la méfiance envers l'État ; la tentative Bush-Obama pour nous sauver du naufrage de la déréglementation a été fondée sur la peur. L'iniquité est devenue flagrante : les salaires baissent et le chômage augmente, mais les bonus des banquiers montent en flèche ; l'aide sociale aux entreprises est renforcée, leur filet de sécurité étendu, mais on réduit la protection sociale des simples citoyens. Ces injustices engendrent amertume et colère. Un climat d'amertume et de colère, de peur et de méfiance, n'est évidemment pas le meilleur pour se lancer dans la longue et rude tâche de la reconstruction. Mais nous n'avons pas le choix : si nous voulons rétablir une prospérité durable, nous avons besoin d'un nouvel ensemble de contrats sociaux fondés sur la confiance entre toutes les composantes de notre société, entre les citoyens et l'État, entre la génération présente et les générations futures.

CHAPITRE 8

De la reprise mondiale
à la prospérité du monde

Quand la crise économique s'est diffusée rapidement des États-Unis au reste du monde, on a bien vu qu'elle exigeait une réaction mondiale coordonnée, fondée sur une stratégie de relance, mais chaque pays n'en a pas moins pensé d'abord à lui. Les institutions internationales chargées de maintenir la stabilité du système économique mondial n'étaient pas parvenues à empêcher la crise. Maintenant, elles allaient forcément échouer à nouveau : elles n'avaient pas la capacité d'organiser la riposte coordonnée qui s'imposait. La mondialisation économique avait accru l'interdépendance du monde, donc le besoin d'agir conjointement, de coopérer. Il n'y avait encore aucun moyen efficace de le faire.

Les insuffisances de la mondialisation se sont manifestées à travers l'ampleur de la stimulation, la conduite de la politique monétaire, la conception des renflouements et des garanties, la montée du protectionnisme et l'assistance apportée aux pays en développement. Elles continueront à se manifester à travers les difficultés que rencontre le monde à mettre en place un régime de réglementation planétaire.

La crise en cours fait naître des risques et des possibilités. Le premier risque est évident : si nous ne faisons rien pour mieux gérer le système financier mondial et l'économie mondiale, il y aura encore des crises, pires peut-être que celle-ci. Et puisque les pays chercheront à se protéger de cette mondialisation débridée, sans entrave, ils feront le nécessaire pour réduire leur ouverture. La fragmentation des marchés financiers mondiaux qui en résultera va compromettre les avantages que l'on pourrait tirer d'une intégration planétaire. Pour de nombreux pays, la façon dont a été gérée la mondialisation – notamment celle des marchés financiers – présente d'énormes risques et peu de bénéfices.

Un second risque, lié au précédent, concerne la bataille d'idées en cours chez les économistes au sujet de l'efficacité des marchés (elle fera l'objet d'une analyse détaillée au chapitre suivant). Dans de nombreuses régions du monde, cette bataille n'est pas purement académique. C'est une question de survie : il y a dans ces pays un vif débat sur le type de système économique qui scra le plus avantageux pour eux. Certes, le capitalisme à l'américaine a démontré qu'il pouvait faire face à d'immenses problèmes, mais l'Amérique peut s'offrir les centaines de milliards de dollars nécessaires pour déblayer les décombres, pas les pays pauvres. Ce qui s'est passé va orienter les débats pendant des années.

L'Amérique restera l'économie la plus grande, mais le regard que le monde porte sur elle a changé, et l'influence de la Chine va grandir. Dès avant la crise, le dollar n'apparaissait plus comme une bonne «valeur de réserve», un bon instrument pour conserver de la valeur; son cours était instable, orienté à la baisse. Aujourd'hui, puisque la dette et le déficit budgétaire des États-Unis ont énormément gonflé et que la Federal Reserve actionne inlassablement la planche à billets, la crise de confiance s'est aggravée. Cette situation aura un impact durable sur l'Amérique et sur sa position dans le monde, mais elle a déjà créé une demande pour un nouvel ordre financier mondial. Si l'on parvenait à créer un nouveau système de réserves mondial et, plus largement, de nouveaux cadres de gouvernance pour le système économique mondial, ce serait l'un des rares bienfaits de cette période désespérante.

Dans cette crise, les pays industriels avancés ont compris très tôt qu'ils ne pourraient pas régler la question seuls. Le G-8, le groupe de pays avancés qui se réunit tous les ans pour résoudre les problèmes du monde, m'a toujours beaucoup étonné. Ces prétendus «dirigeants mondiaux» pensaient pouvoir répondre à d'immenses défis comme le réchauffement de la planète ou les déséquilibres planétaires sans inviter les responsables des autres pays – qui représentent près de la moitié du PIB et 80 % de la population du monde – à participer activement aux débats. Lors de la réunion du G-8 en Allemagne en 2007, les dirigeants de ces pays ont été invités – à déjeuner – après la publication du communiqué qui résumait les idées des pays industriels avancés. Comme si l'opinion des autres, auxquels on pensait après coup, était quelque chose qu'il convenait d'écouter poliment mais pas d'intégrer vraiment aux décisions importantes. Quand la crise économique a éclaté, chacun a vu que le vieux club ne pourrait la résoudre seul. Lorsque le G-20 s'est réuni à Washington en novembre 2008 – avec dans ses rangs de nouveaux pays émergents comme la Chine, l'Inde et le Brésil –, on a compris que les vieilles institutions agonisaient[1]. Il faudra peut-être des années pour que les contours du nouveau système de gouvernance économique mondiale se précisent. Mais, sur l'insistance notamment du Premier Ministre britannique Gordon Brown, hôte de la deuxième réunion du G-20 – qui s'est tenue à Londres en avril 2009 –, les nouveaux marchés émergents ont désormais un siège réservé à la table où seront prises toutes les grandes décisions économiques mondiales. C'est en soi un changement majeur.

L'échec de la réaction mondiale

Les pays en développement étaient le moteur de la croissance mondiale depuis le début des années 1990 au moins : ils représentaient plus des deux tiers de la croissance du PIB[2]. Mais la crise leur avait porté un coup particulièrement dur. À

---

1. L'idée de la réunion du G-20 est venue du président de la République française, Nicolas Sarkozy, et il espérait que cette réunion se tiendrait à New York, sous les auspices des Nations unies. Bush, comprenant probablement que, s'il n'agissait pas rapidement, l'Europe prendrait l'initiative, l'a convoquée à Washington.
2. Fonds monétaire international, *World Economic Outlook*, Washington, DC, avril 2008, p. 24.

la remarquable exception de la Chine, la plupart n'avaient pas les ressources nécessaires pour opérer des renflouements massifs ou monter des plans de stimulation gigantesques. La communauté mondiale s'est rendu compte que le monde entier était « dans le même bateau » : l'Amérique avait fait tomber les autres, mais leur faiblesse risquait de compromettre sa propre capacité à se relever.

Même sur une planète mondialisée, la politique se fait au niveau national. Chaque pays pèse les avantages et les coûts de ses décisions indépendamment des effets qu'elles ont sur le reste du monde. Quand il s'agit d'une dépense de stimulation, les avantages sont une croissance de l'emploi et du PIB, et les coûts un alourdissement de la dette et du déficit budgétaire. Pour les petites économies, lorsqu'une hausse du revenu (due par exemple à une initiative de l'État) fait augmenter les dépenses, une bonne partie de cet argent supplémentaire sort des frontières : il sert à l'achat de produits importés ; mais, même pour les grands pays, une part substantielle de l'argent dépensé « déborde » chez les autres[1]. Autrement dit, le « multiplicateur mondial » – l'augmentation de la production de l'économie mondiale par dollar dépensé – est très supérieur au « multiplicateur national ». Puisque les avantages mondiaux dépassent les avantages nationaux, l'envergure de la stimulation de chaque pays s'ils ne coordonnent pas tous leurs réactions sera trop réduite, donc la stimulation mondiale aussi. Les petits pays en particulier, comme l'Irlande, ne seront guère incités à dépenser le moindre centime en stimulation. Ils préféreront profiter en « passagers clandestins » de la stimulation des autres[2].

---

1. Ce sont des cas d'externalités entre pays. Comme je l'ai maintes fois souligné, les externalités sont importantes et omniprésentes, et cette omniprésence a pour effet que les marchés, par leurs propres moyens, ne fonctionnent pas bien.

2. Le ministre irlandais de la Défense l'a dit : « Du point de vue de l'Irlande, les meilleures stimulations budgétaires sont celles qu'effectuent nos partenaires commerciaux. En définitive, elles vont stimuler la demande pour nos exportations sans rien nous coûter. Ce que nous devons faire,

Il y a plus grave : chaque pays a une incitation à organiser sa stimulation de façon à en capter le plus possible les avantages pour lui-même. Tous vont chercher les types de dépenses qui provoqueront le moins de « fuites » vers l'étranger, celles qui seront consacrées à des biens et services produits localement. Résultat : non seulement le stimulant mondial sera plus réduit qu'il ne le faudrait, mais l'efficacité sera moindre – il y aura moins de croissance par dollar –, donc la reprise sera plus faible qu'elle ne l'aurait été avec une stimulation mieux coordonnée au niveau mondial.

Pour couronner le tout, de nombreux pays vont intégrer à leur plan des dispositions protectionnistes afin d'encourager les dépenses sur leur territoire national. Les États-Unis, par exemple, ont introduit dans leur loi de stimulation une clause « Achetons américain », qui stipulait que l'argent dépensé devait servir à acquérir des biens fabriqués aux États-Unis, mais ils la nuançaient ensuite – dans des termes qui pouvaient sembler raisonnables – en précisant qu'elle était nulle s'il y avait des accords internationaux prohibant ce type de discrimination. Or c'est essentiellement avec des pays développés que l'Amérique a ce type d'accords sur les marchés publics. Donc, *de facto*, les fonds de la simulation pourraient servir à acheter des produits en provenance des pays riches mais pas des pays pauvres, innocentes victimes de cette crise « made in America »[1].

On connaît bien l'une des raisons pour lesquelles les politiques « Dépouille ton prochain » ne fonctionnent pas : elles

---

c'est veiller à être bien positionnés pour profiter des occasions que vont créer les mesures prises par nos partenaires commerciaux » (Willie O'Dea, ministre de la Défense, « Why Our Response to Crisis Isn't Wrong », *Sunday Independent* [Irlande], 4 janvier 2009).

1. Pour une analyse générale de ces dispositions, ainsi que des distorsions potentielles que peut infliger au commerce l'aide apportée aux banques et à d'autres entreprises pendant la crise, voir Trade Policy Review Body, « Overview of Developments in the International Trading Environment – Annual Report by the Director-General », Organisation mondiale du commerce, WT/TPR/OV/12, 18 novembre 2009, en ligne à l'adresse <http://www.wto.org/english/thewto_e/minist_e/min09_e/official_doc_e.htm>.

déclenchent des représailles. C'est déjà ce qui se passe quand, par exemple, des villes canadiennes adoptent des résolutions «N'achetons pas américain». D'autres sont encouragés à imiter les États-Unis, et c'est pourquoi l'Amérique n'est pas la seule aujourd'hui à pratiquer ce type de protectionnisme. Dans les mois qui ont suivi l'engagement des pays du G-20 à ne pas prendre le chemin du protectionnisme, dix-sept l'ont fait tout de même[1]. Dans le monde actuel, ces mesures sont contre-productives pour une autre raison : il est difficile de trouver un produit intégralement fabriqué en Amérique, et encore plus difficile de prouver qu'il l'est. De nombreuses entreprises américaines sont incapables de certifier que leur acier et les autres produits qu'elles utilisent sont tous fabriqués aux États-Unis, donc elles ne peuvent pas se porter candidates à ces marchés publics, et quand il y a moins de concurrence les coûts augmentent.

La conception des plans de stimulation n'a pas été le seul domaine où la réaction mondiale a été inadaptée. La plupart des pays en développement, je l'ai dit, n'ont pas les ressources nécessaires pour financer leur propre stimulation. Le G-20, réuni à Londres en avril 2009, a apporté des capitaux supplémentaires au Fonds monétaire international (FMI), l'institution traditionnellement chargée d'aider les pays à faire face aux crises. Il a trouvé plusieurs autres moyens d'accroître la capacité du FMI à fournir des fonds, par exemple des ventes d'or et une nouvelle émission de droits de tirage spéciaux (DTS), type particulier de monnaie mondiale que j'analyserai dans la suite de ce chapitre. Le chiffre qui a fait les gros titres des journaux était impressionnant : près de 1 000 milliards de dollars.

Malheureusement, ces initiatives posaient des problèmes, malgré leurs bonnes intentions. D'abord, selon toute probabilité, une faible part de l'argent donné au FMI parviendrait

---

1. Elisa Gamberoni et Richard Newfarmer, «Trade Protection : Incipient but Worrisome Trends», Trade Notes n° 37, Banque mondiale, Département du commerce international, Washington, DC, 2 mars 2009.

aux pays les plus pauvres. D'ailleurs, l'une des raisons qui incitaient les gouvernements d'Europe occidentale à fournir des fonds était claire : ils espéraient que le FMI aiderait l'Europe de l'Est, qui connaissait d'énormes problèmes. Les pays ouest-européens n'arrivaient pas à se mettre d'accord sur la meilleure façon d'aider leurs voisins, donc ils transféraient cette responsabilité au FMI. Deuxièmement, beaucoup de pays pauvres venaient de sortir d'une gigantesque crise de la dette, et ils seraient évidemment réticents à s'endetter à nouveau. Les pays riches auraient dû les aider par des dons, non remboursables, pas par des prêts à court terme du FMI. Quelques pays, comme l'Allemagne, ont fait un geste explicite dans cette direction en consacrant une partie de leur plan de stimulation à aider les pays pauvres. Mais c'est l'exception, pas la règle.

Le choix du FMI pour remettre l'argent était lui-même problématique. Non seulement le Fonds avait fort peu agi pour empêcher la crise, mais il s'était fait aussi le promoteur des politiques de déréglementation, incluant la libéralisation des marchés financiers et de capitaux qui avait contribué au déclenchement de la crise et à sa diffusion rapide dans le monde entier[1]. De plus, ces politiques et d'autres mesures pré-

---

1. La libéralisation des marchés de capitaux, qui autorise les capitaux spéculatifs susceptibles d'entrer du jour au lendemain dans un pays à le quitter tout aussi rapidement en laissant la dévastation derrière eux, a joué un rôle déterminant dans la crise asiatique de 1997-1998. Je m'étais montré particulièrement hostile à cette libéralisation parce que, si ses coûts (ses risques énormes) étaient clairs, elle ne présentait aucun avantage visible. Impossible de construire des usines avec de l'argent qui peut entrer ou sortir sans préavis. Le FMI a fini par inverser sa position : son économiste en chef, Ken Rogoff, a admis que, dans de nombreux cas au moins, il n'y avait guère de preuves que la libéralisation des marchés de capitaux eût accéléré la croissance, tandis que certaines données indiquaient qu'elle avait aggravé l'instabilité dans quelques pays (voir E. Prasad, K. Rogoff, S.-J. Wei et M.A. Kose, «Effects of Financial Globalization on Developing Countries», art. cité).

L'un des principaux arguments qui incitaient un pays à libéraliser les marchés financiers, à permettre aux banques étrangères d'opérer librement sur son territoire, était que ces banques allaient «enseigner» les

conisées par le FMI – ainsi que, en fait, son style de fonctionnement – étaient exécrées par de nombreux pays pauvres qui avaient besoin d'aide financière comme par les pays d'Asie et du Moyen-Orient qui auraient pu la leur donner puisqu'ils disposaient d'importantes réserves de capitaux liquides. Le président de la banque centrale d'un pays en développement m'a confié un point de vue qui n'était pas isolé : il faudrait vraiment que son pays soit sur son lit de mort pour qu'il s'adresse au FMI.

Quand j'ai été le témoin direct de l'action du FMI, j'ai compris la réticence de certains pays à solliciter son aide financière. Dans le passé, le FMI avait fourni de l'argent, mais seulement en l'accompagnant de conditions extrêmement dures, qui avaient eu un effet aggravant sur les récessions[1]. Ces conditions visaient davantage à accroître la part de capitaux que les

---

bonnes pratiques bancaires tout en stimulant la croissance et en renforçant la stabilité. Ce n'est pas ce qui s'est passé. Paradoxalement, jusqu'au jour où l'ère de la libéralisation a frappé, les États-Unis résistaient à l'idée même d'avoir des banques *nationales* présentes sur l'ensemble de leur territoire. On avait trop peur que les grandes banques de New York et des autres centres financiers ne drainent toute l'épargne de l'Amérique profonde au lieu de la réinvestir localement. Le crédit est une affaire d'information : les bons prêteurs connaissent leurs emprunteurs, et, si les prêteurs sont à New York, le plus probable est qu'ils vont prêter à des entreprises de New York – pas exclusivement, mais celles-ci recevront une part disproportionnée du crédit. Grâce à ces restrictions territoriales, le système financier américain était unique en son genre, avec de gros effectifs de banques locales et autres *community banks* – aujourd'hui encore, il y en a plus de 7 000. Ces banques ne prêtent pas seulement aux PME locales ; elles sont l'une des sources du dynamisme américain.

1. Le FMI pose des conditions à son aide financière, c'est-à-dire exige que le pays bénéficiaire prenne certaines mesures. Toute banque impose des conditions aux emprunteurs pour accroître les chances de remboursement du prêt, mais les exigences du FMI les réduisent parfois, et elles n'ont souvent qu'un lointain rapport avec le prêt lui-même. Il peut s'agir de «macroconditions» (exemples : la banque centrale doit relever les taux d'intérêt ; il faut réduire le déficit), de conditions structurelles (exemple : l'État doit privatiser ses banques) ou de conditions politiques (exemple : l'État doit accorder l'indépendance totale à la banque centrale). Globalement, les conditions réduisent l'espace de la prise de décision

créanciers occidentaux pourraient récupérer qu'à aider le pays en difficulté à conserver sa santé économique. La rigueur de la «conditionnalité» du FMI a provoqué des émeutes dans le monde entier – les plus célèbres ont eu lieu en Indonésie pendant la crise asiatique[1].

La bonne nouvelle était que, avec la nomination de Dominique Strauss-Kahn comme directeur général et l'éclatement de la crise, le FMI commençait à réformer ses stratégies macroéconomiques et sa politique de crédit. Par exemple, quand l'Islande lui a demandé de l'aide, il l'a autorisée à imposer le contrôle des mouvements de capitaux et à conserver un déficit budgétaire – au moins pendant la première année de son programme. Le FMI admettait finalement la nécessité de macropolitiques keynésiennes de stimulation. Son directeur général a évoqué expressément les risques d'un abandon prématuré de la stimulation, et la nécessité de se concentrer sur l'emploi. Les bons pays allaient pouvoir emprunter sans conditions. Ils pouvaient d'ailleurs se «préqualifier». Mais il restait des questions : qui aurait les bonnes notes? Y aurait-il parmi les qualifiés un pays d'Afrique subsaharienne, ne serait-ce qu'un seul? Si dans de nombreux pays les programmes du FMI étaient nettement différents de ceux du passé, il s'avérait que certains subissaient toujours des «conditionnalités» fortes – dont des réductions de dépenses publiques et des hausses de taux d'intérêt, aux antipodes des recommandations de l'économie keynésienne[2].

---

politique indépendante. De nombreux pays en développement les ressentent comme une confiscation de leur souveraineté économique.

1. Des manifestations et des émeutes contre les mesures du FMI se sont aussi produites en Argentine, au Brésil, en Colombie, au Kenya, en Corée du Sud et au Zimbabwe. Voir Mark Ellis-Jones, «States of Unrest II : Resistance to IMF and World Bank Policies in Poor Countries», World Development Movement Report, Londres, avril 2002, en ligne à l'adresse <http://web.archive.org/web/20050130125648/www.wdm.org.uk/cambriefs/debt/Unrest2.pdf>.

2. Par exemple, le FMI fait pression sur le Pakistan pour qu'il relève les taux d'intérêt et augmente les impôts (voir James Melik, «Pakistan Business Fighting on All Fronts», BBC News, 22 mai 2009). Il a aussi fixé

Le FMI était un club fermé, celui des États industriels riches, les pays créanciers, géré par leurs ministres des Finances et leurs gouverneurs de banque centrale. Ses idées sur la bonne politique économique étaient façonnées par les milieux financiers – et elles étaient souvent fausses, comme je l'ai expliqué et comme la crise l'a amplement démontré. Seuls les États-Unis avaient un pouvoir de veto contre toute décision majeure, et ils nommaient toujours le numéro deux de l'institution ; l'Europe nommait toujours le numéro un, le directeur général. Le FMI pontifiait sur la bonne gouvernance mais ne pratiquait pas ce qu'il prêchait. Il n'avait pas le type de transparence que nous attendons aujourd'hui des institutions publiques. Lors de la réunion du G-20 à Londres en avril 2009, il y a eu consensus pour le réformer. Mais comme cette réforme avance au rythme d'un glacier, le monde pourrait être embourbé dans la crise suivante avant l'entrée en vigueur du moindre changement réel. Néanmoins, il y a eu au moins un progrès essentiel, qui a mis fort longtemps à venir : on s'est mis d'accord pour que le secrétaire général du FMI soit choisi de façon ouverte et transparente, et pour que les pays membres recherchent la personne la plus qualifiée quelle que soit sa nationalité[1].

Le manque de générosité des États-Unis dans l'aide aux pays en développement est à la fois remarquable et potentiellement coûteux. Même avant la crise, l'Amérique comptait

---

un objectif pour le déficit budgétaire du Pakistan, qui risque de la dépasser (voir Khaleeq Ahmed et Khalid Qayum, « Pakistan's Budget Deficit May Exceed IMF Target, Tarin Says », Bloomberg.com, 10 juin 2009). Le FMI a utilisé sa tactique habituelle pour imposer des réductions budgétaires à la Lettonie : il l'a menacée de retarder le prochain versement de son prêt, ce qui risquait de l'acculer à la faillite (voir Aaron Eglitis, « Latvia Faces Bankruptcy by June If IMF Loan Delayed », Bloomberg.com, 9 mars 2009). Dans tous ces cas, il y a débat sur le bien-fondé des politiques du Fonds : le pays peut-il en attendre une expansion supérieure à celle qu'il aurait connue sans ces mesures ? Le FMI effectue-t-il correctement les arbitrages, par exemple entre inflation et chômage ? Malgré tout, le débat d'aujourd'hui est nettement différent de celui d'il y a dix ans.

1. J'avais préconisé cette réforme et beaucoup d'autres dans mon livre *La Grande Désillusion*, *op. cit.*

parmi les plus avares des pays industriels avancés en matière d'assistance : en pourcentage du revenu national, elle verse moins du quart de l'aide des pays d'Europe les plus engagés[1]. Mais, à présent, il y avait une crise mondiale venue des États-Unis. L'Amérique n'avait cessé de faire la leçon aux autres, de les sommer d'assumer leurs responsabilités ; en l'occurrence, elle n'assumait pas les siennes à leur égard – ni pour leur avoir imposé les règles qui avaient tant facilité la contagion du mal américain, ni pour avoir pris des mesures protectionnistes, ni pour avoir, au départ, plongé le monde dans le chaos[2].

Réglementation mondiale

La déréglementation a joué un rôle crucial dans la crise ; il faudra un nouvel ensemble de réglementations pour empêcher qu'il y ait d'autres crises et rétablir la confiance dans les banques. Au cours de la préparation de la deuxième réunion du G-20, au début de l'année 2009, on s'est demandé dans certains cercles ce qui était le plus important : une stimulation coordonnée au niveau mondial ou une réglementation coordonnée

---

1. L'aide des États-Unis ne se monte qu'à 0,18 % du PIB, ce qui représente moins d'un quart des pourcentages du Danemark (0,82 %), des Pays-Bas (0,8 %), de la Norvège (0,88 %) et de la Suède (0,99 %) (Organisation de coopération et de développement économiques, *OECD.Stat*, « ODA by Donor », 30 mars 2009, et « Gross Domestic Product », en ligne à l'adresse <http://stats.oecd.org>).

2. Les États-Unis se sont même montrés réticents à égaler le soutien financier de l'Europe et du Japon au FMI. Leur première réaction a été de lui offrir généreusement un conseil : inviter la Chine, l'Arabie Saoudite et d'autres pays à lui prêter davantage, afin qu'il puisse lui-même prêter aux pays pauvres. Finalement, l'administration Obama s'est engagée à prêter 100 milliards de dollars au FMI – c'était peu comparé à l'offre du Japon, peu quand on pense au poids des États-Unis et à ce qu'ils ont donné à leurs propres banques, et vraiment peu compte tenu de leurs responsabilités dans le déclenchement de la crise et dans les souffrances des autres pays. (De plus, à la différence d'une grande partie des fonds donnés aux banques, ce prêt-là devait être remboursé.) Mais le Congrès a regimbé même contre ce montant ; l'administration Obama, reconnaissons-lui ce mérite, a dépensé un capital politique considérable pour défendre la position juste et la faire voter.

au niveau mondial? La réponse est évidente : il faut les deux. Si la réglementation n'est pas partout, il y aura « évasion réglementaire » : les activités financières iront dans le pays le moins réglementé. Les autres devront alors prendre des mesures pour empêcher les institutions mal réglementées de répandre le mal. Bref, l'insuffisance des réglementations dans un pays crée des externalités négatives pour les autres. Sans système de réglementation coordonnée à l'échelle mondiale, il y a un risque de fragmentation et de segmentation du système financier mondial, car chaque pays essaiera de se protéger des erreurs des autres. Chacun d'eux doit être convaincu que les autres prendront des mesures adéquates pour empêcher les abus.

Sans surprise, les mesures apparemment les plus énergiques prises par le G-20 ont visé des pays qui n'étaient pas présents à la réunion – les États dits « non coopératifs », des endroits comme les îles Caïmans, qui sont des centres d'évasion fiscale et réglementaire depuis des années. Leur existence n'a rien d'une faille accidentelle. Les Américains et les Européens fortunés – et les banques qui les représentent – voulaient un refuge sûr, à l'abri du type d'examen que subiraient leurs activités dans leur pays; régulateurs et législateurs leur en ont donné l'autorisation. Les exigences adressées par le G-20 à ces paradis fiscaux, si elles sont un pas dans la bonne direction, étaient suffisamment légères pour que, presque instantanément, l'Organisation de coopération et de développement économiques (OCDE) les retire tous de sa « liste noire »[1].

---

1. Le G-20 a demandé à l'OCDE de publier des listes des pays dont les autorités passaient pour ne pas soutenir pleinement les normes internationales d'échange d'informations. L'OCDE a inscrit quatre pays (l'Uruguay, le Costa Rica, la Malaisie et les Philippines) sur une liste noire, plus de trente sur une liste grise, et une quarantaine sur une liste blanche. Les quatre pays de la liste noire ont tous été transférés sur la grise en moins d'une semaine. (Voir Organisation de coopération et de développement économiques, « Four More Countries Commit to OECD Tax Standards », communiqué de presse de l'OCDE, 7 avril 2009, en ligne à l'adresse <http://www.oecd.org/document/0/0,3343,en_2649_33745_42521280_1_1_1_1,00.html>).

Sans échange d'informations régulier et complet, les autorités fiscales d'un pays ne savent pas ce qui, ou qui, échappe à leurs filets. Pour les pays en développement, il y a un problème encore plus important : la corruption. Des dictateurs corrompus prennent le large avec des milliards, qu'ils planquent non seulement dans les banques offshore, mais aussi dans certains des principaux centres financiers du monde, Londres compris. On a raison de reprocher aux pays en développement de ne pas combattre davantage la corruption, mais ils ont raison aussi de reprocher aux pays industriels avancés de la faciliter en offrant aux hommes d'État corrompus des refuges sûrs, et à leur argent des comptes bancaires secrets. Même s'ils parviennent à localiser l'argent, ils ont souvent bien du mal à en obtenir la restitution. Mais ces problèmes étaient ceux de pays en développement qui n'étaient pas présents à la réunion, donc le G-20 n'a rien fait pour changer tout cela[1].

Dans les chapitres précédents, j'ai esquissé un programme de nouveau régime de réglementation. Mais si le G-20 a reconnu, au moins verbalement, certains enjeux essentiels (l'effet de levier, la transparence), il s'est bien gardé, dans ses réunions initiales, d'aborder les plus cruciaux : les institutions trop-grandes-pour-faire-faillite et politiquement influentes qui étaient au cœur de la crise, ou encore la libéralisation des marchés financiers et de capitaux qui avait contribué à la diffusion de celle-ci – et que certains grands pays avaient tout fait pour promouvoir. La France, entre autres, a soulevé vigoureusement certains sujets, comme les systèmes de sur-rémunération qui avaient encouragé la myopie et l'excès de risque. La réaction du G-20 en matière de réglementation a été décevante à un autre titre : pour guider la marche en avant, il s'est tourné vers les institutions qui avaient échoué.

Le Forum de stabilité financière réunit les autorités financières d'une douzaine d'importants pays industriels avancés pour faciliter les discussions et la coopération en matière de

---

1. Le problème de la corruption a été inscrit à l'ordre du jour de la réunion du G-20 de Pittsburgh, en septembre 2009.

réglementation, de supervision et de surveillance des institutions financières. Il a été créé au lendemain de la crise asiatique, dans le prolongement des réunions des ministres des Finances et dirigeants de banque centrale du G-7, afin de garantir qu'on ne verrait plus de crise de ce genre. Il est clair qu'il n'y a pas réussi, mais son échec ne saurait passer pour une surprise. Il était imbu de la même philosophie de déréglementation qui avait conduit aux crises antérieures et qui a conduit depuis à celle que nous vivons. Néanmoins, le G-20 ne s'est pas interrogé sur les raisons de l'échec du Forum de stabilité. Il a préféré lui donner un nouveau nom – Conseil de stabilité financière – et augmenter légèrement le nombre de ses membres. Peut-être cette nouvelle dénomination serait-elle synonyme de nouveau départ ; peut-être le Forum avait-il appris la leçon. Les idées sur l'économie, je le crains, ne changent pas si vite ni si facilement.

La perte de confiance dans le capitalisme à l'américaine

Aux États-Unis, traiter quelqu'un de socialiste ne peut être qu'une grossière attaque. Des fanatiques de droite ont tenté de coller cette étiquette à Obama, tandis que la gauche critique son excessive modération. Mais, dans une grande partie du monde, la bataille entre capitalisme et socialisme – ou du moins quelque chose que beaucoup d'Américains prendraient pour du socialisme – fait encore rage. Dans la majorité des pays, on pense très généralement que l'État doit jouer un plus grand rôle qu'il ne le fait aux États-Unis. Il n'y aura peut-être pas de gagnants dans la crise économique en cours, mais il y a des perdants, et l'un des grands perdants est le capitalisme à l'américaine : il a beaucoup moins de partisans. Cela aura des conséquences durables sur le contenu des débats politiques et économiques mondiaux.

La chute du mur de Berlin en 1989 a marqué la fin du communisme en tant qu'idée viable. Ses problèmes étaient clairs depuis des décennies, mais après 1989 il n'a plus été possible à personne de dire un mot pour le défendre. Un moment, on a pu croire que la défaite du communisme signifiait la victoire assurée du capitalisme, en particulier dans sa version américaine. Francis Fukuyama, au début des années 1990, est allé jusqu'à proclamer la «fin de l'histoire» : selon lui, le capitalisme démocratique de marché était le stade ultime du développement de la société et l'ensemble de l'humanité, désormais, allait inévitablement dans cette direction[1]. En fait, les historiens appelleront les vingt années écoulées depuis 1989 la brève période du triomphalisme américain.

Ce que la chute du mur de Berlin a été au communisme, le 15 septembre 2008, jour où Lehman Brothers s'est effondré, l'a peut-être été au fanatisme du marché (la théorie qui prête aux marchés sans entrave, entièrement laissés à eux-mêmes, la capacité à assurer la croissance et la prospérité économiques). Les problèmes de cette idéologie étaient bien connus avant cette date, mais après personne n'a pu réellement la défendre. Avec l'effondrement des grandes banques et sociétés financières, puis la tourmente économique et les tentatives de sauvetage chaotiques qui l'ont suivi, la période du triomphalisme américain est close. Et le débat sur le fanatisme du marché aussi. Aujourd'hui, seuls des égarés (nombreux chez les conservateurs américains, mais infiniment plus rares dans le monde en développement) soutiennent que les marchés s'autorégulent, que nous pouvons compter sur le comportement intéressé de leurs acteurs pour que tout se passe honnêtement et correctement – même sans ajouter : au bénéfice de tous.

Le débat économique prend une force particulière dans le monde en développement. Bien qu'en Occident nous ayons tendance à l'oublier, il y a cent quatre-vingt-dix ans près de 60 % du PIB mondial était en Asie. Puis, en un temps assez

---

1. Francis Fukuyama, *La Fin de l'histoire et le dernier homme*, trad. fr. de Denis-Armand Canal, Paris, Flammarion, 1992, rééd. coll. «Champs», 1993.

bref, l'exploitation coloniale et les traités de commerce inégaux, associés à une révolution technologique en Europe et en Amérique, ont laissé les pays en développement très loin derrière l'Occident, à tel point qu'en 1950 les économies asiatiques pesaient moins de 18 % du PIB mondial[1]. Au milieu du XIXᵉ siècle, le Royaume-Uni et la France ont mené une guerre contre la Chine pour l'obliger à rester «ouverte» au commerce mondial. On l'appelle la guerre de l'Opium parce qu'ils l'ont faite pour que la Chine ne ferme pas ses portes à l'opium occidental : l'Occident avait peu de produits de valeur à vendre à la Chine en dehors de la drogue, et il voulait pouvoir inonder d'opium les marchés chinois, avec l'effet collatéral de provoquer une dépendance de masse. C'était un des premiers efforts de l'Occident pour régler un problème de balance des paiements.

Si le legs du colonialisme au monde en développement est mitigé, il est clair que ses habitants estiment avoir été cruellement exploités. Beaucoup de leurs premiers dirigeants ont puisé dans la théorie marxiste une interprétation de leur expérience ; elle suggérait que l'exploitation était en réalité le fondement du système capitaliste. L'indépendance politique obtenue par des dizaines de colonies après la Seconde Guerre mondiale n'a pas mis fin au colonialisme économique. Dans certaines régions, comme l'Afrique, l'exploitation était évidente : extraction des ressources naturelles et dévastation de l'environnement, le tout pour une bouchée de pain. Ailleurs, elle était plus subtile. Dans de nombreuses parties du monde, des institutions internationales comme le FMI et la Banque mondiale ont fini par apparaître comme des instruments du contrôle postcolonial. Ces institutions, qui préconisaient le fanatisme du marché (souvent appelé «néolibéralisme»), poussaient à la déréglementation du secteur financier, à la privatisation, à la libéralisation du commerce.

La Banque mondiale et le FMI, à les en croire, faisaient tout cela pour le bien du monde en développement. Ils étaient

---

1. Angus Maddison, *L'Économie mondiale : une perspective millénaire*, Paris, OCDE, 2001.

soutenus par des équipes d'économistes libéraux, souvent issus de cette cathédrale de la pensée économique des marchés libres qu'est l'université de Chicago. En fin de compte, les initiatives des Chicago Boys n'ont pas apporté les résultats promis. Les revenus stagnaient. Là où il y avait croissance, ses fruits allaient aux richissimes. Les crises économiques nationales se faisaient toujours plus fréquentes – il y en a eu plus d'une centaine au cours des trente dernières années[1].

Bien entendu, les habitants des pays en développement croyaient de moins en moins que l'aide occidentale était inspirée par l'altruisme. Ils se doutaient que la rhétorique du libre marché – le «consensus de Washington», dit-on pour faire court – n'était que la couverture des vieux intérêts commerciaux. L'Occident confortait leurs soupçons par son hypocrisie. L'Europe et l'Amérique n'ouvraient pas leurs marchés aux produits agricoles du tiers-monde, qui étaient souvent tout ce que ces pays pauvres avaient à offrir ; bien au contraire, elles forçaient les pays en développement à supprimer les aides publiques à la création de nouvelles industries, tout en subventionnant massivement leurs propres agriculteurs[2].

L'idéologie du libre marché servait d'excuse à de nouvelles formes d'exploitation. «Privatisation» signifiait possibilité pour les étrangers d'acheter à bas prix mines et champs pétrolifères dans les pays en développement. Le mot voulait dire aussi qu'ils pouvaient engranger de gros profits avec des monopoles ou quasi-monopoles, par exemple dans les télé-

---

1. Luc Laeven et Fabian Valencia, «Systemic Banking Crises : A New Database», art. cité.

2. Au Nord (et notamment aux États-Unis), on avançait des arguments pour justifier ce comportement manifestement hypocrite. On disait que l'Amérique était assez riche pour gaspiller ses ressources en aide sociale aux entreprises – pas les pays pauvres. Les hauts responsables admettaient parfois en privé que c'était mal, mais ils ajoutaient : nous n'avons pas le choix, nous vivons en démocratie et nos institutions politiques l'exigent. Ils avaient du mal à comprendre que les démocraties du monde en développement puissent avoir des exigences tout aussi fortes – et même que l'hypocrisie manifeste du Nord faisait le jeu des adversaires des accords internationaux.

communications. «Libéralisation des marchés financiers et de capitaux» signifiait possibilité pour les banques étrangères d'obtenir des intérêts élevés sur leurs prêts; s'il y avait des problèmes de paiement, le FMI imposait la socialisation des pertes, autrement dit pressurait des populations entières pour les rembourser. Après quoi (c'est du moins ce qui s'est passé en Asie orientale au lendemain de la crise de 1997) certaines de ces mêmes banques étrangères faisaient encore des profits en achetant les entreprises dont le FMI imposait la vente à des prix bradés. Enfin, «libéralisation du commerce» signifiait possibilité pour les firmes étrangères de rayer de la carte les industries naissantes, de réprimer l'essor de l'esprit d'entreprise. Si le capital circulait librement, ce n'était pas le cas de la main-d'œuvre – sauf pour les individus les plus doués, dont beaucoup trouvaient de bons emplois sur le marché mondial[1].

Il y a eu des exceptions, évidemment. Certains pays asiatiques ont toujours résisté au consensus de Washington. Ils ont imposé des restrictions à la circulation des capitaux. Les géants de l'Asie – la Chine et l'Inde – ont géré leur économie à leur guise et sont ainsi parvenus à une croissance sans précédent. Mais ailleurs, notamment dans les pays où la Banque mondiale et le FMI faisaient la loi, les choses ne se passaient pas bien.

---

1. Ces individus de talent jouent un rôle crucial dans les pays industriels avancés – par exemple dans le succès de la Silicon Valley. Le personnel du système de santé britannique, le National Health Service, est aujourd'hui composé en grande partie de médecins et d'infirmières qui ont été formés à l'étranger. Les flux importants de professionnels de la santé qui vont des pays en développement vers le Royaume-Uni, les États-Unis et d'autres pays industriels avancés contribuent à la qualité des soins dans ces derniers mais privent le système de santé des premiers d'un personnel essentiel. D'autres facteurs (dont le sous-financement) contribuent aussi, bien sûr, aux problèmes du secteur de la santé dans de nombreux pays en développement. Voir Tikki Pang, Mary Ann Lansang et Andy Haines, «Brain Drain and Health Professionals», *British Medical Journal*, vol. 324, 2 mars 2002, p. 499-500, en ligne à l'adresse <http://www.bmj.com/cgi/content/full/324/7336/499>.

Partout, le débat d'idées se poursuivait. Même dans des pays qui ont brillamment réussi, on est convaincu, pas seulement dans la masse de la population mais aussi au sein des milieux instruits et influents, que les règles du jeu ne sont pas équitables. On pense avoir réussi *malgré* l'injustice des règles, et on sympathise avec les amis plus faibles du monde en développement qui sont loin de la réussite.

Aux yeux de ceux qui, dans le tiers-monde, critiquent le capitalisme à l'américaine, la réaction de l'Amérique à la crise économique actuelle respire le «deux poids, deux mesures». Pendant la crise asiatique, il y a une décennie seulement, l'Amérique et le FMI ont exigé que les pays touchés réduisent leurs déficits publics en sabrant dans leurs dépenses – même si, comme en Thaïlande, le résultat allait être une résurgence de l'épidémie de sida; même si, comme en Indonésie, cela signifiait une suppression de l'aide alimentaire aux affamés; même si, comme au Pakistan, la pénurie d'écoles publiques allait conduire les parents à envoyer leurs enfants dans les madrasas où ils seraient endoctrinés dans le fondamentalisme islamique. L'Amérique et le FMI ont obligé les pays à relever les taux d'intérêt, dans certains cas (comme en Indonésie) jusqu'à plus de 50 %. Ils ont sommé l'Indonésie d'être intraitable avec ses banques et exigé que l'État ne les renfloue pas. Quel terrible précédent cela créerait, disaient-ils, quelle terrible intervention dans les mécanismes délicats du marché!

Le contraste entre la gestion des crises asiatique et américaine est radical, et il n'est pas passé inaperçu. Pour tirer l'Amérique de l'abîme, on a accru massivement les dépenses et les déficits, tout en ramenant les taux d'intérêt à zéro. On a renfloué des banques de tous côtés. Certains des responsables de Washington qui se sont occupés de la crise asiatique sont les mêmes qui, aujourd'hui, gèrent la réaction à l'implosion américaine. Pourquoi, demandent les habitants du tiers-monde, les États-Unis s'administrent-ils un remède si différent?

Ce n'est pas seulement un «deux poids, deux mesures». Puisque les pays développés suivent constamment des politiques monétaire et budgétaire contracycliques (comme ils l'ont fait dans cette crise), mais que les pays en développement sont forcés de suivre des politiques procycliques (baisse des dépenses, hausse des impôts et des taux d'intérêt), les fluctuations des pays en développement sont plus prononcées qu'elles ne le seraient sans les politiques suivies, et celles des pays développés plus réduites. Cette situation renchérit le capital pour les pays en développement par rapport à ce qu'il coûte dans les pays développés, ce qui accroît l'avantage des seconds sur les premiers[1].

Beaucoup, dans le monde en développement, gardent encore un souvenir cuisant de l'intimidation verbale qu'ils ont si longtemps subie : adoptez les institutions américaines, suivez les politiques américaines, déréglementez, ouvrez vos marchés aux banques américaines pour pouvoir apprendre les «bonnes» pratiques bancaires, et (ce n'est pas une coïncidence) vendez vos entreprises et vos banques aux Américains, surtout à des prix bradés pendant les crises! C'était douloureux, leur disait-on, mais à la fin, on le leur promettait, ils s'en porteraient mieux. L'Amérique a envoyé ses secrétaires au Trésor (des deux partis) évangéliser ainsi toute la planète. Aux yeux de nombre de leurs interlocuteurs dans les pays en développement, le tourniquet, qui permet aux grands financiers américains de passer sans transition de Wall Street à Washington et retour, leur donnait encore plus de crédibilité, car ces hommes semblaient capables d'associer le pouvoir de l'argent au pouvoir politique. Les dirigeants financiers américains avaient raison de croire que ce qui était bon pour l'Amérique ou pour le monde était bon pour les marchés financiers; mais ils avaient tort de penser vraie la réciproque – que ce qui était bon pour Wall Street était bon pour l'Amérique et pour le monde.

Ce n'est pas tant la joie mauvaise, la *Schadenfreude*, qui incite les pays en développement à examiner si intensément le système économique américain. C'est un besoin réel de comprendre quel type de système économique pourrait fonctionner

---

1. Voir aussi George Soros, *La Vérité sur la crise financière*, trad. fr. de Nicolas Wronski, Paris, Denoël, 2008.

pour eux à l'avenir. Ces pays ont tout intérêt à voir une reprise rapide aux États-Unis. Ils sont bien placés pour savoir que les retombées mondiales de la récession américaine sont énormes. Et beaucoup sont de plus en plus convaincus que l'idéal des «marchés libres et sans entrave» que semble défendre l'Amérique est à fuir plus qu'à embrasser.

Même les champions de la théorie économique des marchés libres comprennent aujourd'hui qu'une certaine réglementation est souhaitable. Mais le rôle de l'État dépasse la réglementation – comme quelques pays commencent à le comprendre. Trinité-et-Tobago, par exemple, a pris à cœur deux leçons : il faut gérer le risque, et l'État doit jouer un rôle plus actif dans l'éducation. Ses dirigeants savent qu'ils ne peuvent pas remodeler l'économie mondiale, mais qu'ils peuvent aider leurs citoyens à faire face à ses périls : même à l'école primaire, on enseigne désormais les principes du risque, les rudiments de l'accession à la propriété, les dangers du crédit prédateur et les détails des prêts hypothécaires. Au Brésil, l'accession à la propriété passe par une agence publique, qui veille à ce que le prêt soit largement dans les moyens de l'emprunteur.

Au fond, en quoi est-il inquiétant pour nous, les Américains, que le monde ait perdu toute illusion sur le modèle américain de capitalisme? L'idéologie que nous avons promue a été discréditée, certes, mais c'est peut-être une bonne chose qu'elle le soit au-delà du réparable. Ne pouvons-nous pas survivre, et même prospérer, sans que tout le monde adhère à l'*American way*?

Inévitablement, notre influence diminuera, mais à bien des égards c'était déjà le cas. Nous jouions un rôle clé dans la gestion du capital mondial parce que les autres croyaient que nous avions un talent particulier pour gérer le risque et allouer les ressources financières. Nul ne le pense plus désormais, et l'Asie – où a lieu une bonne part de l'épargne mondiale – développe déjà ses propres centres financiers. Nous ne sommes plus la principale source de capitaux du monde. Aujourd'hui, les trois premières banques du monde sont chinoises; la plus grande banque américaine est descendue à la cinquième place.

En même temps, le coût de la réaction à la crise amène à négliger d'autres besoins, non seulement intérieurs, comme on l'a vu, mais aussi extérieurs. Ces dernières années, la Chine a davantage investi dans les infrastructures en Afrique que la Banque mondiale et la Banque africaine de développement réunies, et infiniment plus que les États-Unis. Quiconque se rend en Éthiopie ou dans un très grand nombre d'autres pays du continent peut déjà voir la transformation : de nouvelles autoroutes relient de grandes et petites villes autrefois isolées, créant ainsi une nouvelle géographie économique. Ce n'est pas seulement dans les infrastructures que l'impact de la Chine se fait sentir, mais aussi dans bien d'autres aspects du développement – comme le commerce, le développement des ressources, la création d'entreprises et même l'agriculture. Dans la crise actuelle, les pays africains courent chercher de l'aide à Pékin, pas à Washington. Et ce n'est pas uniquement en Afrique que la présence de la Chine est sensible : en Amérique latine, en Asie, en Australie – partout où il y a des produits de base ou des ressources naturelles –, sa croissance rapide offre un appétit insatiable. Avant la crise, elle avait contribué à la hausse des exportations et des prix à l'exportation, qui avait valu à l'Afrique et à beaucoup d'autres pays une croissance sans précédent. Après la crise, il est probable qu'elle recommencera – beaucoup ont déjà profité, d'ailleurs, de la forte croissance de la Chine en 2009.

J'ai une inquiétude : en voyant plus clairement les défauts du système socio-économique américain, de nombreux pays en développement risquent d'aboutir à de fausses conclusions quant à celui qui serait bon pour eux. Certes, une poignée de pays vont tirer les bonnes leçons. Ils comprendront qu'il faut pour réussir un système où les rôles respectifs du marché et de l'État sont équilibrés et où un État ferme administre des réglementations efficaces. Ils verront aussi la nécessité de juguler le pouvoir des intérêts particuliers.

Mais, dans beaucoup d'autres pays, les conséquences politiques seront plus tortueuses, et peut-être tout à fait tragiques. Après le triste échec de leur système d'après guerre, les anciens pays communistes se sont généralement tournés vers le capitalisme, mais certains ont adopté une version déformée de l'économie de marché : ils ont abjuré Karl Marx pour adorer Milton Friedman. La nouvelle religion ne les a pas bien servis. De nombreux pays risquent de conclure que ce n'est pas seulement le capitalisme sans entrave à l'américaine qui a échoué, mais l'idée même d'économie de marché. Cette idée va leur paraître impraticable sous toutes ses formes. Il n'y aura pas de retour au communisme à l'ancienne, mais on verra revenir une série d'interventions excessives dans les marchés. Et celles-ci sont vouées à l'échec.

Les pauvres ont souffert du fanatisme du marché : l'économie du ruissellement vers le bas n'a pas fonctionné. Mais ils pourraient continuer à souffrir si de nouveaux régimes manquent encore le juste équilibre en intervenant trop dans les marchés. Cette stratégie n'apportera pas la croissance, et sans croissance il ne peut y avoir réduction durable de la pauvreté. Aucune économie n'a réussi sans s'appuyer considérablement sur les marchés. Les conséquences pour la stabilité du monde et la sécurité de l'Amérique sont évidentes.

Autrefois, les États-Unis et les élites du monde entier éduquées à l'américaine avaient le sentiment de partager les mêmes valeurs. Mais aujourd'hui la crise économique a miné la crédibilité de ces élites, qui avaient vanté les mérites du capitalisme à l'américaine. Ceux qui avaient condamné l'immoralité de cette forme de capitalisme ont désormais quantité de munitions pour prêcher, plus largement, une philosophie hostile au marché.

La foi dans la démocratie est une autre victime. Dans les pays en développement, les gens observent Washington, et que voient-ils? Un système de gouvernement qui a laissé Wall Street écrire les règles à son propre profit, ce qui a mis en danger toute l'économie mondiale; après quoi, quand a sonné l'heure de vérité, ce système s'est tourné vers Wall Street et ses copains pour gérer la reprise – par des moyens qui ont donné à Wall Street de l'argent à foison, bien au-delà des rêves les plus fous des gouvernants les plus corrompus du monde en développement. Aux yeux des habitants de ces pays, la corruption à l'américaine est peut-être plus raffinée – il n'y a pas de sacs de billets qui changent de mains dans des recoins sombres –, mais tout aussi nuisible. Ils voient des redistributions permanentes de richesse en direction du sommet de la pyramide et aux dépens, c'est évident, des simples citoyens. Ils voient des institutions qui ont présidé à la croissance de la bulle, comme la Federal Reserve, recevoir encore plus de pouvoirs en récompense de leurs échecs passés. Bref, ils voient dans le système américain de démocratie un problème fondamental d'irresponsabilité politique. Au vu de tout cela, ils risquent de conclure aisément qu'il y a quelque chose de vraiment mauvais, d'inévitablement mauvais peut-être, dans la démocratie elle-même.

L'économie américaine finira par se rétablir, et la position extérieure des États-Unis aussi, jusqu'à un certain point. Que cela leur plaise ou non, on scrute minutieusement leurs actes. On imite leurs succès. Mais leurs fautes – notamment celles qui nous ont plongés dans cette crise, faciles à railler et à taxer d'hypocrisie –, on les observe avec mépris. La démocratie et les forces du marché sont essentielles pour un monde juste et prospère. Mais la «victoire» de la démocratie libérale et de l'économie de marché équilibrée n'a rien d'inéluctable. La crise économique, largement créée par la conduite – ou l'inconduite – de l'Amérique, a porté au combat pour ces valeurs fondamentales un coup très dur, plus préjudiciable que tout ce qu'un régime totalitaire aurait jamais pu dire ou faire.

Un nouvel ordre économique mondial : la Chine et l'Amérique

La crise en cours est si grave et si perturbante qu'il y aura des changements, que les gouvernements cherchent ou non à les faire advenir. Les plus profonds concerneront les rapports parfois difficiles entre les États-Unis et la Chine. La Chine a beaucoup à faire pour dépasser le PIB américain – en «parité de pouvoir d'achat», mesure qui tient compte des différences de coût de la vie, le sien ne pèse encore qu'environ la moitié de celui des États-Unis –, et plus encore pour approcher le revenu américain par habitant – le sien n'en représente qu'un huitième[1]. Elle n'en a pas moins battu certains records impressionnants. En 2009, elle est probablement devenue championne du monde pour les exportations de marchandises, la production de voitures et la production industrielle en général[2]. Elle a aussi gagné une médaille plus douteuse en surpassant les émissions américaines de carbone pour devenir le premier pays émetteur du monde[3]. Sa croissance, certes plus lente qu'avant la crise, reste nettement plus élevée que celle des États-Unis, de 7 points par an (en 2009, la différence a été plutôt de l'ordre de 10 %), et à ce rythme l'écart des PIB diminue de moitié tous les dix ans. De plus, à une date avancée du prochain quart de siècle, la Chine deviendra probablement l'économie dominante en Asie, et l'économie de l'Asie sera probablement plus importante que celle des États-Unis.

Bien que l'économie chinoise soit encore beaucoup plus petite que l'économie américaine, les États-Unis importent de Chine infiniment plus qu'ils n'y exportent, et ce gros déséquilibre commercial suscite des tensions croissantes dans une période de montée du chômage en Amérique. Certes, la

---

1. Aux taux de change actuels, le PIB de la Chine est de 7 916 milliards de dollars, et celui des États-Unis de 14 462 milliards de dollars. Le PIB par habitant de la Chine, 5 962 dollars, représente un huitième de celui des États-Unis, qui se monte à 46 859 dollars (Fonds monétaire international, base de données *World Economic Outlook*, avril 2009, en ligne à l'adresse <http://www.imf.org/external/pubs/ft/weo/2009/01/weodata/index.aspx>).

2. Voir Peter Marsh, «China to Overtake US as Largest Manufacturer», *Financial Times online*, 10 août 2008, en ligne à l'adresse <http://www.ft.com/cms/s/0/2aa7a12e-6709-11dd-808f-0000779fd18c.html>, et «China to Surpass Japan in Auto Production in '09», communiqué de presse de iSuppli Corp., 26 mars 2009.

3. Voir E. Rosenthal, «China Increases Lead as Biggest Carbon Dioxide Emitter», art. cité.

relation est symbiotique : la Chine aide à financer les déficits budgétaires massifs des États-Unis ; sans les produits chinois bon marché, le niveau de vie de beaucoup d'Américains serait nettement inférieur ; et l'Amérique fournit des marchés à une offre chinoise toujours croissante. Mais, dans la Grande Récession, ce qu'on regarde, c'est l'emploi. La plupart des Américains ne comprennent pas les principes de l'avantage comparatif – qui veut que chaque pays produise les biens pour lesquels il est relativement bon ; et ils ont du mal à reconnaître que les États-Unis ont pu perdre leur avantage comparatif dans de nombreux secteurs de l'industrie. Si la Chine (ou tout autre pays) l'emporte sur l'Amérique dans la concurrence, ils sont persuadés que c'est forcément par tricherie – en manipulant les taux de change, en subventionnant ses produits, ou encore en les vendant au-dessous du prix de revient (ce qu'on appelle le « dumping »).

La crise a totalement inversé la situation. C'est désormais l'Amérique qui est accusée de subventions massives et injustes (à ses banques et à ses compagnies automobiles). Lorsqu'une grande entreprise reçoit un prêt de la Federal Reserve à un taux d'intérêt proche de zéro, alors que le crédit lui reviendrait extrêmement cher sur le marché libre – à supposer qu'elle puisse en trouver –, on peut aussi y voir une subvention massive. Pour un pays, le maintien des taux d'intérêt à un bas niveau est un moyen crucial de « gérer » son taux de change (quand les taux d'intérêt sont bas dans un pays, le capital en sort pour aller là où il sera mieux rémunéré), et en Europe beaucoup estiment que les États-Unis utilisent aujourd'hui le dollar faible pour s'assurer un avantage comparatif.

Les États-Unis et la Chine ont pris des mesures protectionnistes (les premiers en partie sous la pression des syndicats, la seconde à titre de représailles et dans le cadre de sa stratégie de développement), mais, à l'heure où ce livre va sous presse, elles restent limitées. On n'en demeure pas moins conscient, je l'ai dit, qu'il faut faire quelque chose au sujet des déséquilibres mondiaux, dont le plus important est le déséquilibre commercial sino-américain.

À court terme, l'ajustement est peut-être plus facile pour l'Amérique que pour la Chine. Celle-ci a besoin de consommer davantage, mais il est difficile d'amener les ménages à accroître leur consommation quand ils font face à de fortes incertitudes. Cela dit, les problèmes de la Chine sont moins liés à un taux élevé d'épargne des ménages qu'à la part du revenu des ménages dans le PIB : ce pourcentage est plus réduit que dans la plupart des autres pays. Les bas salaires apportent des profits élevés, et il y a peu de pression pour répartir ces profits. Par conséquent, les entreprises (tant publiques que privées) en conservent une grosse proportion. Mais changer la répartition du revenu est difficile dans tous les pays.

Dans le modèle de croissance de la Chine, la force motrice est l'offre : les profits sont réinvestis, ce qui accroît la production bien plus vite que la consommation, et la différence est exportée. Ce modèle a bien fonctionné – en créant des emplois en Chine et en maintenant les prix à un bas niveau dans le reste du monde –, toutefois la crise y a fait apparaître une faille. Depuis le début de l'actuelle récession, la Chine a du mal à exporter son excédent ; à long terme, comme sa part de marché pour de nombreux biens manufacturés s'est accrue, il lui sera difficile de maintenir son taux de croissance. Ce serait vrai même s'il n'y avait aucune réaction protectionniste chez beaucoup de ses partenaires commerciaux (impossible de vendre à l'Occident plus de téléviseurs et d'autres biens de consommation que les Occidentaux ne peuvent en acheter), mais, la Chine ayant étendu ses prouesses à une large gamme de produits, les appels stridents au protectionnisme se sont évidemment intensifiés.

En Chine, beaucoup comprennent qu'ils vont devoir changer leur stratégie de croissance – soutenir davantage les PME, par exemple, en créant plus de banques locales et régionales. C'est sur les PME que, dans la plupart des pays, repose la croissance de l'emploi. Celle-ci fera monter les salaires, ce qui modifiera la répartition du revenu dans un sens qui rendra possible une hausse de la consommation intérieure. Une part des profits apparents des entreprises est due au fait que la Chine ne leur facture pas au prix qui convient les ressources naturelles (dont la terre). Ces ressources ont été données aux entreprises alors qu'en fait elles appartiennent au peuple ; si elles étaient vendues aux enchères, par exemple, les recettes créeraient un joli revenu. En captant le rendement de ces actifs naturels pour l'ensemble de sa population, la Chine aurait davantage de moyens pour financer la santé, l'éducation et les pensions de retraite, ce qui rendrait un peu moins nécessaire une grosse épargne des ménages.

Bien que cette nouvelle stratégie de croissance puisse paraître raisonnable, des forces politiques puissantes sont liguées contre elle : le système actuel plaît beaucoup, par exemple, aux grandes entreprises et à leurs dirigeants, qui espèrent qu'on trouvera un moyen quelconque de le perpétuer. Les mêmes forces politiques ne veulent pas non plus que la Chine laisse s'apprécier le taux de change, ce qui aurait le double effet de réduire la compétitivité de ses exportations et d'augmenter les salaires réels de ses travailleurs. Les Occidentaux qui soutiennent que l'on a besoin de grandes banques et d'autres grandes entreprises apportent des arguments à ces « nouveaux industriels » : la Chine aussi, affirment-t-ils, a besoin de firmes de grande envergure (qu'on appelle parfois des « champions nationaux ») pour être compétitive au niveau mondial. Il est trop tôt pour savoir comment cette lutte va se terminer.

Le plan de stimulation de la Chine – l'un des plus puissants du monde (en proportion de la dimension de l'économie)[1] – a reflété ces tensions dans la politique économique. Une grande partie des fonds a été consacrée à des infrastructures et à un effort pour « écologiser » l'économie. Un nouveau réseau ferroviaire à grande vitesse peut avoir sur la Chine un impact ana-

---

1. En novembre 2008, la Chine a annoncé un plan de stimulation sur deux ans de 586 milliards de dollars, ce qui représente environ 14 % de son PIB. Une stimulation du même ordre aux États-Unis exigerait 2 000 milliards de dollars. Voir Agence de presse Xinhua, « China's 4 Trillion Yuan Stimulus to Boost Economy, Domestic Demand », 9 novembre 2008, en ligne à l'adresse <http://news.xinhuanet.com/english/2008–11/09/content_10331324.htm>.

logue à la construction du chemin de fer intercontinental dans les États-Unis d'après la guerre de Sécession. Il peut aider à forger une économie nationale plus forte, car la géographie économique change presque instantanément. Le plan de stimulation a aussi explicitement encouragé la consommation, notamment en milieu rural, et tout spécialement l'achat de produits subissant une forte baisse des ventes à l'étranger. Il a aussi permis d'augmenter rapidement les dépenses de santé et d'éducation dans les campagnes. En même temps, il a cherché à fortifier certains secteurs cruciaux, comme l'automobile et la sidérurgie. Le gouvernement chinois a soutenu qu'il essayait simplement de «rationaliser» la production – d'accroître l'efficacité –, mais ceux qui le critiquent craignent que ces efforts n'exacerbent les problèmes d'offre excédentaire et/ou ne réduisent la concurrence effective. Cela augmenterait les profits des entreprises et réduirait les salaires réels, donc aggraverait le problème d'insuffisance de la consommation.

Les réactions à long terme de l'Amérique à la crise sont tout aussi incertaines. Comme je l'ai dit dans les chapitres précédents, il faut, sur la durée, que l'Amérique consomme moins; avec des ménages moins disposés à emprunter, moins capables de le faire et dont la fortune a tant diminué, son ajustement a été relativement rapide. Cependant, on l'a vu au chapitre 7, pendant que les ménages augmentaient leur épargne, l'État a accru son endettement. Le besoin d'un financement extérieur reste fort. Les déséquilibres mondiaux vont demeurer – notamment celui que définissent le gigantesque déficit commercial des États-Unis et les excédents commerciaux plus réduits mais persistants de la Chine. Cela va créer des tensions, qui toutefois resteront peut-être discrètes, car l'Amérique sait qu'elle dépend des flux financiers en provenance de Chine[1].

---

1. Deux sénateurs, Charles Schumer de New York et Lindsey Graham de Caroline du Sud, avaient prévu de déposer un projet de loi imposant des droits de douane considérables (27,5%) sur les produits chinois si la Chine ne laissait pas sa devise s'apprécier; cependant, en mars 2009,

En Chine, toutefois, on est de plus en plus réticent à prêter davantage à l'État américain : les rendements restent faibles et le risque élevé. La Chine a d'autres possibilités : elle peut investir dans des actifs réels aux États-Unis. Mais, quand elle a tenté de le faire, elle s'est parfois heurtée à des résistances (par exemple lorsqu'elle a essayé d'acheter Unocal, compagnie pétrolière américaine relativement réduite dont la plupart des actifs étaient en fait en Asie). Les États-Unis ont laissé la Chine acquérir leur véhicule le plus polluant, le Hummer, et le département des ordinateurs portables d'IBM, qui est devenu Lenovo. Si l'Amérique paraît ouverte aux investissements étrangers dans de nombreux domaines, elle se fait une idée large des secteurs cruciaux pour la sécurité nationale qu'il convient de mettre à l'abri de ce type d'investissements. Elle risque ainsi de miner les principes fondamentaux de la

---

ils ont décidé de n'en rien faire. L'interdépendance sino-américaine s'était manifestée par le biais de l'opposition de la National Association of Manufacturers, l'Association nationale des industriels américains : celle-ci estimait que le quart des biens manufacturés en provenance de Chine venait de filiales de compagnies américaines (Edmund L. Andrews, «Trade Truce with China in the Senate», *New York Times*, 29 mars 2006). L'introduction par les États-Unis de droits de douane sur les pneus chinois bas de gamme en septembre 2009 est un exemple de la curieuse façon dont se manifestent les tensions commerciales. C'était le syndicat United Steel Workers qui avait porté plainte, mais les entreprises – qui avaient cessé depuis longtemps de produire ces pneus bas de gamme – ne s'étaient pas jointes à lui. La Chine, comme d'autres adhérents tardifs à l'OMC, avait été forcée pour y entrer d'accepter une série d'exigences qui allaient bien au-delà des obligations admises par les anciens membres – pratique que l'ONG Oxfam a baptisée «extorsion à la porte d'entrée». Elle avait accepté que, pendant un certain nombre d'années après son adhésion, l'Amérique puisse protéger ses industries contre une forte montée des exportations chinoises, même si la Chine n'avait en rien violé les règles de l'économie de marché. Les ventes chinoises avaient augmenté, mais essentiellement aux dépens d'autres producteurs à bas prix de ces pneus bas de gamme – ce n'était pas aux dépens des producteurs américains, puisqu'ils ne produisaient pas ce type de pneus. Il est certain que les consommateurs américains ont plus perdu dans cette affaire, avec la hausse du prix des pneus, que les producteurs américains n'ont gagné.

mondialisation, puisqu'elle a dit et répété aux pays en développement qu'ouvrir leurs marchés à la propriété étrangère était l'une des règles du jeu fondamentales.

Si la Chine procède à des ventes importantes de dollars pris sur ses réserves, sa devise (le RMB) s'appréciera par rapport au dollar, ce qui améliorera la balance commerciale bilatérale des États-Unis avec elle. Mais l'effet sur le déficit commercial américain global sera probablement moindre qu'on pourrait l'espérer : l'Amérique achètera ses produits textiles à un autre pays en développement. Et la Chine devra accepter une grosse perte sur le reste de ses avoirs massifs en bons du Trésor américains et autres actifs libellés en dollars.

Certains estiment que la Chine doit choisir entre la peste et le choléra. Si elle sort du dollar, elle subit des pertes considérables sur ses réserves et ses exportations. Si elle reste dans le dollar, elle remet à plus tard les pertes sur ses réserves, mais l'ajustement finira par se produire de toute façon. La peur de perdre des ventes est peut-être exagérée : la Chine offre actuellement un « financement par le vendeur », c'est-à-dire avance l'argent à ceux qui achètent ses produits. Au lieu de prêter à l'Amérique pour ces achats, elle peut prêter aux habitants d'autres régions du monde – ce qu'elle fait de plus en plus –, voire à ses propres citoyens.

Un nouveau système de réserves mondial

En mars 2009, inquiet pour ses avoirs en dollars, le président de la Banque centrale de Chine s'est prononcé en faveur d'une vieille idée : la création d'une monnaie de réserve mondiale[1]. Keynes s'en était fait le promoteur il y a soixante-quinze ans, et elle faisait partie de son plan initial

---

1. Voir le discours de Zhou Xiaochuan, gouverneur de la Banque populaire de Chine, « Reform the International Monetary System », 23 mars 2009, en ligne à l'adresse <http://www.pbc.gov.cn/english/detail. asp?col=6500&id=178>.

pour le FMI[1]. Cette idée a aussi reçu un autre soutien, celui d'une commission d'experts sur la restructuration du système économique et financier mondial, réunie par les Nations unies et que j'ai présidée[2].

Les pays en développement, surtout la Chine, détiennent aujourd'hui dans leurs réserves des milliers de milliards de dollars – de l'argent utilisable en cas de crise, comme la Grande Récession d'aujourd'hui. La crise actuelle, je l'ai souligné au chapitre 1, montre que la demande globale au niveau mondial est insuffisante. Malheureusement, jusqu'à présent, ni l'administration américaine ni le G-20 n'ont seulement commencé à débattre de ce problème de fond – sans parler de prendre des mesures. S'il y avait des émissions annuelles d'une nouvelle monnaie de réserve mondiale, les pays n'auraient plus besoin de mettre de côté une partie de leurs revenus courants pour se protéger de l'instabilité – ils pourraient épargner cette « monnaie » fraîchement émise. Par là même, la demande globale mondiale augmenterait et l'économie mondiale serait plus forte.

Deux autres éléments importants plaident en faveur de cette initiative. La première est l'instabilité du système actuel. Aujourd'hui, les pays détiennent des dollars pour donner confiance dans leur devise et dans leur pays : c'est une sorte d'assurance contre les vicissitudes du marché mondial. Plus les dollars s'accumulent dans les réserves détenues par les pays étrangers, plus on s'inquiète de la montée de la dette extérieure de l'Amérique.

Le système actuel alimente l'instabilité pour une autre raison encore. Si certains pays tiennent à avoir un excédent commercial (à exporter plus qu'ils n'importent) afin de gonfler

---

1. Voir sur ce point John Williamson, « Keynes and the Postwar International Economic Order », *in* Harold L. Wattel (éd.), *The Policy Consequences of John Maynard Keynes*, Armonk, NY, M.E. Sharpe, 1985.

2. *Report of the Commission of Experts of the President of the United Nations General Assembly on Reforms of the International Monetary and Financial System*, septembre 2009, en ligne à l'adresse <http://www.un.org/ga/president/63/PDFs/reportofexpters.pdf>.

leurs réserves, d'autres pays doivent avoir des déficits commerciaux; la somme des excédents est nécessairement égale à la somme des déficits. Mais les déficits commerciaux peuvent être un problème – les pays qui en ont en permanence risquent davantage une crise économique –, et les États ont fait de gros efforts pour s'en débarrasser. Quand un pays se débarrasse de son déficit commercial, celui d'un autre doit augmenter (si les pays excédentaires ne changent pas de comportement), donc les déficits commerciaux ressemblent à une pomme de terre brûlante que l'on se refile. Ces dernières années, la plupart des pays ont appris à éviter les déficits, et c'est ainsi que les États-Unis sont devenus le «déficit en dernier ressort». À long terme, leur position est clairement intenable. Instaurer une monnaie de réserve mondiale avec des émissions annuelles créerait un tampon. Un pays pourrait avoir un petit déficit commercial tout en accumulant malgré tout des réserves grâce à la part de la nouvelle monnaie de réserve mondiale qu'il recevrait. Voyant ses réserves augmenter, les investisseurs auraient confiance.

Les pays pauvres prêtent aujourd'hui aux États-Unis des centaines ou plutôt des milliers de milliards de dollars, à un faible taux d'intérêt (en 2009, il a été pratiquement nul). Qu'ils agissent ainsi alors qu'il y a tant à faire sur leur propre territoire, tant de projets d'investissement extrêmement rentables, prouve assez l'importance des réserves et l'ampleur de l'instabilité mondiale. Le maintien de ces réserves a des coûts très élevés, mais les avantages l'emportent malgré tout sur les coûts. Selon certains calculs, la valeur de cette aide extérieure implicite reçue par les États-Unis, du fait qu'ils peuvent emprunter à un taux d'intérêt plus bas qu'ils ne le pourraient sans cela, dépasse la valeur totale de l'aide extérieure qu'ils accordent[1].

Une bonne monnaie de réserve doit être un bon instrument pour conserver la valeur – une devise stable –, mais le dollar a

---

1. Voir Dani Rodrik, «The Social Cost of Foreign Exchange Reserves», *International Economic Journal*, vol. 20, n° 3, septembre 2006, p. 253-266, et J.E. Stiglitz, *Un autre monde, op. cit.*

fait preuve d'une grande instabilité, et cela va probablement continuer. Déjà, beaucoup de petits pays ont «sorti du dollar» une bonne partie de leurs réserves; même la Chine détiendrait entre le quart et la moitié de ses réserves dans d'autres devises. La question n'est pas de savoir si le monde va se retirer complètement du système de réserves fondé sur le dollar, mais s'il va le faire de façon prudente et réfléchie. S'il n'y a pas de plan clair, le système financier mondial va devenir encore plus instable.

Certains, aux États-Unis, vont résister à l'effort pour créer un système de réserves mondial. Ce faisant, ils voient l'avantage de pouvoir emprunter à bas prix, mais ils ne voient pas les coûts, qui sont énormes. Produire et exporter des bons du Trésor pour alimenter les réserves étrangères ne crée aucun emploi, tandis qu'exporter des marchandises le ferait très certainement. Cette demande de bons du Trésor américains et de devises américaines pour les réserves a un revers : le déficit commercial des États-Unis. Et ce déficit affaiblit la demande globale en Amérique. Pour compenser cet effet, l'État se met en déficit budgétaire[1]. Tout cela constitue un «équilibre» : pour financer le déficit, l'État vend des bons du Trésor à l'étranger (autrement dit, il emprunte de l'argent), et beaucoup de ces bons vont ensuite dans les réserves.

Avec la nouvelle monnaie de réserve mondiale, les pays n'auraient pas besoin d'acheter des bons du Trésor américains pour leurs réserves. Dans ces conditions, bien sûr, la valeur du dollar baisserait, les États-Unis exporteraient plus, ils importeraient moins, la demande globale serait plus forte, et il serait moins nécessaire que l'État ait un déficit considérable pour maintenir l'économie au plein-emploi. Sachant qu'il est plus difficile d'emprunter, l'Amérique mettrait peut-être un frein à ses folles dépenses, ce qui renforcerait la stabilité mondiale.

---

1. L'État compense le déficit commercial en se mettant en déficit budgétaire, sauf dans les périodes où il y a exubérance irrationnelle des investisseurs – comme pendant la bulle technologique/point-com de la fin des années 1990.

L'Amérique et le monde bénéficieraient de ce nouveau système.

Il y a déjà des initiatives pour mettre en place des accords régionaux sur les réserves. L'initiative de Chiang Mai, en Asie orientale, permet aux pays de s'échanger leurs réserves ; face à la crise, ils ont accru l'envergure du dispositif de 50 %[1]. Le monde pourrait passer à un système fondé sur deux (ou trois) devises, qui utiliserait à la fois le dollar et l'euro. Mais ce système pourrait être encore plus instable que celui d'aujourd'hui. Pour le monde, il risque de fonctionner ainsi : s'ils s'attendent à une hausse relative de l'euro par rapport au dollar, les pays vont commencer à faire passer leurs réserves dans l'euro ; ce faisant, ils vont faire monter l'euro, ce qui les confortera dans leurs certitudes – jusqu'au jour où un événement quelconque, une perturbation politique[2] ou économique, déclenchera le mouvement inverse. Pour l'Europe, un tel système poserait un problème particulier, puisque les pays de l'Union européenne doivent respecter des contraintes qui limitent leur capacité à compenser une demande faible par un déficit budgétaire.

Le système de réserves mondial fondé sur le dollar s'effiloche, mais les efforts pour en créer un autre ne font que commencer. Les présidents de banque centrale ont fini par apprendre le principe de base de la gestion de fortune – la diversification –, et depuis des années beaucoup «sortent» du dollar une partie de leurs réserves. En 2009, le G-20 a accepté

---

1. En mai 2008, les ministres des Finances de l'ASEAN+3 (Association des pays d'Asie du Sud-Est, plus trois) se sont mis d'accord sur un fonds commun de 80 milliards de dollars de réserves en devises étrangères. Ce projet a été confirmé en mai 2009. Voir C.R. Henning, «The Future of the Chiang Mai Initiative : An Asian Monetary Fund?», Peterson Institute for International Economics Policy, Brief 09-5, Washington, DC, février 2009, et «Asian Nations Unveil $120 Billion Liquidity Fund», Wall Street Journal, 4 mai 2009, p. A10.

2. Un exemple d'événement politique qui pourrait inverser la montée de l'euro serait un vote hostile à l'Union européenne dans l'un des grands pays – ou même des petits.

une grande émission (250 milliards de dollars) de droits de tirage spéciaux (DTS), sorte de monnaie de réserve mondiale créée par le FMI. Cependant, les DTS ont de graves limites. Ils sont alloués aux pays sur la base de leurs «quotas» au FMI (les parts qu'ils détiennent) : les États-Unis reçoivent donc le plus gros montant. Or les États-Unis, à l'évidence, n'ont pas besoin de réserves, puisqu'ils peuvent simplement imprimer des bons en dollars. Le système fonctionnerait infiniment mieux si la monnaie de réserve émise allait aux pays qui, sans elle, augmenteraient leurs réserves; ou alors on pourrait la remettre aux pays pauvres qui ont besoin d'aide[1].

Si le nouveau système était conçu pour décourager les excédents commerciaux, ce serait encore mieux. Les États-Unis sermonnent la Chine au sujet de son excédent, mais, dans les dispositifs existants, les pays ont des incitations fortes à avoir des réserves, et un excédent commercial pour grossir leurs réserves. Les pays qui avaient de vastes réserves se sont bien mieux comportés dans la crise actuelle que ceux qui n'en avaient pas assez. Dans un système de réserves mondial bien conçu, les pays qui ont des excédents persistants verraient diminuer leur allocation de monnaie de réserve, ce qui les encouragerait à maintenir un meilleur équilibre. Un système de réserves mondial bien conçu pourrait faire plus pour stabiliser l'économie mondiale : si les émissions de monnaie de réserve augmentaient quand la croissance mondiale est faible, elles encourageraient les dépenses – ce qui stimulerait la croissance et l'emploi[2].

---

1. Il y a une solution naturelle : que les pays industriels avancés transfèrent les allocations de DTS dont ils n'ont pas besoin aux pays en développement qui en ont besoin. Le recours abusif du secrétaire au Trésor Robert Rubin au Fonds de stabilisation des changes pour faciliter le renflouement du Mexique – en contournant le Congrès – a causé une telle fureur chez les parlementaires qu'il a rendu difficile ce type de transferts. Voir J. Lawrence Broz, «Congressional Politics of International Financial Rescues», *American Journal of Political Science*, vol. 49, n° 3, juillet 2005, p. 479-496.

2. Pour une analyse détaillée d'autres conceptions possibles du système de monnaie de réserve mondial et de la façon de gérer la transition du système actuel au nouveau, voir *Report of the Commission of Experts*

Avec le soutien des États-Unis, un nouveau système de réserves mondial est réalisable rapidement. Reste à savoir si l'administration Obama comprendra combien les États-Unis et le monde ont à y gagner. Le risque est que l'Amérique pratique la politique de l'autruche. Le monde va s'éloigner du système de réserves fondé sur le dollar. En l'absence d'accord sur la création d'un nouveau système de réserves mondial, il passera probablement à un système de réserves multidevises, ce qui créera à court terme l'instabilité financière mondiale et à long terme un système plus instable que celui d'aujourd'hui.

Il est à peu près sûr que la crise marquera un changement dans l'ordre politique et économique mondial. L'Amérique aura moins de pouvoir et d'influence, la Chine davantage. Dès avant la crise, l'idée d'un système de réserves mondial fondé sur la devise d'un seul pays semblait en décalage avec la mondialisation du xxie siècle – mais à présent elle paraît particulièrement déphasée, étant donné les caprices du dollar et ceux de l'économie et de la politique américaines.

Vers un nouveau multilatéralisme

Du désastre de la Grande Dépression et de la Seconde Guerre mondiale a émergé un nouvel ordre mondial, et un nouvel ensemble d'institutions a été créé. Ce cadre a fonctionné pendant de nombreuses années, mais il s'est révélé de plus en plus inadapté pour gérer l'évolution du système économique mondial. La crise actuelle a pleinement montré ses limites. Pourtant, il en a été sur le plan international comme sur le plan intérieur américain : on a navigué à vue, en tentant, pour l'essentiel, de recréer le monde tel qu'il était avant. Au lendemain de la dernière crise planétaire, il y a dix ans, on a beaucoup parlé de réformer l'«architecture financière mondiale». On se doutait un peu que ceux qui souhaitaient

of the President of the United Nations General Assembly on Reforms of the International Monetary and Financial System, op. cit.

maintenir le statu quo (dont les professionnels des marchés financiers des États-Unis et d'autres pays occidentaux, qui tiraient profit des mécanismes en vigueur, et leurs alliés dans les gouvernements) usaient de ce langage grandiose pour dissimuler leur vrai programme : discuter, discuter, discuter encore, jusqu'à ce que la crise soit finie, car quand elle aurait pris fin la détermination à faire quoi que ce soit disparaîtrait. Dans les années qui ont suivi la crise de 1997-1998, on n'a pas fait grand-chose – beaucoup trop peu, on le voit bien, pour empêcher une crise encore plus gigantesque. Ce scénario va-t-il se reproduire ?

Les États-Unis doivent, en particulier, faire ce qu'ils peuvent pour renforcer le multilatéralisme – autrement dit démocratiser, réformer et financer le FMI et la Banque mondiale pour que les pays en développement ressentent moins le besoin de solliciter une aide bilatérale dans les moments difficiles (que ce soit auprès de la Chine, de la Russie ou de l'Europe). Les États-Unis doivent tourner le dos au protectionnisme et aux accords commerciaux bilatéraux de l'époque Bush : ces politiques minent le système commercial multilatéral, fruit des efforts si intenses de tant d'acteurs au cours des soixante dernières années. Ils doivent aider à concevoir un nouveau système coordonné de réglementation financière mondiale, sans lequel les marchés seront menacés de fragmentation, et soutenir le nouveau système de réserves mondial qui vient d'être évoqué. Sans ces efforts, les marchés financiers mondiaux risquent de connaître une nouvelle ère d'instabilité, et le monde une ère permanente d'anémie économique. Plus largement, les États-Unis ont besoin de soutenir et de renforcer l'état de droit international : sans lui, rien de tout cela n'est possible.

Pendant les années du triomphalisme américain, de la chute du mur de Berlin à la chute de Lehman Brothers, l'Amérique n'a pas utilisé son pouvoir et son influence pour faire en sorte que la mondialisation soit équitable, notamment envers les pays en développement. Sa politique économique s'est moins fondée sur des principes que sur son propre intérêt – ou plus exactement sur les désirs et aversions des intérêts particuliers, qui ont joué, et continueront à jouer, un rôle crucial dans la détermination de la politique économique. Non seulement l'Europe a mieux su faire entendre la voix des pauvres des pays en développement et exprimer leurs préoccupations, mais de nombreux pays européens ont vraiment joint l'engagement financier à l'engagement verbal. Pendant les années Bush, l'Amérique a souvent fait tout ce qu'elle pouvait pour détruire le multilatéralisme.

L'hégémonie économique des États-Unis n'ira plus de soi comme avant. Si l'Amérique veut être respectée par les autres, si elle souhaite exercer l'influence qui était autrefois la sienne, elle devra le mériter, pas seulement par les mots mais par les actes, par les exemples qu'elle donne chez elle – notamment la façon dont elle traite les défavorisés – et par ce qu'elle fait à l'étranger.

Le système économique mondial n'a pas fonctionné comme beaucoup l'avaient espéré. La mondialisation a apporté à nombre d'habitants de la planète une prospérité sans précédent, mais en 2008 elle a contribué à transmettre la récession américaine aux pays du monde entier – à ceux qui avaient bien géré leur système financier (infiniment mieux que les États-Unis) comme à ceux qui ne l'avaient pas fait, à ceux qui avaient énormément profité de la mondialisation comme à ceux qui en avaient moins bénéficié. Sans surprise, les pays les plus ouverts et les plus mondialisés ont été les plus durement frappés. Les accords et institutions qui encadrent la mondialisation sont souvent fondés sur l'idéologie du libre marché ; les mêmes idées qui aux États-Unis ont inspiré la déréglementation, dont le rôle dans la gestation de la crise a été si déterminant, ont également inspiré la libéralisation des marchés financiers et de capitaux, laquelle a si éminemment contribué à la diffusion rapide de la crise dans le monde entier.

Ce chapitre a montré que la crise allait probablement changer l'ordre économique et les rapports de forces économiques mondiaux – et que certaines réformes clés, notamment la création d'un nouveau système de réserves mondial, peuvent aider à restaurer la prospérité et la stabilité du monde.

Toutefois, à long terme, on ne pourra maintenir la prospérité mondiale que si l'on comprend mieux comment l'économie fonctionne. Et, pour cela, réformer l'économie ne suffit pas : il faut réformer la science économique. Ce sera le sujet du chapitre suivant.

CHAPITRE 9

Réformer la science économique

Il y a quantité de blâmes à distribuer dans cette crise – nous avons vu le rôle des régulateurs et des législateurs, de la Federal Reserve et des financiers. Quand les uns et les autres effectuaient leur travail, ils soutenaient que ce qu'ils faisaient était juste, et, la plupart du temps, leurs arguments reposaient sur une analyse économique. Si nous continuons à peler l'oignon de «ce qui a déraillé», les économistes ne peuvent échapper à notre examen. Certes, tous n'ont pas participé à l'exaltation jubilatoire des marchés libres ; ils n'étaient pas tous des disciples de Milton Friedman. Néanmoins, un pourcentage étonnamment élevé a penché dans ce sens. Ceux-là ont été de mauvais conseil, mais il y a plus : ils ont échoué dans leur mission fondamentale de prédiction et de prévoyance. Les économistes qui ont vu venir le désastre ont été relativement rares. Ce n'est pas par accident que ceux qui avaient préconisé les règles responsables de la catastrophe ont été si aveuglés par leur foi dans les marchés libres qu'ils n'ont pas pu voir les problèmes qu'elles créaient. Plus que les économistes ne sont sans doute prêts à l'admettre, l'économie était passée du statut de discipline scientifique à celui de *supporter* le plus enthousiaste du capitalisme de libre marché. Pour réussir à réformer leur économie, peut-être les États-Unis doivent-ils commencer par réformer leur science économique.

La guerre des idées

Pendant la Grande Dépression, la profession des économistes, en particulier en Amérique, a connu des jours difficiles. Le paradigme dominant, alors comme aujourd'hui, jugeait les marchés efficaces et capables de s'autocorriger. Quand l'économie a plongé dans la récession puis la dépression, de nombreux spécialistes ont donné un conseil simple : ne faisons rien. Attendons, l'économie va vite se rétablir. Beaucoup aussi ont soutenu Andrew Mellon, secrétaire au Trésor du président Herbert Hoover, dans ses efforts pour remettre le budget en équilibre : la récession avait réduit les recettes fiscales plus vite que les dépenses publiques. Pour restaurer la «confiance», estimaient les conservateurs budgétaires de Wall Street, il fallait réduire aussi les dépenses pour les ramener à la hauteur des recettes.

Devenu président en 1933, Franklin Roosevelt a préconisé une autre orientation, et reçu un soutien venu d'outre-Atlantique : John Maynard Keynes conseillait d'augmenter les dépenses pour stimuler l'économie – autrement dit d'*accroître* le déficit. Aux yeux de ceux que l'idée même d'une action de l'État laissait sceptiques, c'était le comble de l'abomination. Pour certains, c'était le socialisme; pour d'autres, cela menait tout droit au socialisme. En fait, Keynes tentait de sauver le capitalisme de lui-même; il savait qu'une économie de marché incapable de créer des emplois ne pouvait survivre. Ses disciples américains, comme mon professeur Paul Samuelson, soutenaient qu'une fois l'économie ramenée au plein-emploi on pourrait revenir aux merveilles du libre marché.

Pendant la Grande Récession de 2008, de nombreuses voix se sont élevées pour critiquer le New Deal de Roosevelt, pour dire qu'il avait en réalité échoué, et même aggravé les choses[1]. Selon elles, c'était la Seconde Guerre mondiale qui avait

---

1. La théorie selon laquelle le New Deal de Franklin Roosevelt a aggravé la situation économique émane pour l'essentiel du journalisme de droite : voir par exemple le livre d'Amity Schlaes, *The Forgotten Man : A New*

fini par sortir l'Amérique de la Grande Dépression. C'est en partie vrai – mais surtout parce que le président Roosevelt n'a pas réussi à maintenir une politique cohérente de dépenses expansionnistes au niveau national. Exactement comme aujourd'hui, pendant qu'il augmentait les dépenses fédérales, les États réduisaient les leurs[1]. Et, en 1937, les inquiétudes qu'inspirait l'ampleur du déficit ont conduit à réduire les dépenses de l'État[2]. Mais les dépenses de guerre sont tout de même des dépenses – bien qu'elles n'améliorent pas la future productivité de l'économie ni (directement) le bien-être des citoyens. Et les adversaires de Roosevelt reconnaissent que, si les dépenses du New Deal n'ont pas sorti l'économie de la dépression, les dépenses de guerre l'ont fait. Quoi qu'il en soit, la Grande Dépression a montré que l'économie de marché ne se corrigeait pas toute seule – du moins dans les délais pertinents[3].

History of the Great Depression, New York, HarperCollins, 2007. Mais certains économistes universitaires l'ont soutenue. Alors que la crise actuelle était en plein développement, le Council on Foreign Relations a organisé, le 30 mars 2009, pour célébrer l'échec de l'économie keynésienne, un colloque sur le thème «Réexamen de la Grande Dépression et du New Deal».

1. Voir E. Cary Brown, «Fiscal Policy in the Thirties : A Reappraisal», *American Economic Review*, vol. 46, n° 5, décembre 1956, p. 857-879, et Peter Temin, *Lessons from the Great Depression* (Lionel Robbins Lecture), Cambridge, MA, MIT Press, 1989.

2. En 1936, la dépense budgétaire totale était de 10,5 % du PIB, mais elle a baissé à 8,6 % en 1937 et à 7,7 % en 1938. Ces mêmes années, le déficit budgétaire a été respectivement de 5,5 %, 2,5 % et 0,1 % du PIB (Office of Management and Budget, Budget of the United States Government : Historical Tables Fiscal Year 2010, «Table 1.2 : Summary of Receipts, Outlays, and Surpluses or Deficits (-) as Percentages of GDP : 1930-2014», en ligne à l'adresse <http://www.gpoaccess.gov/USbudget/fy10/sheets/hist01z2.xls>).

3. Comme Keynes l'a dit avec force : «Le long terme est un guide trompeur pour les événements actuels. À long terme, nous serons tous morts. Les économistes se donnent une tâche trop facile et trop inutile si, dans une période orageuse, ils se contentent de nous dire que lorsque la tempête est passée l'océan redevient calme» (John Maynard Keynes,

En 1970, il y avait un nouveau problème, l'inflation, et une nouvelle génération d'économistes. Le problème des années 1930 avait été la *déflation*, la baisse des prix. Pour les jeunes économistes qui s'affirmaient dans les années 1970, c'était de l'histoire ancienne. Une nouvelle récession profonde paraissait inimaginable. S'il y avait eu des récessions dans l'après-guerre, c'était la plupart du temps parce que la Federal Reserve avait trop serré les freins du crédit, ce qui confirmait les préjugés conservateurs : c'étaient bien les échecs de l'État, pas du marché, qui expliquaient tous les écarts par rapport à la perfection.

Il y avait cependant d'autres points de vue. Selon l'éminent historien de l'économie Charles Kindleberger, une crise financière avait éclaté à peu près tous les dix ans pendant les quatre cents dernières années[1]. Or le quart de siècle 1945-1971 faisait figure d'exception : il avait connu des fluctuations, mais aucune crise bancaire nulle part dans le monde, sauf au Brésil en 1962. Avant comme après cette période, ces crises ont été récurrentes dans la vie économique. Les professeurs Franklin Allen, de la Wharton School de l'université de Pennsylvanie, et Douglas Gale, de l'université de New York, ont donné une interprétation convaincante de cette absence de crises pendant les vingt-cinq années qui ont suivi la Seconde Guerre mondiale : la nécessité d'une réglementation forte était alors reconnue partout dans le monde[2]. Cette plus grande stabilité est peut-être l'un des facteurs qui expliquent les taux de croissance élevés de cette époque. L'intervention de l'État a créé une économie plus sta-

---

«La théorie de la monnaie et les changes étrangers», chap. 3 de *La Réforme monétaire* [*A Tract on Monetary Reform*, 1923], trad. fr. de Paul Franck, Paris, Simon Kra, 1924 [trad. modifiée]).

1. Charles Kindleberger, *Histoire mondiale de la spéculation financière*, trad. fr. de Pierre-Antoine Ullmo et Guy Russell, Hendaye, Valor, 2004, et Carmen M. Reinhart et Kenneth S. Rogoff, *This Time Is Different : Eight Centuries of Financial Folly*, Princeton, NJ, Princeton University Press, 2009.

2. Franklin Allen et Douglas Gale, *Understanding Financial Crises*, Oxford, Oxford University Press, 2007.

ble – et elle a peut-être même contribué à la croissance rapide et aux progrès de l'égalité pendant cette période.

Dans les années 1980 s'est produit un tournant ahurissant : la thèse du marché efficace et capable de s'autocorriger a repris le dessus, dans les milieux politiques conservateurs mais aussi dans les sections d'économie des universités américaines. Cette vision du libre marché n'était conforme ni aux réalités, ni aux avancées récentes de la théorie économique, qui avaient montré que, même avec des marchés concurrentiels et une économie proche du plein-emploi, les ressources ne seraient probablement pas allouées efficacement.

La théorie de l'équilibre général

Le courant central de la théorie économique a été dominé pendant plus d'un siècle par le modèle dit de l'équilibre général, ou walrassien, du nom du mathématicien et économiste français Léon Walras, qui l'a exposé le premier en 1874[1]. Selon lui, l'économie était un équilibre – semblable à l'équilibre newtonien en physique : les prix et les quantités se déterminaient en équilibrant l'offre et la demande. L'une des grandes réussites de la science économique moderne a été d'utiliser ce modèle pour évaluer l'efficacité de l'économie de marché. L'année où l'Amérique déclarait son indépendance, Adam Smith publia son célèbre traité *La Richesse des nations*, où il soutenait que la recherche de l'intérêt personnel conduirait au bien-être général de la société. Cent soixante-quinze ans plus tard, Kenneth Arrow et Gérard Debreu, en utilisant le modèle walrassien, précisèrent les postulats nécessaires pour que l'intuition de Smith soit correcte[2]. L'économie n'était efficace, au

1. Léon Walras, *Éléments d'économie politique pure, ou théorie de la richesse sociale*, Paris, Guillaumin et Cie, 1874 ; rééd. *in* Léon Walras, *Œuvres économiques complètes*, t. VIII, Paris, Economica, 1988.

2. Kenneth J. Arrow, «An Extension of the Basic Theorems of Classical Welfare Economics», *in* J. Neyman (éd.), *Proceedings of the Second Berkeley Symposium on Mathematical Statistics and Probability*, Berkeley, University of California Press, 1951, p. 507-532 ; et Gérard Debreu,

sens où l'on ne pouvait améliorer la situation de personne sans aggraver celle d'un autre, que dans des conditions très restrictives[1]. Il ne suffisait pas qu'il y ait des marchés concurrentiels : il fallait que les marchés d'assurances soient complets (on devait pouvoir acheter une assurance contre tout risque concevable), que les marchés de capitaux soient parfaits (on devait pouvoir emprunter autant que l'on voulait, aussi longtemps que l'on voulait, à des taux d'intérêt concurrentiels, ajustés au risque), et il ne pouvait y avoir ni externalités ni biens publics. Les situations dans lesquelles les marchés ne parvenaient pas à produire des résultats efficaces ont été appelées, tout naturellement, des *échecs du marché*.

Comme c'est souvent le cas dans les disciplines scientifiques, le travail de ces auteurs a inspiré d'immenses recherches. Les conditions dans lesquelles ils avaient démontré l'efficacité de l'économie étaient si restrictives que l'on pouvait se demander s'il ne fallait pas renoncer totalement à qualifier les marchés d'efficaces. Certains échecs, malgré leur gravité, n'exigeaient qu'une intervention limitée de l'État. Le marché allait créer une externalité, par exemple une pollution excessive, mais l'État pouvait établir des règles limitant la pollution ou faire payer les entreprises pour avoir émis des polluants. Les marchés pouvaient résoudre, malgré tout, la plupart des problèmes économiques de la société.

D'autres échecs du marché posaient un problème plus épineux. L'imperfection des marchés du risque, par exemple : les particuliers ne peuvent pas s'assurer contre de nombreux risques très graves auxquels ils sont confrontés. Les économistes se sont demandé si, avec cette imperfection-là, les marchés restaient tout de même, en un sens quelconque, efficaces.

«Valuation Equilibrium and Pareto Optimum», *Proceedings of the National Academy of Sciences*, vol. 40, n° 7, 1954, p. 588-592, et *Théorie de la valeur : analyse axiomatique de l'équilibre économique*, trad. fr. de J.-M. Comar et J. Quintard, 3ᵉ éd., Paris, Dunod, 2001.

1. On appelle l'efficacité ainsi définie la «paréto-efficacité», du nom de Vilfredo Pareto, l'économiste italien qui a formulé le premier cette notion dans son livre *Manuel d'économie politique* en 1906.

Souvent, dans les sciences, certaines hypothèses sont si vigoureusement défendues ou si ancrées dans les esprits que nul n'a conscience qu'elles ne sont que des hypothèses. Lorsque Debreu a énuméré celles qu'il avait dû faire pour prouver l'efficacité du marché, il n'a pas mentionné ce postulat implicite : tout le monde a une information parfaite. Il avait supposé aussi que les biens ou marchandises sont uniformes : il y a les maisons, les voitures, un peu comme des Idées platoniciennes[1]. Nous savons que le monde réel est plus chaotique. Entre les maisons comme entre les voitures, il peut y avoir des différences très compliquées. De même, aux yeux de Debreu, le travail était une marchandise comme une autre. Tous les travailleurs non qualifiés étaient identiques, par exemple.

Les économistes supposaient l'information parfaite même s'ils savaient bien qu'elle ne l'était pas. Les théoriciens *espéraient* qu'un monde à information imparfaite ressemblait beaucoup à un monde à information parfaite – du moins tant que les imperfections de l'information n'étaient pas trop grandes. Mais ce n'était qu'un espoir. De plus, qu'est-ce que cela voulait dire, des imperfections de l'information trop grandes ? Les économistes n'avaient aucun moyen rigoureux de mesurer l'ampleur de ces imperfections. De toute évidence, le monde en regorgeait. Chaque travailleur était différent, chaque produit aussi : on dépensait des ressources considérables pour trouver quel travailleur ou quel produit était meilleur que les autres. Les compagnies d'assurances hésitaient à assurer les clients qui se présentaient parce qu'elles n'étaient pas sûres des risques, et les prêteurs à prêter de l'argent aux emprunteurs potentiels parce qu'ils n'étaient pas certains d'être remboursés.

L'un des arguments populaires *en faveur* de l'économie de marché était qu'elle stimulait l'innovation. Pourtant, Arrow et Debreu avaient postulé l'absence de toute innovation ; s'il y avait progrès technologique, son rythme n'était influencé

---

1. Gérard Debreu, *Théorie de la valeur : analyse axiomatique de l'équilibre économique, op. cit.*

par aucune décision prise dans l'économie. Ces économistes étaient conscients, bien sûr, de l'importance de l'innovation. Mais c'était comme pour l'information imparfaite : leur appareil technique avait du mal à traiter la question. Les conclusions de ces auteurs sur l'efficacité du marché restaient-elles valides dans un monde où l'innovation existait ? Les champions du marché ne pouvaient que l'espérer. Mais, du fait même de ses postulats, ce modèle ne pouvait pas traiter certains problèmes cruciaux – comme de savoir si le marché avait alloué à l'innovation des ressources suffisantes, ou s'il avait bien orienté les dépenses d'innovation.

La généralisation des résultats du modèle walrassien posait donc problème : étaient-ils sensibles aux postulats d'information parfaite, de marchés du risque parfaits, d'absence d'innovation, etc. ? Les réponses à ces questions ont été formulées clairement dans une série d'articles que j'ai écrits avec plusieurs coauteurs, notamment mon collègue de l'université Columbia Bruce Greenwald[1]. Nous avons montré qu'Arrow et Debreu avaient établi l'unique ensemble de conditions dans lesquelles les marchés sont efficaces. Quand elles ne sont pas satisfaites, il y a toujours des interventions de l'État qui peuvent améliorer les choses pour tout le monde. Notre travail a aussi prouvé que même de petites imperfections de l'information (et en particulier des asymétries d'information – où une personne a une information que d'autres n'ont pas) modifient considérablement la nature de l'équilibre du marché. Avec des marchés parfaits (information parfaite comprise), il y a toujours le plein-emploi ; avec une information imparfaite, il peut y avoir du chômage. Il est faux qu'un monde où l'information est presque parfaite ressemble beaucoup à un monde où elle est parfaite[2]. De même, s'il est vrai que la concurrence peut sti-

---

1. Voir en particulier Bruce Greenwald et Joseph E. Stiglitz, « Externalities in Economies with Imperfect Information and Incomplete Markets », *Quarterly Journal of Economics*, vol. 101, 1986, p. 229-264.

2. Ce cas de figure, où de petites modifications, par exemple dans la valeur de paramètres, peuvent changer considérablement les résultats, est fréquent dans les sciences physiques. Les économistes l'avaient sim-

muler l'innovation, il n'est pas vrai que les marchés sont efficaces pour déterminer le montant idéal des dépenses à consacrer
à cette dernière ou la meilleure orientation de la recherche.

La réaction

Ces nouveaux résultats montraient que l'hypothèse de l'efficacité des marchés n'avait aucune base scientifique. Certes, les
marchés fournissaient des incitations, mais leurs échecs étaient
omniprésents et il y avait des écarts persistants entre bénéfices
sociaux et bénéfices privés. Dans certains secteurs – comme
la santé, les assurances et la finance –, les problèmes étaient
plus importants qu'ailleurs, et l'État, tout naturellement, avait
concentré son attention sur ces domaines.

L'État était évidemment confronté à des imperfections de
l'information. Parfois, il avait accès à une information que le
marché n'avait pas, mais le plus important, c'est qu'il avait
d'autres objectifs et d'autres moyens. Il pouvait, par exemple,
décourager le tabagisme *même si l'industrie de la cigarette était
rentable*, parce qu'il comprenait qu'il y avait d'autres coûts
sociaux (comme la hausse des coûts de la santé) qui n'étaient
pas assumés par les compagnies du tabac. Et il pouvait le faire
en réglementant la publicité et en taxant.

Les économistes universitaires de droite n'ont pas accueilli
ces nouveaux résultats avec enthousiasme. Au début, ils ont

---

plement exclu par postulat. Comme l'avait dit Alfred Marshall, l'un des
grands économistes de la fin du XIXe et du début du XXe siècle, «*natura
non facit saltum*», «la nature ne fait pas de saut» (voir *Principes d'économie politique*, trad. fr. de Firmin Sauvaire-Jourdan et Savinien Bouyssy,
Paris, Giard et Brière, 1906-1909, rééd. fac-similé, Gordon and Breach,
1971). C'est vrai dans le cadre de certaines hypothèses mathématiques,
mais ces hypothèses ne sont généralement pas satisfaites lorsqu'on analyse des marchés à information ou innovation endogène.

En fait, même de petites imperfections de l'information peuvent modifier les conclusions sur l'existence d'un équilibre. Voir Michael Rothschild
et Joseph E. Stiglitz, «Equilibrium in Competitive Insurance Markets : An
Essay on the Economics of Imperfect Information», *Quarterly Journal of
Economics*, vol. 90, n° 4, novembre 1976, p. 629-649.

essayé de chercher des postulats cachés, des erreurs de calcul, d'autres formulations possibles. Ce type d'«erreurs d'analyse» est vite arrivé – comme le prouvent les travaux antérieurs sur l'efficacité de l'économie de marché. Mais les tentatives de réfutation ont toutes échoué; un quart de siècle après la publication de notre travail, ses résultats tiennent toujours.

Il ne restait donc aux économistes conservateurs que deux options. La première consistait à dire que les problèmes que nous avions soulevés, tels ceux que posaient les imperfections de l'information, étaient des arguties théoriques. Ceux qui ont fait ce choix sont revenus à la vieille argumentation prouvant qu'avec une information parfaite (et tous les autres postulats) les marchés sont efficaces, en ajoutant simplement que, par conséquent, un monde où l'information était légèrement imparfaite était un monde presque parfaitement efficace. Ils ont ignoré les analyses qui montraient que même de petites asymétries d'information pouvaient avoir de très gros effets. Ils ont aussi ignoré, purement et simplement, les nombreux traits de l'économie réelle – dont les épisodes répétés de chômage massif – qui ne pouvaient être expliqués par des modèles où l'information est parfaite. Ils ont préféré se concentrer sur quelques faits qui étaient compatibles avec leurs modèles. Toutefois, ils n'avaient aucun moyen de prouver que le marché était *presque* efficace. C'était une position théologique, et on a vite compris qu'aucune preuve, aucune recherche théorique ne les ferait changer d'avis.

La seconde réponse cédait sur l'économie mais transférait le débat sur le plan politique : les marchés sont inefficaces, d'accord, mais l'État est pire. C'était une curieuse démarche intellectuelle : les économistes se muaient soudain en politologues. Leurs modèles et analyses avaient été mauvais en économie et ne se sont pas révélés meilleurs en sciences politiques. L'État a joué un rôle crucial dans le succès de tous les pays qui ont réussi, États-Unis compris. Au fil des chapitres précédents, j'en ai évoqué certains aspects – dans la réglementation des banques, la lutte contre la pollution, l'effort d'éducation et même la recherche.

L'État a joué un rôle particulièrement important dans les brillantes économies de l'Asie orientale. Depuis trois ou quatre décennies, la hausse des revenus par habitant dans cette région est sans précédent dans l'histoire. Dans la quasi-totalité de ces pays, l'État a eu un rôle actif de promotion du développement à travers les mécanismes du marché. La Chine a eu un taux de croissance moyen de 9,7 % par an pendant plus de trente ans, et elle a réussi à extraire de la pauvreté des centaines de millions de personnes. Au Japon, la poussée de croissance dirigée par l'État a été antérieure, mais Singapour, la Corée du Sud, la Malaisie et bien d'autres pays ont suivi et adapté la stratégie japonaise, et multiplié par huit leur revenu par habitant en un quart de siècle.

Certes, les États peuvent se tromper, comme les marchés et les êtres humains. Mais, en Asie orientale et ailleurs, leurs succès ont pesé beaucoup plus lourd que leurs échecs. Pour renforcer le dynamisme économique, il faut améliorer les marchés et l'État. Dire que l'État ne doit pas intervenir en cas d'échec du marché puisque l'État lui-même échoue *parfois*, c'est avancer un argument qui ne tient pas – tout comme est sans fondement le raisonnement inverse : les marchés échouent parfois, donc il faut les abandonner.

L'échec du modèle néoclassique

Le modèle des marchés parfaits est parfois baptisé « modèle néoclassique »[1]. L'économie est censée être une science prédictive ; pourtant, beaucoup de prédictions cruciales de l'économie néoclassique peuvent être rejetées d'emblée. La plus évidente est que *le chômage n'existe pas*[2]. De même que l'équi-

---

1. Cette théorie est dite *néoclassique* pour la distinguer de l'économie classique associée à David Ricardo et Adam Smith. Elle met l'accent sur la valeur *marginale* attribuée à différents biens par les individus.

2. Lorsque j'étais président du Comité des conseillers économiques, l'un des problèmes que j'ai rencontrés a été de recruter un macroéconomiste. La macroéconomie se préoccupe des grandes évolutions de la production et de l'emploi. Comme je l'explique plus loin, les modèles

libre du marché implique que l'offre et la demande de pommes soient égales, de même (dans cette théorie) l'offre et la demande de travail sont égales. Dans le modèle néoclassique, tout écart par rapport à l'équilibre est très bref – si fugitif qu'il ne vaut pas la peine de gâcher les ressources de l'État pour le rectifier. Croyez-le ou non, il existe des économistes orthodoxes – dont un récent lauréat du prix Nobel d'économie – qui estiment que la crise actuelle n'est pas bien grave : quelques personnes jouissent d'un peu plus de loisir qu'elles n'en auraient eu normalement.

Ce n'est pas la seule conclusion bizarre de l'économie néoclassique. Ses adeptes soutiennent aussi que le rationnement du crédit n'existe pas : tout le monde peut emprunter autant qu'il veut, à un taux d'intérêt qui reflète comme il convient le risque de défaut de paiement, naturellement. Pour ces économistes, le *liquidity crunch* qui s'est produit le 15 septembre 2008 n'était qu'un fantasme : cette « pénurie de liquidités » était une fiction due à l'imagination de quelqu'un[1].

Un troisième exemple du divorce entre la théorie économique orthodoxe et la réalité concerne la structure financière des entreprises : qu'une firme se finance en empruntant ou en vendant des actions, c'est pareil. Telle a été l'une des principales contributions de Franco Modigliani et Merton Miller, qui ont reçu le prix Nobel d'économie respectivement en 1985 et 1990[2]. Comme tant d'idées néoclassiques, celle-ci com-

---

dominants enseignés dans la plupart des universités étaient fondés sur la théorie économique néoclassique. Je me demandais bien comment le président, qui avait été élu sur le programme « Des emplois ! Des emplois ! Des emplois ! », allait réagir quand l'un des meilleurs et des plus intelligents de nos jeunes économistes lui expliquerait que le chômage n'existe pas.

1. Quand on postule que chacun peut emprunter facilement, le chômage devient bien sûr moins douloureux.

2. L'article classique de Franco Modigliani et Merton Miller est « The Cost of Capital, Corporation Finance and the Theory of Investment », *American Economic Review*, vol. 48, n° 3, 1958, p. 261-297. Ils soutenaient aussi que cela ne faisait aucune différence pour les entreprises de payer des dividendes ou de garder leurs actions. Leur analyse initiale ignorait

prend un grain de vérité – et il est très instructif de suivre le raisonnement de bout en bout. Selon ces auteurs, la valeur de l'entreprise dépend uniquement de la valeur qu'elle apporte ; qu'elle le fasse essentiellement en remboursant une dette (en payant un montant fixe quel que soit le niveau de ses profits) et en intégrant le reste à ses fonds propres, ou essentiellement sous forme de fonds propres, cela ne change pas grand-chose. C'est comme la valeur d'un quart de lait entier, que l'on peut assimiler à la somme de la valeur du lait écrémé et de la valeur de la crème. Modigliani et Miller ignoraient la possibilité de la faillite et les coûts qui lui sont associés – et le fait que, plus l'entreprise emprunte, plus les probabilités de faillite sont élevées. Ils ignoraient aussi l'information que peut transmettre la décision d'un propriétaire de vendre ses actions : le vif désir d'un actionnaire de vendre ses parts à vil prix apprend quelque chose au marché sur sa vision des perspectives d'avenir de l'entreprise.

Un quatrième aspect crucial de l'économie néoclassique qui a été démenti par la crise actuelle est son explication de ce qui détermine les revenus et l'inégalité. Comment expliquons-nous les salaires relatifs des travailleurs qualifiés et non qualifiés, ou les rémunérations des dirigeants d'entreprise ? La théorie néoclassique justifie l'inégalité par cet argument : chaque travailleur est payé en fonction de sa contribution *marginale* à la société. Les ressources sont rares, et les plus rares doivent coûter plus cher si l'on veut qu'elles soient bien utilisées. De ce point de vue, s'ingérer dans la rémunération des cadres

---

l'impact de la fiscalité, mais des études ultérieures ont débusqué un «paradoxe des dividendes». Dans le cadre de la théorie Modigliani-Miller, les entreprises pouvaient réduire le total des impôts sur les sociétés et sur les personnes en rachetant les actions au lieu de payer des dividendes. Ce qui donnait l'impression qu'elles payaient volontairement au fisc des centaines de milliards de plus qu'elles n'auraient dû. Voir Joseph E. Stiglitz, «Taxation, Corporate Financial Policy and the Cost of Capital», *Journal of Public Economics*, vol. 2, 1973, p. 1-34. Ce paradoxe des dividendes a engendré une énorme littérature. Je n'ai été convaincu par aucune des explications fondées sur les modèles de la rationalité.

supérieurs serait interférer avec l'efficacité du marché. Au cours du dernier quart de siècle, le doute a grandi sur la possibilité d'expliquer par cette théorie la montée en flèche de la rémunération des dirigeants, passée d'une quarantaine de fois celle des travailleurs moyens il y a trente ans à des centaines ou des milliers de fois[1]. Les hauts dirigeants n'étaient pas soudain devenus plus productifs, ni plus rares. Rien ne prouvait que les qualifications du numéro un dépassaient à ce point celles du numéro deux. La théorie néoclassique ne pouvait pas non plus expliquer pourquoi, dans un cadre mondialisé où des pays différents ont accès à des technologies semblables, ces inégalités de rémunération étaient tellement plus prononcées aux États-Unis qu'ailleurs. Le scepticisme qu'inspirait cette théorie s'est accru quand les bonus des dirigeants des sociétés financières sont restés élevés malgré les preuves de leurs fortes contributions négatives tant aux entreprises qu'ils servaient qu'à la société en général. J'ai suggéré plus haut une autre explication : en raison de problèmes de gouvernance d'entreprise, il n'y a aucun rapport étroit entre la rémunération et la contribution sociale «marginale». Si cette explication est vraie, elle a d'importantes conséquences pour les politiques qui visent à mieux répartir le revenu.

Dernier exemple : dans la théorie néoclassique, la discrimination n'existe pas[2]. L'argument théorique est simple : s'il y

---

1. L'an dernier, la rémunération moyenne des PDG du Standard and Poor's 500 a été de 10,5 millions de dollars, 344 fois celle des travailleurs américains ordinaires. Les rémunérations des managers des fonds d'investissement privés sont montées encore plus haut dans la stratosphère salariale. Les cinquante premiers managers de fonds spéculatifs et de fonds de gestion de fortune privée ont reçu l'an dernier en moyenne 588 millions de dollars chacun, plus de 19 000 fois ce qu'ont gagné les travailleurs américains ordinaires (Sarah Anderson *et al.*, «Executive Excess 2007 : How Average Taxpayers Subsidize Runaway Pay», 15e étude annuelle des rémunérations des PDG, Institute for Policy Studies et United for a Fair Economy, Washington, DC, et Boston, MA, 25 août 2008, en ligne à l'adresse <http://www.faireconomy.org/files/executive_excess_2008.pdf>).

2. Voir par exemple Gary Becker, *The Economics of Discrimination*, Chicago, University of Chicago Press, 1957. Becker a reçu le prix Nobel

avait discrimination et que certaines entreprises dans la société ne la pratiquaient pas, elles allaient embaucher les membres du groupe victime de la discrimination, puisque leurs salaires seraient inférieurs. Ce mécanisme ferait remonter leurs salaires jusqu'à effacer toute différence entre groupes ethniques.

Je suis de Gary, Indiana, une ville sidérurgique sur la rive sud du lac Michigan. J'ai grandi en voyant le chômage chronique s'étendre de plus en plus car l'économie ne cessait de décliner. Je savais que, lorsque les habitants de ma ville avaient des moments difficiles, ils ne pouvaient pas passer à la banque prendre de l'argent pour se refaire. J'ai vu la discrimination raciale. Quand j'ai commencé à étudier l'économie, aucune de ces conclusions de la théorie néoclassique n'avait de sens pour moi. C'est en partie ce qui m'a motivé à chercher une autre voie. Quand j'étais étudiant de second cycle, nous en discutions entre nous, avec mes condisciples : parmi les postulats de la théorie économique (néo)classique, lesquels étaient cruciaux – responsables des conclusions «absurdes» de cette théorie[1]?

Il était évident, par exemple, que les marchés étaient loin d'être parfaitement concurrentiels[2]. Sur un marché

---

en 1992. D'autres lauréats du prix Nobel ont publié des critiques fortes de sa théorie : Kenneth Arrow, Edmund Phelps et moi-même. Voir, par exemple, Joseph E. Stiglitz, «Approaches to the Economics of Discrimination», *American Economic Review*, vol. 63, n° 2, 1973, p. 287-295, et «Theories of Discrimination and Economic Policy», *in* George M. von Furstenberg, Bennett Harrison et Anne R. Horowitz (éd.), *Patterns of Racial Discrimination*, t. II, *Employment and Income*, Lexington, MA, Lexington Books, 1974, p. 5-26; Edmund S. Phelps, «The Statistical Theory of Racism and Sexism», *American Economic Review*, vol. 62, n° 4, 1972, p. 659-661; et Kenneth Arrow, «The Theory of Discrimination», *in* Orley Ashenfelter et Albert Rees (éd.), *Discrimination in Labor Markets*, Princeton, Princeton University Press, 1973.

1. Mes conversations avec George Akerlof, qui a partagé avec moi le prix Nobel en 2001, m'ont particulièrement influencé.

2. L'un des principaux développements de la théorie économique moderne est la théorie des jeux, qui analyse les interactions stratégiques, en particulier dans de petits groupes de «joueurs». La théorie des jeux

parfaitement concurrentiel, une entreprise qui baissait ses prix un tout petit peu pouvait s'emparer de l'ensemble du marché. Un petit pays ne connaissait jamais le chômage : il lui suffisait de réduire son taux de change pour vendre autant de ses produits qu'il voulait. Le postulat de la concurrence parfaite était crucial, mais il me semblait que son impact principal dans une grande économie comme celle des États-Unis portait sur la répartition du revenu. Ceux qui disposaient d'un pouvoir de monopole pouvaient s'assurer une part supérieure du revenu national – et réduire le revenu national lui-même du fait même de l'exercice de leur pouvoir de marché. Mais il n'y avait aucune raison de croire qu'une économie infestée de monopoles se caractériserait par le chômage, la discrimination raciale ou le rationnement du crédit.

Quand j'ai commencé mon travail de recherche en tant que jeune étudiant de second cycle, il me semblait qu'il y avait deux postulats cruciaux, celui qui concernait l'information et celui qui portait sur la nature même de l'homme. La science économique est une science sociale. Elle étudie les interactions d'individus pour produire des biens et services. Pour comprendre leurs interactions, il faut avoir une idée plus large de leur façon de se comporter. Sont-ils « rationnels » ? La croyance dans la rationalité est bien ancrée dans la science économique. L'introspection – et, plus encore, un regard sur mes semblables – m'a convaincu que c'était une absurdité. J'ai vite compris que l'attachement de mes collègues au postulat de

---

a été particulièrement utile pour analyser les marchés non concurrentiels. Mais elle a été utile aussi pour expliquer la persistance de la discrimination. Même ceux qui n'ont aucun préjugé raciste peuvent être punis par d'autres s'ils s'écartent de la norme discriminatoire, et ceux qui ne les puniraient pas peuvent eux-mêmes être punis. On peut se servir de ces modèles pour expliquer la persistance des politiques ségrégationnistes dans le sud des États-Unis et d'autres formes de discrimination. Voir Dilip Abreu, « On the Theory of Infinitely Repeated Games with Discounting », *Econometrica*, vol. 56, n° 2, mars 1988, p. 383-396, et George A. Akerlof, « Discriminatory, Status-based Wages among Tradition-oriented, Stochastically Trading Coconut Producers », *Journal of Political Economy*, vol. 93, n° 2, avril 1985, p. 265-276.

la rationalité était irrationnel, et qu'ébranler leur foi ne serait pas simple. J'ai donc choisi l'angle d'attaque le plus facile : j'ai accepté le postulat de la rationalité, mais j'ai montré que même d'infimes changements dans les hypothèses sur l'information modifiaient entièrement tous les résultats. À partir de là, on pouvait aisément déduire des théories qui semblaient beaucoup plus conformes à la réalité, dont de nouvelles théories du chômage, du rationnement du crédit et de la discrimination, et il était facile de comprendre pourquoi la structure financière des entreprises (leur choix de se financer en empruntant ou en émettant des actions) avait une énorme importance.

Homo oeconomicus

La plupart d'entre nous n'aimeraient pas qu'on les assimile à l'image de l'homme qui sous-tend les modèles économiques dominants, cet individu calculateur, rationnel, égoïste et intéressé. Aucune place n'est faite à la sensibilité humaine, au civisme, à l'altruisme. L'un des traits intéressants de la théorie économique, c'est que ce modèle décrit mieux les économistes que les autres, et plus les étudiants étudient l'économie, plus ils deviennent comme le modèle[1].

Ce que les économistes entendent par *rationalité* ne correspond pas exactement à la signification courante du mot. Ils lui donnent plutôt le sens de *cohérence*. Si quelqu'un préfère la glace au chocolat à la glace à la vanille, chaque fois qu'on lui proposera ces deux options au même prix, il prendra la même décision. La rationalité implique aussi la cohérence dans des choix plus compliqués : si quelqu'un préfère le chocolat à la vanille et la vanille à la fraise, quand on lui donnera le choix entre le chocolat et la fraise, il choisira toujours le chocolat.

---

1. Voir par exemple Robert H. Frank, Thomas Gilovich et Dennis T. Regan, «Does Studying Economics Inhibit Cooperation?», *Journal of Economic Perspectives*, vol. 7, n° 2, printemps 1993, p. 159-171. Notons avec intérêt que dans son autre grand livre, *Théorie des sentiments moraux* (1759), Adam Smith a analysé toutes ces qualités humaines.

Cette « rationalité » a d'autres facettes. L'une d'entre elles est le principe fondamental que j'ai mentionné au chapitre 5 : le passé est le passé ; il faut toujours être tourné vers l'avenir. Un exemple courant montre que la plupart des gens ne sont pas rationnels dans ce sens. Supposons que vous aimiez beaucoup assister aux matchs de football mais que vous détestiez plus encore vous faire mouiller par la pluie. Si quelqu'un vous donne un billet gratuit pour aller voir un match de foot sous la pluie, vous allez décliner son offre. Supposons maintenant que vous ayez payé ce billet cent dollars. Comme la plupart des gens, vous aurez du mal à tirer un trait sur les cent dollars. Vous irez au match, même si subir la pluie vous contrarie vraiment. L'économiste dirait que vous êtes irrationnel.

Malheureusement, les économistes ont étendu leur modèle de la rationalité au-delà du champ d'application qui lui convient. Chacun découvre ce qu'il aime – ce qui lui fait plaisir – en faisant des expériences répétées. Pour les glaces, il essaie plusieurs parfums. Il goûte divers types de laitues. Mais les économistes ont essayé d'utiliser ce modèle-là pour expliquer des décisions à très long terme, comme l'épargne pour sa retraite. Ce devrait être évident : il n'y a aucun moyen de savoir si l'on aurait dû épargner plus ou moins avant qu'il ne soit trop tard, et à ce moment-là plus moyen d'apprendre de son expérience ! À la fin de sa vie, on se dira peut-être : Ah, si j'avais épargné plus ! Ces dernières années ont été vraiment pénibles, et j'aimerais bien m'être passé une fois de vacances à la plage pour pouvoir dépenser un peu plus aujourd'hui. Ou peut-être : Ah, si j'avais épargné moins ! J'aurais tellement mieux profité de cet argent quand j'étais jeune ! Dans les deux cas, impossible de faire demi-tour pour revivre sa vie. Sauf s'il y a du vrai dans la réincarnation, ce qu'on a appris n'a aucune valeur. Même pas pour ses enfants et petits-enfants : le contexte économique et social des années qui viennent sera trop différent de celui d'aujourd'hui. Par conséquent, on ne voit pas bien ce que veulent vraiment dire les économistes quand ils essaient d'étendre le modèle de rationalité utile pour choisir le parfum d'une glace aux décisions réellement importantes de la vie, comme le montant à épargner pour sa retraite et la façon de l'investir.

De plus, pour un économiste, «rationalité» ne signifie pas forcément comportement plus ou moins conforme à ce qui rend heureux. Les Américains disent qu'ils travaillent dur pour leurs familles – mais certains travaillent si dur qu'ils n'ont pas une minute à passer avec leur famille. Les psychologues ont étudié le bonheur, et beaucoup de choix individuels et de changements structurels de notre économie risquent fort de ne pas le renforcer[1]. Les relations avec d'autres sont importantes pour bien se sentir, mais de nombreuses transformations de notre société les ont minées – comme l'a si bien montré le célèbre ouvrage de Robert Putnam, *Bowling Alone*[2].

Traditionnellement, les économistes n'ont pas grand-chose à dire sur les liens entre ce que fait chacun et ce qui lui apporte du bonheur ou un sentiment de bien-être, donc ils se concentrent sur un problème bien plus restreint, la cohérence[3]. La recherche du dernier quart de siècle a montré que les êtres

---

1. Voir le *Rapport de la Commission internationale sur la mesure de la performance économique et du progrès social*, en ligne à l'adresse <http://www.stiglitz-sen-fitoussi.fr>, ainsi que l'«Introduction générale» de Jean-Paul Fitoussi, Amartya Sen et Joseph E. Stiglitz. Cette commission a été nommée par le président de la République française Nicolas Sarkozy, j'en ai été le président et Amartya Sen le conseiller.

2. Depuis la publication de *Bowling Alone : The Collapse and Revival of American Community*, New York, Simon and Schuster, 2000, Robert Putnam a pris une initiative : créer le «Séminaire de Saguaro : Engagement civique en Amérique», afin d'élaborer des idées pour accroître les contacts des Américains entre eux et leurs liens avec les institutions locales. Les trente participants sont issus de l'université, des beaux-arts, du clergé, des milieux d'affaires, et comptent de hauts responsables des deux grands partis politiques. Le livre issu de leurs travaux, *Better Together*, et le site Internet <http://www.bettertogether.org> proposent des stratégies pour ressusciter l'engagement civique aux États-Unis. Voir Lewis M. Feldstein, Don Cohen et Robert Putnam, *Better Together : Restoring the American Community*, New York, Simon and Schuster, 2003.

3. Il y a néanmoins une littérature importante et en expansion sur le sujet. Voir par exemple Richard Layard, *Le Prix du bonheur : leçons d'une science nouvelle*, trad. fr. de Christophe Jaquet, Paris, Armand Colin, 2007,

humains agissent bien de façon cohérente – mais en suivant des modes de comportement nettement différents de ceux que prédit le modèle standard de la rationalité. En ce sens, ils font preuve d'une irrationnalité prévisible[1]. Les théories ortho-doxes, par exemple, soutiennent que les individus « rationnels » ne s'intéressent qu'aux *salaires réels* et aux *revenus réels*, ceux qui tiennent compte de l'inflation. Si les salaires baissent de 5 % mais que les prix baissent aussi de 5 %, cela ne leur fait rien du tout. Néanmoins, des preuves écrasantes indiquent que les travailleurs n'aiment pas que leur salaire diminue. Ils seront beaucoup plus hostiles à l'employeur qui réduit les salaires au même rythme qu'une baisse des prix qu'à celui qui les aug-mente de 1 % pendant que les prix montent de 5 % – même si la baisse du salaire réel est inférieure chez le premier.

Beaucoup de propriétaires qui essaient de vendre leur mai-son font preuve d'une irrationnalité semblable. Ils ne la ven-dront pas tant qu'ils n'auront pas récupéré la somme qu'ils y ont mise. Supposons qu'ils l'aient achetée 100 000 dollars et que son prix de marché actuel soit de 90 000 dollars, et suppo-sons par ailleurs que l'inflation augmente *tous* les prix de 5 % par an. De nombreux propriétaires vont attendre deux ans, en s'infligeant de grosses difficultés dans l'intervalle, afin que le prix de la maison repasse à 100 000 dollars – même si, *en ter-mes réels*, ils n'ont rien gagné à différer la vente.

Dans les chapitres précédents, j'ai noté des exemples de comportements quasi schizophréniques sur les marchés finan-ciers. Les dirigeants des banques ont expliqué qu'ils n'ont pas annulé leurs positions en CDS parce qu'il n'y avait aucun risque que la contrepartie fasse faillite – alors que les CDS étaient des paris sur la faillite de diverses contreparties. Les emprunteurs, les prêteurs et les « arrangeurs » qui effectuaient la titrisation

---

et le *Rapport de la Commission internationale sur la mesure de la perfor-mance économique et du progrès social, op. cit.*

1. Voir Dan Ariely, *C'est (vraiment ?) moi qui décide*, trad. fr. de Christophe Rosson, Paris, Flammarion, 2008 (le titre original de ce livre est *Predictably Irrational*).

croyaient tous que les prix de l'immobilier augmenteraient éternellement, alors que les salaires réels baissaient et que les estimations des futurs taux de défaut de paiement reposaient sur des données historiques indiquant de faibles taux, *comme si le récent assouplissement des normes d'admissibilité des emprunteurs ne faisait aucune différence*[1].

Les modèles dominants des sciences économiques étaient fondés sur l'hypothèse extravagante d'individus non seulement rationnels mais hyper-rationnels – capables d'utiliser des statistiques raffinées, intégrant l'ensemble des données passées, pour faire sur l'avenir les meilleures prédictions possible. Paradoxalement, les économistes qui croyaient les autres en mesure de faire ce type de prédictions n'ont pas fait eux-mêmes du très bon travail. Ils n'ont pas vu la bulle pendant qu'elle se formait et, même après son éclatement, ils n'ont pas prévu ce qui attendait l'économie. Ils ont ignoré irrationnellement des données cruciales et fait preuve d'un attachement irrationnel à des idées comme «les marchés sont rationnels», «les bulles, ça n'existe pas» ou «les marchés sont efficaces et se corrigent d'eux-mêmes».

Les bulles elles-mêmes sont très instructives sur la théorie économique et sur les comportements. Le modèle standard postule non seulement l'existence de marchés à terme (des marchés où l'on peut acheter et vendre aujourd'hui du maïs, par exemple, à livrer demain), mais leur existence pour tous les produits : on peut les acheter et les vendre pour le lendemain, et aussi pour le surlendemain, le jour suivant, et ainsi de suite jusqu'à la fin des temps. Le modèle standard suppose également qu'on peut acheter une assurance contre tout risque concevable. Ces postulats irréalistes ont d'énormes conséquences. S'il existait des marchés pour tous les biens et tous les risques qui s'étendaient infiniment loin dans l'avenir et

---

1. Voir par exemple R. Shiller, *Exubérance irrationnelle, op. cit.*, et Robert J. Shiller, *The Subprime Solution : How Today's Global Financial Crisis Happened, and What to Do about It*, Princeton, Princeton University Press, 2008.

couvraient tous les dangers imaginables, les bulles ne pourraient probablement pas se produire. Tous ceux qui possèdent une maison se seraient assurés contre le risque d'un effondrement des prix. Très probablement, la forte prime qu'ils auraient dû payer pour cette assurance – si l'on suppose qu'eux-mêmes et les marchés sont rationnels – leur aurait fait comprendre que le marché *ne croit pas* à la hausse éternelle des prix, quoi qu'ait pu dire l'agent immobilier[1].

Une bulle, en général, est plus qu'un phénomène économique. C'est un phénomène social. Les économistes supposent que les préférences (ce que chacun aime ou n'aime pas) sont innées. Mais nous savons bien que ce n'est pas vrai. Il n'existe aucune différence génétique entre les Français et les Américains qui expliquerait pourquoi ils aiment une cuisine différente. Aucune différence génétique qui pousserait les Européens à préférer consacrer plus de temps à leurs loisirs tandis que les Américains en passent davantage au travail. Aucune différence génétique entre les gens des années 1960 qui aimaient le hula hoop et ceux d'aujourd'hui qui n'aiment pas ça.

---

1. Si l'on sait qu'une bulle va éclater dans vingt ans, elle ne se formera jamais ; personne ne voudra détenir l'actif à l'instant qui précède l'effondrement. Mais cela veut dire que l'effondrement se produira à cet instant-là. Et si on le sait, en vertu du même raisonnement, la bulle éclatera en fait au moment qui précédera cet instant-là. Il est facile de voir que de proche en proche la bulle disparaît. Notons bien que, contrairement à une croyance très répandue, les anticipations ne suffisent pas à exclure la possibilité des bulles. Les bulles peuvent exister avec des anticipations rationnelles tant que des gens différents ont des informations différentes (ce qui est manifestement le cas). Quand les fanatiques du marché qui dirigeaient la Federal Reserve ont supposé qu'avec tous les fins connaisseurs qu'il y avait sur les marchés il ne pouvait pas y avoir de bulle, ils s'aventuraient bien au-delà de ce que la théorie économique avait établi. Voir par exemple Markus K. Brunnermeier, « Bubbles », *in* Steven N. Durlauf et Lawrence E. Blume (éd.), *The New Palgrave Dictionary of Economics*, 2ᵉ éd., New York, Palgrave Macmillan, 2008 ; Dilip Abreu et Markus K. Brunnermeier, « Bubbles and Crashes », *Econometrica*, vol. 71, n° 1, janvier 2003, p. 173-204 ; et Roger Guesnerie, *Assessing Rational Expectations : Sunspot Multiplicity and Economic Fluctuations*, t. I, Cambridge, MA, MIT Press, 2001.

Nos croyances sur le monde sont tout aussi influencées par les convictions de ceux qui nous entourent. Les opinions des syndicalistes et celles des grands patrons de Wall Street diffèrent nettement sur de nombreux sujets. Certaines leur sont inspirées par leurs intérêts divergents : en général, nous avons tous des idées qui orientent vers des politiques favorables à notre bien-être. Mais les mentalités sont différentes pour une autre raison aussi : parce que nous vivons dans des milieux différents et qu'en leur sein s'établissent des idées communes. La grande majorité des Américains s'est indignée de voir Wall Street prendre l'argent du contribuable et payer des super-bonus en dépit de pertes record. Mais le scandale qui indignait la plupart des gens à Wall Street, c'était que le président Obama ait osé critiquer ces primes – ça sentait le populisme, il excitait les masses contre Wall Street.

Les biologistes étudient le comportement grégaire – la façon dont les animaux se déplacent en groupe dans un sens ou un autre, parfois au mépris, semble-t-il, de leur intérêt individuel. Les lemmings vont sauter l'un après l'autre d'une falaise. Les humains ont quelquefois des comportements qui paraissent tout aussi stupides[1]. Dans son livre *Effondrement*, Jared Diamond montre que les habitants de l'île de Pâques, en se suivant les uns les autres, se sont mis à couper les arbres – ce qui a fini par détruire leur civilisation[2].

Les bulles ont des caractéristiques semblables. Certains sont assez fous pour croire que les prix immobiliers vont monter pour l'éternité. Il y a aussi des sceptiques – mais ils se pensent plus intelligents que les autres, et sont sûrs qu'ils pourront sortir de la bulle avant qu'elle ne s'effondre. C'est humain ; comme

---

1. Bien qu'il puisse aussi exister des modèles de comportement grégaire «rationnel», où chacun fait des déductions à partir du comportement des autres. Voir par exemple Andrea Devenow et Ivo Welch, «Rational Herding in Financial Economics», *European Economic Review*, vol. 40, n° 3-5, 1996, p. 603-616.

2. Jared Diamond, *Effondrement. Comment les sociétés décident de leur disparition ou de leur survie*, trad. fr. d'Agnès Botz et Jean-Luc Fidel, Paris, Gallimard, 2006, rééd. «Folio», 2009.

la plupart de mes étudiants, ils se croient tous dans la moitié supérieure de la classe. Les discussions qu'ils ont entre eux confirment ce qu'ils pensaient déjà – par exemple que la bulle ne va pas cesser de sitôt. Les autorités sont influencées aussi, et elles dynamisent tout le processus : il n'y a pas de bulle, juste un peu d'écume ; d'ailleurs, on ne peut repérer une bulle avant qu'elle n'éclate. Face à ces assertions répétées, les contradicteurs ont du mal à se faire entendre.

Quand la bulle éclate, tout le monde s'écrie : «Qui aurait pu le prédire?» J'étais à une réunion à Davos en janvier 2008 ; la bulle venait d'éclater, en août de l'année précédente, et les optimistes croyaient encore qu'il n'y aurait guère de conséquences. Lorsque, avec deux autres collègues, j'ai expliqué comment la bulle s'était développée et ce que signifiait son éclatement, un chœur de dirigeants de banque centrale au premier rang m'a interrompu : «Personne ne l'avait prédit», ont-ils clamé. Affirmation aussitôt démentie par la même petite bande qui parlait de la bulle depuis plusieurs années. En un sens, ces dirigeants de banque centrale avaient raison : aucune voix *crédible dans leur milieu* n'avait contesté l'opinion dominante. Mais c'était une tautologie : aucune voix contestant l'opinion dominante n'aurait été jugée crédible. Partager les mêmes idées était l'une des conditions de l'acceptabilité sociale et intellectuelle.

Les conséquences

Le caractère à la fois irrationnel et systématique du comportement individuel a plusieurs conséquences. Des entreprises habiles peuvent trouver des occasions lucratives d'exploiter les irrationalités. Le secteur financier a compris que la plupart des gens ne lisent pas ou ne peuvent pas comprendre les petits caractères de leur contrat de carte de crédit. Une fois qu'ils auront la carte, ils s'en serviront, et son utilisation produira d'énormes commissions. Malgré ces commissions gigantesques, la plupart des emprunteurs ne chercheront pas une meilleure carte – en partie parce qu'ils pensent qu'avec une autre carte l'extorsion sera comparable et peut-être pire. En ce sens, ils sont peut-être rationnels. Les professionnels de l'immobilier savaient que la plupart des gens ne comprendraient pas tout l'attirail des commissions et des coûts de transaction, qu'ils « feraient confiance » aux agents immobiliers, et plus encore aux courtiers en prêts hypothécaires. Ils savaient aussi que la tromperie ne serait découverte que longtemps après le déblocage des prêts. Même si elle était découverte, il n'y aurait guère de conséquences. Et de toute manière l'argent était bon à prendre tant que tout allait bien.

Les irrationalités systématiques peuvent aussi créer des fluctuations macroéconomiques. L'exubérance irrationnelle conduit aux bulles et aux booms, le pessimisme irrationnel aux récessions. Dans la période d'exubérance irrationnelle, les particuliers sous-estiment les risques. Ils l'ont fait dans le passé et, quand le souvenir de cette crise s'estompera, il est pratiquement certain qu'ils le feront de nouveau. Lorsque les prix des actifs commencent à monter, les gens empruntent sur nantissement tant que les banques le leur permettent, ce qui peut alimenter une bulle du crédit. Puisque les problèmes sont prévisibles, l'État – au moyen de ses politiques monétaire, budgétaire et réglementaire – peut prendre des mesures pour aider à stabiliser l'économie[1].

L'État a un rôle important à jouer : il ne doit pas seulement empêcher l'exploitation des irrationalités des gens mais aussi les aider à prendre de meilleures décisions. Voyons le problème, évoqué plus haut, du montant à épargner pour sa retraite. L'une des découvertes de l'« économie comportementale » moderne, la branche de l'économie qui a exploré ces irra-

---

1. L'argumentation en faveur de l'intervention de l'État a été renforcée par des recherches qui ont révélé que l'être humain sous-estime systématiquement certaines probabilités à faible risque. La plupart des gens ont du mal à porter des jugements sur les événements incertains, notamment si ces derniers ont peu de chances de se produire. Ils vont acheter des assurances – manifestant ainsi une très forte aversion pour le risque – et en même temps faire des paris – en croyant, apparemment, avoir une chance de gagner.

tionalités systématiques, est que la façon dont on pose et dont on structure les questions peut influencer les choix des personnes interrogées. Par exemple, si un employeur donne à un salarié le choix entre trois taux de cotisation différents pour sa retraite, 5 %, 10 % et 15 %, la formulation compte énormément. Si l'employeur écrit, par exemple : « Nous déduirons 10 % pour votre retraite en l'absence d'autre instruction de votre part. Veuillez cocher si vous souhaitez 5 % ou 15 % », les salariés suivront la suggestion de l'entreprise. C'est ce qu'on appelle l'option par défaut, et, si l'on réfléchit bien à la solution la plus sensée pour les gens dans telles ou telles circonstances et que l'on fixe les options par défaut en conséquence, on peut les conduire, en moyenne, à prendre de meilleures décisions[1].

Évidemment, il est important que ceux qui se font ainsi leurs bergers ne soient pas en train d'affûter leur couteau : un employeur qui gère son propre fonds de pension peut avoir une incitation à grossir ses commissions en poussant les salariés à cotiser davantage. Puisque les entreprises ont appris comment les individus font leurs choix, on ne peut s'étonner qu'elles aient essayé de tirer profit de ces informations.

Si le gouvernement américain n'a pas commencé à utiliser la connaissance de la psychologie humaine pour prévenir les abus, il a fait un effort concerté, au printemps 2008, pour s'en servir afin d'aider le pays à sortir de la récession. Keynes avait soutenu que les investisseurs agissaient sous l'impact d'esprits animaux, « d'un besoin spontané d'agir plutôt que de ne rien faire – et non en conséquence d'une moyenne pondérée de bénéfices quantitatifs multipliés par des probabilités quantita-

---

1. Préciser ce que l'on entend par « meilleur » dans ces contextes pose des problèmes philosophiques complexes. Au strict minimum, on veut faire en sorte que les gens suivent des politiques d'épargne et d'investissement qui ont de fortes probabilités de leur éviter une baisse prononcée de leur niveau de vie ou de leur niveau de consommation quand ils seront âgés. Voir Richard H. Thaler et Cass R. Sunstein, *Nudge : Improving Decisions about Health, Wealth, and Happiness*, New Haven, Yale University Press, 2008.

tives[1]». S'il en était ainsi, et si l'on pouvait changer l'humeur de la période, peut-être parviendrait-on à faire passer l'économie d'un état mental dépressif à un sentiment d'espoir – voire à la joie exaltante de laisser le pire derrière nous. Peut-être pour ces motifs[2], deux mois après l'investiture de Barack Obama, son administration a lancé sa campagne des «pousses vertes» : elle a dit et répété qu'elle voyait des signes de reprise. Et il y avait des raisons réelles d'espérer : dans de nombreux domaines, l'impression de chute libre avait cessé; le rythme du déclin avait ralenti – comme disaient les esprits les plus mathématiques, la dérivée seconde était devenue positive.

Cela faisait longtemps que les économistes soulignaient l'impact important des anticipations sur les actes : les croyances pouvaient influencer la réalité. En fait, dans de nombreux domaines, ils avaient construit des modèles où il y avait de multiples équilibres, dont chacun était lié à des anticipations qui s'autoréalisaient. Si les acteurs du marché s'attendaient à de nombreuses faillites, ils allaient exiger des taux d'intérêt élevés pour compenser les pertes, et avec ces taux d'intérêt élevés il y aurait effectivement de nombreuses faillites. Mais s'ils s'attendaient à peu de faillites, ils demanderaient de faibles taux d'intérêt, et avec ces faibles taux d'intérêt il y aurait effectivement peu de faillites[3].

Ici, l'administration Obama et la Federal Reserve espéraient que l'optimisme allait devenir contagieux. Si les gens croyaient que la situation s'améliorait, ils allaient se remettre à consommer et à investir – et, s'ils étaient assez nombreux à le croire, la situation allait effectivement s'améliorer. Mais les anticipa

---

1. J.M. Keynes, *Théorie générale de l'emploi, de l'intérêt et de la monnaie, op. cit.*, p. 173.

2. L'administration Obama a peut-être été motivée aussi par un livre influent, publié à la même époque par George A. Akerlof et Robert J. Shiller, *Animal Spirits : How Human Psychology Drives the Economy, and Why It Matters for Global Capitalism*, Princeton, Princeton University Press, 2009.

3. Voir par exemple B. Greenwald et J.E. Stiglitz, *Économie monétaire : un nouveau paradigme, op. cit.*

tions doivent avoir un fondement dans la réalité. La situation allait-elle s'améliorer suffisamment pour répondre aux espoirs des gens et confirmer leurs croyances? Sinon, ils allaient être déçus. Et cette déception s'accompagnerait peut-être de nouvelles contractions des dépenses et d'un retour en force de la conviction initiale : on se dirait que le pays était bel et bien englué dans une longue récession. En l'occurrence, il y avait de bonnes raisons de s'inquiéter. Même si les banques étaient remises en selle, même si les Américains se sentaient *plus* optimistes sur l'avenir, la réalité était que la bulle – et l'optimisme irrationnel qui alimentait la consommation avant 2008 – avait disparu[1]. Lorsqu'elle avait éclaté, beaucoup de ménages et de banques avaient subi de lourdes pertes. Même avec la fin de la chute libre, même avec le retour à une croissance (légèrement) positive, le chômage allait rester élevé, et voire augmenter, pendant très longtemps. Les économistes pouvaient toujours jouer sur les mots – soutenir que, la croissance étant à nouveau positive, la récession était finie. Mais pour la plupart des Américains, je l'ai dit, la récession n'est terminée que lorsque le plein-emploi est rétabli et que les salaires se remettent à augmenter; un optimisme uniquement fondé sur l'arrêt de la chute libre et une fin *technique* de la récession ne serait pas durable – même si l'on ne cessait de dire et de répéter aux Américains que tout allait mieux. La discordance entre leurs espoirs et la réalité risquerait alors de les déprimer encore plus. L'excitation des esprits animaux par le discours ne mènera pas plus loin. Elle peut provoquer une hausse temporaire des cours boursiers. Elle peut même faire augmenter momentanément les dépenses. Mais ce n'est pas par le verbe qu'on peut sortir d'une récession aussi profonde que la Grande Récession de 2008.

---

1. George Soros, dans sa théorie de la réflexivité, souligne que le comportement et les anticipations dépendent des anticipations et des croyances des autres. Mais cette interdépendance ne signifie pas que l'on puisse passer d'un équilibre à un autre en annonçant qu'il y a des «pousses vertes». Voir G. Soros, *La Vérité sur la crise financière, op. cit.*

Les batailles macroéconomiques

La cathédrale de l'économie orthodoxe a de nombreuses chapelles, consacrées à des problèmes spécialisés. Chacune a ses prêtres et même son catéchisme. La guerre des idées que j'ai évoquée est faite de milliers de batailles et d'escarmouches au sein de chacune de ces sous-disciplines. Dans cette section et les trois suivantes, j'en décris quatre, liées à quatre thèmes de la débâcle en cours : la macroéconomie, la politique monétaire, la finance et l'économie de l'innovation.

La macroéconomie étudie les mouvements de la production et de l'emploi et cherche à comprendre pourquoi les économies sont marquées par des fluctuations, avec des épisodes intermittents de chômage élevé et de sous-utilisation des capacités de production. Les batailles d'idées économiques sont en général influencées par une curieuse interaction entre l'évolution de la pensée au sein de la discipline et les événements. Au lendemain de la Grande Dépression, nous l'avons vu, il y avait consensus pour considérer que les marchés ne se corrigeaient pas tout seuls – ou du moins ne le faisaient pas dans des délais pertinents. (Même si les marchés pouvaient en fin de compte – dans dix ou vingt ans – revenir spontanément au plein-emploi, cela n'aurait pas d'importance.) Pour la plupart des économistes, le fait même que le chômage avait pu monter en flèche jusqu'à près de 25 % (en 1933) prouvait assez que les marchés n'étaient pas efficaces. Si, depuis un quart de siècle, les macroéconomistes ont privilégié des modèles où les marchés sont stables et efficaces, espérons que cette crise les conduira à repenser leurs hypothèses de base.

J'ai dit plus haut que les économistes ont abandonné le keynésianisme quand l'attention a cessé de se concentrer sur le chômage pour se tourner vers l'inflation et la croissance. Mais ce tournant a eu aussi un autre fondement, plus conceptuel. La microéconomie, qui étudie le comportement des entreprises, et la macroéconomie, qui s'intéresse à celui de l'ensemble de l'économie, étaient devenues, après Keynes, deux sous-disciplines séparées. Elles utilisaient des modèles différents et parvenaient à des conclusions différentes. Les « micromodèles » disaient que le chômage ne pouvait exister – mais celui-ci était au cœur de la macroéconomie keynésienne. La microéconomie soulignait l'efficacité des marchés ; la macroéconomie, le gaspillage massif des ressources dans les récessions et les dépressions. Au milieu des années 1960, les microéconomistes et les macroéconomistes ont compris que cette dichotomie interne aux sciences économiques était une situation insatisfaisante[1]. Les uns et les autres ont voulu apporter une vision unifiée.

Une école de pensée – influente dans la conception des politiques de déréglementation qui ont contribué à la crise actuelle – soutenait que l'approche de la microéconomie, fondée sur l'équilibre concurrentiel, donnait les bases correctes de la macroéconomie. Ce courant, qui s'appuyait sur le modèle néoclassique (*neoclassical*), a parfois été baptisé l'école des « nouveaux classiques » (New Classical), ou l'« école de Chicago », car certains de ses grands prêtres enseignaient à l'université de Chicago[2]. Puisqu'ils croyaient les marchés tou-

---

1. Paul Samuelson a été l'un des plus grands économistes du XXe siècle. Il a joué un rôle crucial dans l'introduction des idées keynésiennes aux États-Unis, en particulier grâce à son manuel *Economics : An Introductory Analysis* [*L'Économie*, trad. fr. de Françoise Larbre et Alain Thomazo, Paris, Economica, 2000], qui, à partir de 1948, date de sa première publication, a été la bible des étudiants en économie pendant un quart de siècle. Il a tenté de concilier les théories microéconomique et macroéconomique au moyen de ce qu'il appelait la synthèse néoclassique : il y avait deux régimes, un régime du chômage et un régime du plein-emploi. Quand l'État avait ramené l'économie au plein-emploi, les résultats de la théorie « orthodoxe » sur les marchés efficaces redevenaient applicables. La synthèse néoclassique de Samuelson était une assertion que les croyants ont admise comme un article de foi pendant des années, mais elle ne reposait sur aucun fondement théorique. Voir l'analyse qui suit pour une critique de ce point de vue.

2. Beaucoup d'économistes de l'université de Chicago ne souscrivent pas à un ou plusieurs principes de l'« école de Chicago ». Comme dans toute école de pensée en économie, il y a de nombreuses variantes. L'une des plus influentes s'appelle la théorie du « cycle des affaires réel », parce qu'elle a cherché à expliquer les hauts et les bas de l'économie non en termes de politique monétaire mais comme le résultat de chocs « réels »

jours efficaces, ses tenants conseillaient de ne pas s'inquiéter des fluctuations économiques, telle la récession d'aujourd'hui : il s'agissait simplement de l'ajustement efficace de l'économie à des choc externes (par exemple des changements technologiques). Cette approche avait une prescription forte pour l'action publique : réduire au minimum le rôle de l'État.

Tout en fondant leurs analyses sur les modèles néoclassiques (walrassiens), les «nouveaux classiques» y ont introduit une simplification supplémentaire : tous les individus étaient identiques. C'est ce qu'on a appelé les modèles «à agent représentatif». Mais, si tous les individus sont identiques, il ne peut y avoir ni emprunt ni prêt – sinon ils feraient simplement passer l'argent de leur poche gauche à leur poche droite. Il ne peut y avoir aucune faillite. Je viens de soutenir que les problèmes d'information imparfaite sont au cœur des analyses de la science économique moderne, mais dans les modèles des «nouveaux classiques» il ne peut y avoir aucune asymétrie d'information, où l'un sait quelque chose que l'autre ne sait pas. Toute asymétrie d'information relèverait d'une schizophrénie aiguë, parfaitement incompatible avec leurs autres postulats de rationalité totale. Leurs modèles n'ont rien à dire sur les enjeux cruciaux de la crise actuelle : qu'est-ce que cela peut faire si on donne aux banquiers un ou deux milliers de milliards de dollars en plus? Dans le modèle, les banquiers et les travailleurs sont les mêmes personnes. Les débats politiques essentiels ont été tout simplement évacués. Par exemple, le modèle à agent représentatif exclut toute réflexion sur la répartition. En un sens, certains jugements de valeur (dont celui qui nie que la répartition des revenus ait une quelconque importance) sont intégrés au cadre même de l'analyse.

Nombre des conclusions (manifestement absurdes) auxquelles parvient cette école sont dues à ces simplifications extrêmes, et à d'autres du même genre, dans ses modèles. J'ai signalé un de ces résultats au chapitre 3 : les dépenses

---

subis par l'économie, tels ceux qui sont liés au développement de technologies nouvelles.

qu'effectue l'État en se mettant en déficit ne stimulent pas l'économie. Cette conclusion dérive d'hypothèses encore plus irréalistes que celle des marchés parfaits[1]. (*a*) On suppose que l'«agent représentatif» sait que, pour financer les dépenses publiques, l'État prélèvera plus tard des impôts. Il va donc immédiatement mettre de l'argent de côté pour les payer. Par conséquent, la baisse des dépenses des consommateurs va compenser intégralement la hausse des dépenses de l'État. (*b*) De plus, on suppose que les dépenses publiques n'ont aucune retombée positive directe. Par exemple, la construction d'une route crée des revenus dans l'immédiat, mais elle peut aussi inciter une entreprise à s'agrandir puisque le coût du transport de ses produits jusqu'au marché a baissé[2]. Autre exemple : ces économistes soutiennent qu'indemniser le chômage n'est pas nécessaire, puisque les travailleurs ne sont jamais au chômage (ils jouissent d'un temps de loisir) ; de toute manière, ils peuvent toujours emprunter s'ils le souhaitent pour maintenir leur niveau de consommation. Plus

---

1. L'hypothèse des marchés parfaits n'en joue pas moins un rôle important dans beaucoup de ces conclusions. Elle implique qu'il n'y a aucun rationnement du crédit et aucun chômage. L'hypothèse de l'agent représentatif (dont la vie est infiniment longue) interdit d'analyser les conséquences d'une redistribution du revenu des jeunes vers les personnes âgées ou des riches vers les pauvres. Elle signifie aussi que les gens qui jouissent aujourd'hui des bénéfices des dépenses de l'État sont les mêmes qui auront à payer les impôts demain.

2. Les adversaires des dépenses de l'État pour stimuler l'économie soulignent leurs effets sur l'offre : à cause des impôts, on va moins épargner et moins travailler. Mais, à court terme, moins d'épargne signifie plus de consommation, ce qui est en réalité positif ; et, puisqu'il y a des travailleurs qui ne trouvent pas d'emploi, la baisse de l'offre de main-d'œuvre n'a aucune conséquence négative. L'argument selon lequel les impôts *futurs* découragent le travail, donc aggravent la situation de la société, est un nouvel exemple des incohérences intellectuelles qui caractérisent le travail de l'école de Chicago : si tout le monde était identique, l'État prélèverait à chacun le même montant global (ces impôts ne dépendraient ni du revenu ni d'aucune autre action des travailleurs). De tels impôts ne créeraient aucune distorsion, et le travail serait en fait encouragé.

grave : les allocations de chômage sont nuisibles, parce que le problème n'est pas une pénurie d'emplois – il y a toujours des emplois pour ceux qui en veulent –, c'est un manque d'effort pour les chercher, et l'assurance-chômage ne fait qu'exacerber cet « aléa moral ».

L'autre école de pensée, animée par les néokeynésiens (qui ont beaucoup de sous-écoles), a suivi une autre voie pour tenter de réconcilier la macroéconomie et la microéconomie. De son point de vue, l'origine du problème était le simplisme des modèles microéconomiques et les milliers d'hypothèses irréalistes que j'ai évoquées dans ce chapitre[1]. Les recherches menées depuis trois décennies ont montré que le modèle néoclassique – sur lequel reposaient les analyses de l'école de Chicago – n'était pas solide.

Selon cette école, la Grande Dépression – et la Grande Récession en cours – démontraient une inefficacité si gigantesque qu'il était impossible de ne pas la voir ou de l'ignorer. Néanmoins, il y avait aussi de nombreux échecs du marché à d'autres moments : ils étaient plus difficiles à détecter mais non moins réels. Les récessions étaient comme la pointe émergée d'un iceberg – elles révélaient l'existence de problèmes bien plus profonds. Quantité de données prouvaient que c'était bien le cas. Puisque le véritable point faible de la science économique moderne n'était pas la macroéconomie keynésienne mais la microéconomie admise, les économistes devaient élaborer une microéconomie compatible avec le comportement de la macroéconomie.

La science économique, je l'ai dit, doit être une science prédictive. Si c'est vrai, la théorie de l'école de Chicago mérite une note éliminatoire : elle n'a pas prédit la crise (comment l'aurait-elle pu, alors qu'il n'existe ni bulle ni chômage ?) et elle n'a pas eu grand-chose à dire sur ce qu'il fallait faire quand la crise a éclaté, sauf des récriminations sur les risques des déficits

---

1. Voir en particulier Bruce Greenwald et Joseph E. Stiglitz, « Keynesian, New Keynesian and New Classical Economics », *Oxford Economic Papers*, vol. 39, mars 1987, p. 119-133.

publics. Son ordonnance était simple : l'État ne doit pas s'en mêler.

La récession économique en cours n'a pas seulement discrédité la macroécole des «marchés parfaits», elle a aussi intensifié les débats entre théories néokeynésiennes. Il existe notamment deux grands courants dans le néokeynésianisme. Le premier reprenait la plupart des postulats néoclassiques, à une importante exception près : il considérait que les salaires et les prix étaient rigides – c'est-à-dire, par exemple, qu'ils ne baissaient pas quand il y avait une offre de main-d'œuvre excédentaire (du chômage). La conséquence était claire : *si* les salaires et les prix étaient plus flexibles, l'économie serait efficace et se comporterait selon le modèle néoclassique ordinaire[1]. Ce courant partageait certaines des préoccupations de l'école de Chicago sur l'inflation, et s'intéressait peu à la structure financière.

L'autre courant, probablement plus proche de la pensée de Keynes, voit des problèmes bien plus profonds dans le marché. Une baisse des salaires, en fait, aggraverait la récession, car les consommateurs réduiraient leurs dépenses. La déflation – ou même un ralentissement du taux d'inflation par rapport à ce qu'on attendait – peut acculer des entreprises à la faillite, car leurs recettes ne suffisent plus à rembourser leurs dettes. Dans cette analyse, le problème vient en partie des marchés financiers, qui, par exemple, n'indexent pas les contrats de prêt sur le niveau des prix. Il vient aussi en partie d'un autre phénomène : lorsque l'économie connaît une période de stabilité, les entreprises et les ménages sont incités à prendre davantage de risques, et notamment à s'endetter davantage ; quand ils le font, l'économie devient plus fragile – plus vulnérable à un choc défavorable. Avec un effet de levier important, nous

---

1. Cette vision des choses, dont l'origine remonte à John Hicks, un économiste d'Oxford qui a reçu le prix Nobel en 1972 (et l'un de mes prédécesseurs en tant que professeur Drummond d'économie politique à All Souls College), a été, de fait, l'analyse dominante pendant l'essentiel de la seconde moitié du XXe siècle.

l'avons vu, même une légère baisse de la valeur des actifs peut provoquer l'effondrement total[1].

Les conseils pratiques donnés par chacun des deux courants néokeynésiens sont nettement différents. L'un soutient que les politiques visant à maintenir la stabilité des salaires font partie du problème, l'autre affirme qu'elles aident à stabiliser l'économie. L'un craint la déflation, l'autre l'encourage. L'un concentre son attention sur la fragilité financière – l'effet de levier des banques, par exemple –, l'autre ne s'y intéresse pas.

Pendant la marche à la crise actuelle, l'école de Chicago et les écoles keynésiennes de la rigidité des prix et des salaires ont joué les premiers rôles dans de nombreux cercles où se décidait l'action publique. Les fidèles de l'école de Chicago disaient qu'il n'y avait aucun besoin que l'État fasse quoi que ce soit; que, s'il faisait quelque chose, ce serait probablement inefficace – le secteur privé allait le défaire; et que, si son action avait un effet quelconque, celui-ci serait probablement négatif. Certes, ils pouvaient donner des exemples où l'État était intervenu malencontreusement, et citer des cas où le secteur privé avait partiellement annulé ce qu'il avait fait, comme lorsqu'une hausse de l'épargne contrarie en partie une augmentation des dépenses publiques. Mais, quand ils déclaraient que l'État était *toujours* inefficace, cette conclusion forte était fondée sur des modèles défectueux qui n'avaient qu'un lointain rapport avec le monde réel et qui étaient déconnectés tant des données statistiques que des expériences historiques.

---

1. Le parrain intellectuel de ce second courant est Irving Fisher, dans son article classique de 1933 («The Debt Deflation Theory of Great Depressions», *Econometrica*, vol. 1, p. 337-357); dans sa réincarnation moderne, cette approche a été poussée plus loin par Hyman Minsky (*John Maynard Keynes*, New York, Columbia University Press, 1975; *Can it Happen Again?*, Armonk, NY, M.E. Sharpe, 1982; *Stabilizing an Unstable Economy*, New Haven, Yale University Press, 1986) ainsi que par Bruce Greenwald et moi-même dans une série d'articles publiés à partir du début des années 1980, notamment «Financial Market Imperfections and Business Cycles», *Quarterly Journal of Economics*, vol. 108, n° 1, février 1993, p. 77-114, travail qui a abouti à notre livre *Économie monétaire: un nouveau paradigme, op. cit.*

L'école keynésienne de la rigidité des prix et des salaires reconnaissait à l'État un rôle actif – mais pour appliquer un programme conservateur. Il devait flexibiliser les salaires, affaiblir les syndicats et prendre d'autres mesures pour assouplir la protection des salariés. Encore un cas où l'on «blâmait la victime» : les travailleurs étaient tenus pour responsables du chômage qu'ils subissaient. Si dans certains pays les mesures de protection de l'emploi avaient peut-être été poussées trop loin, elles ne pouvaient jouer, au grand maximum, qu'un rôle infime dans l'apparition du chômage – et, sans elles, la crise actuelle aurait été infiniment pire.

La bataille de la politique monétaire

C'est peut-être quand l'école de Chicago et l'école de la rigidité des prix et des salaires, dans leur lutte contre l'inflation, se sont coalisées pour orienter la politique monétaire que le résultat a été le plus désastreux[1] : les banques centrales se sont concentrées sur les inefficacités qui apparaissent lorsque les prix dévient légèrement pendant une inflation même modérée – et elles ont totalement ignoré les problèmes qui surgissent quand les marchés financiers deviennent excessivement fragiles. Les pertes dues aux défaillances des marchés finan-

---

1. L'idée était qu'il existait un taux de chômage «naturel», donc que les efforts pour réduire le chômage en diminuant les taux d'intérêt étaient voués à l'échec – ils ne conduisaient qu'à une inflation de plus en plus rapide. Il y a un grain de vérité dans cette théorie : les anticipations des gens sur les perspectives d'inflation peuvent dépendre de leurs expériences, et ces anticipations peuvent influer sur les futures revendications salariales et les futurs taux d'inflation. Mais l'existence d'une relation stable entre les taux d'évolution de l'inflation et le taux de chômage reste plus controversée; il y a même une incertitude sur le niveau de chômage au-dessous duquel l'inflation commence à augmenter, comme nous l'avons déjà signalé. Voir par exemple J.E. Stiglitz, «Reflections on the Natural Rate Hypothesis», *Journal of Economic Perspectives*, vol. 11, n° 1, hiver 1997, p. 3-10.

ciers étaient mille fois supérieures à celles que provoque l'inflation, tant qu'elle reste faible ou modérée.

Les dirigeants de banque centrale constituent un club très sensible aux modes et aux engouements. Ils sont plutôt conservateurs et, dans l'ensemble, ne croient pas à l'intervention de l'État dans le marché. C'est assez curieux, puisqu'ils ont pour mission centrale de fixer l'un des prix les plus importants de l'économie, le taux d'intérêt. La question n'est donc pas de savoir si l'État va intervenir ou non, mais de savoir quand et comment il va le faire. Selon les adeptes de l'école de Chicago, les politiques de l'État étaient la *cause* de l'inflation. Les disciples de Milton Friedman mettaient des modèles simplistes au service d'un effort idéologique pour limiter le rôle de l'État. Une prescription simple (le «monétarisme», qui a fait fureur dans les années 1970 et au début des années 1980) en donnait le moyen principal : lui lier les mains en l'obligeant à augmenter la masse monétaire à taux fixe chaque année. Une fois l'État ainsi dompté, les marchés pourraient accomplir leurs miracles.

Le monétarisme reposait sur un principe de base : la meilleure façon d'assurer la stabilité des prix (de maintenir l'inflation à un bas niveau) est d'augmenter l'offre de monnaie à taux fixe, le taux de l'expansion de la production réelle. Malheureusement, juste au moment où cette idée est devenue à la mode, les preuves se sont accumulées contre elle. Le monétarisme formulait une hypothèse empirique implicite : il considérait que le rapport monnaie sur PIB (qu'on appelle la vitesse de circulation) était constant. En fait, dans les trente dernières années, ce rapport a varié considérablement, au moins dans certains pays. Le monétarisme a échoué, et aujourd'hui pratiquement aucun État n'y a plus recours.

Le ciblage d'inflation est devenu à la mode à la fin des années 1990 et au cours de la présente décennie. Quand il «cible», l'État choisit un taux d'inflation, disons 2 %. Si le taux d'inflation dépasse 2 %, la Banque centrale relève les taux d'intérêt. Plus l'inflation dépasse la cible, plus les taux d'intérêt montent. L'inflation étant le mal suprême, la tâche essentielle de la Banque centrale consiste à tuer ce dragon. Le ciblage d'inflation repose en fait sur une croyance : si l'économie comprend que la Banque centrale prendra des mesures fortes contre toute inflation dépassant 2%, pense-t-on, les syndicats ou n'importe qui d'autre seront moins incités à revendiquer des augmentations de salaire qui propulseraient l'inflation au-dessus de ce niveau.

La concentration sur l'inflation résultait de quatre propositions, dont aucune n'avait de fondement solide, ni empirique ni théorique. Premièrement, les dirigeants de banque centrale faisaient valoir que l'inflation avait un impact négatif important sur la croissance. Bien au contraire, tant qu'elle reste faible à modérée[1], elle semble n'avoir aucun effet négatif discernable – alors que les efforts trop rigoureux pour la réprimer, eux, ralentissent la croissance[2]. Deuxièmement, ces dirigeants prétendaient que l'inflation est particulièrement dure pour les pauvres. Quand on entend les banquiers prendre fait et cause pour les pauvres, on doit se méfier. La vérité est que ceux qui perdent le plus sont les porteurs d'obligations, car il y a érosion de la valeur réelle de leurs titres. Aux États-Unis et dans la plupart des autres pays, les pensions de retraite des personnes âgées augmentent avec l'inflation. Quand celle-ci devient chronique, même les accords salariaux prévoient des échelles mobiles qui indexent automatiquement les pensions

---

1. Le débat reste ouvert sur le niveau d'inflation précis auquel les problèmes commencent à s'accroître, et ce niveau peut changer d'une période à l'autre. Selon un large consensus, les taux d'inflation inférieurs à 8-10% n'ont pas d'effets négatifs importants, et certains pays, comme la Turquie, ont réussi à poursuivre leur croissance avec des taux bien plus élevés. En même temps, avec la rigidité des prix à la baisse, il peut y avoir des problèmes d'ajustement lorsque le taux d'inflation est trop faible. Voir George A. Akerlof, William R. Dickens et George L. Perry, «The Macroeconomics of Low Inflation», *Brookings Papers on Economic Activity*, vol. 27, n° 1, 1996, p. 1-76.

2. Disons, pour rire un peu, que la Federal Reserve était bien décidée à prouver que l'inflation faible à modérée a un fort impact négatif sur la croissance, mais que, parmi ses nombreux excellents économétriciens, aucun n'a pu prétendre à la récompense qui serait évidemment allée à quiconque aurait réussi à le démontrer.

sur le coût de la vie. Certes, bien des pauvres souffrent effectivement de l'inflation – les pensions ne suffisent pas à maintenir le niveau de vie de nombreux retraités, et beaucoup, la grande majorité peut-être, ne profitent pas des bons indexés sur l'inflation (les TIPS), dont la raison d'être est d'assurer une protection complète contre la hausse des prix. Et il est vrai qu'il y a eu des périodes de forte inflation où les pauvres ont souffert – mais pas essentiellement à cause de l'inflation. La hausse rapide des prix du pétrole à la fin des années 1970 a appauvri les Américains – les consommateurs ont dû payer plus cher les produits pétroliers qu'ils achetaient. Les travailleurs en ont évidemment souffert. Le choc pétrolier a aussi provoqué une montée de l'inflation. Certains, constatant une baisse des niveaux de vie, l'attribuent à tort à l'inflation, mais les deux ont une cause commune*. Ce qui compte le plus pour les travailleurs, c'est l'emploi, et si une hausse des taux d'intérêt fait monter le chômage, ils souffrent deux fois : du manque de travail et de la pression à la baisse sur les salaires.

Le troisième sophisme consistait à concevoir l'économie comme si elle était au bord d'un précipice – la moindre déviation inflationniste l'enverrait aussitôt sur la pente glissante et dangereuse d'une inflation de plus en plus rapide. Ou, pour user d'une autre métaphore, il consistait à penser la lutte

---

* Pour comprendre le raisonnement, il faut savoir, comme Joseph Stiglitz le précise un peu plus loin, qu'aux États-Unis la hausse des prix de l'alimentation et de l'énergie n'est pas prise en compte dans le taux d'inflation (contrairement à ce qui se passe en France). Selon ceux qui justifient ce choix statistique, le taux d'inflation mesurera mieux le rythme de la hausse générale des prix dans toute l'économie si l'on en exclut les fluctuations brutales et spécifiques des prix alimentaires et énergétiques, qui peuvent être liées à des facteurs météorologiques ou autres. Dans le cas du choc pétrolier, il y a donc une «cause commune» – la hausse soudaine des prix de l'énergie – à l'appauvrissement des consommateurs (dû essentiellement au renchérissement considérable de l'essence et du fuel) et à la montée du taux d'inflation (la hausse des prix non énergétiques, impulsée par le renchérissement des intrants énergétiques dans tous les secteurs). Mais ce n'est pas la montée du taux d'inflation qui est la cause première ou principale de l'appauvrissement des consommateurs. [NdT]

contre l'inflation comme le combat contre l'alcool. On dit aux anciens alcooliques que, s'ils portent une seule goutte d'alcool à leurs lèvres, ils vont renouer avec leurs excès. Replonger, comme on dit. De même, selon les dirigeants de banque centrale, une fois qu'un pays a goûté l'élixir de l'inflation, il va en redemander de plus en plus. Ce qui commence comme une petite inflation s'accélère vite. Là encore, les données contredisent totalement cette idée : les pays peuvent prendre des mesures contre l'inflation quand elle commence à monter, et ils le font.

Le dernier sophisme soutient qu'abattre l'inflation a des coûts très élevés. Il faut donc la tuer avant même qu'elle n'ait commencé. Bien au contraire, là encore, quelques pays (par exemple le Ghana et Israël) ont ramené l'inflation de niveaux considérables à des niveaux faibles à modérés à peu de frais. Dans d'autres pays, les coûts de la «désinflation» (l'élimination de l'inflation) en termes de hausse du chômage ont été proportionnels aux avantages de la baisse du chômage pendant la période d'inflation.

Mais voici l'une des critiques les plus fortes que l'on puisse formuler contre le ciblage d'inflation : il prête une attention insuffisante aux sources de l'inflation. Si l'inflation élevée résulte d'une hausse considérable des prix énergétiques et alimentaires – comme en 2006-2007 –, un petit pays qui relève ses taux d'intérêt n'aura pas fait grand-chose pour influencer ces forces *mondiales*. Oui, un pays peut faire baisser son taux d'inflation en provoquant un chômage tellement massif dans le reste de l'économie qu'il en résultera une baisse des salaires et des prix, mais le remède est alors pire que le mal. Les États-Unis ont contourné le problème en excluant les prix des denrées alimentaires et de l'énergie de leur mesure de l'inflation à des fins macroéconomiques. Néanmoins, dans la plupart des pays en développement, cette procédure exclurait 50 % des déterminants des prix, ou davantage. Même aux États-Unis, les prix alimentaires et énergétiques sont ceux dont se soucient les gens. Ces prix influencent leurs anticipations sur l'inflation à venir et leurs revendications salariales.

La crise actuelle marquera la mort de la méthode simpliste du ciblage d'inflation pour une autre raison. Les dirigeants de banque centrale supposaient naïvement que contenir l'inflation à un bas niveau était nécessaire et presque suffisant à la prospérité économique. Donc, du moment qu'il y avait peu d'inflation, ils pouvaient ouvrir les vannes des liquidités, convaincus que la situation était parfaitement maîtrisée. Mais elle ne l'était pas. La marée des liquidités créait des bulles des prix des actifs, et leur éclatement a provoqué l'effondrement du système financier et de l'économie. L'inflation peut bien sûr causer des distorsions. Les obsédés de l'inflation (l'école de Chicago et les keynésiens du courant «rigidité des salaires et des prix») avaient raison de dire que, puisque avec l'inflation tous les prix ne changent pas simultanément, les prix *relatifs* peuvent se retrouver moins bien alignés[1]. Mais ces pertes font pâle figure comparées à celles que provoque la fragilité des marchés financiers. L'*autre* courant de l'économie néokeynésienne, qui se concentre sur la fragilité financière, semble avoir gagné la partie. Aujourd'hui, fort heureusement, la plupart des dirigeants de banque centrale comprennent qu'il est impératif de prêter attention aux marchés financiers et aux bulles des prix des actifs autant qu'à l'inflation sur les produits, et ils ont les outils pour le faire[2].

---

1. Il y avait une autre critique contre l'inflation : à cause d'elle, les gens avaient moins d'argent qu'il n'était «efficace» d'en avoir, moins qu'ils n'en auraient eu dans un monde de stabilité des prix. Même si cette idée pouvait avoir un certain sens autrefois, elle n'a plus cours dans le monde moderne où l'argent rapporte presque toujours des intérêts. Quand l'inflation augmente, le taux d'intérêt (nominal) augmente aussi. Cette attention que l'on consacre à la perte d'efficacité qu'une inflation modérée pourrait éventuellement provoquer en amenant les gens à détenir un peu moins d'argent – alors qu'on se désintéresse de la façon dont une bulle peut détruire toute l'économie – montre à quel point certains courants de l'économie universitaire ont perdu le contact avec le monde réel.

2. Si l'on se concentre sur une seule chose, d'autres choses risquent fort d'être négligées. Il y a d'ailleurs une proposition générale : stabiliser les prix conduit à l'instabilité des quantités, et vice versa. Non seulement la concentration sur l'inflation ne garantit pas la stabilité réelle, mais elle

La bataille de la finance

La foi dans la rationalité des marchés a peut-être davantage imprégné la théorie du marché financier que toute autre composante de l'économie. La contagion des idées conservatrices de ses acteurs y est probablement pour quelque chose. Croire que les marchés sont efficaces et s'autorégulent était bien commode pour de nombreux intérêts particuliers. Penser le contraire était gênant. Beaucoup, dont les professionnels de la finance, voyaient de réelles possibilités de profit si l'on déréglementait les marchés. Après tout, les réglementations sont des *restrictions*. Presque par nécessité, là où l'on restreint ce que peuvent faire les entreprises, les profits *paraîtront* inférieurs à ce qu'ils auraient été sans ces entraves.

Je dis que les profits *paraîtront* inférieurs parce que, lorsqu' une entreprise raisonne de cette façon, elle ne prend pas en compte toutes les conséquences de la levée des restrictions. Les autres aussi vont changer de comportement. Nous savons d'ailleurs ce que dirait la théorie économique orthodoxe *s'il était exact que les marchés soient efficaces et concurrentiels* : finalement, les profits seraient à nouveau ramenés à zéro. La levée des restrictions pourrait permettre à la première entreprise de saisir l'occasion nouvelle et d'augmenter ses profits, mais les profits de ce genre se dissipent. Certaines firmes comprennent qu'il n'y a que deux façons de faire durablement des profits : être plus efficace que ses concurrents *ou* trouver comment faire fonctionner les marchés imparfaitement.

La bataille intellectuelle sur l'efficacité des marchés financiers est faite de nombreux affrontements : les prix sur ces marchés reflètent-ils toute l'information disponible ? Quel

---

a aussi affaibli la croissance à long terme – contrairement à ce que prétendent les champions du ciblage d'inflation. L'expérience de la plupart des pays en matière de crises, c'est qu'ils ne rattrapent presque jamais le temps perdu. La croissance finit par repartir, mais même quinze ans plus tard la production est plus faible que ce qu'elle aurait été s'il n'y avait pas eu de crise.

rôle jouent-ils dans la détermination des activités d'investissement? Des marchés financiers qui fonctionnent bien, nous l'avons vu, sont essentiels au succès d'une économie de marché, puisqu'ils dirigent l'allocation d'un capital rare, l'une des ressources les plus précieuses. Le mécanisme des prix est au cœur du processus de collecte, de traitement et de transmission de l'information opéré par le marché. L'hypothèse extrémiste des «marchés efficaces» soutient que les prix reflètent avec exactitude toute l'information disponible sur le marché, et apportent donc aux entreprises toute l'information pertinente pour prendre, par exemple, leurs décisions d'investissement. Selon cette analyse, il est donc crucial de mettre en avant le rôle de «découverte du prix» que jouent les marchés.

Si les prix reflètent une partie de ce qui se passe dans l'économie, c'est avec quantité de bruit externe, tant de bruit que peu d'hommes d'affaires se fient à la *seule* information fournie par les prix sur ces marchés. Certes, le cours des actions influence des décisions – parce que le marché influence le coût du capital pour les entreprises. Mais quelle compagnie sidérurgique déciderait d'investir dans une nouvelle aciérie pour la simple raison qu'un club d'investissement de dentistes et de médecins à Peoria, Illinois, voit dans l'acier le métal de demain et fait donc monter aujourd'hui, avec d'autres investisseurs, les cours des actions de la sidérurgie? Quelle compagnie pétrolière fonderait ses décisions d'exploration sur la seule base du prix du pétrole d'aujourd'hui, peut-être dû à une spéculation à court terme?

Si l'hypothèse des marchés efficaces était juste et si les acteurs du marché étaient pleinement rationnels, ils sauraient tous qu'ils ne peuvent pas faire mieux que le marché. Par conséquent, tous se contenteraient d'«acheter le marché» : celui qui possède 0,01 % de la fortune du pays achèterait 0,01 % de chaque actif. C'est effectivement ce que font les fonds indiciels, mais, si ces fonds se sont énormément développés dans les trois dernières décennies, il y a aussi une immense industrie qui cherche à battre le marché. Le fait même que les acteurs du marché dépensent des milliards et des milliards pour tenter d'être meilleurs que le marché réfute les deux hypothèses jumelles : l'efficacité des marchés et la rationalité de la plupart des participants. Ce qui a donné une certaine crédibilité à la théorie, c'est qu'il était difficile, effectivement, de «battre le marché». Les prix de marché témoignaient en général d'une certaine cohérence : le prix du soja était systématiquement lié aux prix du tourteau de soja et de l'huile de soja. Il est facile de tester l'«efficacité» du marché, ainsi comprise, à tout instant[1]. Mais l'évaluer dans des situations plus complexes est malaisé. Si les marchés étaient efficaces, il n'y aurait jamais de bulle. Or il y en a eu à répétition. Il n'était pas simple, bien sûr, de dire si nous étions ou non dans une bulle de l'immobilier : la plupart des investisseurs ne l'ont pas vue, même s'il y avait certains signes révélateurs. Mais quelques-uns l'ont vue (comme John Paulson, qui a fait gagner des milliards à son fonds spéculatif).

Cela dit, la difficulté d'être meilleur que le marché peut avoir deux explications très différentes : le marché est pleinement efficace et ses prix reflètent toute l'information disponible; ou le marché n'est qu'un casino pour les riches, et ses prix reflètent l'impact aléatoire des changements d'humeur et d'anticipations. Dans les deux cas, les prix futurs sont imprévisibles. Au fil des ans, des preuves fortes se sont accumulées contre l'interprétation par les «marchés efficaces». La crise actuelle a conforté une conclusion fondée sur d'innombrables épisodes précédents. Par exemple, le 19 octobre 1987, les Bourses du monde entier ont connu un krach : elles ont chuté de près de 20 % ou davantage. Aucune nouvelle, aucun événement ne pouvait expliquer une si forte baisse de la valeur du capital mondial – une dévastation supérieure à celle qu'aurait pu causer la pire des guerres. On ne pouvait pas prédire cet

---

1. Un exemple encore plus simple, souvent cité, est que, sur un marché pleinement efficace, une bouteille d'un litre de ketchup coûte deux fois plus cher qu'une bouteille d'un demi-litre de ketchup. Il y a des coûts de transaction (l'embouteillage et le transport), donc, en réalité, le prix de la bouteille d'un litre sera souvent inférieur au double du prix de la bouteille d'un demi-litre.

événement, mais on ne pouvait pas dire non plus que cette instabilité des cours reflétait le traitement de l'information pertinente par le marché omniscient[1].

Il y avait une curieuse incohérence dans les idées de nombreux champions des marchés efficaces. Ils croyaient que les marchés étaient *déjà* d'une efficacité totale. Pourtant, ils vantaient les mérites d'innovations inédites sur les marchés financiers. Et ils soutenaient que leurs gigantesques profits et bonus n'étaient que la juste récompense des bienfaits sociaux de ces nouveautés. Sur ces marchés pleinement efficaces, cependant, l'avantage de ces innovations était très limité : elles ne faisaient que réduire les coûts de transaction – elles permettaient aux individus rationnels de gérer à moindre coût des risques qu'ils auraient pu gérer autrement.

Quelques personnes (des fonds spéculatifs) semblent bel et bien battre régulièrement le marché. Il y a une seule façon d'y parvenir qui soit compatible avec l'hypothèse des marchés efficaces : avoir des informations internes. Faire des transactions boursières sur la base d'un renseignement d'initié est illégal – si les acteurs du marché pensent que d'autres ont des informations privilégiées, ils seront moins disposés à faire des opérations. On se souvient d'une des inquiétudes soulignées plus haut (au chapitre 6) : quelques grandes banques, presque du seul fait de leur taille et de l'envergure de leurs transactions, ont un avantage informationnel. Peut-être ne violent-elles aucune loi, mais le jeu n'est pas égal[2]. Au vu d'une série

---

1. Dans la théorie des marchés efficaces, la valeur d'une action est censée être égale à la valeur escomptée actuelle attendue des dividendes futurs. Donc une baisse de 20 % de la valeur du marché signifierait que, pour une raison quelconque, les anticipations sur les dividendes futurs ont soudain diminué de ce pourcentage. Aucune nouvelle ne pourrait expliquer «rationnellement» un tel changement des anticipations. Pour une excellente analyse populaire de cette idée d'impossibilité de battre le marché, voir Burt Malkiel, *Une marche au hasard à travers la Bourse*, trad. fr. d'Éric Pichet, Hendaye, Valor, 2005. Pour un raisonnement puissant contre l'hypothèse des marchés efficaces, voir R. Shiller, *Exubérance irrationnelle, op. cit.*

2. Autre exemple : les milliards que gagnent certaines banques d'affaires et fonds spéculatifs en étant informés légèrement à l'avance des flux

d'affaires qui ont éclaté à l'automne 2009, il semble bien que beaucoup, dans le secteur des fonds spéculatifs, fondaient leur succès sur des informations internes[1].

Marchés efficaces et marchés de l'information

L'école de Chicago et ses disciples voulaient croire que le marché de l'information était comme tout autre marché. Il y avait une demande et une offre d'information. Les marchés étaient efficaces dans la production de l'acier et ils l'étaient aussi dans la production et la transmission de l'information. Malheureusement, de même que la thèse selon laquelle les marchés à information imparfaite se comportent de façon très proche des marchés à information parfaite, ce point de vue ne reposait sur aucune analyse approfondie, et, quand les économistes ont entrepris sur ces questions des travaux tant théoriques qu'empiriques, ces idées se sont révélées fausses.

Les arguments théoriques sont complexes, mais ce qui suit peut donner un aperçu de certains aspects de la critique. Prenons par exemple l'argument selon lequel les prix de marché sont porteurs de toute l'information pertinente. Si c'est le cas, celui qui se contenterait de les regarder serait informé aussi complètement que celui qui aurait fait de grosses dépenses pour acheter des travaux de recherches et analyser des données. Mais alors, rien n'inciterait à collecter de l'information, et, s'il y a peu d'information, les prix transmis par le marché

---

d'ordres d'achat ou de vente d'actions (méthode appelée *flash trading* ou «spéculation à la milliseconde»). Certes, si les perdants étaient rationnels, ils comprendraient que les dés sont pipés et quitteraient le jeu. Les banques d'affaires font en partie leurs profits aux dépens de ces participants irrationnels qui veulent se croire, eux aussi, premiers de la classe, mais en partie également aux dépens des États quand ils interviennent sur les marchés, par exemple lorsqu'ils essaient de stabiliser les taux de change pendant une crise monétaire, comme je l'ai expliqué dans *La Grande Désillusion, op. cit.*

1. Il y a une autre façon de *paraître* meilleur que le marché : prendre plus de risques sans que ce soit pleinement visible. Voir l'analyse du chapitre 6.

ne seront pas très instructifs. Il y a donc, en un sens, une incohérence logique à croire à la fois les marchés porteurs de toute l'information et les prix de marché très instructifs[1].

Le raisonnement orthodoxe n'a tenu aucun compte des différences entre la valeur sociale et la valeur privée de l'information. Savoir un petit peu avant tout le monde qu'on vient de découvrir un vaste champ pétrolifère peut rapporter d'énormes profits privés. Je peux vendre du pétrole à terme (en misant sur une baisse des prix) et m'enrichir considérablement. Je peux vendre mes actions dans les compagnies pétrolières. Je peux même gagner plus encore en vendant des actions de ces compagnies à découvert. Dans tous ces cas, je gagne aux dépens d'un autre, d'un perdant. C'est une redistribution de richesse, pas une création de richesse. Que j'aie cette information quelques minutes avant tout le monde ne changera probablement aucune décision réelle, donc le bénéfice social de mon savoir est faible ou nul[2]. De même, certaines banques d'affaires très brillantes ont fait beaucoup de leurs gains dans le *trading*. Mais, dans chaque transaction, il y a une autre partie : les gains des uns se font aux dépens des autres.

De ce point de vue, une bonne partie des dépenses d'information sont un gaspillage – c'est une course pour être le premier, découvrir quelque chose avant les autres, gagner à leurs

---

1. Voir Sanford Grossman et Joseph E. Stiglitz, « On the Impossibility of Informationally Efficient Markets », *American Economic Review*, vol. 70, n° 3, juin 1980, p. 393-408. Nous avons aussi montré que les marchés ne pouvaient pas « agréger » parfaitement et complètement les informations disparates des divers acteurs du marché. Voir S. Grossman et J.E. Stiglitz, « Information and Competitive Price Systems », *American Economic Review*, vol. 66, n° 2, mai 1976, p. 246-253.

2. Cette distinction entre rendement social et rendement privé de l'information a été vigoureusement soulignée par Jack Hirshleifer dans « The Private and Social Value of Information and the Reward to Inventive Activity », *American Economic Review*, vol. 61, n° 4, septembre 1971, p. 561-574, et par Joseph E. Stiglitz, « The Theory of Screening, Education and the Distribution of Income », *American Economic Review*, vol. 65, n° 3, juin 1975, p. 283-300.

dépens. Finalement, tout le monde doit dépenser plus pour ne pas se faire distancer.

J'explique le problème à mes étudiants d'une autre façon. Supposons que, pendant que vous écoutez mon cours, un billet de cent dollars tombe à côté de chacun de vous. Vous pouvez continuer à écouter pour assimiler les principes importants de l'économie. À la fin du cours, chacun se baisse et ramasse le billet de cent dollars qui est à côté de lui. C'est la solution efficace. Mais ce n'est pas un équilibre de marché. L'un de vous, remarquant que ses voisins ne se baissent pas, le fait prestement pour ramasser non seulement les cent dollars qui sont à côté de lui, mais aussi ceux qui sont à côté du voisin. Quand chacun comprend ce que va faire son voisin, tout le monde se baisse immédiatement. Chacun veut arriver avant les autres. Finalement, vous avez chacun les cent dollars que vous auriez eus si vous aviez attendu, mais le cours a été interrompu et votre instruction compromise.

L'hypothèse des marchés efficaces et l'échec de la politique monétaire

La croyance très répandue dans l'hypothèse des marchés efficaces a joué un rôle dans l'échec de la Federal Reserve. Si cette hypothèse était exacte, les bulles n'existeraient pas. Sans vraiment aller jusque-là, la Federal Reserve a soutenu qu'on ne pouvait les repérer qu'après leur éclatement – les bulles, en un sens, étaient impossibles à prédire. La Federal Reserve a eu raison de dire qu'on ne peut pas être *sûr* qu'il y a une bulle tant qu'elle n'a pas éclaté, mais on peut porter des jugements forts sur sa probabilité. Toute politique se mène en contexte d'incertitude, et il était très clair, notamment quand l'économie a abordé l'année 2006, que ce qui se passait était très probablement une bulle. Plus les prix continuaient à monter, plus se loger devenait inabordable, et plus il était probable qu'on se trouvait devant une bulle.

La Federal Reserve concentrait son attention sur les prix des biens et services, pas sur les prix des actifs – et elle craignait qu'une hausse des taux d'intérêt ne déclenche une récession économique. Sur ce point, elle avait raison. Mais elle disposait aussi d'autres instruments, qu'elle a choisi de ne pas utiliser. Elle a fait exactement les mêmes erreurs de raisonnement que pendant la bulle technologique. À cette époque-là, elle aurait pu augmenter les marges obligatoires (le montant que chacun doit payer comptant pour acheter des actions). En 1994, le Congrès avait accordé à la Federal Reserve des pouvoirs supplémentaires pour réglementer le marché des prêts hypothécaires. Son président, Alan Greenspan, a refusé de s'en servir. Mais même si la Federal Reserve n'avait pas eu l'autorité réglementaire, elle aurait pu et dû la demander au Congrès (exactement comme j'ai soutenu plus haut que, si elle n'avait pas l'autorité nécessaire sur les banques d'affaires, elle aurait pu et dû solliciter le Congrès pour qu'il la lui donne). Pendant la gestation de la crise actuelle, la Federal Reserve aurait dû baisser le maximum autorisé du rapport «montant du prêt sur valeur de la maison» quand la probabilité d'une bulle a augmenté – au lieu de le laisser s'accroître. Elle aurait dû abaisser le maximum autorisé du rapport «mensualité du prêt sur revenu» au lieu de le laisser augmenter. Elle aurait pu limiter les prêts hypothécaires à taux variables – Greenspan a préféré les encourager. Elle aurait pu restreindre les prêts à amortissement négatif et sans preuve sérieuse de solvabilité (les prêts menteurs). Elle avait quantité d'instruments à sa disposition pour le faire[1]. Peut-être n'auraient-ils pas fonctionné parfaitement, mais il n'y a guère de doute qu'ils auraient un peu dégonflé la bulle.

L'une des raisons pour lesquelles la Federal Reserve se montrait si flegmatique face à la bulle était une autre idée fausse : si un problème se présentait, on le réglerait facilement. L'une

---

1. La raison pour laquelle la Federal Reserve a prétendu mensongèrement qu'elle n'avait pas les instruments lui permettant de dégonfler une bulle – ou même qu'elle ne pouvait pas détecter une bulle – est peut-être qu'elle ne voulait rien faire. C'eût été, de son point de vue, une interférence dans le marché – même si, de toute évidence, on l'a vu, fixer les taux d'intérêt, c'est interférer dans les marchés.

des raisons pour lesquelles elle croyait cela est qu'elle faisait confiance au nouveau modèle de la titrisation : les risques avaient été si largement diffusés dans le monde entier que le système économique mondial pourrait aisément les absorber. Qu'est-ce que cela pouvait faire si l'immobilier s'effondrait en Floride? C'était une minuscule fraction de la richesse mondiale. Ici, la Federal Reserve a commis deux erreurs. D'abord (comme les banquiers d'affaires et les agences de notation), elle a sous-estimé l'ampleur de la corrélation – les marchés immobiliers sur tout le territoire américain (voire dans une grande partie du monde) pouvaient s'effondrer ensemble, et pour des raisons évidentes. Ensuite, elle a surestimé l'ampleur de la diversification. Elle ne se rendait pas compte que les grandes banques avaient gardé tant de ces titres risqués sur leurs propres livres de comptes. Elle a sous-estimé les incitations à l'excès de risque et surestimé la compétence des banquiers en gestion du risque[1].

Quand Greenspan a dit que l'État pourrait facilement «réparer» l'économie, il n'a pas précisé que traiter les problèmes coûterait aux contribuables des centaines de milliards de dollars et à l'économie davantage encore. C'était une étrange idée que de penser qu'il était plus facile de réparer la voiture après l'accident que d'empêcher l'accident. L'économie s'était relevée des récessions précédentes. Les crises asiatiques et latino-américaines ne s'étaient pas étendues aux États-Unis. Néanmoins, chacune avait fait des ravages : pensons aux souffrances de ceux qui ont perdu leur emploi, leur maison, la perspective d'une retraite confortable. Du point de vue macro-économique, même une récession modérée coûte très cher, mais les coûts réels et budgétaires de la Grande Récession en cours se compteront en milliers de milliards de dollars. Greenspan et la Federal Reserve ont eu absolument tort. La

---

1. C'est ce qu'a reconnu Alan Greenspan dans son célèbre *mea culpa* devant le Comité de surveillance de la Chambre des représentants, présidé par Henry Waxman, le 23 octobre 2008. Voir plus haut l'analyse de ses propos.

Federal Reserve a été créée, en partie, pour empêcher ce type d'accidents. Elle n'a pas été créée pour se contenter d'aider au nettoyage. Elle a oublié sa mission initiale.

La bataille de l'économie de l'innovation

La théorie économique admise (le modèle néoclassique analysé au début de ce chapitre) n'a pas grand-chose à dire sur l'innovation, bien que l'essentiel de la hausse des niveaux de vie aux États-Unis dans les cent dernières années soit dû au progrès technique[1]. Tout comme l'«information», je l'ai dit, l'innovation était exclue des anciens modèles.

Comme les économistes orthodoxes comprenaient l'importance de l'innovation, ils ont essayé d'élaborer des théories pour expliquer son niveau et son orientation[2]. Ce faisant, ils

---

1. Selon certaines estimations, plus de 80 % de l'augmentation du revenu par habitant ont été dus à l'innovation plutôt qu'à l'accumulation du capital ou à l'amélioration des qualifications des travailleurs. D'autres estimations donnent un peu plus d'importance à l'accumulation du capital. Voir Robert M. Solow, «Technical Change and the Aggregate Production Function», *Review of Economics and Statistics*, vol. 39, n° 3, 1957, p. 312-320.

2. Ces théories étaient qualifiées d'«endogènes», parce que les explications de l'innovation se trouvaient à l'intérieur de la théorie – elles n'étaient pas «exogènes», extérieures à la théorie. La théorie de la croissance endogène remonte au travail de Hirofumi Uzawa, Ken Arrow, Nicholas Kaldor et Richard Nelson, ainsi que d'un grand nombre de leurs étudiants (dont William Nordhaus, Karl Shell et moi-même), à la fin des années 1950 et dans les années 1960. Voir, par exemple, Hirofumi Uzawa, «Optimum Technical Change in an Aggregate Model of Economic Growth», *International Economic Review*, vol. 6, n° 1, 1965, p. 18-31; Kenneth J. Arrow, «The Economic Implications of Learning by Doing», *Review of Economic Studies*, vol. 29, 1962, p. 155-173; Nicholas Kaldor, «A Model of Economic Growth», *Economic Journal*, vol. 67, 1957, p. 591-624; et Richard R. Nelson et Edmund S. Phelps, «Investment in Humans, Technological Diffusion and Economic Growth», *American Economic Review*, vol. 56, n° 1/2, mars-mai 1966, p. 69-75. En collaboration avec Sir Partha Dasgupta de Cambridge, j'ai étendu ce travail et je l'ai inté-

ont réexaminé certaines des idées avancées par deux grands économistes de la première moitié du XXe siècle, Joseph Schumpeter et Friedrich Hayek, que la pensée dominante avait un peu laissés en marge.

Schumpeter, un Autrichien qui a effectué certains de ses travaux les plus influents à Harvard, critiquait le modèle admis du marché concurrentiel[1]. Il se concentrait sur la concurrence pour l'innovation. Selon lui, chaque marché était dominé momentanément par un monopoliste, mais celui-ci était vite remplacé par un autre innovateur, qui devenait le nouveau monopoliste. Il y avait concurrence *pour* les marchés plutôt que concurrence *sur* les marchés, et cette concurrence *passait* par l'innovation.

Il y avait évidemment beaucoup de vrai dans l'analyse de Schumpeter. Son intérêt pour l'innovation constituait un gros progrès par rapport à l'analyse économique en vigueur (les théories walrassiennes de l'équilibre général analysées au début de ce chapitre, qui ignoraient l'innovation). Mais Schumpeter n'avait pas posé les questions cruciales : les monopolistes allaient-ils prendre des mesures pour dissuader l'entrée de rivaux? Les innovateurs allaient-ils chercher à ravir la part de marché d'un «tenant du titre» au lieu de développer une idée vraiment nouvelle? Pouvait-on soutenir, dans quelque sens que ce fût, que ce processus d'innovation était efficace?

Des expériences récentes montrent que la vie n'est peut-être pas aussi rose que le prétendent les champions du marché. Microsoft, par exemple, s'est appuyé sur son pouvoir de

---

gré à la théorie moderne de l'organisation industrielle à la fin des années 1970. Voir, par exemple, Partha Dasgupta, et Joseph E. Stiglitz, «Industrial Structure and the Nature of Innovative Activity», *Economic Journal*, Royal Economic Society, vol. 90, n° 358, juin 1980, p. 266-293. Plus près de nous, Paul Romer a exploré plus avant ces idées : Paul Romer, «Increasing Returns and Long-Run Growth», *Journal of Political Economy*, vol. 94, n° 5, 1986, p. 1002-1037.

1. Joseph A. Schumpeter, *Capitalisme, socialisme et démocratie*, trad. fr. de Gaël Fain, Paris, Payot, 1961.

monopole dans les systèmes d'exploitation des ordinateurs personnels pour s'assurer un rôle dominant dans des applications comme le traitement de texte, les tableurs et les navigateurs. En écrasant ses concurrents de cette façon, il a paralysé l'innovation de rivaux potentiels. De fait, un monopoliste qui tient un marché peut prendre de nombreuses mesures pour décourager l'entrée et maintenir sa position de monopole. Certaines de ces mesures peuvent avoir une valeur sociale positive – s'il se contente, par exemple, d'innover plus vite qu'un rival. Mais d'autres n'ont aucun avantage social qui puisse les racheter. Certes, dans une économie dynamique, toute firme dominante finira par être défiée. Toyota a détrôné General Motors ; Google défie Microsoft dans bien des domaines. Mais que la concurrence *finisse* par fonctionner ne prouve pas l'efficacité globale des mécanismes de marché, ni le bien-fondé du laisser-faire et de la non-intervention.

Hayek, comme Schumpeter, s'écartait de l'approche de l'équilibre qui dominait la théorie économique en vigueur. Il écrivait dans le contexte des controverses créées par le communisme, où l'État assumait un rôle dominant dans la gestion de l'économie. Dans les systèmes communistes, la prise de décision était «centralisée» dans un bureau de planification. Parmi ceux qui avaient connu la Grande Dépression et constaté la mauvaise allocation massive des ressources – et les énormes souffrances humaines –, certains étaient convaincus que l'État devait jouer le rôle central dans les décisions sur l'attribution des ressources. Hayek contestait ces idées : il plaidait pour l'avantage informationnel d'un système de prix décentralisé, mais aussi, plus largement, pour l'évolution décentralisée des institutions elles-mêmes. Il avait raison, comme nous l'avons vu, de dire qu'aucun planificateur ne pourrait jamais parvenir à rassembler et à traiter toute l'information pertinente, mais cela ne signifie pas que le système des prix libre et sans entraves soit lui-même efficace.

Hayek était influencé par la métaphore biologique de l'évolution (contrairement à Walras, qui avait été inspiré par les idées de la physique de l'«équilibre»). Darwin avait parlé de la survie du plus apte, et le darwinisme social affirmait, dans la même veine, qu'une concurrence impitoyable, ne laissant survivre que les entreprises les plus aptes, assurerait toujours plus d'efficacité à l'économie. Pour Hayek, c'était un article de foi, mais en réalité les processus évolutionnistes non guidés peuvent conduire comme ne pas conduire à l'efficacité économique. Malheureusement, la sélection naturelle ne choisit pas nécessairement les entreprises (ou les institutions) les meilleures pour le long terme[1]. L'une des principales critiques que l'on adresse aux marchés financiers est révélatrice : ils sont devenus *de plus en plus* myopes. Certains changements institutionnels (la concentration des investisseurs sur les rendements trimestriels, par exemple) ont rendu plus difficile aux entreprises de voir les choses à long terme. Dans la crise actuelle, certaines ont souligné qu'elles ne voulaient pas jouer du levier autant qu'elles l'avaient fait – elles étaient conscientes du risque –, mais que, si elles ne l'avaient pas fait, elles n'auraient pas survécu. Leur rendement des capitaux propres aurait été faible, ce que les acteurs du marché auraient attribué à tort à un manque d'innovation et d'esprit d'entreprise, et le cours de leur action aurait chuté. Elles voyaient bien qu'elles n'avaient pas le choix : elles devaient suivre le troupeau – avec des effets désastreux à long terme, pour leurs actionnaires comme pour l'économie.

Point intéressant : bien que Hayek soit devenu un dieu chez les conservateurs, lui-même comprenait (comme Adam Smith) que l'État a un rôle important à jouer. «Rien, sans doute, n'a autant nui à la cause libérale que les libéraux qui insistent de façon inflexible sur certaines règles, particulièrement le principe de laisser-faire[2]», a-t-il écrit. À ses yeux, l'État devait agir

---

1. La sélection naturelle ne fonctionne pas bien, notamment quand les marchés de capitaux sont imparfaits – et ils le sont toujours. Voir J.E. Stiglitz, «Information and Economic Analysis», *in* J.M. Parkin et A.R. Nobay (éd.), *Current Economic Problems : The Proceedings of the Association of University Teachers of Economics, Manchester, 1974*, Cambridge, Cambridge University Press, 1975, p. 27-52.

2. Friedrich Hayek, *La Route de la servitude*, trad. fr. de Georges Grumberg, Paris, PUF, coll. «Quadrige», 4e éd., 2005.

dans divers domaines, comme la réglementation des horaires de travail, la politique monétaire, les institutions ou la circulation d'une information correcte[1].

Les théories économiques du dernier quart de siècle ont considérablement éclairci les raisons des fréquents échecs des marchés et les mesures possibles pour les faire mieux fonctionner. Les idéologues de la droite et les économistes qui leur ont donné des arguments – avec le soutien des intérêts financiers qui profitaient tant du mouvement de déréglementation – ont choisi d'ignorer ces progrès de la connaissance. Ils ont préféré faire semblant qu'Adam Smith et Friedrich Hayek avaient tout dit sur l'efficacité des marchés – peut-être en les mettant au goût du jour à l'aide de certains modèles mathématiques extravagants qui corroboraient leurs résultats –, mais ils ont ignoré les mises en garde de ces auteurs sur la nécessité de l'intervention de l'État.

Le marché des idées n'est pas plus parfait que celui des biens, du capital ou du travail. Les meilleures idées ne l'emportent pas toujours, du moins à court terme. Mais, heureusement, pendant que l'absurdité des marchés parfaits dominait bien des secteurs de la profession des économistes, certains chercheurs se sont efforcés de comprendre comment les marchés fonctionnaient vraiment. Aujourd'hui, leurs idées sont là, à la disposition de ceux qui veulent construire une économie plus stable, plus prospère et plus équitable.

---

1. Même si, dans la suite de son œuvre, Hayek semble avoir eu quelques appréhensions sur le rôle des banques centrales.

CHAPITRE 10

Pour une nouvelle société

On dit que voir la mort de près force à réévaluer ses priorités et ses valeurs. L'économie mondiale vient d'échapper à une expérience très proche de la mort. La crise a révélé les vices du modèle économique dominant mais aussi ceux de notre société. Trop de gens avaient profité des autres. La confiance s'était brisée. Presque tous les jours, on apprenait les méfaits de professionnels du secteur financier – pyramides de Ponzi, délits d'initiés, crédits prédateurs, multiples stratagèmes des cartes de crédit pour soutirer le plus d'argent possible à leurs utilisateurs impuissants. Ce livre s'est toutefois concentré non sur ceux qui ont violé la loi, mais sur ceux (et ils sont légion) qui, dans les limites de la légalité, ont créé, conditionné, reconditionné et vendu des produits toxiques, et commis de telles imprudences qu'ils ont failli abattre tout le système économique et financier. Le système a été sauvé, mais à un coût auquel on a du mal à croire.

La thèse de ce chapitre est simple : nous devrions profiter de la période actuelle pour faire les comptes et réfléchir, penser au type de société que nous aimerions avoir, et nous demander : sommes-nous en train de créer une économie qui nous aide à réaliser ces aspirations ?

Nous nous sommes engagés très loin sur une autre voie : nous avons créé une société où le matérialisme l'emporte sur l'engagement moral ; où la croissance rapide que nous avons atteinte n'est durable ni sur le plan environnemental, ni sur le plan social ; où nous n'agissons pas ensemble, collectivement, pour répondre à nos besoins communs, car l'individualisme acharné et le fanatisme du marché ont miné tout sentiment de communauté : ils ont conduit à une exploitation éhontée des moins prudents et des moins protégés et à une fracture sociale croissante. Il y a une érosion de la confiance – et pas seulement à l'égard de nos institutions financières. Il n'est pas trop tard pour colmater ces brèches.

L'influence de la théorie économique sur la société et les personnes

L'une des leçons de cette crise est la nécessité d'une action collective – l'État a un rôle à jouer, je n'ai cessé de le souligner. Mais il y en a d'autres : nous avons laissé les marchés modeler aveuglément notre économie, et, ce faisant, ils ont aussi contribué à nous modeler, nous et notre société. Voici l'occasion de nous demander si la voie sur laquelle ils nous ont placés est celle que nous souhaitons.

Une mauvaise allocation de notre ressource la plus rare : notre talent humain

J'ai montré que nos marchés financiers orientaient mal les capitaux. Mais le coût réel de l'emballement de ce secteur a peut-être été infiniment plus lourd : il a mal orienté notre ressource la plus rare, le talent humain. J'ai vu trop de nos meilleurs étudiants entrer dans la finance. Ils ne pouvaient pas résister aux mégarémunérations. Quand j'ai commencé mes études, les meilleurs choisissaient les sciences, l'enseignement, les lettres ou la médecine. Ils voulaient utiliser leur cerveau pour changer le monde. Je me souviens clairement de l'avis de mes parents quand, comme tous les adolescents, je me demandais ce que j'allais faire plus tard : « L'argent n'a pas d'importance. Il ne t'apportera jamais le bonheur. [Étrange conseil pour un futur économiste.] Sers-toi du cerveau que Dieu t'a donné pour te rendre utile aux autres. C'est ce qui te donnera de la satisfaction. »

Si les bénéfices sociaux étaient proportionnels aux profits privés, les mégarémunérations gagnées dans la finance refléteraient des mégaprogrès de productivité sociale. C'est parfois vrai, mais trop souvent faux – comme dans la gestation du désastre actuel.

Le marché a changé nos modes de pensée et déformé nos valeurs

La théorie économique orthodoxe postule que nous naissons avec des préférences pleinement constituées. Mais nous sommes modelés par ce qui se passe autour de nous, notamment et peut-être surtout par l'économie.

Trop de gens en sont venus à croire que les salaires reflètent les contributions à la société, et ils ont conclu que les plus fastueusement rémunérés lui avaient sûrement apporté le plus. Trop de gens en sont venus à apprécier ce que le marché apprécie. La rémunération élevée des banquiers disait : la banque, c'est important.

Que le marché a changé notre façon de penser, on en a un bel exemple avec les attitudes en matière de rémunération incitative. Qu'est-ce qu'une société où un PDG déclare : «Si vous me payez 5 millions de dollars et pas plus, vous n'aurez qu'un petit pourcentage de mes efforts. Si vous voulez tout, il faut me donner une part des profits»? Or c'est bien ce que disent les PDG quand ils réclament qu'on les motive par une rémunération qui augmente avec les résultats.

Il y avait autrefois un contrat social sur le partage raisonnable des gains issus d'une action collective dans l'économie. Au sein de l'entreprise, le salaire du président représentait quarante fois celui du travailleur moyen : cet écart semblait important, et il était supérieur à ce qui se pratiquait en Europe et au Japon. (Dans la plupart des entreprises, les dirigeants sont aussi des salariés, au sens où ils n'en sont pas les propriétaires. Néanmoins, ils sont en position de prendre les décisions, y compris sur la part des revenus de l'entreprise qui ira aux actionnaires, au personnel et à eux-mêmes.) Mais quelque chose s'est produit il y a un quart de siècle, quand a commencé l'ère de Margaret Thatcher et de Ronald Reagan. Tout sens de l'équité des rémunérations a disparu, remplacé par une autre préoccupation : quelle part les dirigeants pourraient s'approprier.

Ce qui se passe sur les marchés et en politique en dit long sur le pouvoir économique et politique. Tout cela envoie aussi des messages forts auxquels les jeunes sont réceptifs, et c'est ainsi que notre société est modelée. Lorsque nous taxons les profits des spéculateurs bien plus légèrement que les revenus des travailleurs qui gagnent durement leur vie, non seulement nous incitons davantage de jeunes à s'orienter vers la spéculation, mais nous disons, concrètement, qu'en tant que société nous estimons davantage la spéculation.

Une crise morale

On a beaucoup écrit sur les risques démentiels qu'a pris le secteur financier, sur les ravages que les institutions financières ont infligés à l'économie et sur les déficits budgétaires qui en ont résulté ; on a trop peu écrit sur le «déficit moral» implicite, qui est apparu au grand jour – un déficit peut-être encore plus grand que l'autre, et plus difficile à corriger. Si l'inlassable quête des profits et l'exaltation de l'intérêt personnel n'ont pas créé la prospérité espérée, elles ont contribué à créer le déficit moral.

Il n'y avait peut-être qu'un pas entre imagination comptable et falsification comptable, et le secteur financier l'a franchi et refranchi – notamment, il y a quelques années seulement, dans les scandales Worldcom et Enron. Il n'est pas toujours possible de distinguer l'incompétence de l'escroquerie, mais il n'est guère vraisemblable qu'une entreprise qui prétend avoir une valeur nette de plus de 100 milliards de dollars et se découvre soudain dans le rouge n'ait pas su que sa comptabilité était truquée. On ne peut pas croire que les initiateurs des crédits hypothécaires et les banquiers d'affaires ne savaient pas que les produits qu'ils créaient, achetaient et reconditionnaient étaient toxiques et venimeux. Les banquiers voudraient nous faire croire qu'ils ont été trompés par ceux qui leur ont vendu ces prêts. Mais c'est faux. Ils ont encouragé les initiateurs à entrer sur le marché risqué des *subprime*, car seul un flux massif de prêts et la transformation d'actifs à risques en nouveaux produits leur rapportaient les commissions et produisaient les rendements qui, par la grâce de l'effet de levier, leur donnaient l'allure de génies financiers. S'ils ont été trompés, c'est parce qu'ils ne voulaient pas savoir. Il est possible que quelques-uns n'aient pas su ce qu'ils faisaient, mais ceux-là sont coupables aussi, d'un crime différent, la publicité mensongère, puisqu'ils se présentaient en experts du risque, ce que manifestement ils n'étaient pas.

Qu'une entreprise exagère les mérites de sa marchandise ou se prétende plus compétente qu'elle ne pourrait le justifier est un comportement assez courant, auquel on s'attend peut-être, même s'il est pratiquement sûr qu'en l'occurrence il a pris des proportions démesurées, comme les ego et les salaires. (*Caveat emptor*, dit le vieil adage.) Mais il y a beaucoup plus difficile à pardonner : la dépravation morale – l'exploitation des Américains pauvres et même de classe moyenne par le secteur financier. Les institutions financières, je l'ai dit, ont découvert qu'il y avait de l'argent au bas de l'échelle, et elles ont fait tout ce qui leur était légalement possible (beaucoup sont même sorties de la légalité) pour le transférer vers le haut. On s'est demandé pourquoi les autorités de contrôle ne les avaient pas arrêtées, mais voici la question qu'on aurait dû poser : qu'est-il arrivé au sens moral de ceux qui se sont livrés à ces pratiques ?

J'ai expliqué plus haut que la pyramide de Ponzi de Bernie Madoff n'était pas si différente des opérations menées avec un gros effet de levier. Les financiers savaient – ou auraient dû savoir – que les rendements élevés à court terme (et les grosses commissions qui les accompagnaient) seraient probablement suivis de lourdes pertes, qui, aux termes de leurs contrats, n'influeraient pas sur leurs bonus. Ces dévots des marchés parfaits auraient dû savoir que le levier ne pouvait pas leur offrir de « repas gratuit » – des rendements démesurés sans risques démesurés. L'endettement massif rapportait gros les bonnes années; mais, au revers de la médaille, il y avait les énormes risques auxquels il exposait les banques.

Puisque gagner de l'argent est la fin dernière de la vie, il n'y a aucune limite au comportement acceptable. Il en a été comme dans les nombreuses crises bancaires antérieures : chaque épisode est marqué par des scrupules moraux qui devraient nous faire rougir, et quelques-unes des personnalités les plus marquantes sont jetées en prison (bien qu'on les laisse souvent garder des centaines de millions sur leurs comptes, même après le règlement de leurs amendes ahurissantes) : Charles Keating et Michael Milken dans les années 1980, Kenneth Lay et Bernard Ebbers dans les premières années de cette décennie.

Madoff a franchi la limite entre «exagération» et «comportement frauduleux». Mais la liste des financiers «éthiquement faibles» s'allonge chaque jour. Angelo Mozilo, président de Countrywide Financial, le plus grand initiateur de prêts hypothécaires *subprime* du pays, en est aussi. Il a été accusé par la SEC de fraude sur les titres et délits d'initié : il avait en privé qualifié de toxiques les crédits hypothécaires qu'il accordait, allant jusqu'à dire que Countrywide «volait à l'aveuglette» – alors qu'en public il vantait les solides atouts de sa société de crédit, dont les prêts de première qualité se conformaient, selon lui, aux normes les plus rigoureuses[1]. Pour beaucoup d'entre-

---

1. Si Angelo Mozilo avait gardé pour lui les secrets gênants, il aurait peut-être été épargné; s'illusionner n'est pas un crime, persuader les autres de partager ses illusions non plus. En 2002, plusieurs analystes d'investissement ont été pris de la même façon : leur crime n'était pas d'avoir été payés plus cher pour leurs aptitudes à trouver de nouvelles affaires que ne l'aurait justifié l'exactitude de leurs analyses, ni d'avoir truqué leurs notes au point que, pour pratiquement toutes les actions, leur conseil était : «Achetez!» Ils ont été pris au cours d'un de leurs rares moments d'honnêteté, où ils avaient envoyé des e-mails qualifiant d'«épaves», «foutues» et «pourries» les actions qu'en public ils étaient en train de porter aux nues. Pour les futurs financiers, la leçon est simple : ne partagez pas vos doutes intimes. Voir le communiqué de presse de la SEC, «SEC Charges Former Countrywide Executives with Fraud», 4 juin 2009; Deborah Lohse, «Probe Finds Analysts Pushing Stocks They Privately Bad-

preneurs, c'était la vente de leur compagnie qui rapportait gros. Tout le monde rêvait de trouver l'imbécile qui la paierait au prix fort. Mozilo a réussi : il a vendu ses parts de Countrywide en faisant un profit de près de 140 millions de dollars.

Quelle que soit la façon dont on les regarde, les faits sont là : nos banques et nos banquiers, tant avant que pendant la crise, n'ont pas été à la hauteur des normes morales que nous aurions pu espérer. Surtout par la façon dont ils ont exploité les emprunteurs ordinaires. Les prêts hypothécaires *subprime* ne sont qu'un nouvel ajout à la longue litanie des pratiques abusives dans toute une série d'activités, qui comprennent les prêts étudiants, les prêts sur salaire, les locations-ventes[1] et les cartes de crédit et de paiement.

Parfois, les compagnies financières (et d'autres sociétés) disent que ce n'est pas à elles de décider ce qui est bien et mal. C'est à l'État. Du moment que l'État n'a pas interdit l'activité, une banque est tenue à l'égard de ses actionnaires de fournir des fonds tant qu'il est rentable de le faire. Selon cette logique, il n'y a rien de mal à aider les compagnies du tabac à fabriquer en toute connaissance de cause des produits mortels toujours plus addictifs[2].

Mouthed», *San Jose Mercury News*, 12 avril 2002 ; et J.E. Stiglitz, *Quand le capitalisme perd la tête, op. cit.*

1. Pour contourner les limites fixées aux intérêts et aux commissions, si légères soient-elles, les compagnies de location-vente vendent des meubles avec «paiement échelonné». Mais, dans les contrats, elles prétendent les louer jusqu'à ce qu'ils aient été entièrement réglés. Avec les commissions de retard et autres charges dissimulées, les montants versés représentent souvent plusieurs fois le prix initial – dans un cas que j'ai examiné, un canapé de 150 dollars n'était toujours pas payé après que l'acheteur eut donné à la compagnie 2 000 dollars en quelques années. De nombreux États ont interdit ces entreprises, mais elles se sont efforcées d'user de la «préemption fédérale» pour repousser les assauts de la réglementation des États. Afin d'aider à la manœuvre, la plus importante de ces sociétés avait même dans son conseil d'administration un ancien parlementaire de première grandeur.

2. De même qu'il n'y a rien de mal à financer l'esclavage – tant que c'est légal (c'est ce qu'ont fait les prédécesseurs de JPMorgan ; «JPMorgan

Ceux qui suggèrent qu'ils sont libres d'opérer à leur guise tant qu'ils restent dans le cadre de la légalité tentent de s'en tirer un peu vite. Après tout, les milieux d'affaires dépensent des sommes considérables pour essayer d'obtenir des lois qui les autorisent à se livrer à ces odieuses pratiques. Le secteur financier a travaillé dur pour bloquer une législation qui aurait empêché le crédit prédateur, pour liquider les lois de protection des consommateurs au niveau des États et pour obtenir que l'État fédéral – avec ses normes laxistes des années Bush – puisse annuler les décisions des autorités de contrôle des États. Et il y a eu pire : beaucoup d'entreprises ont tout fait pour obtenir une législation qui les protégerait de leurs responsabilités judiciaires normales. Le rêve des compagnies du tabac est d'avoir le type de réglementation « légère » qui ne leur interdirait rien de ce qu'elles auraient fait librement, mais qui leur permettrait de dire, face à tout décès dû à leurs produits, qu'elles étaient persuadées que leurs activités ne posaient aucun problème – puisqu'elles étaient entièrement légales et complètement supervisées par l'État.

Prendre ses responsabilités

Sans le vouloir, l'économie a fourni des arguments à cette irresponsabilité morale[1]. Une lecture naïve d'Adam Smith a pu donner l'impression qu'il avait affranchi les acteurs du marché de l'obligation de réfléchir aux problèmes éthiques.

Admits US Slavery Links », BBC News, 21 janvier 2005) ; ou à fournir des fonds à l'Afrique du Sud de l'apartheid (ce qu'a fait la Citibank ; voir Barnaby J. Feder, « Citibank Is Leaving South Africa ; Foes of Apartheid See Major Gain », *New York Times*, 17 juin 1987, p. A1).

1. Certains diront peut-être que les économistes doivent s'en tenir à leur spécialité – et qu'une analyse éthique les fait sortir de leur champ de compétence. Il ne faut pas oublier qu'Adam Smith était professeur de philosophie morale. La discipline économique s'intéresse à notre façon de décider de l'usage des ressources – et à l'impact de ces décisions sur les autres. Toute recherche sur des actions qui ont des effets sur les autres nous amène vite à un discours moral.

Si la recherche de son intérêt personnel conduit, comme par une main invisible, au bien-être de la société, tout ce que nous avons à faire – tout ce qu'il est bon que nous fassions –, c'est d'être sûrs d'agir dans notre propre intérêt. Et les professionnels du secteur financier le faisaient, manifestement. Mais il est clair que la recherche de l'intérêt personnel – la cupidité – n'a pas conduit au bien-être de la société, ni dans cet épisode ni dans les scandales antérieurs de Worldcom et d'Enron.

La théorie de l'échec du marché que j'ai déjà exposée contribue à expliquer pourquoi les choses ont si mal tourné; comment les banquiers, en œuvrant pour leurs intérêts privés, ont pu provoquer des conséquences sociales aussi désastreuses; et pourquoi la recherche de leur intérêt personnel par les banquiers n'a pas mené au bien-être social – ni même à celui de leurs actionnaires. Quand il y a des échecs du marché, comme les externalités, les conséquences d'une action (ses avantages et ses coûts marginaux) ne se reflètent pas pleinement dans les prix (reçus ou payés). J'ai déjà dit que le monde regorge d'externalités. La défaillance d'une banque a des effets potentiellement catastrophiques sur les autres; la défaillance du système bancaire – ou même sa défaillance potentielle – a déjà eu un immense impact sur l'économie, les contribuables, les salariés, les entreprises, les propriétaires. La saisie d'une seule maison hypothéquée dévalorise les maisons voisines et accroît la probabilité de leur saisie.

Le modèle bravache du rude individualisme américain, si puissamment incarné par le président Bush avec ses bottes de cow-boy et sa démarche virile, dessine un monde où nous sommes responsables de nos succès et de nos échecs – et où nous engrangeons les récompenses de nos efforts. Mais, comme l'*Homo œconomicus* du chapitre 9 et l'entreprise du XIXe siècle gérée par son propriétaire, c'est un mythe. «Personne n'est une île[1].» Ce que nous faisons a de gros effets sur les autres;

---

1. John Donne, «Meditation XVII», in *Devotions upon Emergent Occasions*, 1624.

et si nous sommes ce que nous sommes, nous le devons au moins en partie aux efforts d'autrui.

En pratique, le modèle de l'individualisme américain a fonctionné d'une façon assez curieuse : les gens s'attribuent le mérite des succès mais ne se sentent pas responsables des échecs, ni des coûts imposés aux autres. Quand il y avait des mégaprofits (dans les comptes), les banquiers s'en attribuaient le mérite, soutenant que c'était grâce à leurs efforts ; quand il y a eu des mégapertes (réelles), elles résultaient de forces échappant à leur contrôle.

Les systèmes de rémunération des dirigeants reflétaient cet état d'esprit. Malgré l'insistance sur les incitations, ils n'avaient souvent qu'un faible lien global avec les résultats : le salaire *incitatif* est élevé quand les résultats sont bons, mais, quand ils sont mauvais, d'autres formes de rémunération viennent combler la différence sous un autre nom, comme la *retention pay*, la prime pour conserver le dirigeant. «Nous devons payer ce salarié au prix fort même si ses résultats ont été mauvais parce que d'autres pourraient tenter de nous le prendre», disent en gros les professionnels du secteur. On aurait pu croire que les banques chercheraient plutôt à se débarrasser de ceux dont les résultats ont été mauvais. Ce n'est pas à cause d'un manque de travail que les profits sont maigres, rétorqueront les financiers, c'est en raison d'événements absolument incontrôlables. Mais il en était de même quand les profits étaient élevés. C'est un des nombreux exemples de dissonance cognitive : les financiers sont capables d'avancer un argument relativement bon, d'un côté, mais, de l'autre, ils ne parviennent pas à en voir toutes les conséquences[1].

---

1. Un autre exemple de dissonance cognitive est la réaction viscérale contre la comptabilité *mark-to-market*, que beaucoup de professionnels du secteur, comme je l'ai dit au chapitre 6, accusent d'une bonne part des problèmes de la branche. Pendant des années, ils avaient vanté l'importance de la fonction de «découverte du prix» des marchés (voir chapitre 9). Mais maintenant que les prix immobiliers sont bien trop bas à leur goût, ils ont momentanément perdu la foi dans la fixation des prix par le marché. Ils disent qu'il y a un pessimisme irrationnel.

On parle beaucoup de responsabilité, mais pour l'essentiel ce ne sont que des mots. Dans la société japonaise, un PDG qui était responsable de la destruction de son entreprise et du licenciement de milliers d'ouvriers pouvait se faire hara-kiri. En Grande-Bretagne, les PDG démissionnaient quand leur entreprise faisait faillite. Aux États-Unis, ils se battent sur l'envergure de leurs bonus.

Sur les marchés financiers d'aujourd'hui, pratiquement tout le monde clame son innocence. Tous n'ont fait que leur travail. Et c'est exact. Mais leur travail consistait souvent à exploiter les autres ou à vivre des gains de cette exploitation[1]. Il y avait de l'individualisme, mais aucune responsabilité individuelle. À long terme, une société ne peut pas fonctionner correctement si les gens n'assument pas la responsabilité des conséquences de leurs actes. «Je n'ai fait que mon travail» n'est pas une excuse.

Les externalités et les autres échecs du marché ne sont pas l'exception mais la règle. Et si c'est vrai, il faut en tirer toutes les conséquences. La responsabilité de l'individu et de l'entreprise a un sens. Les firmes doivent faire plus que maximiser leur valeur de marché. Et ceux qui y travaillent doivent réfléchir davantage à ce qu'ils font, et à l'impact que leur activité a sur les autres. Ils ne peuvent pas se tirer d'affaire en disant qu'ils ne font «que» maximiser leurs revenus.

En fait, le pessimisme irrationnel n'est que le miroir de l'exubérance irrationnelle des années d'avant l'éclatement de la bulle. Si les prix sont faux, cela signifie que les primes qu'ont reçues les banquiers sur la base de cette fausse lecture des rendements étaient excessives. Si leurs bénéficiaires agissaient en toute cohérence intellectuelle, ils devraient proposer de rendre une partie de ces bonus, pour montrer qu'ils sont de bonne foi et ne croient vraiment pas à l'évaluation *mark-to-market*. Mais, à cette date, je n'ai pas entendu dire qu'un seul adversaire de la valorisation aux prix du marché ait tiré cette conclusion logique de sa critique.

1. Comme je l'ai signalé plus haut, de nombreux héros, prenant conscience de ce qu'ils faisaient, ont dit qu'ils ne pouvaient pas continuer. Ils ont assumé la responsabilité de leurs actes. Mais d'autres, beaucoup plus nombreux, ne l'ont pas fait.

Ce qu'on mesure est ce qu'on juge important, et vice versa[1]

Dans une société comme la nôtre, orientée vers les résultats, nous faisons de gros efforts pour bien faire – mais ce que nous faisons dépend de ce que nous mesurons. Si les élèves doivent passer un examen de lecture, les enseignants leur apprendront à lire, mais consacreront moins de temps à développer toutes leurs compétences cognitives. De même, les responsables politiques, les hauts fonctionnaires et les économistes s'efforcent de comprendre comment améliorer les résultats *tels que les mesure le PIB*. Mais si le PIB est une mauvaise mesure du bien-être social, nous faisons tous ces efforts pour atteindre un faux objectif. Notre action peut même être contre-productive au regard de nos véritables buts.

Mesurer le PIB aux États-Unis ne nous a pas vraiment donné une bonne image de ce qui se passait avant l'éclatement de la bulle. L'Amérique a cru réussir mieux qu'elle ne le faisait, et les autres l'ont pensé aussi. Les prix de la bulle gonflaient la valeur des investissements immobiliers et les profits. Beaucoup faisaient tout pour imiter l'Amérique. Les économistes menaient des études subtiles pour relier son succès à telle ou telle politique – mais comme leur mesure du succès était fausse, les conclusions qu'ils tiraient de leurs études l'étaient souvent aussi[2].

---

1. Cette section s'inspire largement du *Rapport de la Commission internationale sur la mesure de la performance économique et du progrès social, op. cit.* Voir aussi R. Layard, *Le Prix du bonheur : leçons d'une science nouvelle, op. cit.*

2. Ce n'est pas la première fois qu'utiliser le PIB comme mesure du bien-être pose problème. À la fin des années 1990, l'Argentine, selon les indices du PIB, paraissait réussir à merveille. Le FMI ne tarissait pas d'éloges sur ce pays, et il a invité son président bientôt discrédité, Carlos Menem, à son assemblée générale annuelle à Washington afin de le donner en exemple aux autres pays. Mais les résultats de l'Argentine, comme ceux de l'Amérique, étaient bâtis sur un château de cartes. Les similitudes sont nombreuses : les deux reposaient sur un boom de la consommation

La crise montre à quel point les prix de marché peuvent être distordus – et l'effet est une terrible distorsion de notre mesure des résultats. Même sans la crise, il y a distorsion des prix de *tous* les biens, puisque nous avons traité notre atmosphère (et, trop souvent, l'eau pure) comme si elle était gratuite, alors qu'en fait c'est une ressource rare. L'ampleur de la distorsion du prix de chaque bien dépend du volume de «carbone» contenu dans sa production (et dans celle de tous les composants utilisés pour le produire).

Certains débats que nous avons sur des choix difficiles entre environnement et croissance économique sont absurdes : si nous mesurions correctement la production, il n'y aurait aucun arbitrage à faire. La production bien mesurée est plus élevée avec de bonnes politiques environnementales – et l'environnement s'en porte mieux aussi. On comprendrait que les profits apparemment rapportés par des gloutons du carburant comme le Hummer (qui de toute manière s'est révélé éphémère) sont de faux profits : ils existent aux dépens du bien-être de l'avenir.

Notre croissance économique a trop été fondée sur l'emprunt au futur : nous avons vécu au-dessus de nos moyens. De même, une partie de la croissance reposait sur l'épuisement des ressources naturelles et la dégradation de l'environnement – encore un emprunt au futur, plus préjudiciable car nos dettes sont moins évidentes[1]. Nous appauvrissons ainsi les générations futures, mais le PIB n'en laisse rien paraître.

---

alimenté par un endettement extérieur massif. Une bonne mesure aurait montré la hausse de la dette – donc indiqué clairement que la croissance future était compromise.

1. L'Amérique n'est pas la seule à avoir ces problèmes avec l'usage du PIB pour mesurer le bien-être. Dans les pays très dépendants des activités minières, du pétrole, du bois de construction ou d'autres ressources naturelles, une grande partie de la consommation d'aujourd'hui s'effectue aux dépens du bien-être des générations futures. Par conséquent, les niveaux de vie actuels ne seront peut-être pas durables. Le Royaume-Uni, par exemple, a épuisé son trésor pétrolier de la mer du Nord tout en laissant s'affaiblir sa base industrielle, et il a misé son avenir sur un système financier très actif. Quelques rares pays, comme le Chili et la Norvège,

Notre mesure du bien-être pose d'autres problèmes. Le PIB par habitant (par personne) mesure nos dépenses de santé, pas leur résultat – notre état de santé tel que le reflète, par exemple, l'espérance de vie. Par conséquent, si notre système de santé devient plus inefficace, on va voir que le PIB a augmenté, alors qu'en fait les résultats réels en termes de santé se sont dégradés. Si le PIB par habitant des États-Unis paraît plus élevé que celui de la France et du Royaume-Uni, c'est en partie parce que notre système de santé est moins efficace. Nos dépenses de santé sont très supérieures et nos résultats très inférieurs.

Dernier exemple (il y en a bien d'autres)[1] de la nature peu fiable de nos mesures habituelles : le PIB *moyen* par habitant peut monter même quand la grande majorité des membres d'une société ont l'impression de vivre moins bien, et vivent effectivement moins bien. Ce phénomène se produit quand les sociétés deviennent plus inégalitaires (c'est le cas actuellement dans la plupart des pays du monde). Le gâteau peut être plus gros sans que la part de chacun augmente – ni même celle de la grande majorité des gens. Aux États-Unis, en 2008, le revenu médian des ménages était inférieur d'environ 4 % à celui de 2000, compte tenu de l'inflation, mais le PIB par habitant (mesure de ce qui se passe en moyenne) avait augmenté de 10 %[2].

---

ont vu le problème et mis des fonds de côté. Au fur et à mesure que leur richesse souterraine diminue, ils utilisent les revenus pour accroître leur richesse au-dessus du sol.

1. Si notre société devient plus dysfonctionnelle – et dépense plus pour les prisons –, notre PIB augmente, mais ce n'est sûrement pas un signe de succès. On appelle les dépenses de ce type «dépenses défensives». Voir, par exemple, William D. Nordhaus et James Tobin, «Is Growth Obsolete?», in *Economic Research : Retrospect and Prospect*, t. V, *Economic Growth*, New York, Columbia University Press, pour le National Bureau of Economic Research, 1972.

2. Bureau of Economic Analysis, National Income and Product Accounts Table, «Table 7.1. Selected Per Capita Product and Income Series in Current and Chained Dollars», 27 août 2009, communiqué, en ligne à l'adresse <http://www.bea.gov/national/nipaweb/TableView.asp?

L'objectif de la production d'une société est d'accroître le bien-être de ses membres, quelle que soit la façon dont on le définit. Notre mesure habituelle n'est pas une bonne mesure. Il y a d'autres solutions. Aucune mesure unique ne peut saisir la complexité de ce qui se passe dans une société moderne, mais le PIB a des vices trop graves. Il nous faut des mesures centrées sur les résultats de la personne ordinaire (les mesures du revenu médian sont bien meilleures que celles du revenu moyen), sur la durabilité (des mesures qui prennent en compte, par exemple, l'épuisement des ressources et la dégradation de l'environnement autant que l'alourdissement de la dette), sur la santé et l'éducation. Le Programme des Nations unies pour le développement (PNUD) a élaboré une mesure plus globale qui inclut l'éducation et la santé en même temps que le revenu. Dans cette métrique, les pays scandinaves font beaucoup mieux que les États-Unis, qui se classent treizièmes[1].

Mais même quand les mesures *économiques* sont élargies à la santé et à l'éducation, une bonne partie de ce qui influe sur notre sentiment de bien-être leur échappe. Robert Putnam a souligné l'importance de nos contacts avec les autres. En Amérique, ce sens du contact s'affaiblit, et le mode d'organisation de notre économie y est peut-être pour quelque chose[2].

Le royaume bouddhiste himalayen du Bhoutan a tenté d'imaginer une approche différente. Il essaie de créer une mesure du BNB – le bonheur national brut. Le bonheur n'est lié qu'en partie aux biens matériels. Certains aspects, comme les valeurs spirituelles, ne peuvent et probablement ne doivent pas être quantifiés. Mais d'autres peuvent l'être (comme le lien

SelectedTable=264&Freq=Qtr&FirstYear=2007&LastYear=2009>, et U.S. Census Bureau, Current Population Survey, «Table P-7. Regions – People (Both Sexes Combined) by Median and Mean Income», en ligne à l'adresse <http://www.census.gov/hhes/www/income/histinc/incpertoc.html>.

1. Programme des Nations unies pour le développement, Indice de développement humain, 2008. L'Islande s'est classée première en 2008 – avant la crise financière –, la Norvège deuxième, la Suède septième et la Finlande douzième.

2. R. Putnam, *Bowling Alone, op. cit.*

social). Même sans quantification, privilégier ces valeurs fait apparaître des voies auxquelles il faudrait réfléchir pour réorienter notre économie et notre société.

Sécurité et droits

L'une des dimensions importantes du bien-être social est la sécurité. Si la baisse du niveau de vie de la plupart des Américains, de leur sentiment de bien-être, a été plus prononcée que ne le suggèrent les statistiques du revenu national («revenu médian des ménages»), c'est en partie à cause de la montée de l'insécurité. Ils ne sont pas très sûrs de garder leur emploi, et, s'ils le perdent, ils savent qu'ils perdront aussi leur assurance-maladie. Puisque les frais de scolarité montent en flèche, ils ne sont pas très sûrs de pouvoir donner à leurs enfants une éducation qui leur permettra de réaliser leurs aspirations. Avec la diminution des comptes retraite, ils ne sont plus très sûrs de vivre leurs vieux jours dans le confort. Aujourd'hui, nombreux sont aussi les Américains qui se demandent avec angoisse s'ils vont parvenir à garder leur maison. Le coussin du capital propre immobilier, l'écart entre la valeur de la maison et celle du prêt hypothécaire, a disparu. Environ 15 millions de maisons, représentant près du tiers de l'ensemble des prêts au niveau national, sont grevées d'une hypothèque supérieure à leur valeur[1]. Dans la récession en cours, 2,4 millions de personnes ont perdu leur assurance-maladie parce qu'elles ont perdu leur emploi[2]. Ces Américains vivent au bord du gouffre.

---

1. Le nombre de maisons dont la valeur est inférieure à celle du prêt hypothécaire pourrait s'accroître encore si les prix baissent davantage. On ne sait pas du tout jusqu'où les prix vont baisser, mais, selon une estimation, le pourcentage de crédits sous l'eau pourrait augmenter jusqu'à 48 %, soit 25 millions de maisons, quand les prix vont chuter au premier trimestre 2011 (Jody Shenn, «"Underwater" Mortgages to Hit 48 Percent, Deutsche Bank Says», Bloomberg.com, 5 août 2009).

2. Nayla Kazzi, «More Americans Are Losing Health Insurance Every Day : An Analysis of Health Coverage Losses during the Recession», Center

Une meilleure sécurité peut même, indirectement, stimuler la croissance : elle permet aux intéressés de prendre plus de risques, car ils savent que, si les choses ne se passent pas comme ils l'espéraient, ils pourront bénéficier d'une certaine protection sociale. Les programmes qui aident les gens à passer d'un emploi à un autre contribuent à garantir un meilleur usage d'une de nos ressources les plus précieuses, notre talent humain. Ce type de mesures de protection sociale a aussi une dimension politique : si les travailleurs se sentent davantage en sécurité, il y aura moins d'appels au protectionnisme. La protection sociale sans protectionnisme peut rendre la société plus dynamique. Et une économie et une société plus dynamiques – avec le degré convenable de protection sociale – pourront apporter plus de satisfactions aux travailleurs comme aux consommateurs.

Certes, la protection de l'emploi peut être poussée trop loin – s'il n'y a aucune sanction pour les mauvais résultats, l'incitation à en avoir de bons sera peut-être insuffisante. Mais là encore, paradoxalement, ces effets d'incitation et d'aléa moral nous ont davantage inquiétés au niveau des individus qu'à celui des entreprises, ce qui a créé une distorsion considérable dans les réactions à la crise actuelle. Ces raisons ont joué dans les réticences de l'administration Bush à réagir quand des millions d'Américains ont perdu leur maison ou leur emploi. Elle n'a pas voulu donner l'impression de «récompenser» ceux qui avaient fait des emprunts irresponsables. Elle n'a pas voulu augmenter l'indemnisation du chômage de peur de réduire les incitations à chercher du travail. Elle aurait dû moins se préoccuper de ces problèmes et davantage des incitations perverses que créait notre filet de sécurité flambant neuf pour les entreprises[1].

---

for American Progress, 4 mai 2009, en ligne à l'adresse <http://www.americanprogress.org/issues/2009/05/pdf/healthinsurancelosses.pdf>.

1. Comme je l'ai déjà dit dans ce livre, la plupart des Américains veulent travailler ; le problème n'était pas qu'ils étaient paresseux mais qu'il y avait trop peu d'emplois. La plupart des Américains feront ce qu'ils pourront pour éviter de perdre leur maison ; le problème est qu'on leur

Les entreprises américaines prospères aussi parlent de l'importance de la sécurité. Celle des droits de propriété leur paraît essentielle : si cette sécurité-là n'est pas garantie, elles n'investiront pas. Elles ont – comme les Américains ordinaires – une « aversion pour le risque ». L'action publique, notamment de droite, a porté la plus grande attention à ce souci de la sécurité de la propriété. Mais, paradoxalement, nombre de ses décideurs ont soutenu simultanément qu'il fallait réduire la sécurité individuelle, diminuer la sécurité sociale et la sécurité de l'emploi pour les citoyens ordinaires. C'est une contradiction curieuse, et elle a un parallèle dans de récentes analyses des droits humains[1].

Pendant plusieurs décennies après le début de la guerre froide, les États-Unis et l'Union soviétique ont livré bataille sur les droits humains. La Déclaration universelle des droits de l'homme énumérait à la fois des droits fondamentaux politiques et économiques[2]. Les États-Unis ne voulaient parler que des droits politiques, l'Union soviétique que des droits économiques. Dans le tiers-monde, tout en voyant l'importance des droits politiques, beaucoup privilégiaient les droits économiques : à quoi sert d'avoir le droit de vote quand on est en train de mourir de faim ? Et si quelqu'un n'a reçu aucune éducation, peut-il user sérieusement de son droit de vote quand les enjeux du débat sont complexes ?

Finalement, sous l'administration Bush, les États-Unis ont commencé à reconnaître l'importance de *droits économiques* – mais de façon très déséquilibrée : ils ont reconnu le droit du capital à entrer et à sortir librement des pays, c'est-à-dire la libéralisation des marchés de capitaux. Les droits de propriété intellectuelle et les droits de propriété en général sont d'autres droits

---

a vendu des prêts hypothécaires qui dépassaient leurs capacités de remboursement. Ils ont appris la leçon – dans la douleur –, et la plupart ne vont probablement pas répéter cette erreur.

1. Je suis redevable au professeur David Kennedy, de l'université Harvard, pour nos discussions sur ces problèmes de « droits ».

2. La Déclaration universelle des droits de l'homme a été adoptée par l'Assemblée générale des Nations-Unies le 10 décembre 1948.

économiques sur lesquels ils ont insisté. Mais pourquoi ces droits économiques-là – qui sont des droits des entreprises – devraient-ils avoir préséance sur les droits économiques fondamentaux des personnes, comme le droit à la santé, au logement ou à l'éducation? Ou le droit à un minimum de sécurité?

Ce sont des questions fondamentales que toutes les sociétés doivent affronter. Une analyse complète de ces problèmes nous ferait sortir du sujet précis de cet ouvrage. Mais il faut voir clairement que ces droits ne sont pas des dons de Dieu. Ce sont des élaborations sociales. Nous pouvons les penser comme des éléments du contrat social qui régit le vivre-ensemble de notre communauté.

Loisirs et durabilité

Il y a d'autres valeurs que le PIB, notre mesure habituelle, ne saisit pas correctement : nous apprécions les loisirs, que nous les utilisions pour la détente, la vie de famille, la culture ou le sport. Les loisirs peuvent être particulièrement importants pour les millions de personnes qui ne retirent de leur emploi qu'une satisfaction immédiate limitée, celles qui travaillent pour vivre, pas celles qui vivent pour travailler.

Il y a soixante-quinze ans, Keynes se félicitait de voir l'humanité, pour la première fois dans son histoire, sur le point de se libérer du «problème économique»[1]. Tout au long de l'histoire humaine, l'homme avait consacré l'essentiel de son énergie à trouver de quoi manger, s'abriter et se vêtir. Grâce aux progrès de la science et de la technologie, on pouvait désormais pour-

---

1. «Perspectives économiques pour nos petits-enfants [1930]», *in* John Maynard Keynes, *Essais de persuasion*, trad. fr. de Herbert Jacoby, Paris, Gallimard, 1931. Un livre récen – Lorenzo Pecchi et Gustavo Piga (éd.), *Revisiting Keynes : Economic Possibilities for Our Grandchildren*, Cambridge, MA, MIT Press, 2008 – présente un débat entre diverses interprétations des raisons pour lesquelles la prédiction de Keynes ne s'est pas réalisée. Voir en particulier mon chapitre, «Toward a General Theory of Consumerism : Reflections on Keynes's Economic Possibilities for Our Grandchildren» (p. 41-87).

voir à ces besoins fondamentaux avec quelques heures de travail par semaine. Par exemple, moins de 2 % de la population active américaine produit tout ce que peut manger un pays qui surconsomme et devient rapidement obèse – et il en reste assez pour que les États-Unis soient un très grand exportateur de blé, de maïs et de soja. Keynes se demandait ce que nous allions faire des fruits de ces progrès. Quand il voyait à quoi les classes supérieures anglaises passaient leur temps, il avait de bonnes raisons de s'inquiéter.

Keynes n'a pas pleinement prévu ce qui s'est passé, notamment depuis une trentaine d'années. L'Amérique et l'Europe ont réagi différemment. Contrairement à la prédiction de Keynes, l'Amérique, globalement, n'a pas joui de plus de loisirs. Le nombre d'heures travaillées par ménage a en fait augmenté (d'environ 26 % dans les trente dernières années)[1]. Nous sommes devenus une société matérialiste, de consommation : deux voitures dans chaque garage, des iPod dans toutes les oreilles et des vêtements à l'infini. Nous achetons et nous jetons[2]. L'Europe a pris une voie très différente. La norme est de cinq semaines de congés par an – nos deux semaines font

---

1. Olivier Blanchard, « The Economic Future of Europe », document de travail du National Bureau of Economic Research n° 10310, février 2004, en ligne à l'adresse <http://www.nber.org/papers/w10310>.

2. Les Américains savent qu'ils devraient épargner davantage – pour l'éducation de leurs enfants, contre le risque de licenciement, en cas d'urgence médicale –, mais le « besoin » immédiat de produits est irrésistible. Dans une société matérialiste, on se juge par comparaison avec les biens possédés et consommés par ses voisins et amis. C'est une foire d'empoigne amicale. Pour rester au niveau des Jones – sans parler d'être les Jones –, il faut gagner plus qu'eux. Dans ce milieu, les choix sont clairs. C'est un autre aspect sous lequel le modèle « néoclassique » admis est peut-être vicié : il suppose que le sentiment de bien-être de chacun ne dépend que de sa propre consommation, pas de celle des autres. Or des preuves considérables démontrent que les individus se soucient bel et bien de leur position relative. Voir par exemple Robert H. Frank et Cass R. Sunstein, « Cost-Benefit Analysis and Relative Position », *University of Chicago Law Review*, vol. 68, n° 2, 2001, p. 323-374, et Erzo F.P. Luttmer, « Neighbors as Negatives : Relative Earnings and Well-Being », *Quarterly Journal of Economics*, vol. 120, n° 3, août 2005, p. 963-1002.

frémir là-bas. La production horaire est plus élevée en France qu'aux États-Unis, mais le Français effectue en général moins d'heures de travail par an et son revenu est donc inférieur.

Ces différences ne sont pas génétiques. Elles constituent des évolutions divergentes de nos sociétés. La plupart des Français n'échangeraient pas leur place avec les Américains, ni la plupart des Américains avec les Français. En Amérique comme en Europe, l'évolution s'est produite sans aucune préméditation. Nous devrions nous demander si elle correspond bien à la voie que nous aurions choisie. Et les chercheurs en sciences sociales peuvent tenter d'expliquer pourquoi les uns et les autres se sont orientés comme ils l'ont fait.

Nous ne pourrons peut-être pas dire quelle est la meilleure option. Mais le style de vie américain n'est pas durable. D'autres peuvent l'être davantage. Si les populations des pays en développement essaient d'imiter le mode de vie de l'Amérique, la planète est condamnée. Il n'y a pas assez de ressources naturelles, et l'impact sur le réchauffement climatique serait intolérable. L'Amérique doit changer – et changer vite.

Collectivité et confiance

La conjonction du modèle individualiste et du fanatisme du marché a changé non seulement l'image que les gens avaient d'eux-mêmes et leurs préférences, mais aussi leurs rapports entre eux. Dans un monde d'individualisme acharné, la collectivité n'est guère utile et la confiance ne sert à rien. L'État est un obstacle; il est le problème, pas la solution. Mais, si les externalités et les échecs du marché sont omniprésents, l'action collective est nécessaire, et, en général, les engagements volontaires ne sont pas suffisants (simplement parce qu'il n'y a aucun moyen de les «faire respecter», de s'assurer que les intéressés se comportent bien comme ils le devraient)[1]. Une autre conjonc-

---

1. Le politologue Elinor Ostrom, qui a reçu en 2009 le prix Nobel d'économie, a montré que les sanctions sociales et économiques dans de

tion a fait pire : l'individualisme associé au matérialisme débridé a miné la confiance. Même dans une économie de marché, la confiance est l'huile qui fait fonctionner les rouages de la société. Parfois, la société peut se passer de la confiance – par exemple en imposant le respect des contrats par la voie judiciaire –, mais c'est une option très inférieure. Dans la crise actuelle, les banquiers ont perdu notre confiance et ont perdu confiance les uns dans les autres. Les historiens de l'économie ont souligné le rôle qu'a joué la confiance dans le développement du commerce et de la banque. Si certaines communautés ont prospéré dans la finance et le négoce mondiaux, c'est parce que leurs membres se faisaient confiance entre eux[1]. La grande leçon de la crise actuelle est claire : malgré tous les changements intervenus depuis quelques siècles, notre secteur financier si complexe dépendait toujours de la confiance. Quand elle s'est rompue, il s'est gelé. Mais nous avons créé un système économique qui encourage un comportement à courte vue – si myope que les coûts de la perte de confiance ne sont jamais pris en compte. (La courte vue explique aussi, nous l'avons dit, d'autres aspects troublants de la conduite du secteur financier – et la réticence de la société à traiter les problèmes environnementaux, qui ne vont pourtant pas disparaître.)

La crise financière a révélé et accéléré l'érosion de la confiance. Nous avions traité la confiance comme si elle allait de soi ; résultat : elle s'est réduite. À l'avenir, si nous ne procédons pas à des changements fondamentaux, nous ne pourrons plus compter sur elle. Cela transformera profondément la façon dont nous nous traitons les uns les autres, entravera nos relations, modifiera notre pensée sur nous et sur les autres. Notre sentiment de

---

petites communautés peuvent être un important instrument de contrôle social.

1. Voir Avner Greif, « Contract Enforceability and Economic Institutions in Early Trade : The Maghribi Traders' Coalition », *American Economic Review*, vol. 83, n° 3, juin 1993, p. 525-548, et Avner Greif, Paul Milgrom et Barry Weingast, « Coordination, Commitment, and Enforcement : The Case of the Merchant Guild », *Journal of Political Economy*, vol. 102, n° 4, août 1994, p. 745-776.

constituer une communauté s'affaiblira encore plus, et même l'efficacité de notre économie sera compromise.

La titrisation, et la façon dont on en a abusé, a été le symbole de ce processus d'affaiblissement des rapports personnels et de la collectivité par les marchés. La relation «amicale», au sein d'une communauté locale stable, entre le banquier et l'emprunteur, où le banquier connaissait celui à qui il prêtait (donc savait quand et comment restructurer le prêt si l'emprunteur avait réellement un problème), a peut-être été, dans une certaine mesure, un mythe. Mais il y avait malgré tout une part de vérité dans cette image : c'était une relation en partie fondée sur la confiance. Avec la titrisation, la confiance n'a plus aucun rôle; le prêteur et l'emprunteur n'ont aucune relation personnelle. Tout est anonyme, et toute l'information pertinente sur les caractéristiques du prêt est résumée en données statistiques. Quand ceux dont on est en train de détruire la vie apparaissent comme de simples chiffres, les seuls problèmes de la restructuration sont : qu'est-ce qui est légal? (qu'est-ce que l'établissement gestionnaire a le droit de faire?) et : qu'est-ce qui maximisera le rendement attendu pour les possesseurs des titres? Non seulement la confiance a été détruite entre l'emprunteur et le prêteur, mais elle n'existe pas non plus entre les autres parties : par exemple, le détenteur des titres ne fait pas confiance à l'établissement gestionnaire pour servir ses intérêts. Puisque la confiance ne règne pas, de nombreux contrats restreignent les possibilités de restructuration[1]. Empêtrés dans l'écheveau judiciaire, les prêteurs et les emprunteurs souffrent. Seuls les avocats gagnent.

Mais même quand il est possible de restructurer, les incitations qui ont conduit les prêteurs à exploiter les emprun-

---

1. Il y a de bonnes raisons à ce manque de confiance : les intérêts sont clairement contradictoires, et plus encore quand l'établissement gestionnaire appartient au détenteur du second prêt. Des façons différentes de restructurer la dette ont des conséquences différentes sur le détenteur du premier prêt et sur celui du second. On est frappé de constater que de nombreux professionnels du secteur financier semblent n'avoir eu aucune conscience de ces conflits d'intérêts potentiels.

teurs jouent toujours. Si les banquiers ont jamais eu de la compassion pour autrui, ce n'est sûrement pas le moment : ils sont inquiets pour leur prochain salaire. Dans ces conditions, pourquoi faudrait-il s'attendre à ce qu'ils ne réutilisent pas les pratiques qu'ils ont tant affinées, les divers moyens d'exploiter les propriétaires pour accroître leurs profits ? Les médias et l'État ont paru surpris quand les récits se sont accumulés sur la lenteur de la restructuration des prêts, et les conditions très défavorables de trop de réaménagements pour les emprunteurs. Une restructuration se contentant d'étaler les remboursements sur une plus longue période tout en augmentant les commissions payées à court terme (qui vont directement grossir les profits du prêteur), voilà ce que veulent les prêteurs, et ils savent que de nombreux emprunteurs incapables de payer leurs mensualités et se refusant à perdre leur maison et leur sentiment de dignité accepteront ces conditions détestables.

La titrisation ne va pas disparaître. Elle fait partie de la réalité d'une économie moderne. Mais implicitement, par nos renflouements, nous l'avons subventionnée. Nous devrions au moins la resituer dans un cadre équitable – et nous pourrions souhaiter la décourager.

Une maison divisée

Cette crise a révélé des fissures dans notre société, entre Wall Street et Main Street, entre les plus riches et les autres. Alors que ceux du sommet ont beaucoup gagné dans les trois dernières décennies, les revenus de la grande majorité des Américains ont stagné ou baissé. On a dissimulé sommairement les conséquences ; on a dit aux Américains du bas de l'échelle – ou même du milieu – de continuer à consommer *comme si* leurs revenus augmentaient ; on les a encouragés à vivre au-dessus de leurs moyens, en empruntant ; et la bulle a rendu tout cela possible. Les conséquences du retour à la réalité sont simples : les niveaux de vie vont devoir chuter. C'est parce qu'on l'a compris, je pense, que le débat sur les bonus des banques est si intense.

Le pays dans son ensemble a vécu au-dessus de ses moyens. Il y aura forcément un ajustement. Et quelqu'un devra payer la facture du renflouement des banques. Même son partage proportionnel serait désastreux pour la plupart des Américains. Puisque le revenu médian des ménages a déjà baissé de près de 4 % depuis 2000, nous n'avons pas le choix : si nous voulons préserver le moindre sentiment d'équité, le gros de l'ajustement doit venir de ceux qui, au sommet, se sont si bien servis depuis trente ans, et du secteur financier qui a imposé tant de coûts au reste de la société.

Mais politiquement ce ne sera pas facile. Le secteur financier rechigne à reconnaître ses fautes. L'un des aspects du comportement moral et de la responsabilité individuelle est d'accepter le blâme quand il est mérité; tout le monde est faillible, y compris les banquiers. Mais, nous l'avons vu, ils ont fait de durs efforts pour dévier la critique sur d'autres – notamment sur leurs victimes.

Nous ne sommes pas les seuls à faire face à des ajustements difficiles. Le système financier britannique avait grossi encore plus démesurément que celui des États-Unis. La Royal Bank of Scotland, avant sa chute, était la plus grande banque d'Europe, et elle a subi en 2008 plus de pertes que toute autre banque dans le monde. Comme les États-Unis, le Royaume-Uni avait une bulle de l'immobilier qui a éclaté. L'ajustement à la nouvelle réalité pourrait exiger une forte réduction de la consommation – jusqu'à 10 %[1].

Oui, la vision[*]

Les gouvernements américains n'ont pas délibérément décidé à réfléchir à la façon de structurer ou restructurer l'économie,

---

1. Dieter Helm, «Britain Must Save and Rebuild to Prosper», *Financial Times*, 4 juin 2009, p. 9.

* L'auteur intitule ironiquement cette sous-section «The vision thing», expression utilisée par le président Bush (père) pour signifier qu'il n'avait pas de «vision» de l'avenir de l'Amérique et ne voyait pas l'intérêt d'en avoir une. [*NdT*]

à une seule exception près : la façon d'entrer dans une économie de guerre et d'en sortir. Dans le cas de la Seconde Guerre mondiale, cela a été fort bien fait. Mais même sans intention consciente, l'action publique a bel et bien modelé notre société. Le programme des superautoroutes mis en œuvre par Eisenhower a créé les banlieues pavillonnaires modernes – avec tous leurs défauts, dont leurs coûts en termes d'énergie, d'émissions et de temps de trajet pour se rendre au travail. Leur apparition a provoqué la destruction de certaines de nos villes, avec tous les problèmes sociaux qui l'ont accompagnée.

Que cela nous plaise ou non, je l'ai dit au chapitre 7, notre société moderne exige que l'État joue un rôle majeur : fixer les règles et les faire respecter, fournir les infrastructures, financer la recherche, assurer l'éducation, la santé et diverses formes de protection sociale. Beaucoup de ces dépenses sont à long terme et beaucoup ont des effets à long terme (l'exemple des superautoroutes d'Eisenhower le montre bien). Pour que cet argent soit bien dépensé, il faut réfléchir, se demander ce que nous voulons et où nous allons.

Tout au long de ce livre, nous avons vu plusieurs changements qui, par leurs interactions, ont modifié la nature du marché et de notre société : nous nous sommes éloignés d'un meilleur équilibre entre l'individu et la collectivité (notamment l'État), entre les activités économiques et les activités non économiques, entre le rôle du marché et celui de l'État, et nous sommes passés de relations personnelles fondées sur la confiance à des relations «de marché» appuyées sur les procédures judiciaires.

Nous avons aussi constaté un court-termisme croissant des particuliers, des entreprises et de l'État. Comme nous l'avons dit, l'une des raisons des problèmes récents dans de nombreux secteurs de l'économie américaine, dont le secteur financier, est une concentration exagérée sur le court terme (elle-même un des aspects du capitalisme managérial). Pour réussir à long terme, il faut une pensée à long terme – une vision –, mais aujourd'hui nous avons structuré les marchés selon des modalités qui encouragent l'orientation diamétralement opposée, et nous avons dissuadé l'État de combler le vide. Les arguments pour que l'État pense à long terme sont encore plus forts – même si les incitations à penser court sont aussi puissantes, voire plus, pour les politiques que pour les chefs d'entreprise.

Penser à long terme signifie avoir une vision. Gilles Michel, le directeur général du Fonds stratégique d'investissement créé par la France, le dit avec force : «L'État a le droit d'avoir une vision. [...] Il nous paraît légitime que l'autorité publique se préoccupe de la nature et de l'évolution du tissu industriel de notre pays[1].» La théorie économique apporte l'un des arguments : la présence d'externalités (pour revenir à un thème fréquemment abordé dans ce livre). Le développement d'une nouvelle branche ou d'un nouveau produit peut avoir des effets d'entraînement sur d'autres – des bénéfices que l'entrepreneur ne voit peut-être pas, et qu'il ne peut pas capter même s'il les voit.

En un sens, avec tous les fonds que dépense l'État, il lui est difficile de ne pas avoir une vision, et une vision à la fois globale et détaillée : un pays qui dépendra plus des véhicules gloutons en carburant ou plus du transport public, plus de l'avion ou plus du chemin de fer ; une économie qui se concentrera davantage sur la recherche, l'innovation et l'éducation ou sur l'industrie manufacturière. Le plan de stimulation adopté en février 2009 illustre ce qui peut se passer en l'absence de vision : le pays construit de nouvelles routes alors que les villes sont contraintes de licencier des enseignants et les universités de réduire considérablement leur budget. Les réductions d'impôts encouragent la consommation alors que l'État ferait mieux de promouvoir l'investissement.

Politique, économie et société – corruption à l'américaine

Cela fait longtemps que l'on a conscience de la plupart des problèmes que je viens d'évoquer, mais on est bien lent à s'y

---

1. Cité *in* Peggy Hollinger, «Dirigisme de rigueur», *Financial Times*, 4 juin 2009, p. 7.

attaquer. Pourquoi un pays si riche en talents – un pays capable d'envoyer un homme sur la Lune – ne peut-il pas mieux faire pour résoudre ces problèmes ici, sur terre?

Le président Eisenhower avait mis en garde contre le danger du complexe militaro-industriel[1]. Mais, depuis un demi-siècle, ce complexe s'est élargi : les intérêts particuliers qui déterminent la politique économique et sociale américaine comprennent aussi la finance, les produits pharmaceutiques, le pétrole et le charbon. Leur influence politique rend pratiquement impossible toute action publique rationnelle. Si, dans certains cas, les lobbyistes jouent un rôle compréhensible d'interprétation (certes biaisée) de phénomènes socio-économiques complexes, sur de nombreux enjeux cruciaux ils ont simplement raflé de l'argent et rien d'autre, par exemple quand, il y a peu, l'industrie pharmaceutique a exigé que l'État, le plus gros acheteur de médicaments, n'ait pas le droit de négocier les prix. Mais c'est le secteur financier qui, avant comme pendant la crise, a donné les pires exemples.

Tant qu'elle sera aveuglée à ce point par les contributions de campagne, les lobbyistes et le système du tourniquet, l'Amérique aura du mal à réaliser quelque vision que ce soit. Peut-être parviendrons-nous à bon port en naviguant à vue, mais à quel prix pour nous aujourd'hui, et à quel prix pour les générations futures? Cette crise devrait nous ouvrir les yeux : cela peut coûter cher, très cher, plus cher même que le pays le plus riche du monde ne pourra payer.

---

1. Dans son «Discours d'adieu à la nation», le 17 janvier 1961, Eisenhower a déclaré : «Cette conjonction d'un immense *establishment* militaire et d'une grande industrie d'armement est nouvelle dans l'expérience américaine. Son influence totale – économique, politique et même spirituelle – est ressentie dans toutes les villes, tous les parlements des États, tous les services de l'État fédéral. Nous comprenons l'impérieuse nécessité de ce développement. Néanmoins, ses graves conséquences ne doivent pas nous échapper. Notre travail, nos ressources, nos moyens d'existence sont concernés; donc la structure même de notre société.»

Pour conclure

J'écris ce livre à mi-parcours. L'impression de chute libre a pris fin. Quand le livre sortira, peut-être le climat de crise aura-t-il disparu. Peut-être l'économie aura-t-elle retrouvé le plein-emploi – mais c'est peu probable.

J'ai montré que les problèmes qui se posent aux États-Unis et au monde exigent plus qu'un ajustement mineur du système financier. Certains ont dit que nous avions un petit problème de plomberie. Nos tuyaux s'étaient bouchés. Nous avons appelé les plombiers qui avaient posé l'installation – puisqu'ils avaient créé le problème, ils étaient probablement les seuls à savoir ce qu'il fallait faire pour le résoudre. Tant pis s'ils nous ont surfacturé l'installation ; tant pis s'ils nous surfacturent la réparation. Soyons-leur reconnaissants que ça fonctionne à nouveau, payons les factures sans faire d'histoires et espérons qu'ils ont mieux travaillé que la dernière fois.

Mais ce n'est pas une simple question de «plomberie» : les défauts de notre système financier illustrent des vices généraux de notre système économique, et les vices de notre système économique reflètent des problèmes de fond dans notre société. Nous nous sommes lancés dans les renflouements sans une idée claire du type de système financier auquel nous voulions parvenir, et le résultat a été déterminé par les mêmes forces politiques qui nous avaient plongés dans ce chaos. Nous n'avons pas changé de système politique, donc peut-être ne faut-il pas nous en étonner. Pourtant, il y avait un espoir que le changement soit possible. Non seulement possible, mais nécessaire.

Il est certain que des choses vont changer à cause de la crise. Le retour au monde d'avant crise est exclu. Mais ces changements seront-ils profonds, radicaux ? Iront-ils même dans la bonne direction ? Nous avons perdu le sentiment d'urgence, et ce qui s'est passé jusqu'à présent augure mal de l'avenir.

Dans certains domaines, les réglementations seront améliorées : il est presque sûr qu'on va limiter les excès du levier. Mais dans d'autres, à l'heure où ce livre va sous presse, l'absence de progrès est frappante : on laisse les banques trop-grandes-pour-faire-faillite poursuivre leurs activités à peu près comme avant ; l'usage des dérivés de gré à gré, si ruineux pour les contribuables, continue presque sans fléchir ; et les dirigeants des sociétés financières reçoivent toujours des primes démesurées. Dans tous ces domaines, on prendra quelques mesures cosmétiques, mais très inférieures à ce qu'il faudrait. Sur d'autres points, la déréglementation va continuer à bon rythme, aussi scandaleux que cela puisse paraître : sans un sursaut d'indignation populaire pour l'empêcher, il est clair que les protections fondamentales des investisseurs ordinaires vont être minées par un affaiblissement crucial du Sarbanes-Oxley Act, voté au lendemain de l'affaire Enron et d'autres scandales dans les point-com par un Congrès républicain et promulgué par un président républicain.

Sur plusieurs points déterminants, les choses se sont déjà aggravées pendant la crise elle-même. Nous avons modifié non seulement nos institutions – en encourageant encore plus de concentration dans la finance –, mais les règles mêmes du capitalisme. Nous avons annoncé que pour des institutions privilégiées il n'y aurait que peu ou pas de discipline de marché. Nous avons créé un ersatz de capitalisme aux règles floues mais aux résultats prévisibles : de futures crises ; des prises de risque inacceptables aux frais de la population, quelles que soient les promesses d'un nouveau régime de réglementation ; et davantage d'inefficacité. Nous avons fait des discours sur l'importance de la transparence mais nous avons élargi les possibilités qu'ont les banques de manipuler leurs comptes. Dans les crises précédentes, on s'inquiétait de l'aléa moral, des incitations négatives que créaient les renflouements ; mais l'échelle de la crise actuelle a donné à ce concept un sens nouveau.

Les règles du jeu ont changé également au niveau mondial. Les politiques du consensus de Washington sont mortes, et le fanatisme du marché, l'idéologie qui les sous-tendait, est mort aussi. Autrefois, on pouvait éventuellement débattre du degré d'équité des règles du jeu dans la concurrence entre pays développés et moins développés; aujourd'hui, il ne peut y avoir aucun débat. Les pays pauvres sont incapables de soutenir leurs entreprises comme le font les riches, et cela change les risques qu'ils peuvent prendre. Ils ont constaté les dangers de la mondialisation mal gérée. Mais les réformes espérées dans sa gestion paraissent encore très lointaines.

C'est devenu un cliché de le souligner : les caractères du mot chinois qui veut dire crise signifient «danger» et «bonne occasion». Nous avons vu le danger. Saisirons-nous l'occasion de retrouver notre équilibre entre le marché et l'État, entre l'individuel et le collectif, entre l'homme et la nature, entre les moyens et les fins? Il nous est aujourd'hui possible de créer un nouveau système financier, qui fera ce que les êtres humains attendent d'un système financier; possible de fonder un nouveau système économique, capable de créer des emplois qui ont un sens, d'assurer un travail décent à tous ceux qui veulent travailler, et où la fracture entre les nantis et les autres se réduira au lieu de s'élargir; et possible, surtout, de créer une société nouvelle, où chacun aura les moyens de réaliser ses aspirations et de vivre au niveau de ses potentialités, où il y aura des citoyens capables d'être à la hauteur d'idéaux et de valeurs partagée, et une collectivité qui traitera notre planète avec le respect qu'à long terme elle va certainement exiger. Toutes ces occasions sont là. Le danger réel, aujourd'hui, est de ne pas les saisir.

Table des matières

CHAPITRE 1
Fabrication d'une crise

Chapitre 2
La chute et l'après-chute

Chapitre 3
Réaction malheureuse

Chapitre 7
Un nouvel ordre capitaliste

Composé par Nord Compo Multimédia
7, rue de Fives, 59650 Villeneuve-d'Ascq

Achevé d'imprimer sur Roto-Page
en janvier 2010
par l'Imprimerie Floch à Mayenne
Dépôt légal : février 2010
N° imprimeur : 75682
Imprimé en France